근대 한국종교,
세계와 만나다

종교와
공공성
총서 4

근대 한국종교,
세계와 만나다

원광대학교
원불교사상연구원 편

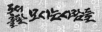

지구를 생각하는 마음

원광대학교 원불교사상연구원이 2016년에 '근대문명 수용과정에 나타난 한국종교의 공공성 재구축'을 주제로 대학중점연구소에 선정된 이래로 어느덧 4년이 지났다. 1단계 3년이 근대 한국종교의 공공성을 재구축하는 기초작업이었다면, 2단계 3년은 그것을 바탕으로 한국종교의 시민적 공공성을 지구적 차원으로 확장시키는 비전 제시 작업이다. 2단계의 확장 작업은 한국종교에서 추출된 시민적 공공성의 요소와 의의를 지구시민의 윤리에 적합한 '시민적 공공성' 개념으로 구체화하고, 이를 토대로 한국종교가 추구하는 생명평화와 정의평화 운동의 사례를 발굴한 다음, 도덕과 윤리, 경제와 살림, 종교와 종교간의 조화와 회통을 통해서 국가적 공공성에서 '지구적 공공성'으로 확장된 윤리를 확립하기 위한 것이다.

2단계 1년차 과제를 수행하는 동안 코로나-19가 전 지구적으로 확산되었다. 더 이상 위계 중심적이고 인간 중심적인 윤리로는 지구적 공공성을 구축하기 어려운 현실임을 절감하였다. 지구공동체의 구성원들을 파멸로 몰아가는 이기주의와 차별, 소외를 극복하고, 전 세계인들이 공유할 수 있는 인간상과 윤리관의 정립이 절실하다는 마음으로 지난 1년간 연구를 진행하였다. 그런 의미에서 이번 연구성과는 팬데믹 시대와 한국종교의 만남이자, 지구시민과 한국시민의 마주침이기도 하다. 이 시대적 만남이 한국종교로 하여금 민중적·민족적 이해를 뛰어넘어 지구위험시대에 필요한 지구적 인간상과 보편적 시민윤리로 발돋움하게 하였다.

시대적 요청이 강해짐에 따라 유난히 깊은 고뇌를 안고 진행된 지난 1년간의 연구를 1부 〈지구시민〉, 2부 〈세계인식〉, 3부 〈미래사회〉의 세 부분으로 정리하고, 맨 마지막에 〈에필로그〉를 추가하였다.

제1부 〈지구시민〉에서는 천도교와 원불교의 인간관을 '지구시민'의 관점에서 살펴본다. 조성환은 「천도교의 지구주의와 지구적 인간관」에서 천도교 사상가 이돈화의 세계주의와 한울주의를 '지구가 하나의 공동체'라는 의미에서의 '지구주의'(globalism)로 명명하고, 인간관과 세계관을 지구주의의 관점에서 해석한다. 이돈화의 '무궁아(無窮我)'나 '대아(大我)', '한울아'와 같은 인간관은 '지구적 자아'(global self)로, 그리고 '세계공화'와 '천인공화' 개념은 '지구공화'(global harmony)로 각각 이해될 수 있다고 본다. 만물을 존엄한 주체로 보는 시선을 품은 천도교의 '천지만물 민주주의'는 김대중이 제창했던 '지구적 민주주의'와 맥락을 함께한다고 말한다.

허남진의 「천도교의 공화주의와 공화적 인간관」은 천도교와 원불교가 모두 '공화(共和)'를 주장했고, 따라서 공화적 인간을 기반으로 한 새로운 인간형을 제시했을 것이라는 문제의식에서 출발한다. 이때 '공화'는 근대한국 개벽종교의 공공성을 밝히는 주요 개념으로, 더불어 살아가는 가치와 함께 협력의 의미를 가진다. 천도교의 공화는 하늘을 매개로 인간과 사회, 그리고 자연의 유기적 연결을 통한 화합과 협력으로 해석되며, 이는 서구 개인주의와 공동체주의의 한계를 극복할 수 있는 대안이 될 수 있다고 본다. 이점에서 근대한국 개벽종교의 공화적 인간은 공동체의 평등한 일원으로서너와 나의 공생을 위해 협력하고 개인의 삶과 공동체의 삶을 조화시키는 인간상이라고 말한다.

김봉곤은 「원불교의 시민적 덕성」에서 일제강점기에서 오늘에 이르기까지 원불교의 정교동심(政敎同心) 사상의 추이, 그리고 민주주의와 사회의 보편적 선(善)을 추구하는 시민적 덕성의 상관관계 및 의의를 밝힌다. 원불교 창시자 박중빈이 제시했던 일원상(一圓相)과 사은사요(四恩四要) 교리에 이어 정산 송규의 『건국론』과 삼동윤리, 대산 김대거의 종교연합운동은 정교동심의 맥을 그대로 잇는 가운데 시민적 덕성을 확립해 왔다. 1990년대 이후로 접어들면 본격적인 시민사회를 맞이하여, 원불교에서도 생활세계에서부터 정치, 인권, 여성, 통일운동뿐만 아니라 자연, 환경, 인류평화 등 전 지구적 영역에까지 폭넓게 시민운동에 참여하고 있다. 향후에도 더욱 적극적이고 실천적인 규범을 제시하여 시민종교이자 공공종교로서 원불교 위상을 확립해야 한다고 제언한다.

제2부 〈세계인식〉에서는 기독교, 대종교, 원불교에 나타난 세계주의를 고찰한다. 김석근은 「탁사 최병헌의 사해동포주의」에서 유교 지식인으로 출발하여 기독교 목회자가 되었던 최병헌의 신학과 사상을 검토하였다. 그는 최병헌을 문학과 역사, 철학을 두루 섭렵하고 유불도 삼교를 포괄한 지식인으로 평가한다. 기독교 전도사이자 목사로서 당시 진행되던 문명개화의 제일선에 있으면서, 유교에서 기독교로 나아간 최병헌의 '사해동포주의'는 모든 인간을 민족·국가·혈통·빈부의 차별을 넘어서서 신 앞에 평등한 존재로 바라보는 기독교의 종교적 세계주의에 충실하였다. 그런 의미에서 근본적으로 종교적인 코스모폴리타니즘이라고 할 수 있는데, 다만 식민지 치하의 현실에서 사해동포주의는 어디까지나 종교적인 것이라고 보았다.

야규 마코토는 「대종교 범퉁구스주의와 보편주의」에서 대종교의 세계관이 '범퉁구스주의'를 내포하고 있다고 말한다. 대종교에서의 '동포' 관념은 일반적인 의미에서의 '한민족'보다 그 범위가 넓어서, 19-20세기에 전 세계적으로 유행한 '범민족주의' 일종으로 볼 수 있다. 이 연구에 의하면, 대종교의 범퉁구스주의는 전통적인 중국중심주의를 극복하고 새로운 민족 관념을 확립하는 촉매 역할을 하였으며, 다른 한편으로는 세계 인류 구제를 목표로 하는 보편주의로 나아가는 계기를 지니고 있었다. 그래서 대종교의 창시자 홍암 나철도 〈중광가(重光歌)〉에서 천민동락(天民同樂), 즉 "하늘과 사람이 함께 오래도록 즐기는 세상"을 열자고 주장하였다고 한다.

원영상은 「근대 한국종교의 '세계' 인식과 일원주의 및 삼동윤리의 세계관」에서 불교의 세계관 및 천도교, 대종교 관련 사상가들의 세계주의, 사해일가 사상을 검토하고, 원불교 지도자 박중빈의 일원주의와 송규의 삼동윤리를 살펴본다. 근대적 세계주의는 제국주의가 팽창하는 데 일조했던 이념적 역할을 수행한 반면, 지금의 세계주의는 지구를 하나로 보는 관점에서 출발한다. 이 점에서 "지구적으로 생각하고 지구적으로 행동하는 세계주의"가 필요하다고 말한다. 근대 한국종교 및 일원주의와 삼동윤리의 세계관은 현 인류의 다양한 문제에 대한 대안으로서 기능할 수 있을 것이라고 전망한다.

제3부 〈미래사회〉에서는 사회경제적 공공성과 미래의 종교, 그리고 여성의 혐오 문제를 다루고 있다. 김민영은 「근대 한국종교의 사회·경제 인식」에서, 근대 전환기에 '사회·경제' 개념을 수용했던 근대 한국 역사를 토대로 당시 한국종교가 종교의 사회경제적 역할을 어떻게 자각해 나갔는지를 규명한다. 당시 한국종교는 한편으로는 서양의 '사회·경제' 등 새로운 개념들과 조우하면서, 다른 한편으로는 민중을 역사적 주체로 자각하여 이 개념들을 정립했다. 특히 '사회' 개념에 있어서는 '정치사회'와 '시민사회'는 물론 '경제사회'까지 포괄하는 의미로 수용하였다고 본다. 이번 검토는 근대 한국종교의 사회경제적 공공가치를 시민적 공공성으로 재해석하고, 나아가서 세계시민윤리로 연계시키는 이론적 진전의 일환이라고 조망한다.

조성환과 이우진은 「이돈화의 미래종교론」에서 일제강점기 천도교 이론가로 저명한 이돈화가 피력했던 '미래종교론'을 검토한다. 이돈화는 『천도교회월보』에 연재한 「장래의 종교」라는 글에서, 천도교 창시자 손병희의 설법을 인용하는 형태로 "미래에는 종교가 필연적으로 하나의 형태로 통일되고, 그것은 자기 안의 신[自神]을 신앙하는 형태이며, 천도교야말로 그러한 신앙 형태에 부합된다."고 주장하였다. 이돈화의 주장은 기본적으로 손병희의 사상에서 출발하고 있지만, '시천주'에 대한 영성이나 신앙 중심적 해석은 손병희의 '신관' 중심적 해석과는 차이를 보이고 있는데, 이러한 연속성과 차이성은 최제우와 손병희, 그리고 이돈화의 사상적 전개과정을 파악하는 데 중요한 단서를 제공한다고 보았다.

이주연은 「레비나스 타자철학과 원불교 여성관의 만남」에서 에마뉘엘 레비나스의 타자철학과 원불교 여성관을 바탕으로 오늘날 사회문제가 되고 있는 여성혐오 문제에 대해 제언한다. 레비나스가 사유했던 절대적 타자, 그리고 원불교의 포월적 존재로서 여성은 누군가가 의미화하거나 혐오할 수 있는 대상이 아니다. 타자철학은 주체중심적 사고를 지양하고 타자에 무게중심을 둔다. 그리고 포월적 존재는 일원상의 진리가 말하는 초월적이면서도 내재적인 존재다. 이러한 존재론적 관점을 바탕으로 레비나스의 환대의 윤리, 원불교의 처처불상(處處佛像) 교리는 여성혐오를 실천적으로 해체하기 위한 방법론이 될 수 있다고 전망한다.

마지막으로 〈에필로그〉는 원불교사상연구원 원장을 겸하고 있는 원광대학교 박맹수 총장의 강연 「동학 정신과 코로나19이후 미래사회」를 수록하였다. 이 강연에서 박맹수 총장은 목숨을 위협하는 바이러스 확산이라는 급박한 상황에서 원광대가 보여준 초동 대응, 그리고 이후에도 긴장의 끈을 놓지 않고 실시해 온 철저한 방역은 원광대의 모든 구성원들을 하늘님으로 모시려는 정신이 있어서 가능하였다고 말하고 있다. 아울러 이 정신의 출발점인 동학은 새로운 세상으로의 전환에 필요한 사상을 탄탄하게 갖추고 있고, 1894년의 동학농민혁명도 이러한 관점에서 접근해야 한다고 주장한다. 겉으로 드러난 혁명만이 아니라 그 기저에 존재하는 정신과 철학으로부터 지금 세계가 필요로 하는 공동체 정신, 공익의 마음이 생겨날 수 있다는 것이다.

이번에 출간하는 원불교사상연구원의 '종교와 공공성 총서' 제4권 『근대한국종교, 세계와 만나다』에는 시대가 요구하는 종교적 공공성이라는 보편적이고 회통적인 건축물을 짓기 위한 학문적 땀방울이 고스란히 담겨 있다. 코로나 팬데믹이라는 어려운 상황 속에서도 이렇게 학문적 결실을 맺게 된 데에는 비대면 방식을 빌려 매주 실시한 '지구인문학과 한국종교' 공부모임과 월례연구발표회, 시민인문강좌 등 '함께 더불어' 정진하는 학풍이 큰 힘을 발휘하였다.

세계, 나아가 지구를 향한 염려와 애정으로 쉼 없이 연구에 박차를 가해온 원불교사상연구원의 김봉곤, 야규 마코토, 원영상, 조성환, 허남진, 이주연 연구원과 김민영, 김석근 공동연구원, 황명희, 송지용, 최규상 연구보조원과 김태훈 행정실장, 그리고 어려운 여건 속에서도 출판을 통해 개벽운동을 실천하고 있는 도서출판 모시는사람들에게 깊은 감사의 마음을 전한다. 근대 한국 개벽종교가 우리에게 남겨준 것은 지금과 같이 어려운 시대일수록 모든 존재를 하늘처럼 아끼고 공경하며 서로 감사하는 것이 '개벽'이라는 메시지였다. 세계가 급변하는 만큼 개벽을 실천하는 인간상과 윤리관도 더욱 절실해지고 있다. 앞으로도 우리는 계속 고뇌하며 정진해 나갈 것이다.

2021년 3월, 지구를 향한 사랑으로
원광대학교 총장실에서 박맹수 모심

제3부 미래사회

제1부

지구시민

천도교의 지구주의와 지구적 인간관*

조성환　원광대학교 동북아시아인문사회연구소 HK교수, 『다시개벽』편집인

* 이 글은 『원불교사상과 종교문화』84, 원광대학교 원불교사상연구원, 2020, 83-107쪽의 글을 수정·보완한 것임.

I. 머리말

　종래에 한국 역사학계의 천도교에 관한 연구는 거의 대부분 '민족운동'이라는 틀에서 이루어져 왔다.[1] 가령 조성운의『민족종교의 두 얼굴: 동학』(2015)에서는 '민족종교의 저항과 협력'이라는 관점에서 천도교의 독립운동과 이상촌 건설 등에 관해 연구했고, 천도교교서 편찬위원이자『동학 천도교 인명사전』(2015)의 저자인 이동초가 쓴『천도교 민족운동의 새로운 이해』(2010)에서는 천도교의 계몽운동과 독립운동을 주로 다루었다. 김정인의『천도교 근대 민족운동 연구』(2009) 역시 천도교의 개화운동과 통일운동에 초점을 맞추었고, 조규태의『민족운동 연구』(2006)도 민족운동과 삼일운동을 중심으로 천도교를 이해하였다.

　이에 반해 정용서의 박사학위 논문「일제하·해방후 천도교세력의 정치운동」(2010)에서는, 해방 직후에 천도교 이론가인 이돈화가 쓴『당지(黨志)』

1　대표적으로는 조규태,『천도교의 민족운동 연구』, 서울: 선인, 2006; 김정인,『천도교 근대 민족운동 연구』, 서울: 한울아카데미, 2009; 황선희,『동학 천도교 역사의 재조명』, 서울: 모시는사람들, 2009; 이동초,『천도교 민족운동의 새로운 이해』, 서울: 모시는사람들, 2010; 조성운,『민족종교의 두 얼굴 : 동학·천도교의 저항과 협력』, 서울: 선인, 2015 등이 있다.

와 『교정쌍전(敎政雙全)』[2]을 근거로 천도교는 폐쇄적인 민족주의가 아니라 민족 자주에 입각한 '세계주의'와 '세계공화'를 지향했다고 지적하였다. 여기에서 '세계주의'란 '세계를 일가(一家)로 하여 각 민족들이 공존공영의 생(生)을 도모하는 주의'를 말하고, '세계공화'는 '해방된 민족들이 세계 국가의 단위가 되어 유기적 연방 상태로 사는 상태'를 의미한다.[3]

이에 따르면 천도교는 민족주의와 세계주의를 동시에 주장한 셈인데, 이러한 지적은 비록 단편적이기는 하지만 종래에 '민족운동'이나 '민족종교' 같이 주로 민족이라는 틀에서 논의되던 천도교에 관한 인식을 새롭게 한다는 점에서 높게 평가할 만하다. 아울러 천도교의 세계주의는 같은 개벽종교인 원불교에서도 주창된다는 점에서 주목할 만하다. 가령 원불교의 제2대 종법사인 정산 송규(1900-1962)는 세계주의와 세계일가를 다음과 같이 말하였다: "대종사(=원불교 창시자 소태산)는 우주 만물을 한 집안 삼으셨나니, 이가 곧 '세계주의'요 일원주의"다. "우리 대중들은 먼저 각자의 마음에 '세계일가(世界一家)'의 큰 정신을 충분히 확립"하자.[4]

그런데 천도교나 원불교의 세계주의는 단지 '민족'의 차원에만 머물러 있지는 않았다. 즉 민족이나 국가의 조화나 평화를 추구하는 데에서 그치지 않았다. 이 점은 『당지』나 『당론』보다 20여 년 전에 저술된 이돈화(夜雷 李

---

2 최근에 도서출판 모시는사람들에서 천도교의 정치철학과 청우당의 강령을 표명한 세 개의 문헌, 『천도교의 정치이념』(1947)과 『당론』(1946) 그리고 『당지』(1946)를 묶어서 『천도교의 정치이념』(2015)이라는 제목으로 현대어본을 출판하였다. 이 글에서 인용하는 이 세 문헌의 원문은 모시는출판사에서 간행한 현대어본에 의한다.

3 정용서, 「일제하·해방후 천도교 세력의 정치운동」, 연세대 박사논문, 2010, vi쪽, 77-78쪽 각주 111), 208-210쪽, 225-226쪽.

4 『정산종사법어』제2부 법어 제13 도운편(道運編) 24장, 33장. 원문은 인터넷 싸이트 〈원불교 경전법문집〉 (https://won.or.kr/bupmun) 참조.

敦化, 1885-1950)의 『신인철학』에 잘 나타나 있다. 1920년대에 천도교를 대표하는 이론가였던 야뢰 이돈화는 1931년에 동학사상을 현대적으로 재해석한 『신인철학』을 간행했는데,[5] 이 책의 첫머리에 소개되는 '한울'의 우주론은 '세계일가(世界一家)'라는 인식이 단순히 민족 단위를 넘어서 우주적 차원으로까지 확장되고 있음을 보여주고 있다.[6] 이 점은 원불교에서도 마찬가지로, 정산 송규의 법문집을 모은 책 『한 울안 한 이치에』(1982)나 원불교에서 발행하는 『한울안신문』에서의 '한울'은 인간과 만물이 지구라는 하나의 공동체에서 살고 있는 '한 가족'이라는 의미를 담고 있다. 그런 점에서 천도교와 원불교에서 사용하는 '한울' 개념은 현대적으로 말하면 '지구일가'나 '지구촌'으로 바꿔 말할 수 있다.(다만 차이가 있다면 '한울'에는 인내천(천도교)과 일원주의(원불교)의 인간관과 우주론이 깔려 있다는 점이다).

한편 '한울' 개념은 '천지만물을 하나로 생각한다.'는 점에서는 기본적으로 유학에서 말하는 '만물일체사상'과 상통한다고 볼 수 있다. 다만 유학에서는 인간과 만물 사이의 기(氣)의 차이, 인간과 인간 사이의 신분의 구분, 중국과 외국 사이의 문화적 우열 등을 전제한 상태에서 정감상의 일체를 추구한다면, 천도교나 원불교의 '한울' 개념은, '모두가 하늘이고' '모두가 부처이다.'는[7] 슬로건에서 알 수 있듯이, 존재론적 차원에서 만물일체를 인정하

5　『신인철학』의 초판본 간행연도에 대해서는 허수, 「이돈화의 『신인철학』 연구」, 『사림』 30, 2008, 202쪽 각주2)를 참고하였다.

6　이돈화의 『신인철학』 제1장 「한울」 제1절 '한울이라는 이름'에 따르면, '한울'은 '우주 전체'를 말한다. 이돈화, 『신인철학』, 서울: 천도교중앙총부, 1968. 이하에서 인용하는 『신인철학』은 이 판본에 따른다.

7　"〈나의 마음이 곧 부처이고, 세상 모든 것이 부처〉라는 믿음이 원불교 신앙의 근본이자, 소태산 대종사가 얻었던 큰 깨달음이다." 권도갑, 「나의 마음이 부처면 그곳이 곧 불당」, 《가톨릭뉴스 지금여기》, 2013.09.16. (http://www.catholicnews.co.kr/news/

고, 나아가서 '생태'(동학·천도교)와 '은혜'(원불교)의 관점에서 인간과 만물의 상호 의존성을 강조한다는 점에서 차이가 있다.

이 글에서는 선행 연구에서 소홀히 다루어졌던 천도교의 세계주의에 주목하고, 그것을 동시대의 개벽파인 원불교와의 연관 속에서 이해하면서, 요즘과 같은 지구위험시대에 요청되는 '지구주의'의 일환으로 해석하고자 한다. 구체적으로는 이돈화의 한울의 우주론에 바탕을 둔 세계주의를 '지구주의'라고 명명하고, 지구주의의 관점에서 이돈화의 자아관과 윤리학을 재해석하여 지구화 시대의 '지구인문학'(Global Humanities)의 일환으로 천도교를 자리매김하고자 한다.[8] 이와 같은 작업은 종래에 '민족'이라는 틀에 갇혀 있던 천도교에 관한 인식을 새롭게 할 뿐만 아니라, 기후 위기나 팬데믹과 같은 지구적 위기상황에서 요청되는 지구인문학을 모색하는 데도 시사하는 바가 크리라 생각한다.

II. 지구화와 지구주의[9]

먼저 본론에 들어가기에 앞서 사전 작업의 일환으로 '지구주의'와 그

---

articleView.html?idxno=10600)

8 '지구인문학' 개념은 인간과 국가 중심의 근대적 인문학의 한계를 뛰어넘는 새로운 인문학을 모색하자는 취지에서 2020년 4월에 원광대학교 원불교사상연구원에서 시작한 '지구인문학 읽기모임'에서 처음으로 제창되었다.

9 이 장의 내용은 《개벽신문》 94호(2020년 5월)에 실린 조성환, 〈팬데믹 시대에 읽는 지구학(1): 울리히 벡의 『지구화의 길』을 중심으로〉의 "3. 지구화 관련 개념들"을 참고하였다.

것의 바탕이 되는 '지구화' 개념을 간략히 살펴보고자 한다. '지구화'는 'globalization'의 번역어로, 비슷한 말로는 '세계화'가 있다. 둘 다 원어는 'globalization'인데, 우리말 번역어에는 '세계화'와 '지구화'의 두 가지가 있는 셈이다. '세계화'는 우리에게는 1990년대부터 대두된 '신자유주의'와 관련이 깊은 말로 알려졌다. 즉 '신자유주의적 세계화'로, 주로 경제적 측면을 강조하여 사용하는 개념이다. 이 외에도 '한국 상품의 세계화'나 '한류 문화의 세계화' 같이 지역적인 것이 세계적으로 전파되는 것을 지칭할 때에도 사용한다.

한편 '지구화'는 '세계화'와 거의 같은 의미로 사용하지만, 굳이 구분을 한다면 경제 이외의 영역, 그중에서도 특히 인간 이외의 영역에까지 적용할 수 있다는 특징이 있다. 그 대표적인 사례가 울리히 벡(Ulrich Beck, 1944-2015)이다. 1999년에 나온 울리히 벡의 *What is Globalization?*의 우리말 번역서의 제목은 『지구화의 길』이었다.[10] 'globalization'을 종래와 같이 '세계화'라고 번역하지 않고 '지구화'라고 번역한 것이다. 그 이유는 울리히 벡이 말하는 globalization 개념은, 그의 또 다른 저서 *Risk Society*(위험사회)의 제목에서 알 수 있듯이,[11] 오늘날 심각해지는 기후위기와 같은 생태 문제까지도 포함하고 있기 때문이다. 즉 위험이 인간과 만물, 그리고 자연을 포괄하는 '전 지구적'(global) 차원에서 전개된다는 의미에서의 globalization 개념을 쓴다. 그래서 단순히 '세계화'라고 하지 않고 '지구화'라고 번역한 것이다.

또한 울리히 벡은 『지구화의 길』에서 'globalism'이라는 개념도 사용하는데, 우리말 번역어는 '지구주의'였다. 그런데 울리히 벡이 말하는 '지구주의'

---

10 Ulrich Beck, *What is Globalization?*, Cambridge: Polity Press, 1999. 번역은 조만영 옮김, 『지구화의 길』, 서울: 거름, 2000.

11 Ulrich Beck, *Risk Society: Towards a New Modernity*, London: Sage, 1997.

는 긍정적인 의미가 아니라 부정적인 의미로 사용된다. 즉 신자유주의적 세계관을 신봉하는 '세계시장 지배의 이데올로기' 또는 '신자유주의 이데올로기'를 지구주의라고 명명한 것이다. 이것은 달리 말하면 경제라는 하나의 요인만으로 globalization을 설명하려는 시도에 해당된다(『지구화의 길』 314쪽). 그런 의미에서는 '세계화주의'라고도 번역할 수 있을 것이다.

반면에 긍정적인 의미로는 'globality' 개념을 사용하는데 우리말 번역어는 '지구성'이었다. 여기서 '지구성'은 "지구 위에서 벌어지는 어떤 현상도 특정 지역에 한정되지 않는 성격"을 가리킨다(『지구화의 길』 31쪽). 즉 모든 일이 국가와 지역이라는 공간적 제약을 넘어서 하나로 연결되어 있다는 것이다. 오늘날과 같은 '팬데믹' 상황을 떠올리면 쉽게 이해할 수 있을 것이다. 본 논문에서 말하는 '지구주의'는 이 '지구성' 개념과 유사하다. 즉 '신자유주의 이데올로기'라는 부정적인 의미가 아니라 지구상의 모든 것이 하나로 연결되어 있다는 신념을 '지구주의'라고 명명하고자 한다. 물론 여기에서의 '모든 것'에는 인간을 넘어서는 만물과 자연의 영역까지도 포함된다.

이하에서는 이러한 지구주의의 관점에서 천도교의 세계주의를 분석하고, 그 안에 지구민주주의와 지구공화주의적 지향이 들어 있음을 보이고자 한다.

III. 자아의 확장: 무아에서 대아로

천도교의 인간관의 가장 큰 특징 중의 하나는 '자아' 개념이 세분화된다는 점이다. 가령 『당론』에서는 사회아 · 민족아 · 국가아 · 세계아 · 우주아로,[12] 사회에서 우주에 이르는 각 단계마다 자아 개념을 사용한다. 지금 식으로 말하면 자아를 사회적 자아, 민족적 자아, 국가적 자아, 세계적 자아, 우주적 자아 등으로 나누는 셈이다. 이것은 '내'가 개인적 존재가 아니라 공공적 존재임을 나타내고, 그 공공성이 자신이 속하는 범위에 따라 달라질 수 있음을 함축한다. 특히 '사회아'나 '민족아' 개념은 전통 유학에는 없는 것으로[13] 서양과의 만남으로 '사회'나 '민족'이라는 새로운 범주가 등장했음을 알 수 있다.

이 중에서 '우주아'는 내가 세계를 넘어서 우주의 차원으로까지 확장됨을 시사하는데, 여기에서 세계는 전통적 개념으로 말하면 '천하'에 해당하고, '우주'는 '천지'에 상응한다. 그래서 '우주아'는 '천지아'로 바꿔 말할 수 있고, 전통적 개념으로는 '천인합일된 자아'를 가리킨다. 즉 내가 우주와 하나 된 상태가 우주아인 것이다.

한편 『신인철학』이나 『당지』에서는 우주아를 '무궁아'나 '대아' 또는 '한울아'라고도 한다. 무궁아나 대아는 내가 유한한 개체의 차원을 넘어서 무한히 확장된 자아라는 의미이고, '한울아'는 그러한 자아가 "사람이 하늘이다."는 동학적 인간관에서 기인하고 있음을 시사한다. 실제로 『당지』에서는 '인내천'의 인간관을 들면서 '대아' 개념을 설명한다.

인내천(人乃天)은 소아(小我)를 가리키는 말이 아니고 대아(大我)를 가리키는 진리이다. 사람이 능히 소아 이외에 대아가 존재하는 것을 믿고 대아

---

12 김병제 · 이돈화 외, 『천도교의 정치이념』, 서울: 모시는사람들, 2015, 232쪽.
13 가령 『대학』의 "수신-제가-치국-평천하"의 틀을 적용하면 전통시대 유학에서의 자아는 "개인아-가족아-국가아-세계아"로 분류될 수 있다.

의 풍광에 접할 수 있으면 좁던 나가 넓어지고 작은 나가 커지며 짧던 나가 길어진다. 즉 유한하던 자아가 무한해지며 무상변화의 자아가 상존항구의 무궁아(無窮我)로 화(化)한다. 그러므로 대신사(=최제우) 말씀하시기를 '무궁한 그 이치를 무궁히 살펴내니 무궁한 이 울 속에 무궁한 나 아닌가!'라고 하였다. 그러므로 인생의 맛은 무궁아를 발견하는 데 있다.[14]

여기에서 이돈화는 개인적 차원의 '소아'를 넘어서 우주적 차원으로 확장된 '대아' 개념을 제시한다. 그리고 그 '큰 나'는 흔히 불교에서 말하는 무상한 '무아'가 아니라 그것과는 정반대로 항구한 '무궁아'라고 설명한다. 즉 '나'라는 존재는 실체가 없는 공(空)한 존재가 아니라 우주성이라는 실체성을 지닌 무한한 존재라는 것이다. 아울러 『용담유사』의 맨 마지막에 나오는 '무궁한 나' 개념을 소개하면서 동학을 창시한 최제우가 이미 '무궁아' 개념을 설파했다고 주장한다. 마지막으로 이러한 무궁아를 찾는 것이야말로 인생의 의미라고 끝맺고 있다.

여기에서 문제는 자아가 어떻게 무상하지 않고 무궁할 수 있는지 여부이다. 즉 자아가 무궁하다는 주장을 이돈화가 어떻게 정당화하는지이다. 이에 대한 실마리는 이돈화가 첫머리에서 천명하는 '인내천은 대아를 가리키는 진리이다.'는 말에서 찾을 수 있다. 인내천은 '사람이 하늘이다.'는 최시형의 인간관을 천도교적으로 표현한 것으로, 그 기원은 '내 안에 하늘을 모시고 있다.'는 최제우의 시천주(侍天主) 사상에 뿌리를 두고 있다. 그래서 '인내천이 대아를 가리킨다.'는 이돈화의 설명은 '사람이 하늘이다.'는 동학적 인간

14 김병제 · 이돈화 외, 앞의 책, 131쪽.

관에서 '하늘'을 '우주' 전체로 해석하여, '나와 우주는 근본적으로 동일하다.'
는 명제를 도출해 낸 것이라고 볼 수 있다. 이 점은 『신인철학』의 다음과 같
은 구절에서 확인할 수 있다.

> 여기에서 말하는 '한울'의 개념은 어떤 부분에 한정하는 말이 아니요 우
> 주 전체를 이르는 말이다. 소아, 즉 개체아(個體我)에 대하여 전 우주를 대
> 아, 즉 한울이라 부르는 것이다. '무궁한 이 울 속에 무궁한 내 아니냐'의 의
> 미로 본다면 소아, 즉 나(我)의 개체와 대아, 즉 '한울'은 근본에서 동일하다
> 는 것으로, 소아는 대아에 융합일치될 수 있다 함이니, '한울'의 명의(名義)
> 는 이 노래의 뜻으로 인하여 더욱 명백해졌다.[15]

일반적으로 '사람이 하늘이다.'라는 동학의 슬로건은 신분이나 성별 또
는 나이에 상관없이 모든 인간이 존엄하다고 하는 인간의 존엄성과 평등성
을 선언하는 명제로 이해되고 있다. 그런데 이돈화는 이것을 자아론의 영역
으로 끌고 들어와 자아의 무한성을 설명하는 명제로 재해석하였다. 이것은
이돈화에게 철학의 주제가 '인간의 존엄'에서 '자아의 탐구'로 이동되었음을
시사한다. 즉 나란 무엇이며, 나는 어디에서 유래하는지를 우주론적 차원에
서 묻는 것이다.

그렇다면 이돈화는 인간과 우주의 동일성을 어디에서 찾고 있을까? 즉
'한울'이라고 할 때에 '하나'(한)라는 동일성이 어떻게 확보될 수 있을까? 이
에 대한 해답은 '하늘'을 지기(至氣)로 해석한 최제우의 생명사상에서 찾을

---

15 이돈화, 『신인철학』, 서울: 천도교중앙총부, 1968, 10쪽.

수 있다.

IV. 생명의 일원성과 자아의 지구성

최제우의 『동경대전』에는 천주(天主)와 지기(至氣)가 동일한 실체의 다른 명칭처럼 쓰이는데, 일반적으로 지기(至氣)는 '우주적 생명력'으로 해석되고, 천주(하늘님)는 지기(至氣)가 내 안에 들어 있는 것을 인격적으로 표현한 것이라고 한다. 여기에서 '지기'를 '생명'이라는 현대적 개념으로 풀이하여 동학을 생명철학으로 해석한 장본인이 바로 이돈화이다. 이돈화는 『신인철학』에서 '지기'에 '생명'을 붙여서 '지기생명(至氣生命)'이라는 개념을 사용하고(32쪽, 44쪽), 이 지기, 즉 '우주적 생명력'은 하나로 통한다는 점에서 '지기일원'이라고도 한다(28쪽). 그리고 이 일원적 생명력을 표현한 말이 '한울'이며, 인간이 무궁한 것은 이 무한한 지기생명을 공유하기 때문이라고 말한다. 그럼 먼저 이돈화가 지기를 우주의 생명력으로 해석하는 대목을 살펴보자.

적은 개자(介子) 종자 속에도 생명이 머물러 있고 원형질 세포에도 생명이 있고 물질의 원자 전자에도 거력(拒力) 흡력(吸力)이 있는 것으로 보아 우리는 먼저 우주에는 일대 생명적 활력이 있음을 알 수 있다. 이 활력을 수운주의에서는 '지기'라 하고, 지기의 힘을 '한울'이라 한다. 그러므로 대우주의 진화에는 '한울'의 본체적 활력, 즉 생생무궁의 생명적 활동의 진화로 만유

의 시장을 전개한 것이라 보는 것이다.[16]

만물은 실로 '지기생명'의 연속적 진화의 결과이다. 무한한 한울의 힘의 일대 자율적 창조이다.[17]

여기에서 이돈화는 수운이 말한 지기(至氣)를 우주에 내재하는 생명력과 창조력으로 해석하고, 그것이 바로 '한울'(하늘)의 의미라고 말한다. 아울러 이러한 지기의 생명력이 만물에 들어 있다고 하는데, 이것은 해월이 말한 '만물은 하늘님을 모시고 있다(萬物莫非侍天主).'를[18] 이돈화적으로 설명한 것이라고 볼 수 있다. 이어서 이돈화는 지기의 생명력과 창조력은 유일무한하고, 만물에는 이 유일무한한 힘이 내재하기 때문에 만물은 무한성을 띤다고 말한다.

만물은 개개의 개체상태에서는 바로 지기본체 즉 '한울'이라 할 수 없다. 그러나 만물은 만물 전체로 본다면 만물과 한울(至氣) 양자가 상즉하여 불리불반(不離不反)케 되는 것이다. 유일무한이라는 면에서 보면 모든 것은 유일무한한 원만의 본체, 즉 한울에 불과하며 유한차별의 방면에서 보면 하나도 상주불변하는 것이 없고, 만물은 오직 그 본체 속을 넘나드는 물결일 뿐이니, 이것이 곧 현상계이다. 지기의 본체가 무사불섭(無事不涉) 무사불명

---

16 위의 책, 17쪽.
17 위의 책, 32쪽.
18 『해월신사법설』 제7편 「대인접물」. 이 글에서 인용하는 『해월신사법설』의 원문과 번역은 이규성, 『최시형의 철학 : 표현과 개벽』, 서울: 이화여자대학교출판부, 2011을 참고하였다.

(無事不命)의 이법으로 현상계에 나타났다는 증거를 우리는 만유의 생명활동에서 알 수 있다. 만유는 한가지로 대우주 대생명의 '표현'으로 생물계의 현상과 의식현상은 동일한 생명의 근본을 두는 것이다.[19]

한울의 자율적 창조성으로 한울이 한울 스스로를 '표현'한 것이 만물인 것이다. (…) 그러므로 우주는 분산적 기계적인 상호운동이 아니오, 연쇄적 유기적인 본체 자율의 조화이다. 한울이라는 대자연의 유기적 진화운동이다.[20]

여기에서 이돈화는 최제우와 최시형의 개념과 언설들을 활용하여, 만물이 개체의 차원에서는 유한해 보이지만 전체의 차원에서는 무한한 본체와 맞닿아 있음을 보인다. 구체적으로는 최시형이 『해월신사법설』에서 '만상이 다 천도(天道)의 표현이다.'(「기타」)고 한 점을 근거로, 만유를 지기본체로서의 한울의 '표현'으로 규정한다. 만물은 자기 안에 내재하는 한울의 창조력으로 스스로를 표현하고, 우주는 이러한 만물들의 유기적 조화로 진화해 나간다는 것이다. 이 해석에 따르면 만물은 인간과 마찬가지로 지구의 진화에 동참하는 동등한 일원으로 자리매김 되는데, 바로 여기에 지구적 차원의 '자아' 개념이 성립한다.

미국의 신유물론자인 제인 버넷(Jane Bennett, 1957-)에 따르면, 찰스 다윈은 평생 동안 지렁이를 관찰하여 그 결과를 『지렁이의 활동과 분변토의 형성』이라는 연구서에 수록하였는데, 이 책에서 그는 지렁이가 묘종(seedling)

19 이돈화, 『신인철학』, 앞의 책, 30-31쪽.
20 위의 책, 18쪽.

할수 있는 옥토(vegetable mould)를 만들고, 이것이 인간에게도 유용하게 쓰인다는 점을 근거로 지렁이는 지구의 역사를 만드는 데 중요한 역할을 하는 '행위자'(agency)로 간주되어야 한다고 주장하였다고 한다.[21] 이것은 이돈화의 개념으로 말하면, 지렁이가 자기 안의 한울을 표현함으로써 지구의 일원으로 참여한다고 할 수 있다.

이와 유사하게 이돈화도 개체를 지구적 차원에서 바라보고, 만물을 생명의 관점에서 이해한다. 즉 지구주의의 관점에서 개체와 만물을 '지구적 자아'로 규정하는 것이다. 이러한 자아관에 따르면 인간과 만물은 창조적 활동에 동참한다는 점에서는 동등하고 독립적이지만, 그 활동들이 연쇄적이고 유기적으로 연결된다는 점에서는 전일적이고 의존적이다. 이 점은 인간도 예외가 아닌데, 바로 여기에 만물에 대한 인간의 책임과 윤리가 존재한다.

V. 경물도덕과 지구윤리

이돈화는 지구적 자아관과 인간관을 바탕으로 지구적 차원의 윤리학을 전개한다. 『당론』에서 그는 인간은 만물에 자신의 존재성을 빚지고 있고, 따라서 만물을 돌볼 의무가 있다는 지구윤리학을 설파한다.

나는 대우주의 무한한 시간 중의 이 현재, 무한한 공간 중의 이 지구에서 살고 있는 대우주 대생명(즉 한울)의 가장 고도로 발전된 일부분적 생명이

---

21 Jane Bennet, *Vibrant Matter: a political ecology of things*, Durham: Duke University Press, 2010, pp.95-96.

다. 이 우주, 즉 한울을 떠나서 생겨날 수도 없고 살 수도 없는 나는 마땅히 우주 만물을 사랑하고 아끼고 잘 기르고 잘 발전·향상시킬 의무를 가지고 있는 것이다. 나는 이 세계 인류 중의 하나이다. 이 인류 사회를 떠나서 내가 생길 수도 없으며 살아갈 수도 없다. 따라서 나는 마땅히 이 세계의 무궁한 발전·향상과 이 인류 사회의 평화와 행복을 증진·향상시키는 사업에 적극 노력하며, 이 인류 사회의 발전·향상과 함께 자신의 행복을 증진할 의무를 가지고 있는 것이다.[22]

여기에서 이돈화는 인간 존재가 비록 고도의 생명체이기는 하지만, 그 존재성을 만물에 의지하기 때문에 만물에 대해서도 윤리적 태도를 취해야 한다고 설파한다. 즉 윤리의 대상을 인간뿐만 아니라 자연과 만물에까지 확장해야 한다는 것이다. 그리고 바로 이러한 윤리 의식이야말로 인간이 다른 생명체보다 뛰어난 이유라고 말한다. 이와 같은 지구적 차원의 윤리 의식은 최시형의 개념을 빌리면 '경물(敬物)'이라고 할 수 있는데, 실제로『천도교의 정치이념』에서는 '경물'을 '도덕'과 '경제'의 두 차원으로 나누어서 보다 체계적으로 설명한다.

'경물'은 도덕적 경물과 경제적 경물 두 가지가 있나니, 모든 자연물을 사랑하고 보호하는 일이 그 하나요, 소극적으로는 모든 물품을 절약하고 적극적으로는 모든 경제적 생산을 충실히 하는 일이 그 둘째이다. 우리의 터전인 이 국토 안에 민둥산이 많고 황무지가 있는 것도 우리가 경물의 도덕을 몰랐다는 실증이요, 해방된 우리 땅이 불결하고 파손이 많은 것도 우리가

22 김병제·이돈화 외, 앞의 책, 269쪽.

경물의 도덕을 모른다는 실증이다.[23]

혼히 '윤리'가 인간과 인간 사이에 지켜야 할 규범을 가리키는 말이고, 이 말의 유래가 유학에 뿌리를 두었다면, 여기에서 이돈화는 '윤리'를 넘어선 '도덕'을 말한다. '도덕'은 인간의 윤리 의식이 인간과 인간의 영역을 넘어서 인간과 만물에까지 확장되는 차원을 말한다. 수운 최제우는 이러한 도덕을 '천도(天道)'와 '천덕(天德)'이라고 하였고, 해월 최시형은 그것을 인간뿐만 아니라 '만물도 하늘님을 모시고 있다.'는 '만물시천주' 사상으로 전개하였으며, 만물을 하늘님처럼 공경하는 것을 '경물(敬物)'이라고 하였다. 그런 점에서 경물도덕은 지구적 차원의 윤리, 즉 '지구윤리'에 해당한다고 할 수 있다.

한편 위의 인용문에서 이돈화는 최시형의 경물사상을 두 측면으로 나누어서, '자연에 대한 사랑'에 더해서 '물건에 대한 절약'으로도 해석하는데, 이러한 해석은 이미 『신인철학』에서부터 보인다.[24]

둘째는 동물 학대 폐지와 경물이니, 동물도 자연 중의 일부이다. 그러므로 우리가 그를 이용하면 또는 식료(食料)로 삼는다. 이것은 이천식천의 원리에 어쩔 수 없는 일이다. 일부의 진리이다. 그러나 우리가 동물을 잡아먹는다 하여 동물을 사용할 때 학대하며 동물을 참살하는 것과 같은 것은 도저히 용서할 수 없는 도덕률이다. 동물 학대 폐지는 다만 동물의 원리에만 적당한 것이 아니요 인간성의 향상과 순화로 보아도 지극히 당연한 일이니,

---

23 위의 책, 73쪽.
24 이하의 『신인철학』에 나오는 '경물'에 대한 내용은 조성환, 「동학에서의 도덕의 확장」, 『문학 사학 철학』61권(2020년 여름)을 참조하였다.

사람은 동물을 경애함으로써 인간성의 미덕을 조성시킬 수 있고, 사회의 인도와 풍교(風敎)가 향상할 수 있다. 셋째는 경제사상과 경물이니, 우리는 일없이 일초일목(一草一木)을 상(傷)치 말 뿐 아니라, 나아가 그를 잘 이용하고 이용하기 위하여 양성하여야 한다. 우리나라가 경제상으로 쇠퇴한 원인으로 말하면 불경물(不敬物)의 원인이 그 주요한 점이다. 그 증거로는 산악이 동탁(童濯)한(=벌거벗은) 것으로 이를 알 수 있다. 마치 만인(蠻人)이 자기네의 양식이 되는 과실나무를 작벌(斫伐)하여 놓고 과실을 따서 먹는다는 말과 같이, 우리나라는 산국(山國)이라 경제적 또는 문화적 경향이 대부분 산에 있음에도 불구하고 산성(山性)을 동탁케 한 것은 자연에 대한 일대불경(一大不敬)이니만큼 그만큼 죄가 크다 볼 수 있다. 여하튼지 경물을 단지 경제상으로 볼지라도 불경물의 폐해는 실로 망국인(亡國人)의 근본이라 아니할 수 없다.[25]

여기에서 이돈화는 경물도덕을 근거로 동물 학대 폐지를 주장한다. 『신인철학』이 나온 것이 1931년이라는 점을 감안하면 대단히 빠르다고 할 수 있는데, 실은 1920년부터 이미 천도교에서는 동물 학대 폐지를 주장하였다. 1920년에 나온 『개벽』 제4호에 실린 논설 「인도정의(人道正義) 발전사로 관(觀)한 금일 이후의 모든 문제」에서는 다음과 같이 말한다.

모 학자는 인도(人道)의 최후 도덕상 목적으로 동물 학대폐지를 절론(切論)하여 말하였다: 「인류는 자기의 생명을 보존하기 위하여 동물을 먹는 것을 완전히 폐지해야 한다고 주장할 수 없지만, 이들을 죽여서 먹을지라도

25 이돈화, 『신인철학』, 앞의 책, 203-204쪽.

여기에 우애주의, 즉 인도주의를 확실히 지키지 않을 수 없으니, 가급적 그 고통을 없게 하며, 이들에게 무익한 재해를 가하지 않도록 하며, 그들을 위하여도 그들의 행복을 중히 하여 과도한 사역을 금하며 무리한 학대를 피함이 옳다. 원래 동물 학대는 단지 동물 그 자체를 위하여 가련할 뿐만 아니라, 다른 측면에서 논하면 인류의 성능 및 행위상에 적지 않은 해로움이 미친다는 것은 아주 간단한 이치로 증명할 수 있다. 즉 동물을 학대하는 것은 사람의 품성을 황폐하게 하며 감정을 상하게 하기 때문에 이를 감히 하는 사람에게는 결코 우아한 신사적 분위기가 나지 못하는 것이고, 성인 공심이 생겨나지 못하는 것이다. (…) 그러므로 인도주의의 종국 목적은 동물 학대 폐지까지 이르지 아니하면 완벽한 준비의 지경에 이르지 못하리라」라 하였다. 이와 같이 인도정의의 문제를 만일 동물 학대폐지의 문제에까지 확충한다면 그동안 있었던 같은 인류끼리의 압박과 학대는 도저히 머리카락 한 올도 더하지 못할 것이다.[26]

여기에서 저자는 '모 학자'의 말을 인용하면서 동물 학대 폐지를 주장한다. 그리고 해월의 '경물' 사상도 언급하지 않는다. 다만 모 학자의 주장이 '도덕'에 근거함을 밝힌다. 그런 의미에서 이돈화가 말한 '경물도덕'과 상통한다고 볼 수 있다. 아울러 이 글의 저자 이름도 나와 있지 않은데, 내용상으로 보면 이돈화일 가능성도 배제할 수 없고, 최소한 이돈화와 생각을 같이하는 사람임은 분명하다.

한편 이돈화는 위의 인용문에서 자연 파괴를 단지 경제적 차원뿐만 아니

---

26 인터넷싸이트 〈한국사데이터베이스〉의 '한국근현대잡지자료' 『개벽』 4호, 1920년 9월. 이 자료는 도서출판 모시는사람들의 박길수 대표로부터 소개받았다.

라 원죄적 차원으로도 이해하여 '불경죄'라고 말하는데, 여기에서 불경죄는 지금으로 말하면 일종의 '생태적 죄'(ecological sin)나 '신학적 죄'라고 해석할 수 있다. 즉 최시형의 표현을 빌리면 '하늘님을 해쳤다.'는[27] 의미에서 신학적 죄에 해당하고, '생명을 손상시켰다.'는 점에서는 생태적 죄에 해당하는 것이다.

이상의 고찰에 따르면, 천도교에서 제시한 '세계공화(世界共和)'[28]나 '천인공화(天人共和)'[29]는 단순한 '민족 간의 조화나 평화' 또는 '최제우와 하늘님 사이의 협력'이라는 좁은 의미를 넘어서 지구와 인간, 만물과 사람 사이의 조화를 의미하는 '지구적 공화'(global harmony) 개념으로 재해석될 수 있다. 왜냐하면 이러한 '공화' 개념들의 배경에는 한울의 우주론과 경물의 윤리학이 깔려 있기 때문이다. 예를 들어 최시형과 이돈화가 말하는 '기화'와 '경물'은 만물이 생태적 의존과 협력 관계에 있고, 그래서 인간은 만물을 공경해야 한다고 주장한다는 점에서 '지구적 공화사상'으로 해석할 수 있다. 인간과 인간 사이의 조화와 평화를 넘어서 인간과 자연 사이의 조화와 평화를 도모하기 때문이다. 한편 최시형은 여기에서 한 걸음 더 나아가서 오늘날과 같은 '생태적 불안' 개념까지도 제시한다.[30]

---

27 "어린아이도 하늘님을 모셨으니 아이를 때리는 것은 하늘님을 때리는 것이다." (『해월신사법설』 26편 「내수도문」)
28 김병제·이돈화 외, 앞의 책, 108쪽.
29 '천인공화'는 정계완의 「삼신설」(『천도교회월보』 제9호)에 나오는 개념으로, 최제우와 하늘님이 문답을 하면서 나눈 약속을 정계완이 "하늘과 인간의 공화"로 해석한 것이다.
30 이하의 최시형의 '불안' 개념에 대해서는 조성환, 「천지생물이 불안한 시대」, 모시는사람들 기획, 『개벽의 징후』, 서울: 모시는사람들, 2010, 5-10쪽을 참고하였다.

이 세상은 개벽의 운수다. 하늘과 땅이 불안하고 산천과 초목이 불안하고 강하의 물고기가 불안하고 산림의 짐승이 불안하다. 그런데 어찌 사람만 홀로 따뜻한 옷을 입고 배불리 먹으며 편하게 도를 추구하겠는가![31]

여기에서 최시형은 인간의 불안을 넘어선 자연과 만물의 불안을 언급하는데, 이러한 태도가 가능한 것은 최시형이 만물까지도 하늘님으로 대하는 만물시천주적 존재론을 가졌기 때문이다. 즉 만물까지도 하나의 존엄한 '주체'로 생각했기 때문이다. 그런 점에서 최시형은 이미 130여 년 전에 인간의 불안을 넘어선 '지구적 불안(global anxiety)' 개념을 제시했다고 할 수 있다.

VI. 맺음말

1994년에 아시아를 대표하는 두 정치가가 이른바 '아시아적 가치'를 두고 상충되는 견해를 제시하였다. 싱가포르의 리콴유(1923-2015) 총리와 한국의 김대중(金大中, 1924-2009) 아태평화재단 이사장이 『Foreign Affairs』 지면에서 서로 다른 '민주주의론'을 전개한 것이다. 리콴유 총리는 「문화는 숙명이다」(Culture is Destiny)라는 제목의 글에서 동서양은 문화가 다르기 때문에 서구식 민주주의를 동아시아에 그대로 적용할 수 없다고 주장하였다. 그로부터 8개월 뒤에 김대중 이사장은 「문화는 숙명인가?」(Is Culture Destiny)라는 제목의 글에서 리콴유 총리의 주장을 반박하면서, 동아시아에는 서구

---

31 『해월신사법설』 「개벽운수」.

보다 뛰어난 민주주의 사상 전통이 있기 때문에 얼마든지 민주주의가 가능하다고 하였다. 그리고 그 근거로 유교와 불교, 그리고 동학을 들었다. 아울러 앞으로 지구상의 모든 존재들의 생존권까지 보장되는 '지구적 민주주의'(global democracy)를 실현해 나가야 한다고 주장하였다.[32]

여기서 '지구적 민주주의'라고 할 때의 '지구적'(global)이라는 말에는, 내용상으로 인간뿐만 아니라 만물까지도 포함되기 때문에, 동아시아 고전 개념으로 말하면 '천지적'(天地的)이라고 표현할 수 있다. 즉 '천지민주주의' 또는 '만물민주주의'의 다른 말인 것이다. 그리고 동학이나 천도교의 개념으로 표현하면 '경물민주주의'라고도 할 수 있다. 경물민주주의는 인간이 인간 이외의 존재를 대하는 방식이 민주적이어야 한다는 의미를 담고 있다. 그런 의미에서 동학이나 천도교에서 말하는 '경물'이나 '경물도덕' 등은 김대중의 언어로 표현하면 '지구적 민주주의'에 해당한다고 할 수 있고, 요즘식으로 말하면 '생태민주주의'와 상통한다.[33] 이처럼 동학·천도교와 김대중은, 비록 시간적으로는 반세기에서 1세기 가까이 떨어져 있지만, 서구적인 의미의 '인간 중심적 민주주의'를 넘어서 '천지만물의 민주주의'를 제창한다는 점에서는 동일하다.

지금까지 살펴본 바와 같이, 동학과 천도교의 사상은 단순한 민족주의

---

32 김학재,「김대중의 통일·평화사상」,『통일과 평화』9-2, 2017, 69쪽; 리콴유와 김대중의 논쟁은 『아시아적 가치』(서울: 전통과 현대, 1999)에 「문화는 숙명이다」(리콴유)와 「문화는 숙명인가」(김대중)로 실려 있다. 아울러 이 논쟁에 대한 상세한 소개는 조성환,〈팬데믹시대에 읽는 지구학(3):『아시아적 가치』를 읽고〉,《개벽신문》95호(2020년 6월)를 참조.

33 '생태민주주의' 개념은 구도완,『생태민주주의-모두의 평화를 위한 정치적 상상력』, 서울: 한티재, 2018 등에서 볼 수 있다.

나 저항운동을 넘어서 지구적 차원의 문제를 고민하였다는 점에서 오늘날과 대화할 수 있는 여지가 훨씬 많다. 특히 그들이 지향한 '지구적 민주주의'와 '지구적 공화주의'는 오늘날 한국이 나아가야 할 '민주공화'의 정치이념이 지구적 차원으로까지 확장될 수 있는 가능성을 내포한다는 점에서 주목할 만하다. 실제로 최근의 팬데믹 사태에 대응하는 한국 사회의 모습은 '지구적 민주공화'의 구현이 전혀 근거 없는 이야기만은 아님을 알 수 있다. 바이러스에 맞서는 시민들의 자율적 덕성과 정부에서 보여준 '민관협력'의 리더십은, 동학의 인내천적 인간관과 관민상화(官民相和)의 전통에서 그 기원을 찾을 수 있다.[34] 그런 점에서 동학은 대한민국의 민주공화사상의 출발이라고 해도 과언이 아닐 것이다. 더 나아가서 거기에는 시민사회의 민주공화를 넘어서 지구사회의 민주공화를 구현할 수 있는 미래적 잠재성까지 내포되어 있다. 바로 이러한 차원의 민주공화야말로 지금과 같은 기후위기 시대에 요청되는 지구화 시대의 민주주의이자 공화주의의 모습이 아닐까?

---

34 조성환, 「재난에 발휘되는 도덕성」, 모시는사람들 철학스튜디오 기획, 『세계는 왜 한국에 주목하는가-한국 사회 COVID-19 시민백서』, 서울: 모시는사람들, 2020, 134-138쪽 참조.

천도교의 공화주의와
공화적 인간관*

허남진　원광대학교 원불교사상연구원 연구교수

* 이 글은 『원불교사상과 종교문화』84, 원광대학교 원불교사상연구원, 2020,
109-143쪽의 글을 수정 · 보완한 것임.

Ⅰ. 머리말

19세기 이래로 동아시아 각 지역에서는 새로운 정치체제[政體]를 구상하면서 새로운 국가 건설을 기획하고자 했다. 이러한 과정에서 서양의 국가와 사회를 구성하는 원리와 사상에 관심이 확대되었고, '민주', '공화', '사회', '자유', '평등' 등 새로운 개념들이 등장했다. 특히 새로운 국가를 기획하는 과정에서 가장 주목한 개념은 '공화'였다.

한국근대사에서 공화제 문제는 일찍부터 근대국가의 건설이란 관점에서 연구해 온 주제 가운데 하나였고, 이미 '공화' 개념과 수용에 관한 개념사적 탐구를 시도한 연구들은 많다.[1] 이러한 연구들을 통해 정체(政體)로서 '공화'가 서구에서 수입된 개념이지만, 이미 오랫동안 그 나름의 역사를 가지고 이어온 개념이라는 점이 밝혀졌다. 이렇듯 근대 공화주의 출현은 진공 상태에서 출현한 것은 아니었다. 한국의 '민주'와 '공화'는 전통과 상관없이 외부

---

1 대표적으로 윤대원, 「한말 '立憲政體' 논의와 '민주공화'의 의미」, 『한국문화』 88, 2019; 정상호, 「동아시아 공화(共和) 개념의 비교연구」, 『한국정치학회보』 50-5, 2016; 정상호, 「한국에서 공화(共和)개념의 발전 과정에 대한 연구」, 『현대정치연구』 6-2, 2013; 이영록, 「한국에서의 '민주공화국'의 개념사」, 『법사학연구』 42, 2010; 박혜진, 「개학기 한국 자료에 나타난 신개념 용어 '민주'와 '공화'-수용과 정착과정을 중심으로」, 『일본어교육연구』 26, 2013 등이 있다.

의 영향으로 초래된 것이 아니다. 김상준은 유교 성왕론의 공(公)사상은 급진적 잠재성을 가지고 있었지만, 체계적인 공화주의, 민주주의 사상으로 나아가지 못했다고 평가한 바 있다.[2] 한편 량수밍(梁漱冥)은 서양의 과학과 민주에 주목하면서, 중국에는 사회윤리의 부족, 인치의 숭상으로 인해 민주가 나올 수 없다고 주장했다. 반면에, 김대중은 동학사상 등의 사상적 토양으로 인해 충분히 민주주의가 가능하다고 논하면서 아시아적 민주주의, 나아가 지구 민주주의(global democracy)의 비전을 주장했다.[3]

이 글의 문제의식도 한국의 공화주의 역시 공화를 지향하는 사상적 토양에서 비롯된 것이 아니냐는 물음에서 시작한다. 이와 관련하여, 동학 · 천도교와 원불교가 '공화'를 주장했다고 이해한다. 손병희(孫秉熙)는 공화의 정치와 입헌의 정치를 동서양의 이치로 인식하고, 천인은 인화(人和)를 이루고, 인화는 곧 공화정치를 이루는 방책이 된다고 주장했다. 정산 송규(宋奎)역시 세계평화를 실현하는 세 가지 중 공화제도를 지적한 바 있다. 또한, 류병덕은 공화세계(共和世界)의 도래를 염원하는 개벽종교의 정신을 공존공영의 공화정신, 즉 공화를 사상으로 개념화했다.

류병덕은 공화세계를 모두 함께 화(和)하고 같이 살 수 있는 세계로 정의했다. 류병덕에 따르면, 강증산은 '천지성공시대(天地成功時代)'라는 용어를 통해 함께 성공하고 함께 사는 공화시대의 도래를 염원했고, 소태산은 은(恩)사상을 통해 세계의 모든 존재가 서로 도움이 되는 공생[공화]의 계기를 만들었으며, 공생의 대아(大我)적 생명체를 형성해 가려는 공화사상을 주장

2 김상준, 「유교의 정치적 무의식」, 『다산학』 22, 2013, 220쪽.
3 이승환 회, 『아시아적 가치』, 고양: 도서출판 전통과 현대, 1999, 15-86쪽.

하였다.[4] 조성환 역시 근대한국 개벽종교의 '공화'는 조선 주자학의 '공공(公共)'개념의 개벽파 버전이라고 논한 바 있다.[5] 이처럼 '공화'는 근대한국 개벽종교의 공공성을 밝힐 수 있는 주요한 개념이다.

이러한 문제의식을 바탕으로 본 글에서는 근대한국 개벽종교에서 오늘날의 공화주의 사상의 실마리를 이루는 요소나 계기를 찾아보고자 한다. 나아가 개벽종교는 공화국가를 수립한다는 명확한 목표를 가졌다고 가정해 볼 때, 개벽종교에는 공화의 요소가 성장하고 있었고, 그들이 지향한 근대주체 기획 역시 공화주의에 기반을 둔 공화적 주체를 지향했음을 시사해 준다.

이를 위해 먼저 근대한국 공화의 '정체'와 '사상'이라는 두 가지 용법을 살펴보고자 한다. 특히 근대한국 개벽종교의 '공화' 용례를 통해 공화를 어떻게 이해하였는지 파악하여, 지금까지 동아시아에서 이루어진 공화 개념 연구의 공백을 메우고자 한다. 나아가 근대한국 개벽종교의 공화 개념에 근거하여 공화적 인간을 오상준의 '공개인(公個人)', 이돈화의 '신인(新人)' 개념을 통해 규명해 보고자 한다.

---

4 류병덕, 「개화기 · 일제시의 민중종교 사상」, 『원불교사상』6, 1982, 207쪽: 류병덕, 「한말 · 일제시에 있어서의 민족사상」, 한국철학회, 『한국철학사(하)』, 서울: 동명사, 1989, 243-245쪽.
5 조성환 · 이병한, 『개벽파선언』, 서울: 모시는사람들, 2019, 238-240쪽.

II. 근대한국 개벽종교의 '공화'

1. '공화(共和)'의 이산집합

공화국을 의미하는 '리퍼블릭(republic)'의 라틴어 어원은 'Res publica(레스 푸블리카)'이다. '리퍼블릭(republic)'은 'thing'을 의미하는 라틴어 'res'와 'people'을 의미하는 라틴어 'publica'의 조어로 '공적 영역', '공공의 것' 혹은 '모두의 것'을 의미하는 것으로 'Res publica'는 공동선의 지향이라는 통치의 에토스를 표현하는 개념이었다.[6] 국가는 공동의 이익을 구현하기 위해 어떤 법체계에 동의한 다수 인민의 결속체이기 때문에 공화국에서 인간들은 공동의 일을 결정하는 데 참여하는 시민[공민]으로 살아야 한다. 그러므로 'republic'은 특정한 정치권력이 아닌 삶의 방식을 규정하는 에토스였다.[7]

1880년대부터 동아시아에서 'republic'의 번역어 '공화'는 공치(公治), 합중(合衆)의 정체를 나타내는 신조어로 유통되기 시작했다. 원영의는 「정체개론(政體槪論)」에서 "공화정치는 지공무사(至公無私)하고 상하(上下)가 화동(和同)하는 것"으로[8], 『정치의 진화』에서는 "공화정치는 군신(君臣)의 자유권리를 화동(和同)함이요. 민주정치는 공화의 평민이 귀족의 경멸을 불수(不受)하여 일반권리를 보수(保守)하는 것이라"라고 설명했다.[9] 《한성순보》에서는 전 국민이 합동으로 협의하여 정치하는 것을 '합중공화(合衆共和)'라는

6 조승래, 『공화국을 위하여』, 서울: 길, 2010, 15쪽.
7 Franco Venturi, Utopia and Reform in the Englishment, Cambridge: Cambridge University Press, 1971, pp.70-71.
8 元泳義, 「政體槪論」, 『대한협회회보』 제3호, 1908년 6월 25일.
9 元泳義, 「政治의 進化(第五號續)」, 『대한협회회보』 제7호, 1908년 10월 25일.

용어로 사용하고 있다.[10] 유길준은 『서유견문』에서 '국인(國人)의 공화하는 정체'로 설명하면서 '합중정체'를 일컫는다고 설명하기도 했다.

한국에서 '공화(共和)'라는 용어가 공식 기록에서 발견되는 용례는 『광해군일기』이다. 광해군은 자신을 옹립한 이이첨(李爾瞻)에게 박승종(朴承宗), 유희분(柳希奮)과 함께 '보합(保合)'할 것을 요청했는데, 이이첨은 그것을 '공화(共和)'라고 지칭했다. 그리고 '공화(共和)'는 '협화(協和)', '상화(相和)'와 통용되는 용어로 보았다.[11] 하지만 동아시아의 공화는 유교 경전 및 왕조 체제와 연관한 것이었고, 번역어 '공화'는 서양의 입헌, 민주 등과 연동하는 개념이었다. 이처럼 한국에서는 '공화'(共和)를 공동체의 관념과 관련하여 사고되었다.

신채호는 '대동을 표방했던 정여립을 동양 최초의 공화주의자'로 지칭한 바 있다. 이와 관련하여, 신주백은 「1910년 전후 군주제에서 민주공화제로 정치이념의 전환: 공화론과 대동론을 중심으로」라는 논문에서 공화제 수용의 사상적 기저를 대동사상에 두면서, 1910년 이후 민주를 매개로 공화와 대동이 상호 침투하면서 민주공화제로 안착하는 과정에 주목했다. 신주백은, 1910년까지 정치체제 또는 정부형태로서 공화론과 민중이 주도하는 평균주의적 평등을 지향하는 대동론이 병립했고, 이러한 흐름에서 1910년 일제의 한국병합은 공화와 대동이 만나는 역사적 계기가 되었다고 한다. 그는 "공화는 공화정치라는 말로 유통되며 반역적인 정치체제라는 시선도 있기는 했지만, 주로 화평, 안정, 단합의 함의를 농축하고 있어 대동과 같은 함

---

10 "歐米立憲政體",《한성순보》, 1884년 1월 3일자; "美國誌畧",《한성순보》, 1884년 2월 17일자.
11 『광해군일기』, 광해 14년 02월 17일, 癸未.

의로 유통되었지만 군주제를 부인하지 못하는 공통점이자 제한성 때문에 공화론과 대동론은 병립"하다가 1910년 한국병합을 계기로 "국민 개개인의 민권을 중시하는 민주주의가 여러 사람의 권력인 공화와 접목하고, 대동과 만나며 민주공화제로 제도화되었다."고 말한다. 그는 1919년 정립된 민주 공화주의는 근대적 대동주의이자, 유교적 민본주의를 극복한 한국적 민주주의의 이념이자 정체라고 주장한다. 결론적으로 이러한 맥락에서 '민주'와 '공화'를 구분하지 않고 혼용해서 사용하거나, 공화라는 용어와 유사한 의미로 유통되던 대동론이 일상의 영역에서 광범위하게 사용되었기 때문이라고 주장한다. 조선에서 '공화'는 안정, 화평, 화합을 의미하는 것으로 즉 '서로 화합하고 협의하여 함께 정사를 돌봄'의 의미였으며, 이후 공화는 서구의 정치제도를 소개하는 사례를 언급할 때 사용되었다는 것이다. 그렇기 때문에 당시 '공화'가 군주제를 부정하는 정치적 용어이었지만, 공화는 '국민'이 정치에 참여하는 제도, 곧 화합과 협력이란 맥락에서 인용되었다는 것이다.[12]

한편 이정환은 "공화와 republic의 조우는 우연이나 오해에서 비롯된 것이 아니라 서양의 정치제도를 수용하는 과정에서 동아시아 사상 전통과 역사적 경험이 개입한 결과"라고 말한다. 즉 세습군주제를 폐기하고 대통령제를 채택한 서구 공화제를 이해함에 있어 근대 동아시아 지식인들은 '天子의 不在와 臣下에 의한 행정'이라는 공화행정을 연상했을 것이며, 天下를 君主의 私的 소유물이 아닌 공적인 영역으로 이해하려고 했던 전통은 근대적 의

---

12 신주백, 「1910년 전후 군주제에서 민주공화제로 정치이념의 전환: 공화론과 대동론을 중심으로」, 『한국민족운동사연구』 93, 2017, 151-184쪽.

미의 공화와 많은 부분 유사성을 지닌다고 논한다.[13]

이상과 같이, 동아시아에 '공화'는 그 나름의 의미가 있었지만, 근대에 이르러 '공화'는 '리퍼블릭(republic)'의 번역어로 쓰이면서 새로운 의미를 갖게 됐다.

2. 근대한국 개벽종교의 '공화'

1) 동학·천도교의 '共和'

동학·천도교에서 '공화'는 손병희의 『명리전』(1903)에서 처음으로 등장하고, '천인(天人)'과 '공화(共和)'를 조합한 '천인공화(天人共和)'는 1911년 정계완의 「삼신설(三新說)」[14]에서 등장한다. 이후 이돈화의 글에서 '협동공화', '세계공화' 등 공화 용례가 발견된다.

먼저 천도교의 '공화'의 논의는 해월 최시형(崔時亨)의 '천인상여(天人相與)'[15]에서 시작해야 할 듯하다. 동학에서 '하늘'은 내재적 하늘과 외재적 하늘이 포섭되어 있다. 특히 수운 최제우의 '천사문답'은 외재적 하늘의 사유를 보여주고 있다.[16] 해월 최시형은 하늘과 인간의 관계를 '천인상여'로 개념화했는데,[17] 사람은 하늘을 떠날 수 없고 하늘은 사람을 떠날 수 없는 상호

---

13 이정환, 「왕권침탈과 정통주의 군주제: 전근대 중국, 한국, 일본에서의 "共和"에 대한 재해석의 역사, 『대동문화연구』82, 2013, 447-449쪽.

14 정계완, 「三新說」, 『천도교회월보』9, 1911년 4월.

15 "人不離天天不離人故 人之一呼吸一動靜一衣食 是相與之機也 ; 人依食而資其生成 天依人而現其造化 人之呼吸動靜屈伸衣食 皆天主造化之力 天人相與之機 須臾不可離也.", 『해월신사법설』, 二. 天地父母.

16 박경환, 「동학적 민주주의 토대, 동학의 인간관」, 『인문학연구』46, 2013, 23쪽.

17 조성환은 해월의 '天人相與'를 하늘과 인간의 상호관계 즉 하늘과 사람이 함께 한다는

의존적 관계 즉 상생의 관계로 보았다. 최제우가 하늘과 인간과의 관계성을 제시한 '시천주(侍天主)' 역시 하늘과 인간의 합일 즉 천인합일(天人合一)을 의미하는 것이 아니다. 인간이 하늘과 상호 협력하는 관계로 설정되어 있으며 하늘은 일종의 인격화된 생명체로 파악되고 있다는 점에서 기존의 중국 사상과는 다른 독특한 성격을 지니고 있었다.[18]

이러한 하늘과 인간의 관계는 『용담유사』의 "노이무공(勞而無功) 하다가 너를 만나 성공(成功)하니 나도 성공 너도 득의(得意) 너희 집안 운수(運數)로다."[19]에서 확인된다. '노이무공'이 의미하는 것은 하늘과 인간이 협력했기 때문에 '성공(成功)'할 수 있었고, 인간 역시 하늘과 함께했기 때문에 '득의(得意)'가 가능했다는 것이다.

조성환은 김태창의 '하늘과 인간이 함께한다.'라는 뜻의 '천인공공(天人公共)'이라는 용어를 빌려서, 최시형의 '천인상여(天人相與)'는 중국의 천인상관

의미로 해석했다.(조성환 · 이병한, 『개벽파선언』, 238-240쪽) ; 김상봉은 "人是天 天是人 人外無天 天外無人"(『해월신사법문』, 四. 天地人 · 鬼神 · 陰陽)의 구절은 "인간과 신 사이에 아무런 구별이 없는 범신론을 말하는 것이 아니라 하늘과 인간의 서로 주체성의 관계로 해석했다. (김상봉, 「파국과 개벽 사이에서-20세기 한국철학의 좌표계」, 『대동철학』67, 2014, 21-22쪽) 김상봉의 '서로주체성'은 한편으로는 너와 내가 상호 간에 동등한 주체로 존재하면서 만나는 것을 뜻하며, 다른 한편으로는 너와 내가 '우리'로 만남으로써만 개별 주체성도 갖게 되는 것을 뜻한다. 서로주체성이란 우리라고 하는 공동의 주체 또는 집단적 주체에서 나와 너의 개별적 주체성이 소멸하지 않는 것이다.(김상봉, 『서로주체성의 이념』, 서울: 도서출판 길, 2007, 271쪽)

18 배요한은 중국 주자학은 '天人合一', 일본 주자학은 '天人分離', 조선 주자학은 '天人無間'이라는 특성이 있다는 점에 근거하여 천인무간은 한국 종교적 사유의 두드러진 특성이라고 주장한다.(배요한, 「이퇴계와 이수정의 종교성에 대한 비교연구: 한국유교와 한국 개신교의 내적 연계성에 대한 고찰」, 『장신논단』45-1, 2013, 237쪽) 이와 관련하여 동학의 천인상여 · 천인공화를 포함해 동아시아 천인관의 특성을 밝힐 필요가 있다.

19 『용담유사』, 「용담가」.

(天人相關)의 의미보다는 '천인공공(天人公共) 혹은 '천인공동(天人共動)'의 의미에 더 가깝다고 보았다.[20] 이러한 최시형의 '천인상여'는 정계완에게 '천인공화'로 재해석되었다. 정계완은 수운의 천사문답을 '천인공화안(天人共和案)' 즉 하늘과 인간이 함께 하는[共和 안(案)으로 해석했다.[21] 이는 정계완의 '천인공화안'에 관한 설명 역시 수운의 '천사문답' 내용으로 이루어졌다는 점에서 그 이유를 찾을 수 있다. 그러므로 '천인상여'와 '천인공화'는 하늘과 인간의 상호 주체성을 기반으로 협력·연대의 공화세계(共和世界) 실현을 그려 내고 있는 것으로 볼 수 있다.[22]

손병희의 글에서 "성인의 위위심(爲爲心)은 곧 자리심(自利心)이니 자리심이 생기면 이타심(利他心)이 저절로 생기고, 이타심이 생기면 공화심(共和心)이 저절로 생기고, 공화심이 생기면 자유심(自由心)이 저절로 생기고, 자유심이 생기면 극락심(極樂心)이 저절로 생기느니라.",[23] "공화의 정치와 입헌의 정치가 세계를 문명하였고 당세에 이름을 드러내니, 이것이 동서양 번복

---

20 조성환,「천도의 탄생: 동학의 사상사적 위치를 중심으로」,『한국사상사학』 44, 2013, 372-375쪽.
21 "鼻祖水雲大神師ㅣ 蕩 蕩 上帝로 於焉面會ㅎ야 酬酌이 密勿ㅎ사 天人共和案을 提出ㅎ 시다.", 정계완, 앞의 글.
22 이돈화는 상호주체성을 지닌 하늘과 인간의 관계가 아닌 "인내천 세계에는 천(天)과 인(人)이 구별이 없어진다."라고 했고, 그 이유를 대아는 천인합일이라는 관점으로 설명했다.(이돈화,『교정쌍전』, 1957) 이러한 이돈화의 대아론은『신인철학』에서 구체적으로 언급되어 있는데, 그는 한울은 大我, 개체는 小我로 보면서 한울은 인격적 신을 가리키는 말이 아니라 부분에 대한 전체라는 의미로 해석했다.(이돈화,『신인철학』, 서울: 천도교중앙총부, 1968, 9-10쪽)
23 『의암성사법설』,「무체법경」. "聖人之爲爲心 卽自利心 自利心生則 利他心自生 利他心生則 共和心自生 共和心生則 自由心自生 自由心生則 極樂心自生.",

의 이치"[24] 등 공화와 관련된 용례를 찾을 수 있다. 오문환은 손병희의 '공화심' 용례에 주목하면서, 위하고 위하는 마음인 위위심에서 서구 근대 정치에서의 공화나 자유와는 다른 천도교식으로 새롭게 이해된 '공화'와 '자유'의 개념을 해석했다. 모든 존재자들을 위하고 위하는 '위위심'에서 공화가 생기고, 공화는 자리이타(自利利他)를 의미하고 자유는 공화에서 오며, 공화란 자기에게도 이롭고 남에게도 이로운 것이라는 의미가 강하다는 것이다. 그렇기 때문에 자타불이가 되지 않고 분리된다면 공화는 불가능하며, 공화가 되고 비로소 마음이 자유롭게 된다.[25]

주지한 바와 같이, 손병희는 공화정체에 대해 구체적인 논의를 이끌었다. 손병희는 「비정혁신상소문(秕政革新上疏文)」(1904)에서 "천하의 대세를 내려 살펴보니 국가의 흥패와 정치 득실이 '공화', '입헌', '전제' 세 가지뿐입니다. 그러나 행정을 잘하고 잘못하는 데 달려 있으니 공화가 비록 좋다고 하나 이루지 못하면 어지럽게 되고, 입헌이 아름다운 법이기는 하지만 실지가 없으면 가혹한 정치가 되고, 전제가 순일(純一)하기는 하지만 중도(中)를 잃으면 압제가 되는 것이라."라고 말한다.[26] 또한 "공화는 좋으나 이루지 못하면 어지럽다."고 하면서, 이러한 분열과 각자위심(各自爲心)을 방지하기 위해 주교(主敎)의 필요성을 주장한다. 이어 민심을 화(和)하고 민권을 신장할 것을 주장하면서 국민을 화하는 정책은 도덕에 있고 도덕은 곧 주교라고 주장한다.[27] 이런 점에서 손병희가 공화국을 건설하기 위해서는 국민을 화합

---

24 『의암성사법설』, 「명리전」. "共和之政 立憲之治 文明於世界 聞名於當世 此無乃東西洋翻覆之理耶.",
25 오문환, 「동학(천도교)의 인권사상」, 『동학학보』 17, 2009, 143-144쪽.
26 이영노, 『천도교 초기의 글 모음』, 서울: 천법출판사, 2018, 97-98쪽.
27 위의 책, 104-105쪽.

시킬 수 있는 '도덕'이 필요하고 그러한 도덕을 천도(天道) 혹은 천덕(天德)에서 찾고 있다는 점에서 공화국에서 종교 역할을 고려하고 있었다고 해석할 수 있다.[28] 그렇다면 손병희가 지향한 새로운 국가 건설의 정체가 분명 공화 정체였다. 그는 「준비시대」(1906)에서 "부국가자(夫國家者)는 일인(一人)의 사유(私有)한 바 아니오, 내만민(乃萬民)이 소공(所共)한 자"라고 하여 국가는 한 개인의 사유물이 아니라 만민이 공유한 것이라고 하였다. "정부에 대하여 등용·축출[黜 陟]과 상벌은 인민이 아니면 감히 할 수 없다."[29]하여 근대적 국민국가를 주장하고, 정부에 대한 민의 감시와 견제의 필요성을 말했다. 국민 모두가 국가의 일에 참여하는 근대적 국민국가의 정체를 공화정에서 찾는 것이다.

특히 손병희는 입헌군주제를 실시하기에 앞서 어느 정도의 준비과정이 필요하다고 보았다. 정치체제로서 입헌군주제나 나아가 공화정까지도 필요한 것이지만, 그 과정에는 지방자치제 시행을 통한 훈련이 있어야 한다는 것이다. 즉 당장의 입헌군주제나 공화제는 여러 가지 여건 때문에 불가능하므로 일단 정치에 관한 관심과 성숙된 민의(民意)를 갖기 위해서는 훈련 과정으로 지방자치가 반드시 필요하다고 본 것이다. 의암은 "인화(人和)의 방책은 도가 아니면 할 수 없고, 도(道)로써 민(民)을 화(和)하면 다스리지 않아

28 미국의 정치와 종교의 동맹관계에 주목한 토크빌은 전제정치는 신앙이 없이 통치할 수 있지만 자유정치는 그럴 수 없다고 주장하면서 다른 정체보다도 종교는 민주공화국에서 필요하다고 보았다. 기독교가 민주정치와 공화국을 수립하는데 기여했다고 주장하면서 종교가 공화제도의 유지에 필수적인 것으로 간주했다.(또끄빌, 『미국의 민주주의』, 임효선·박지동 옮김. 파주: 한길사, 2006, 388쪽)
29 손병희, 「준비시대」, 『나라사랑』7, 1972, 103쪽.

도 절로 다스려진다."고 보고 '인화(人和)'를 공화의 방책으로 보았다.[30] 따라서 인화는 공화정치를 이루는 방책이 되는 셈이다.[31] 이와 관련하여, 의암은 "사람은 바로 한울 사람이요 도는 바로 천도이니, 능히 천도의 본성을 지키는 사람이면 때가 다르고 도가 다르나 지혜와 계책이 서로 비치고 의사가 같을 것이니 합하면 한 이치가 되느니라."[32]라고 했다. 이처럼 천도(天道)를 지키는 한울사람[天人]의 인화(人和)는 공화를 이루게 되는 것으로, 이는 하늘과 인간의 공화[天人共和]가 아닌 한울사람[天民]들의 공화[天民共和]로 개념화해 볼 수 있다.[33]

마지막으로, 이돈화(李敦化)의 공화 용례는 '세계공화(世界共和)'와 '공화협동(共和協同)'에서 발견된다. 이돈화는 지상천국의 세계를 공화 실현의 세계로 해석하는 등 '공화협동', '세계공화' 등의 공화 용어를 통해 공화세계의 실현을 주장했다. 그는 "세계는 비행교통(飛行交通)으로 점차 가까워지며 사상 선전으로 점차 통일이 되어 문화 교류로 점차 혼합하여진다. 즉 세계일가(世界一家)의 이상은 가까워 온다."[34]라고 하면서 당시의 세계 흐름을 지구화

---

30 "人和之策 非道不能 曰 以道和民則 無爲而可治也.",『의암성사법설』,「삼전론」
31 정혜정,「동학·천도교의 개화운동과 '하날(天)'문명론」,『한국학연구』66, 2018, 272-273쪽.
32 "人是天人 道是天道 能守天道之性者 時異道殊 智謀相照 意思若同 合爲一理也.",『의암성사법설』,「명리전」
33 정혜정은 정계완의 천인공화 용어를 빌려, 천인공화는 의암보다 수운이 처음부터 제시했다고 해석했다.(정혜정,「동학·천도교의 개화운동과 '하날(天)'문명론」, 위의 논문, 273쪽) 필자는 앞에서 설명했듯이, 천인공화는 상호주체성의 맥락으로 하늘과 인간의 공화로 논의했다. 그래서 천인공화와 구별하기 위해 '천민공화(天民共和)'라는 용어를 사용했다. 즉 '천인공화'는 동학·천도교의 천인관을 천인합일로 보느냐 상호주체성을 지닌 것으로 보느냐에 따라 해석이 달라진다.
34 이돈화,「교정쌍전」, 1957(이돈화의 「교정쌍전」은『동학지인생관』에 부록으로 수록

(globalization)과정으로 읽었다. 이돈화의 '세계공화'는 지속 가능한 세계평화를 위한 방안이며 이는 칸트의 『영구평화론』의 세계시민주의의 영향으로 판단된다. 즉 그는 "국제관계에서도 국가적 소유욕을 국제적 소유로 하여 이를 세계 공화의 공유물로 규정하게 되는 날이면 국제적 소유욕이 없어지고 국제적 소유 투쟁인 전쟁이 끊어질 것이다."[35]라고 하면서 세계공화를 통한 영구평화를 주장한다. 또한 이돈화는 「민족적 체면을 유지하라」(『개벽』 8호, 1921년 2월)라는 글에서 '사회적 영구형화의 기초'를 설명할 때, "사회란 개인과 개인의 집합이며 가족과 가족의 관계이며 민족과 민족의 연쇄인바, 세계 각 민족의 균등한 조화와 균등한 발달을 추구하는 데 사회적 도덕이 있다."고 말한다. 그러므로 민족은 뒤처진 민족의 체면을 손상하지 말고 상호 협조·보전하는 '정의(正義)'가 있어야 하며, 뒤처진 민족은 자신의 체면을 도덕상·문화상 유지하도록 노력하여, 상호부조, 상호 발전하면서 인류 공통의 행복을 추구할 것을 요청한다. 나아가 칸트의 세계시민주의의 원리를 차용하여 국가 단위가 아닌 민족 단위, 세계 민족을 인민으로 설정한 세계공화국의 비전을 제시한다. 따라서 '세계공화'는 공생 공영의 세계평화를 위한 하나의 방안으로 제시한 것이다.

한편, 이돈화는 사회와 개성의 병행 발달을 주장하면서 서로 부족한 것을 채워[塡補] 성립하는 두 가지 측면을 '분업'과 '협동'으로 보았다. "협동은 사회의 추상적 의의를 대표하는 것이요, 분업은 개인의 구체적 활동으로 보면서 협동은 분업의 영향을 받고 분업은 협동의 영향을 받는 것과 마찬가지로 사회는 개인의 영향을 받고, 개인은 사회의 영향을 받는다."고 말한다. 또

되어 있다).
35 위의 글.

한 그는 "개인은 사회라고 하는 전체적 의의를 완전히 해석하여 각 개인이 각각 개체에서 고립 모순적 발달을 피하고, 공화협동(共和協同)의 참 가치를 이해치 아니할 수 없는 것"이라고 말하면서, 만유일체(萬有一體)의 협동 생활을 하는 것이 사회생활의 제1 수양이라고 주장한다. 이와 같이, 이기심과 이타심을 사회생활을 구성하는 큰 기초로 보고 있다는 점, 이타심을 협동생활의 의의로 해석하고 있다는 점에서 '공화협동'은 이기(利己)와 이타(利他) 다시 말해 이기심과 이타심의 병행 등 시민적 덕성의 의미로 재해석할 수 있다.[36]

이돈화는 『신인철학』에서 자연의 도덕과 인간의 도덕을 구분하면서 자연의 도덕을 최시형의 이질적 기화(氣化)와 동질적 기화로 논한다.[37] 최시형은 기화를 상호부조와 연대적 성장 발전의 일환으로 보는 등 상호 관계성을 나타내는 개념으로 사용했다. 이돈화 역시 크로포트킨(Kropotkin)의 상호부조론을 동질적 기화로 설명하면서 인간 사회에 응용해 인간 사회를 성립시킨 원인도 생존경쟁이 아닌 상호부조에 있다고 말한다.[38] 여기에 '공화' 용어는 발견되지 않지만 최시형과 이돈화의 기화 개념은 생태적·사회적 조화 개념으로서 '상호부조와 연대[相生相和]'의 의미가 가미된 '공화'로 재해석할 수 있다. 즉 최시형이나 이돈화가 주장한 자연의 도덕을 인간의 도덕에 적용시킨 것으로 '사회적 상생론' 혹은 '공화론'으로 볼 수 있다.[39]

---

36 이돈화, 「신앙성과 사회성(3)」, 『천도교회월보』 101, 1919년 1월.
37 이돈화, 『신인철학』, 앞의 책, 175-181쪽.
38 위의 책, 101-102쪽.
39 조성환, 「동학의 기화사상」, 『농촌과 목회』 83, 2019, 183-187쪽.

2. 원불교의 '공화'

소태산 박중빈(朴重彬)은 상생상화(相生相和), 정산 송규는 세계평화, 대산 김대거는 '인화의 도', '화동의 길'의 실천을 통한 대동화합을 주장한다. 박중빈이 제시한 '상생상화(相生相和)'는 관계를 의미하는 것으로, 서로 살리고 조화를 이루는 관계 즉 연대 혹은 협력의 관계를 표현한 용어이다.[40] 주지한 바와 같이, 공화는 협화, 상화와 통용되는 용어라는 점과 조화·협력·연대의 관계를 의미한다는 점에서 '상생공화'로 바꿔 말할 수 있을 것이다. 상생상화의 기틀을 마련하기 위해 박중빈은 "강자는 약자로 인하여 강의 목적을 달하고 약자는 강자로 인하여 강을 얻는 고로 서로 의지하고 서로 바탕하여"라고 하면서 강과 약이 협력하고 조화를 이룰 것을 강조하며 '강자약자 진화상 요법'을 통해 조화적 평등사회를 건설하는 역사법칙을 제시했다. 그리고 인간과 인간, 인간과 자연 등을 포괄하는 존재관계를 은혜로 보는 은사상을 제시했다.[41] 본격적으로 원불교에서 '공화' 용례는 송규에 이르러 출현한다.

"근래에 여러 방면에서 **공화**(共和)라는 말이 많이 쓰이나니 이는 참으로 좋은 소식이라, 이 세상이 모두 이름과 실이 함께 **공화의** 정신을 가진다면 천하에 어려운 일이 무엇 있으리오. 그러므로, 우리는 세상을 상대할 때에 권리를 독점하려 하지 말며, 이익을 독점하려 하지 말며, 명예를 독점하려

---

40 '상생상화', 『원불교대사전』, 원광대학교 원불교사상연구원 편, 익산: 원불교출판사, 2013, 326쪽.
41 류병덕, 「개화기·일제시의 민중종교 사상」, 앞의 논문, 207쪽.

하지 말며, 대우를 독점하려 하지 아니하면, 스스로 공화가 되어 평화는 자연히 성립되리라."[42](강조 필자)

"세계평화를 실현하는 데 세 가지 큰 요소가 있나니, 주의는 일원주의요, 제도는 공화 제도요, 조직은 십인 일단의 조직이니라."[43](강조 필자)

"공화제도(共和制度)의 체제이니, 이 제도는 다 같이 힘을 합해서 낙원 세계를 건설하는 대평등 제도인바 가정 사회 국가며 세계나 교단을 다스릴 때 서로 의논해서 전체의 힘을 발휘(發揮)하자는 것입니다."[44](강조 필자)

이상의 송규의 공화 용례에서 확인할 수 있듯이, 송규는 모두가 '공화정신'을 가지고, '스스로 공화'가 되면 평화가 성립될 것이라고 말한다. 이러한 인식은 공화제도가 평화를 실현하는 주요한 제도라는 평가로 이어진다. 송규는 공화제도를 "다 같이 힘을 합해 낙원 세계를 건설하는 대평등 제도"로 이해하며, 전체 합의를 통한 전체의 힘을 이끌어 내는 제도, 참여와 협력을 주요한 공화제의 전제 조건으로 보았다. 또한 송규가 제시한 동원도리, 동기연계, 동척사업이라는 삼동윤리는 세계 인류가 크게 화합할 세 가지 대동(大同)의 관계를 밝힌 지구윤리이며,[45] 참여와 협력 즉 공화윤리의 의미가 강하다.

---

42 『정산종사법어』, 道運編 25장.
43 『정산종사법어』, 道運編 22장.
44 『대산종사법문집』 제1집, 修身綱要 104.정산종사의 세계평화 삼대요소.
45 『정산종사법어』, 도운편 34장.

원불교 교헌에서도 "재가(在家)·출가(出家) 전교도(全敎徒)가 다 같이 주인이 되어 일원주의 사상에 입각하여 공화제도의 체제와 십인일단의 교화로 참 문명세계를 건설"이 명시되어 있으며, 교도에게도 선거와 피선거권, 교정 참여의 권리가 부여되어 있는 등 공화제도를 고스란히 품고 있다.[46] 이상과 같이, 송규는 세계평화를 실현할 수 있는 제도로서 공화를 제시할 뿐만 아니라 '공화정신', '스스로 공화'라는 용어에서 확인할 수 있듯이, '공화'는 단순히 정치체제의 의미뿐만 아니라, 화합과 협력 그리고 평등을 의미한다.

김대거는 송규가 제시한 공화를 좀 더 구체적으로 해석한다. 그는 공화를 천하 대도로 인식하면서 세계에 여러 제도가 있지만 공화제 이외 더 좋은 제도가 없다고 주장하고 공화제도의 체제를 송규의 관점을 이어받아 "전인류가 다 같이 힘을 합해서 낙원의 세계를 건설하는 대평등제도"로 설명한다.[47] 그리고 김대거는 송규의 세계평화의 3개 요소에 대해 "일원주의(一圓主義)의 사상은 천하를 한 집안, 한 식구 만드는 대세계주의로, 공화제도의 체제는 낙원 세계를 건설하는 대평등 제도로, 십인일단의 교화법은 대도정법으로 고루 교화 훈련해 내는 대원만의 교화법[48]으로 밝히고 있듯이, 일원주의와 공화제도를 세계평화를 위한 기본 조건으로 인식한다.

원불교에서도 손병희가 공화의 방책으로 제시한 인화와 유사하게, '상화', '공화'에 이르는 방도로 '인화(人和)'를 제시한다. 박중빈은 "천하의 제일가는 기술은 인화의 기술이요, 교단의 큰 자본은 화합단결(和合團結)"이라고 했

46 『원불교헌규집』, 「원불교교헌」.
47 『대산종사법문집』 제1집, 수신강요1, 104. 정산종사의 세계평화 삼대 요소.
48 『대산종법사법문집』 제2집, 제5부 대각개교절 경축사 세계평화의 삼대 요소.

고, 김대거는 구체적으로 '인화(人和)하는 길', '화동(和同)하는 길'을 제시했는데, 특히 '화동하는 도'는 "중도(中道)가 최상"이라고 말하면서 대동화합하는 세계를 건설하기 위한 방도로 제시한다. 그뿐만 아니라 '동심합력'을 강조하면서 상부상조하고 상생상화할 수 있는 인격을 갖출 것을 주장한다.[49]

이처럼 원불교에서의 '공화'는 상생상화(相生相和), 인화(人和), 화동(和同) 등의 용어와 밀접한 관계로 해석되며, 세계평화를 만들어 내는 주인공을 상생상화의 인격 즉 공화적 인간으로 본다. 무엇보다 원불교에서 공화적 덕성은 '공심(公心)'으로 표현하며, 그러한 덕성을 지닌 인물을 '봉공인'으로 설정한다.

지금까지 동학·천도교와 원불교의 공화 용례를 통해, 근대한국 개벽종교가 지향한 인간상을 단순히 '궁극적인 조화를 추구하는 인간'[50]으로 해석하기보다는 좀 더 적극적으로 모두 함께 소통하고 협력하는 '합력(合力)'을 추구하는 공화적 인간, 이를 근대적 용어로 명명한다면 시민으로 이해할 수 있다. 근대한국 개벽종교 역시 한자어의 특성상 '공화'라는 말의 의미를 '함께하다[연대]', '화합'의 의미로 이해했을 것 같다. 결국 차별 없이 모두가 함께 어우러져 사는 사회, 함께 협력하여 새로운 국가를 건설하고자 하는 열망으로 연결된 것이다.

---

49 『대산종사법문집』 제2집, 제4부 신년법문 몸으로 실천하고 마음으로 증득.
50 박규태, 「한국 신종교의 이상적 인간상: 조화의 이상과 관련하여」, 『종교와 문화』 7, 2001, 278쪽.

III. 천도교의 공화적 인간[51]

1. 오상준의 '공개인(公個人)'

1906년 이후 국가학, 헌법학, 정치학 등 교과서들이 출현하기 시작했다. 주요 교과서는 유길준의 『정치학』, 나진·김상연의 『국가학』, 안국선의 『정치원론』을 들 수 있다. 이러한 교과서에서 개인은 사회의 힘과 함께 국가를 구성하는 주체로 표상되었다. 정혜정은 『초등교서(初等教書)』(1907) 저자인 오상준을 동학사상을 바탕으로 주체적 문명개화운동을 이론적으로 주도한 대표적인 인물로 평가한다. 오상준은 1902년 동학에 입도하여 1905년 이인숙, 정광조, 황석교, 이광수 등과 함께 일본에 유학을 다녀온 지식인으로서, 유학을 다녀온 뒤 1908년 4월 천도교 중앙총부 전제관 서계원을 시작으로 1927년 5월에는 신간회 경성지회 설립준비위원으로 활동하기도 했다. 『본교역사』를 『천도교회월보』에 연재하는 등 천도교의 이론적 기반을 마련한 인물이기도 하다.[52] 특히 『초등교서』는 종교입문서의 성격도 있지만, 인간, 사회,[53] 국가, 사람의 직분, 자유, 자격, 의식주, 위생, 경제, 국가, 법률 등의 문제를 다루는 등 당시 계몽서의 성격도 강하다.

---

51 여기서 '공화적 인간'은 화합과 협력을 지향하는 인간과 근대 공화주의적 인간을 의미한다.

52 송준석, 「초등교서」, 『한국민족운동사연구』 28, 2001, 396쪽.

53 일본에서 번역어로 생성된 '사회'는 1880년대 한국에서도 사용되기 시작했지만, 널리 쓰인 시점은 1895년 이후의 일이다. 특히 당시 사회개념은 '개인'과 대립하는 추상적 '집단' 또는 '공동체'를 의미했다.(허재영, 「근대 계몽기 개념어 형성과 변화 과정 연구: 사회학 용어를 중심으로」, 『한말연구』 46, 2017, 281-303쪽 참조)

오상준은 "나의 자격이 비열하면 나의 가족, 나의 사회, 나의 국가가 비열할 것이라 주장하며, 비열을 물리치는 방법을 공애심(公愛心), 공익심(公益心), 공분심(公憤心)으로써 나의 덕의(德義)를 확장하고 절의(節義)를 확고히 지키는 것"[54]이라고 주장하는 등 공공의식을 고양하면서 국가유기체를 주장했다. 그는 「제17장 인민과 국민」에서 인민과 국민을 구별한다. 인민은 여러 시대에 걸쳐 형성된 풍속과 특질적 문화가 후손에게 계승되면서 이루어지는 것이라면, 국민은 인민의 정치적 단결체(團合體)로서 국민과 국가는 우리 몸의 뼈와 살같이 양자는 분리될 수 없는 관계에 있다고 논한다.[55] '국가의 성질은 나의 공동적 생활'이며 '국가의 책임과 국가의 본체되는 나의 책임이 중대',[56] "나 한 사람의 범위 안에는 나 한 사람이 있고, 내 종교가 있으며, 내 국가가 있다", "오교(吾敎)는 천단(天團)이요, 오국(吾國)은 지단(地團)이요, 오인(吾人)은 인단(人團)"이라고 논하면서 우리, 종교, 국가는 삼단으로서 이 삼단(三團) 가운데 하나라도 없으면 우리의 삶도 없다고 주장하는 등 전형적인 유기체론적 성격이 강하다.[57]

오상준은 사개인(私個人)/공개인(公個人), 사분(私分)/공분(公分), 인격(人格)/공격(公格) 등 개인을 사적 차원과 공적[사회적] 차원으로 구분한다. 당시 개인아(個人我)/사회아(社會我), 소아(小我)/대아(大我), 사아(私我)/공아(公我) 등에 관한 논의는 공(公), 공론, 공익, 공-사 개념 등 공공성의 핵심 개념을

---

54 오상준, 『초등교서』, 정혜정 역해, 서울: 모시는사람들, 2019, 71쪽.
55 위의 책, 118-121쪽.
56 위의 책, 98쪽.
57 『초등교서』에 블룬칠리(Johann KasperBluntschli)가 언급되고 있는 등 국가유기체론 영향을 받았다는 점은 명백하다. 역시 오상준이 블룬칠리의 국가유기체론을 어떻게 재해석했는지에 대한 세밀한 분석이 필요하다.

적극적으로 활용하였다는 점과 근대적 자아를 찾고자 했던 흐름과 무관하지 않다.

개인을 공과 사로 구분한 것은 량치차오(梁啓超) 『신민설』에서도 확인할 수 있다. 량치차오는 공덕(公德)과 사덕(私德)을 논하면서 "사인(私人)과 교섭하거나 공인(公人)과 교섭하거나, 그 객체는 다르지만 그 주체는 같다"라고 하면서 공인과 사인을 구분한다. 그는 사인이란 공인과 대비해서 일컫는 개념으로, 한 개인이 타인과 교류하지 않을 때를 말한다고 정의한다. 아울러 사인의 자격만으로는 완전한 인격이 될 수 없다고 논한다.[58] 그러면서 구윤리를 군신, 부자, 형제, 부부, 붕우로 분류하고, 신윤리를 가족윤리, 사회[人群]윤리, 국가윤리로 분류하면서, 구윤리가 중시하는 것은 사인 간의 관계이며, 신윤리가 중시하는 것은 사인과 단체의 관계로 보았다. 특히 그는 사회에 대한 의무 즉 가족윤리, 사회윤리, 국가윤리의 의무를 갖춰야만 인격이 완성된다고 보았다.[59] 이렇듯 량치차오에게 공화국은 공덕심이 주요한 전제 조건으로 인식되었고 공덕을 주장하면서 국민들로 하여금 공공의무에 충실한 근대 시민으로서의 자질을 갖출 것을 주장한다.[60] 량치차오의 공덕은 공화국의 신민(新民)이 가져야 할 도덕을 지칭하고 있다는 점에서 오상준의 '공개인(公個人)'을 해석하는 데 주요한 참조가 될 수 있다.[61]

---

58 양계초, 『신민설』, 이혜경 주해, 서울: 서울대학교출판문화원, 2014, 87쪽.

59 양계초, 앞의 책, 89-90쪽.

60 하지만 이후 '개명 전제'라는 자신이 견지한 정치 체계를 담당한 소수의 엘리트들에게 사덕을 요청했다. 소수 엘리트들의 사덕의 부활을 통해서 공적 질서를 수립하려는 이러한 태도는 전통 전제주의의 부활을 의미한다.(박재술, 「중근 근대화 과정에서의 公 · 私의 이중 변주: '동서문화논쟁'을 중심으로」, 『시대와철학』 15-1, 2004, 118쪽)

61 오상준의 량치차오의 『신민설』에 영향을 받았는지에 대해서는 명확하게 밝혀지지는 않았지만, 당시 신채호, 안창호 등이 상당한 영향을 받았다는 점과 개인을 사개인/공

량치차오의 영향을 받은 신채호 역시「이십세기 신국민」에서 "우리 동포는 공공심을 분흥(奮興)하여 단체에 잘하며 공익에 힘써 동포를 자신(自身)으로 여기고 국가를 자가(自家)로 보라"라고 하면서 사회와 국가를 위한 공공심과 공덕을 촉구하면서 평등, 자유, 정의, 의용(毅勇), 공공(公共) 사상을 신국민의 덕목으로 제시했다.[62]

"우리가 사개인(私個人)으로 있을 때와 공개인(公個人)으로 있을 때의 책임이 각각 다르다. 사개인의 책임을 말하면, 사농공상(士農工商)의 정당한 업무에 종사하면서 인의(仁義)와 도덕(道德)의 고명한 품행을 스스로 지니면 가히 충분한 인격(人格)이라 일컬을 것이다. 또한 공개인의 책임을 말하면, 내 종교와 내 국가에 대하여 공익심(公益心), 공의심(公義心), 공덕심(公德心), 공무심(公務心), 공용심(公勇心), 공분심(公憤心), 공법심(公法心)을 돈독히 지키고 발현하여 실행함이다. 그리하여 우리 교(천단)와 우리나라[地團]가 고등한 위치에 거하고, 고등한 면목에 오르며 고등한 행동이 있기를 혈심(血心)으로 힘쓰고, 강력(強力)으로 힘쓴다면 가히 충분한 공격(公格)이라 칭할 것이다."[63]

"개인으로 말미암아 공단(公團)의 이익과 명예, 위치와 가치가 있는 것임은 더 말할 필요가 없으나 공단(公團)으로 말미암아 개인의 이익과 명예, 위

개인으로 구분하고 있다는 점, 공개인의 책임을 '공덕심'에 두고 있다는 점 등 충분한 가능성은 있다고 생각한다.

62 「二十世紀新國民」,《대한매일신보》, 1910년 2월 22-3월 3일자.
63 오상준,『초등교서』, 정혜정 역해, 서울: 모시는사람들, 2019, 124-125쪽.

치와 가치가 있음 또한 분명한 원리이다."[64]

주지한 바와 같이, 오상준은 사개인과 공개인 개념을 세밀히 정의하지 않았지만 개인을 사개인과 공개인으로 구분하면서 공개인은 자기의 종교와 국가에 대해 공익심(公益心), 공의심(公義心), 공덕심(公德心), 공무심(公務心), 공용심(公勇心), 공분심(公憤心), 공법심(公法心)을 가질 것을 주장한다. 정혜정은 오상준의 '공개인'에 주목하여 공단(公團)을 공적 단체로 해석하면서 공개인을 '공적 개인'으로,[65] 오문환은 천도교의 민주공화사상의 맥락에서 공개인을 '공화적 개인'[66]으로 재개념화한 바 있다.

한편 조성환은 '공개인'의 '공(公)'은 '한울'과 같은 전체로서의 하늘[公天]을 말하고, '개(個)'는 각각의 하늘[私天]을 의미하는 것으로 해석했다.[67] 근대 시민은 공동체가 요구하는 공적 책임을 자각한 공적 존재이면서, 동시에 개인의 욕망과 자유를 중시하는 사적 존재라는 이중적 정체성을 가진 존재이다.[68] 사화(私化)된 개인은 공공적 목적보다는 개인의 사적 욕구의 충족을 지향하는 유형이라면, 공화(公化)된 개인은 공적 이익과 공공선을 추구하는 유형이다. 그래서 오상준은 개인을 사적 존재[私個人]와 공적 존재[公個人]라는 이중적 정체성을 지닌 존재로 파악하고, '공개인'을 통해 공적 차원의 책

---

64 위의 책, 124-125쪽.
65 정혜정, 「동학·천도교의 개화운동과 '하날(天)'문명론」, 269-271쪽.
66 오문환, 「천도교(동학)의 민주공화주의 사상과 운동」, 『정신문화연구』30, 2007, 35-39쪽.
67 조성환, 「동학의 자생적 근대성: 해월 최시형의 인간관과 세계관을 중심으로」, 『신학과철학』36, 2020, 236-237쪽.
68 최현식·임유진, 「정치시민, 세계시민 그리고 군자시민」, 『사회사상과 문화』19-2, 2016, 41쪽.

임을 강조하는 점에서 시민적 주체의 성격 역시 강하다.

정혜정에 따르면, 오상준이 지향한 국가관은 유기체적 공화주의이다. 인권을 천권(天權)으로 설정하고 있는 등 공화주의가 실현 가능하기 위한 조건을 하늘정신과 합한 천인(天人)의 정신에서 찾았다.[69] 특히 오상준이 영향을 받은 블룬칠리(Bluntschli)에 따르며, 공화정체를 실행하여 그 이로움을 누리기 위해서는 인민이 공화의 여러 덕목을 갖추어야 하며, 공화정치의 정신은 스스로를 돕고 서로 돕는 두 이념을 생활의 본원으로 삼는 것에 있다.[70] 따라서 공개인이 갖추어야 할 덕목으로서 제시된 공익심(公益心), 공의심(公義心), 공덕심(公德心), 공무심(公務心), 공용심(公勇心), 공분심(公憤心), 공법심(公法心)은 공화의 덕목으로 볼 수 있으며, 공격(公格)은 공적 인격이나 공화적 인격을 의미한다. 또한 '스스로를 돕고 서로 돕는'[자리이타] 마음은 공화심을 의미하며, 공화적 인간은 바로 공화의 덕목을 실행하고, 공화심을 담지한 인격을 의미한다.

오상준은 윤리를 개인윤리, 사회윤리, 국가윤리로 구분하면서, 사회윤리를 정신과 육신상의 능력이 불완전한 것에서 기인하며, 개개인은 홀로 살아 지식 교환과 사상이 발달하지 못하면 사람의 자격과 가치를 이루지 못한다고 말한다. 그렇기 때문에 자신을 사랑하는 자는 사회를 위하여 공덕심과 공익심을 다해야 한다고 주장한다.[71] 이는 개인이 사적인 이익 추구를 넘어 공적인 이익을 안목에 넣고 행동하기를 바라는 공화하는 인간을 제시한 것

69 정혜정, 「동학 · 천도교의 개화운동과 '하날(天)'문명론」, 282쪽.
70 강중기, 「자료정선: 량치차오, 「정치학 대가 블룬칠리의 학설」」, 『개념과소통』8, 2011, 269-274쪽.
71 오상준, 앞의 책, 164쪽.

이다. 이처럼 오상준, 량치차오, 신채호에게 공화적 덕성은 바로 '공덕', '공덕심'이었으며, 이들은 공덕과 공덕심을 담지한 공화적 인간을 기획했던 것이다.

2. 이돈화의 '신인(新人)'

이돈화는 '신인'을 통한 사회의 개조를 기획했다. 그가 개념화한 '신인간'은 도덕적 주체로 설정되어 있고, "그 시대에서 사회적 결함을 알고 그의 불평에 우는 자는 그 시대의 가장 총명한 두뇌를 가진 자이며 그 시대를 먼저 밝게 본 정신개벽자"라고 말하는 등 주체의식을 가진 존재를 의미한다.[72] 사회개벽을 위해서 그 사회를 운영하는 주체 즉 인간을 개조해서 '신인간'으로 탈바꿈하고자 했던 것이다.

이돈화는 『신시대 신인물』[73]에서 세계는 평민주의로 변화하며, 이에 따라 평민주의의 신인물의 출현을 요구한 바 있다. 즉 신시대는 일인의 힘, 일인의 재능에 따라 움직이는 영웅주의 시대가 아니라 만인이 공동 힘을 표현하는 시대이며 만인이 공동으로 재능을 표현하는 시대로 설명한다. 따라서 한 사람의 큰 인물보다 평균한 인물을 다수 나오게 해야 이익이며, 필요의 이치라고 말한다. 그는 신인물의 근본 자격을 자주자립, 실제적 지식, 세계적 지식, 신념이 견고한 인물로 논하면서, 그중 자주적 행동과 자립적 의사로 취할 것은 취하며 버릴 것은 버리는 자주 자립의 인물을 요청한다. 이러한 이돈화의 평민주의는 자각된 다수의 국민을 배양하는 것이 급선무라고

---

72 이돈화, 『신인철학』, 152쪽.
73 이돈화, 「신신대 신인물」, 『개벽』3, 1920년 8월.

인식하고, 국민 다수의 자각과 자발적인 참여에 의한 공화적 인간의 공화 즉 '만민의 공화'[74]를 주장한 것으로 해석 할 수 있다.

이돈화는 정치를 "政은 正이며, 治는 生케 하는 것이며, 長케 하는 것이며 和케하는 것"으로 정의한다. 그리고 보국안민을 위한 3대 실천운동으로 항산(恒産)운동, 국민기화운동, 정치운동을 제시하다. 기화운동을 국민 결합의 대동맥으로 파악하면서, 사회는 기화 상태에서만 발전할 수 있다고 주장한다. 또한 장래 완전한 정치를 위해 민중의 정치 훈련의 필요성을 제기한다. 즉 '양민의 위에 악정부가 없다.'고 말하면서 조선에 민주주의적 이상국가를 건설하기 위해서는 정치사상과 정치 훈련을 받은 민중을 만들어야 한다고 설파한다.[75] 그뿐만 아니라 국가의 요소를 토지, 인민, 주권으로 보면서 토지와 인민은 자연적 존재이지만, 주권은 인사(人事)로 국가를 다스리는 인위적 기관이기 때문에 사람이 잘 하면 잘 되고 못 하면 못 되는 인위적 작용을 가진 것으로 국가의 차린성쇠는 주권에 달려 있다고 보면서 인민주권을 강조한다.[76]

이러한 관점은 '민중정치' 논의로 이어진다. 이돈화는 민중정치를 주장하면서 "정치를 국가 혹은 민족의 전체 살림살이의 방칙과 처치", 정치 생활을 "인민의 전체 생활을 보다 이상으로 항상케 할 방침이 있고, 그 방침을 선(善)하게 처리하는 식견과 수단"으로 정의한다. 또한 "국가 혹은 민족은 결

---

74 '萬民共和'는 민세 안재홍의 용어로, 그는 '신민족주의'를 논하면서, 국민이 다 일하는 國民皆勞, 대중이 더불어 살아가는 大衆共生, 만인이 다스리는 만민공화를 주장했다.(조맹기, 「민세 안재홍의 민주공화국 사상: 그의 언론활동을 중심으로」, 『언론과 법』 9-2, 2010, 290쪽)

75 이돈화, 「통곡할 현상과 삼대 실천운동」, 『개벽』 74, 1946년 4월.

76 이돈화, 『교정쌍전』, 1948년 필사본.

코 어떤 일개인의 사유물이 아니요 전 국민 전 민족의 공유한 기초가 되는 이상 전 국민이 공동한 책임과 의무를 가지고 이해득실을 전 국민의 의사타산(意思打算)에 의하는 것이 천연공리"로 인식하고 국민개정(國民皆政) 즉 국민 전체가 다 같이 정치가, 정치운동자가 되어야 한다고 주장한다.[77]

이와 같이, 이돈화는 모든 국민의 적극적 참여를 주장하고 공동체적 의식을 지닌 국민의 정치적 주체성을 강조한다. 모든 사회 구성원들이 공적인 문제에 관심을 갖고 여러 방면에 참여하고 소통함으로써 공동체 의식을 지니고 자신을 피치자로 간주하지 않는 체제를 건설하고자 한 것이다. 그러므로 백성은 피치자나 객체로만 살아온 데 비해 근대국가의 구성원은 인민 스스로 하나의 주체적인 존재로 독립할 수 있어야 한다는 것이다.[78] 천도교 내에서 당시 공화정체를 국민 전체로써 합의체 즉 국민 합의적 정체로 이해하였다는 점에서,[79] 국가를 국민의 공유물로 보고 전 국민이 공동한 책임과 의무를 가지고 전 국민의 합의를 주장한 이돈화의 정치사상에는 민주와 서구의 공화 개념인 레스 푸블리카의 의미가 보인다. 풀어 보자면, 이돈화의 정치체제의 측면에서는 국가는 모두의 것이고, 그것을 민주적 개인들이 다 함께 다스려야 한다는 의미에서의 공화 개념을 확인할 수 있다.

이돈화는 안민(安民)을 위해서는 국가 정체가 바로 서야 한다고 주장하면서 '정체적 안민'을 주장한다. 그는 인민이 나라의 근본이라는 것에서 한 걸음 나아가 정치가 인민에게 있지 아니하면 안민이 이익을 도모할 수 없다

---

77 이돈화(滄海居士), 「朝鮮人과 政治的 生活」, 『개벽』 29, 1922년 11월.
78 당시 민주는 인민주권을 의미하는 것으로 군주 1인 주권을 부정하는 공화와 같은 의미로 인식했다. (윤대원, 앞의 논문, 196-199쪽)
79 "共和政體는 國民 全體로써 一의 合議體를 組織ㅎ야 國民總會에서 統治權의 作用을 行使ㅎ흔 者ㅣ라."(황석교, 「법률경제개요」, 『천도교회월보』 92, 1918년 3월)

고 말한다. 인민이 주권을 가진다는 말을 '인내천 정치'라는 천도교적 용어로 개념화하면서, 민주정치를 이심치심(以心治心) 즉 내 본래의 마음으로 내 욕심에 물든 마음을 다스린다는 용어[자아의 양심이 자아의 악심을 바르게 한다]로, 인민이 같은 인민을 바르게 살게 하는 정치로 규정한다. 민주정치를 평등 정치로 설명하면서 완전한 민주정치는 국민 생활 일체가 평등해야 하고, 인권 평등은 물론 경제 평등, 교육 평등, 문화 평등이 이루어져야 완전한 민주주의가 실현되는 것으로 보았다. 그에게 완전한 민주정체의 이상은 인민이 주권을 가지고 법률 사용권과 선거, 피선거권을 가지는 동시에 파면권도 가져야 하고, 법률의 응용으로는 창제권을 가져야 하는 동시에 복결권도 가져야 하는 것이다. 그가 반복적으로 정치 훈련의 필요성을 제기 한 이유는 완전한 민주정체의 이상을 실현하기 위함이었다.[80]

마지막으로 이돈화는 「조선청년회연합회의 성립에 취하여」에서 사회와 개성은 병행 발달하는 것인데, 소아[個我]의 구제를 위해 대아의 발달을 돌보지 않았다고 비판한다. 당시 공익사업이나 혹은 각종 단체가 있지만 대아를 버리고 소아에만 집착했기 때문에 유명무실해졌다는 것이다. 사회란 개인과 개인의 집합, 가족과 가족의 관계, 민족과 민족의 연쇄이며 따라서 사회적 도덕이란 세계 각 민족을 한 구성원으로 하고 그 민족간의 균등한 조화를 추구하고, 균등한 발달을 도모하며, 균등한 행복을 누릴 수 있게 하는 것으로, 각 민족은 그 자체의 세계적 균등 발달의 동일선상에 나아가기로 노력하며 세계적 균등조화의 수평선상에 달하는 노력과더불어 사회의 봉공이라는 도덕성이 필요하다고 주장한다.[81] 그는 자주적 도덕, 합시대적 도

---

80 이돈화, 『교정쌍전』, 1948년 필사본.
81 이돈화, 「민족적 체면을 유지하라」, 『개벽』8, 1921년 2월.

덕, 공동의 도덕을 구분하면서 자주적 도덕을 강조한다. "자주주의 도덕에서는 자기 스스로가 입법자가 되며 사법자가 되며 행정자가 되어 자기의 일을 자기 스스로 능히 처변(處辨)할 만한 도덕의 주체가 되어야 한다."[82]라고 하면서 자주적 도덕과 도덕 주체를 연결한다. 이상과 같이 이돈화는 합시대적 도덕, 사회적 도덕, 공동의 도덕을 망각하지 않는 자주적인 도덕을 갖춘 주체로 거듭나기를 희망했던 것이다.

이상에서 상술한 바와 같이, 근대 시민사회는 자율 참여, 연대, 공동체, 도덕과 윤리 등의 가치를 중시한다는 점[83]에서 오상준과 이돈화는 '공개인', '신인간'을 통해 새로운 국가와 사회를 건설할 수 있는 공화적 인간, 곧 오늘날의 말로 보면 '시민'을 길러 내었다. 그들이 말하는 도덕은 종교적 사상이면서 동시에 윤리적이고 공적 차원의 덕목들을 의미하기 때문이다.

IV. 맺음말

현재 코로나-19 팬데믹 상황 때문에 지구적 위기 사회가 초래되었다. 최근 코로나-19에 관한 한국의 방역 방식에 대해 일부 서구 국가에서는 개인주의와 자유주의를 위축시킬 수 있다고 우려하기도 했다. 하지만 코로나-19에 관한 한국 방역의 특징을 민관협치에서 찾고, 이러한 민관협치가 가능한

---

82 이돈화, 「生活의 條件을 本位로 한 朝鮮의 改造事業, 이 글을 特히 民族의 盛衰를 雙肩에 負한 靑年諸君에 부팀」, 『개벽』 15, 1921년 9월.
83 박상필, 「타자 윤리의 실천 수단으로서의 시민사회적 공공성」, 『현상과 인식』 30-3, 2006, 18쪽.

것은 바로 민주와 공화의 조화로 볼 수 있으며, 특히 공화의 가치가 구현된 대표적인 사례로 평가되고 있다.[84] 너와 나의 공생을 위해 협력하고 개인의 삶과 공동체의 삶을 조화시키는 '공화'의 가치가 새롭게 주목받는 것이다.

공화의 개념은 정체로서의 공화국과 사상으로서의 공화주의와 밀접히 연관된다. 특히 에토스로서 공화는 더불어 살아가는 가치와 함께 협력을 이뤄야 한다는 의미로 해석할 수 있다. 근대한국 개벽종교는 새로운 공동체적 삶의 회복과 통합을 실행하기 위해 '공화'를 주장했다. 근대한국 개벽종교가 지향한 공화의 의미 역시 평등, 조화, 협력을 의미했다. 특히 천도교의 공화는 하늘을 매개로 인간-사회-자연의 유기적 연결을 통한 화합과 협력을 의미한다. 그리고 서구 개인주의와 공동체주의의 한계점을 극복하기 위한 대안으로 제시한 것이다.

근대한국 개벽종교는 새로운 문명의 실현 주체를 만민(萬民)으로 설정하고, 개인적 수양과 공동체에 대한 공적 책임을 강조했다. 근대한국 개벽종교의 공화적 인간은 더불어 사는 인간 즉 호모 심비우스(Homo symbious, 共生人)의 의미뿐만 아니라 협력과 연대 즉 공생과 연대의 가치를 담지한 인간상이다. 즉 공동체의 평등한 일원으로 공공의 일에 적극적으로 참여하여 너와 나의 공생을 위해 협력하고 개인의 삶과 공동체의 삶을 조화하는 인간상인 것이다. 특히 동학·천도교는 민(民)이 정치적 주체로 전환할 수 있는 사상적 근거를 마련해 주었고, 하늘과 인간, 인간과 인간, 인간과 자연의 상생협력·연대할 수 있는 새로운 인간상(공화적 인간)을 제시했다.

---

84 조성환, 「이상적인 방역 모델을 보여주다: 해외 언론의 평가」, 모시는사람들 철학스튜디오 기획, 『세계는 왜 한국에 주목하는가: 한국 사회 COVID-19 시민백서』, 서울: 모시는사람들, 2020, 99-100쪽.

원불교의
시민적 덕성*

김봉곤 원광대학교 원불교사상연구원 연구교수

* 이 글은 『원불교사상과 종교문화』84, 원광대학교 원불교사상연구원, 2020,
41-82쪽의 글을 수정·보완한 것임.

Ⅰ. 머리말

한국은 1987년 6.10 항쟁을 통해 군부 정권에 맞서 직선제 개헌을 쟁취한 이래, 부당한 공권력에 대한 시민들의 비판 의식이 높아지고 사회 제반 분야에서 공공성에 대한 관심이 크게 증대하였다. 2017년에는 국가권력을 남용하고 은폐한 책임을 물어 시민들이 촛불혁명을 일으켜 대통령을 권력에서 퇴진시키기에 이르렀다. 당시 보여준 한국 시민사회의 활동은 높은 정치의식과 성숙한 시민의식을 바탕으로 공론이 형성되고 법과 절차를 따라 평화롭게 전개되었다.

또한 2020년 전 세계를 강타한 코로나 바이러스를 퇴치하는 과정에서도 한국 시민사회의 공공성이 크게 발휘되었다. 코로나-19 백신이 개발되지 않은 상태에서 국가 차원의 방역 시스템이 작동되어 일상적인 활동이 제한되었는데, 정보의 개방성과 투명성을 바탕으로 시민들이 방역시스템의 필요성을 자각하고 높은 도덕성과 적극적인 협조로 코로나 팬데믹을 극복하였다는 점에서 전 세계적인 모범 케이스로 일컬어지고 있다.[1]

---

1 조성환, 「재난에 발휘되는 도덕성: 민주와 공화의 어우러짐」, 김유익 외, 『세계는 왜 한국에 주목하는가: 한국 사회 COVID-19 시민백서』, 서울: 모시는사람들, 2020; 허남진, 「코로나 19, 종교에게 무엇을 요구하는가?」, 같은 책.

이러한 한국 시민사회의 활동에 원불교 역시 적극 동참하였다. 원불교는 1928년 소태산 박중빈(少太山 朴重彬, 1891-1943, 이후 소태산)이 국가의 정치와 종교가 합심해야 문명국이 된다고 제창한 이후, 일제강점기로부터 오늘날에 이르기까지 민주공화국을 이상으로 여기고 시민적 덕성을 근간으로 정치를 선도하고 있다.

원불교의 정교동심의 관계에 대해 1980년대에 정산 송규(鼎山 宋奎, 1900-1962, 이후 정산)의 『건국론』이 주목을 받으면서 검토되기 시작했다.[2] 이진수는 소태산이 제창한 정교동심을 정산이 『건국론』에서 계승하였고, 다시 대산 김대거(大山 金大擧, 1914-1998, 이후 대산)가 종교연합운동을 통해 이었다고 평가하였다.[3] 박광수는 소태산의 정교동심에 대해서는 정치와 종교 각각의 영역에서 서로 부패하지 않도록 긴장과 협력을 유지하는 관계로 보았으며,[4] 이성전은 정산의 치교사상에 대하여 소태산이 제시한 '강자약자 진화상의 요법'과 사요의 인도상의 요법을 토대로, 문명세계를 건설하기 위해 도치와 덕치, 정치에 힘썼다고 평가하였다.[5]

이러한 연구들은 소태산과 정산, 대산에 걸쳐 원불교의 정교동심이 어떻게 나타나는지와, 원불교의 핵심 교리인 진화상의 요법과 사요와의 관계는 어떠한지를 잘 설명한다. 다만, 정교동심의 원리가 문명세계를 지향하는 과

---

2 정산 송규의 『건국론』에 대한 연구성과는 김봉곤,「원불교와 천도교의 건국론에 나타난 중도주의와 시민적 공공성」,『종교교육학연구』60, 2019, 233-234쪽 참조.
3 이진수,「소태산의 정교동심관(政敎同心觀) 연구」,『원불교사상과 종교문화』46, 2011.
4 박광수,「원불교 사회참여운동의 전개양상과 과제」,『원불교사상과 종교문화』30, 2005.
5 이성전,「정산 송규의 치교사상(治敎思想)」,『종교교육학연구』24, 2007.

정에서 시민적 덕성을 함양해 왔던 점을 고려할 때, 소태산이나 정산, 대산이 처한 역사적 현실의 차이점에서 발생하는 시대적 과제를 어떻게 해결하려고 하였는가에 대해 좀 더 심도있는 고찰이 필요하다고 할 수 있다. 이를 통해 시대적 과제를 해결하고자 하였던 정교동심이나 시민적 덕성의 추이가 한층 분명하게 드러날 수 있기 때문이다. 이에 본고에서는 소태산, 정산, 대산을 거쳐 오늘날 원불교가 처한 역사적 현실 속에서 소태산이 제창한 일원상의 진리와 사은사요의 원불교의 교리가 어떻게 시민적 덕성을 추구하였으며, 그 의미는 무엇인지를 검토하고자 한다.

본고에서 일차적으로 검토하고자 하는 일원상의 진리와 사은사요는 원불교 교리와 신앙의 핵심으로서 많은 연구가 진행되었다. 일원상에 대해서는 주로 형성 과정과 진리, 신앙, 법신불과의 관계 등에 대해서 검토되었으며,[6] 사은은 진리와 신앙, 생명사상에 대해서 주로 분석되었고,[7] 사요에 대해서

---

6 대표적인 연구성과로 한종만,「일원상진리의 상즉성: 동양진리관 회통의 차원에서」, 『원불교사상』1, 1975; 류병덕,「일원상 진리의 연구」,『철학연구』20, 1975; 송천은, 「원불교신앙관의 연구」,『종교와 원불교』, 익산: 원광대학교출판국, 1979; 노권용, 「기신론(起信論)의 일심삼대사상(一心三大思想)을 통해 본 일원상신앙 소고」,『원불교사상』6, 1982; 한종만,「일원상신앙장의 연구」,『원불교사상』10 · 11, 1987; 한기두, 「일원상과 원불교」,『원불교사상』10 · 11, 1987; 노권용,「소태산의 깨달음과 법신불 신앙운동」,『대각사상』11, 2008; 송천은,「숭산 박광전종사의 종교관: 일원상을 중심으로」,『원불교학』10, 2018 등이 있다.
7 대표적인 연구성과로 송천은,「사은사상의 고찰」,『교학연구』2, 1966; 한종만,「사은 신앙에 관한 연구」,『원불교사상』19, 1995; 한기두,「「법신불 사은」에 대한 고찰」, 『원불교사상』20, 1996; 정순일,「사은신앙의 형성사적 연구」,『원불교사상』21, 1997; 박광수,「동ASIA 종교의 생명 사상과 상생 정신: 원불교의 상생(相生) 사상-사은(四恩)을 중심으로」,『신종교연구』12, 2005; 노권용,「원불교 불신관연구: 법신불 사은을 중심으로」,『원불교사상과 종교문화』50, 2011; 박상권,「원불교 일원상 진리와 사은의 관계에 관한 논의 고찰」,『원불교사상과 종교문화』52, 2012; 백준흠,「사은사상의 종

는 사요의 변천 과정과 사회적 평등, 실천의 측면이 주로 연구되었다.[8] 정산의 건국론이나 대산의 새생활운동이나 세계주의, 그리고 오늘날 적극적으로 실천하는 봉공운동에도 많은 선행 연구가 있다. 본고에서는 이러한 일련의 연구 성과를 두루 참조하여, 원불교에서 정교동심을 표방한 이후 일원상의 진리와 사은사요에 바탕을 둔 시민적 덕성이 국가와 시대적 상황의 변화에 따라 어떻게 계승, 발전, 확대되는지를 해명하고자 한다. 이를 통해 시민종교이자 공공종교로서의 원불교의 위상을 재정립하고자 하는 것이다.

II. 원불교의 정교동심(政敎同心)과 일원상(一圓相) 진리

정치와 종교가 함께 마음을 합쳐야 한다는 정교동심 선언은 우리 민족이 약자가 되어 일제의 지배를 받던 역사적 현실과 관계가 깊다. 어떻게 하면 약자의 상태에서 강자가 되어 독립적인 자주성을 갖출 것인가 하는 소태산의 깊은 고민이 담긴 것이다. 소태산은 1928년 윤2월 26일 서울 창신동 서울 교당에서 약자가 강자되는 길을 발표하였다.[9]

교교육에의 적용방향」, 『종교교육학연구』42, 2013; 황화경, 「원불교 사은사상의 생명윤리」, 『한국종교』40, 2016 등이 있다.

8 대표적인 연구성과로 김탁, 「원불교 사요교리의 체계화과정」, 『인류문명과 원불교사상』, 소태산대종사 100주년 기념논문집, 1991; 류성태, 「사요의 용어변천에 대한 연구」, 『원불교사상과 종교문화』48, 2011; 이성택, 「신앙방법으로서의 사요의 재인식」, 『원불교사상』6, 1982; 심대섭, 「원불교사요의 기본성격과 현대적 조명: 사요의 주석 및 연역작업의 시도」, 『원불교학』3, 1998; 심대섭, 「원불교사상과 시민윤리: 사요위원회의 구성을 제의함」, 『원불교사상』20, 1996 등이 있다.

9 『월말통신』제1호(1928. 윤2), 「약자로 강자되난 법문」

이후 소태산은 1928년 6월 27일 설법 때 강자가 되는 정치형태와 종교를 구체화시켰다.[10] 소태산은 먼저 어떤 나라가 지구상에서 가장 우월하냐고 물었다. 이에 모두 미국이라고 답변하였는데, 박대완은 미국은 재력이 풍부하여 모든 나라가 미국에 채무를 지고 있고, 종교의 어진 교화가 고루 펴져서 국민의 정신이 결속되어 세계의 패권을 잡았다고 하였다. 조송광도 미국이 개발되기 전에는 흉악한 야만 인종이었지만 예수교의 복음이 전파된 이후 국민의 정신이 일치하고 재력이 확충되어 오늘날과 같은 강대한 세력을 이루었다고 하였다. 송만경도 미국이라고 하였으나, 조송광과는 달리 공화정치를 행한 지가 오래되고 인격자에게 정치 기관을 맡겨서 정치적 교화가 잘 행해진 것이니, 꼭 종교의 힘만으로 볼 수 없다고 대답하였다.

이처럼 이상적인 정치형태에 대해서 논의가 이루어지자, 소태산은 다시 종교의 역할에 대해 제자들의 의견을 물었다. 먼저 박대완은 미국을 발견한 이후 종교를 수입하여 국민의 정신이 결속되고 영국의 압제에서 벗어나 독립국가가 되었다고 하였고, 전음광은 미국은 종교가 확립되어 국민의 심리를 다스리고 밖으로 정치가 밝아서 교화가 잘 행해져 패권을 잡게 되었다고 평가하였다. 정치와 종교가 마음을 합쳐서 독립국이 되고 문명국이 되었다는 것이다.[11]

소태산은 정치를 선도하는 종교의 역할에 대해 긍정한 다음, 문명세상에서의 정치와 종교의 역할과 운용, 이상적인 정치체제, 그리고 종교가 체가 되고 정치가 용이 되는 정교동심에 대해서 차례로 논하였다. 첫째는 정치와 종교는 문명세상에서의 두 수레바퀴와 같다는 것이다.

10 『월말통신』 제4호(1928.6), 「법회록」
11 같은 글.

대저 종교와 정치는 세상을 운전하는 두 수레바퀴와 같으므로 하나라도 기우러지면 세상은 완전한 세상이라 할 수 업슬 것이다. 종교라 하난 것은 사람으로 하여금 자능력(自能力)과 자각력을 엇도록 인도하야 모든 일을 저즐기(저지르기) 전에 방지하는 것이요, 정치라 하난 것은 자능력과 자각력을 가지고 모든 일을 행한 후에 시비를 밝혀서 상벌을 베푸는 바이니, 종교는 근본을 닦는 집이요, 정치는 끗을 다사리는 기관이라, 근본과 끗을 아울러 밝히면 원만하고 문명한 세상이 되리라. 과연 종교와 정치난 인생의게 이와 갓흔 중요한 관계가 있으며 우리가 일시라도 여이고는 살수가 업는 처지이다.[12]

종교는 세상에서 자기를 통제하고, 정치는 일을 행한 뒤에 시비를 밝히는 것이므로, 두 가지를 모두 밝히면 원만하고 문명한 세상이 된다는 것이다.

둘째는 종교는 덕으로서, 정치는 정의로서 체를 삼아야 한다는 것이다. 소태산은 '종교는 도덕으로써 체가 되고 정치는 정의로써 체가 되니, 도덕과 정의는 어느 시대를 물론하고 변할 수 없는 것이나 그 쓰는 방편은 시대를 따라 변하고 사기(事機)를 응하야 다르나니 이것은 구주(救主)의 수단에 있나니라.'고 하여 덕으로서 체를 삼는 종교와 정의로서 체를 삼는 정치를 시대에 맞게 잘 운영하는 지도자의 필요성을 역설하였다. 미국의 경우는 정치와 종교, 그리고 그것을 운용하는 사람을 잘 만나서 미국이 세계에 우월하게 되었다는 것이다.[13]

셋째는 이상적인 정치체제는 자유평등의 공화국이라는 것이다. 소태산

12 같은 글.
13 같은 글.

은 그러한 실례를 장개석의 개혁정치에서 찾는다. 정치 체제에서는 자유평등의 공화국이 가장 이상적인 국가라고 여겼다.

> 대저 혁명의 원의(原義)난 모든 불합리한 제도를 합리하도록 불공평한 일을 공평하도록 개선 혁신하난 것이다. 신문지의 보도로 듯건대 근자(近者) 중국에서난 장개석(蔣介石)군이 고(故) 손문씨의 유지를 이어 삼민주의를 표제(標題)하고 소군약졸(小軍弱卒)로 광동 일우(廣東一遇)에 이러나서 파죽의 세로 전토(全土)를 통일하고 이제 임의 국정개혁에 착수하야 모든 불합리, 불평등한 제도 습관을 다 철폐하고 자유 평등의 신중국을 건설한다 하니, 뉘 안이 경하할 바이랴. 물론 그 주의도 좃커니와 그 사람을 어든 소이(所以)라 하겟도다. 그러나 지금 우리가 표방하고 나아가난 취지 강령으로 보면 장(蔣)군에 비하야 훨신 호대하며 웅장하다할 수 잇다. 장군(蔣君)은 무력으로써 단일국의 정치적 혁명에 헌신한 바이며, 우리는 심력으로써 전세계의 정신적 혁명에 희생할 결심이다. 그런 고로 도덕의 주의난 국경이 업다 하나니라.[14]

중국의 장개석(蔣介石)이 손문의 유지를 이어 삼민주의를 표방하고 모든 불합리, 불평등한 제도 습관을 다 철폐하고 자유평등의 신중국, 즉 민주공화국을 건설하였음을 알게 되었으니, 모두가 경하할 일이라고 높이 평가하였던 것이다.

넷째는 도덕으로 정치를 이끌어야 온전한 국가가 된다는 것이다. 소태산

---

14 같은 글.

은 삼학(三學)의 하나인 사리연구(事理硏究)에서도 사(事)는 정치, 리(理)는 종교로써 나란히 밝혀야 지혜와 복덕을 얻게 된다고 하였는데,[15] 매사에 리가 사보다는 우선이므로, 사(事)인 정치가 리(理)인 종교에 바탕을 둔 정치이어야 온전해지는 것이다. 이에 소태산은 장개석은 일국의 혁명에 머물렀지만, 원불교는 심력으로써 전 세계의 정신적 혁명에 희생할 결심을 하였기 때문에 원불교의 사업이 훨씬 큰일이라고 하였다. 정신적 주인이 되고자 하는 원대한 발원과 성의를 갖고 원불교 교법을 연마하면 세계를 운전하며 전 우주를 움직일 수 있다고 역설하였던 것이다.[16]

이듬해 5월 간행된『월말통신』15호「회설(會設)」에서 개인과 가정, 국가에서 정치와 종교가 필요한 이유를 재차 천명하였다. 개인은 가정을 이루고, 가정은 다시 국가를 이루므로, 개인은 가정의 구성원이고 국가의 조직이다. 따라서 개인들에게도 정치와 종교가 병행되어야 가정과 국가가 원만해진다는 것이다. 예컨대 개인이 불의를 뿌리 뽑는 정치적 용단이 있고, 관용정대(寬容正大)한 사상으로 교화하고 배우며 남을 용서하는 종교적 감화심을 갖추면 내외가 원만한 인간이 되며 안락하게 된다. 가정에서도 엄부의 준엄한 교훈이 정치적 제재가 되고 자모의 온화한 포용이 따뜻한 종교적 감화가 되면 가정이 화평하고 안락하며, 국가에서도 종교를 통해 민중의 심리를 선도(善導)하여 취선사악(取善捨惡)하는 각성을 얻고 법명(法命)으로 징악권선(懲惡勸善)을 행하면 국가의 안녕이 도모된다는 것이다.[17]

이처럼 소태산은 회설반에서는 정치와 종교가 내 몸과 가정, 국가와 세계

---

15 같은 글.
16 같은 글.
17 『월말통신』제15호(1929.5),「종교와 정치의 필요」

에까지 미쳐야 한다고 주장하였는데,[18] 이때의 종교는 일원상을 모시는 종교, 즉 원불교를 말하는 것이다. 바로 이러한 일원상의 진리가 개인이나 가정, 국가, 사회에 충만하고 매사에 관철되어야 한다는 것이다. 소태산은 일원의 진리를 우주만유에 편만한 하나의 생명 원리이자 성인들의 본래 마음이며, 일체중생에게 동일한 본연의 성품이 현상계 즉 시방삼계에 대소유무와 선악업보에 따라 영구히 차별적으로 전개되는 진리라고 보았다. 소태산은 1916년 자신이 깨달은 내용을 다음과 같이 설파하였다.

> 만유가 한 체성이며 만법이 한 근원이로다. 이 가운데 생멸없는 도와 인과보응되는 이치가 서로 바탕하여 한 두렷한 기틀을 지었도다.[19]

여기서 만유가 한 체성이라 함은 천차만별의 차별성을 절대성으로 초월시켜 다시 만유 그대로를 진리 그 자체로 보는 본체와 현상이 상즉(相卽)해 있다고 보는 진리관이다. 만법이 한 근원이라는 말도 만유(萬有)가 한 체성이라는 의미와 상통한다. 그리고 생멸 없는 도와 인과보응되는 이치가 서로 바탕하였다는 것은 불생불멸의 진공(眞空)과 인과보응의 묘유가 한 두렷한 기틀로 일미(一味)를 이루고 있다는 것이다. 즉 일원상이라는 동적진리(動的眞理)가 현상즉실재(現象卽實在)의 상즉성(相卽性)에 바탕하여 순환불궁(循環不窮)하게 우주에 충만, 유동하여 돌고 도는 것이기 때문에, 돌고 도는 그 자체가 바로 불생불멸의 진리이자 인과보응의 진리라는 것이다.[20]

---

18 같은 글.
19 『대종경』 서품 1장.
20 한종만, 「불공의 원리에 대한 연구」, 『원불교학연구』 8, 1978, 8쪽.

여기에서 주목되는 것은 일원상과 사은, 만유와의 관계는 계층적 설명이 아니고, 일원상이 바로 사은이고 만유라는 것이다. 즉 소태산은 일원상과 만유의 관계를 "일원의 내역을 말하자면 곧 사은이요, 사은의 내역을 말하자면 곧 우주만유로서 천지만물 허공법계가 다 부처 아님이 없나니…"[21]라고 설명하였다. 만유를 은(恩)의 면으로 볼 때 사은(四恩)이라 이름하는 것이며, 만유를 한 체성(體性)이라고 볼 때는 일원상(一圓相)이라 이름하는 것이므로[22] 일체 만유가 은으로 연결되고, 진리에 충만한 일원상 자체가 된다.

이에 소태산은 천지(天地) 만물(萬物) 허공(虛空) 법계에 모두 일원상의 진리가 구유(具有)해 있으므로 현상적인 모든 사물을 대할 때 법신불 일원상을 대하는 것같이 하라고 하였다.

천지만물 허공 법계가 모두 부처 아님이 없나니 어느 때 어느 곳이든지 항상 경외심을 놓지 말고 존엄하신 부처님을 대하는 청정한 마음과 경건한 태도로 천만사물에 처할 것이며 천만사물의 당처에 직접 불공하기를 힘쓰라.[23]

원불교에서는 일원상이 법신불 자체이므로, 일원상 법신불 신앙을 통해 보신불과 화신불 신앙이 모두 열리게 되는데,[24] 천만사물이 그대로 법신불의 화신이므로 사물에도 직접 부처님께 올리는 것같이 불공토록 하라는 것

---

21 『대종경』 교의품 제4장.
22 한종만, 「불공의 원리에 대한 연구」, 위의 논문, 9쪽.
23 『대종경』 교의품, 제4장.
24 같은 책.

이다.[25] 이에 불공하는 사람에게는 불공할 처소와 부처가 따로 있는 것이 아니라, 불공하는 이의 일과 소원을 따라 불공하는 처소와 부처가 있게 된 다.[26] 처처가 불상이고[處處佛像], 일마다 불공이다[事事佛供].[27] 우주만유는 불 생불멸과 인과보응의 원리에 따라 천차만별로 돌고 도는 것이므로, 신앙의 목적도 자신과 대상에 불공함으로써 악업 대신 선업으로 가도록 함에 있으 니, 일마다 정성을 다하는 사사불공을 불공법으로 중시하게 된다.[28]

이러한 처처불상, 사사불공은 인생의 요도인 사은사요와 함께 공부의 요 도인 삼학팔조(三學八條)를 통해 구현된다. 사은은 타력신앙과 사실신앙의 대상이고, 삼학팔조는 자신할 만한 자력의 신앙이므로 이 두 가지가 합쳐져 야 처처불상, 사사불공이 이루어지고, 궁극적으로 일원상의 진리가 구현되 는 것이다.[29] 소태산은 일원상의 수행을 다음과 같이 강조하고 있다.

'일원상의 수행은 어떻게 하나이까.' 대종사 말씀하시기를 '일원상을 수 행의 표본으로 하고 그 진리를 체받아서 자기의 인격을 양성하나니……'[30]

대종사 말씀하시기를 '우리 공부의 요도 삼학(三學)은 우리의 정신을 단 련하여 원만한 인격을 이루는 데에 가장 필요한 법이며, 잠간도 떠날 수 없

25 한종만,「불공의 원리에 대한 연구」, 앞의 논문, 9쪽.
26 『대종경』서품, 15장.
27 한종만,「불공의 원리에 대한 연구」, 앞의 논문, 9쪽.
28 위의 논문, 11-14쪽.
29 『원불교교전』교리도 ; 한기두,「「法身佛 四恩」에 대한 고찰」, 『원불교사상』20, 1996, 280-282쪽.
30 『대종경』교의품 5장.

는 법이니……'.[31]

    일원상을 수행의 표본으로 하고 그 진리를 체받아서 자기의 인격을 양성하는 것인데, 삼학팔조는 공부의 요도로서 원만한 인격을 이루는데 가장 필요한 법이라는 것이다. 정신수양(精神修養), 사리연구(事理硏究), 작업취사(作業取捨) 등의 삼학(三學)과 신(信), 분(忿), 의(疑), 성(誠), 불신(不信), 탐욕(貪慾) 나(懶), 우(愚) 등의 팔조(八條)를 통해 불법을 생활화하여 바르게 깨닫고 바르게 실천하며, 천지, 부모, 동포, 법률의 사은(四恩)을 알고 보답하며, 자력양성, 지자본위(智者本位), 타자녀(他子女) 교육, 공도자(公道者) 숭배 등 사요(四要)를 실천하여 궁극적으로 공원정(空圓正)의 일원상의 인격을 성취하게 되는 것이다.

    일원상의 원만한 인격을 갖추면 나와 관련된 모든 존재가 은적 관계로 전개될 되며, 자신과 타자의 깊은 정신적 교감 속에서 사리를 따지고 정의를 추구하게 된다. 이에 일원상의 인격은 민주공화국에서 나와 타인, 사회를 연결하여 원만한 의사소통을 이루고, 사회적으로는 공론을 형성하는 주요한 정신적인 요소가 된다. 일원상의 인격이야말로 원불교에서 도달하고자 하는 궁극적인 경지일 뿐만 아니라, 민주공화국에서 필수적으로 요구되는 의사소통과 공론을 가능하게 하는 제1의 시민적 덕성이라고 할 수 있는데, 그 핵심요소인 사은과 사요에 대해서는 장을 바꾸어 살펴보도록 하자.

31 『대종경』 교의품 18장.

Ⅲ. 소태산 박중빈의 사은사요(四恩四要)와 시민적 덕성

소태산이 1928년 정교동심을 표방한 이후, 원불교에서는 1929년 초에 세계개조 10주년을 맞이하여, 새로운 문명세계가 도래하였음을 선포하였다. 1차 세계대전은 4천만의 재산과 생명을 앗아갔지만, 제1차 세계대전으로 국제 봉쇄가 타파되고 물질문명이 교통하며, 계급제도가 철폐된 새로운 문명시대가 시작되었다는 것이다. 이러한 새 시대를 맞이하여 원불교에서는 낙오를 면하고 선각자가 되기 위해서 열심히 배우고, 근검저축하자는 것이다.[32]

1929년 6월에는 이러한 새로운 시대에 걸맞은 원불교의 신앙과 수행상의 요법을 마련하는 일에 들어갔다. 먼저 미국은 기독교가 민중들을 포용, 단합시키고 정치가 정돈되어 내외가 구비되었지만, 3억 인구의 인도는 불교의 잔폐가 사람들의 정신을 약하게 하고 정치가 문란하여 남의 지배를 받고 있다고 하여, 종교와 정치가 온전해야 국가의 안전을 보장할 수 있다고 보았다.[33] 이를 위해 익산의 원불교 총부에서는 김영신이 남녀동등의 요법을 강연하였고, 사업과 공부 방면 전반에 걸쳐 각종 의견 안이 적극 제출되어 『월말통신』에 「본회요법(本會要法)」이라는 이름으로 발표하기 시작하였다. 그해 8월에는 원불교 교법상 요법 29건, 제도상 요법 13건, 사실상 요법 9건, 상황상 요법 8건이 제출되어, 신앙과 수행상의 요법 대부분을 망라하였다. 이공주는 42조건을 제출함으로써 1등을 하였다.[34]

---

32 『월말통신』 제11호, 「송구영신을 제하야〈우리의 가질 주장과 주의〉」
33 『월말통신』 제15호(1929.5), 「종교와 정치의 필요」
34 『월말통신』 제18호, 「교의문답안(제1회)」

1929년 10월에는 사은사요가 드디어 교법으로 발표되었다. 『월말통신』에 따르면 소태산이 대소유무와 시비이해를 해부하여 천지, 부모, 동포, 법률의 피은, 보은, 배은의 법을 알려 주고, 부부권리동일, 지우차별, 무자녀 타자녀교양, 무자력자 보호의 사요의 대법을 하교하니, 인도정의에 입각한 도덕풍이 불고, 대아의 본연의 세계를 찾게 되었다고 하였다.[35]

먼저 소태산은 이러한 사은사요 제정이 병든 세상을 고치기 위함이라고 한다.

나는 진즉부터 어떻게 하면 이 병든 세상을 완전한 세상으로 만들어서 고해 중생들로 하야금 안락한 생활을 하게 할고 하는 생각을 갖게 되얏으며 따라서 백방으로 연구한 결과에 천우신조하야 한 묘한 화제(和劑)를 얻었나니 그것은 별것이 아니라 곳 원수를 은혜로 박귀버리라는 것이다. 그러나 별안간에 무조건하고 원수로 본 것을 은혜로 보라 한다면 아모라도 실행할 수가 없겟으므로 나는 먼저 모든 은혜의 근본 시조되는 사은 즉 천지, 부모, 동포, 법률을 제창하고 이어서 피은, 보은, 배은의 조목과 결과까지 자상히 밝이어 놓앗나니 사은을 강령적으로 간단히 분석한다면 즉 천지에서는 응용무념지덕(應用無念之德)으로써 은혜가 되얏고 부모에게서는 자력 없을 때 극진한 보호받는 걸로써 은혜가 되얏으며 동포에게서는 자리이타로써 은혜가 되얏고 법률에서는 시비 가려 주난 것으로써 은혜를 입게 된 것이니라. 그러면 누구든지 이 사은 편을 잘 배워서 그대로 보은지도(報恩之道) 행하는 자가 생겨난다면 많이 생겨날수록 이 세상은 평화하고 안락하여저서 원수로 보든 병은 완치되고 말 것이다.

35 『월말통신』 제20호(1929.10), 「교법제정안」

병든 세상을 고쳐야 중생들이 안락한 생활을 할 수 있는데, 그 묘책은 원수를 은혜로 바꾸는 것이다. 그러나 별안간 바꿀 수는 없으므로, 은혜의 근본이 되는 사은(四恩)인 천지은·부모은·동포은·법률은을 잘 배워서 보은하는 도를 행하자는 것이다. 천지는 응용할 때 대가를 바라거나 사념을 품지 않는 덕이 있고, 부모는 내가 무력하였을 때 키워 주신 은혜가 있고, 동포는 자기를 이롭게 하고 남을 이롭게 하는 은혜가 있으며, 법률은 시비를 가려주는 은혜가 있으니, 보은하는 도를 행하는 자가 많으면 세상이 평화하고 안락해져서 원수로 보는 병이 없어진다는 것이다.[36] 사은은 나에게 생존의 은혜와 조건으로 작용하고 있고, 나는 그 은혜에 대해 사심없이 베풀고, 힘없는 자를 보호하며, 자기 뿐만 아니라 남을 이롭게 하며, 인도와 정의로써 보답하면, 인과의 법칙에 따라 나에게 혜복을 주는 무한한 생명력으로 전개되는 것이다.[37]

소태산은 사요를 제정한 이유에 대해서도 조선을 병들게 하는 네 가지 병을 치유하기 위함이라고 하였다.[38] 네 가지 병은 의뢰병, 차별병, 안 가르치는 병, 협심병이니,[39] 다음 네 가지 요목 즉 사요(四要)를 만들어서 타파하자는 것이다. 남녀권리동일 과목을 내어 교육도 함께 받고 지위나 권리도 함께 누리게 하면 의뢰병이 나을 것이고, 지우차별의 과목을 내어 다른 차별제도는 철폐하고 지식만 충분하면 선생으로 대우하면 누구든지 배우는 성심을 낼 것이다. 또한 무자녀나 타자녀 교양 과목을 내어 남의 자녀라도 힘

36 『회보』 제26호(1936.7), 「사은사요의 필요」 (手筆 李共珠)
37 류병덕, 「신앙의 강령 사은」, 『한국 사회와 원불교』, 서울: 시인사, 1986, 180-183쪽.
38 『회보』 제26호(1936.7), 「사은사요의 필요」 (手筆 李共珠)
39 『대종경선외록』 제생의세장

껏 가르쳐서 문맹을 퇴치하고 영재를 육성하면 가르치는 성심을 권장하게 될 것이고, '공도헌신자 이부사지(公道獻身者 以父事之)' 과목을 내어 공도자를 부모같이 섬기게 되면 남을 위하는 것이 나를 위하는 것이고 넓은 세계를 위하는 것이 집안 위하는 것이 되는 줄을 알아 이기주의, 즉 협심병이 낫게 된다는 것이다. 이렇게 사은사요를 실천하게 되면 앞으로 결함이 없는 이상세계가 될 것이고, 사람들은 불보살로 변하여 남녀노소가 극락생활을 할 것이라는 것이다.[40]

이처럼 사은사요는 모두 병든 사회를 고쳐서 낙원세상으로 이끄는 덕목이지만, 사은은 변할 수 없는 강령인 데 비해, 사요는 시대와 국가의 상황에 따라 변경할 수 있도록 하였다.[41] 사요는 1927년 『수양연구요론(修養研究要論)』에서 소태산이 '인생의 요도는 수양에 있고'라고 하였고, 이어 1928년 8월 법설에서 '인도의 요법을 부지런히 연마하여 …… 모범적 교화가 되도록 노력할지어다.'라고 하여 인도의 요법을 말한 것이 계기가 된다. 이후 1929년에는 원불교에서 여성의 지위가 강조되기 시작하였다. 1929년 1월에는 여성도 남성처럼 절약과 같은 경제생활에 함께 참여하자고 하였고, 1929년 10월 마련된 사요에서 첫 번째 요목을 부부권리동일에 두었는데, 1929년 11월 주산 송도성과 소태산의 딸 박길선의 혼인식이 있었다.[42]

또한 1929년 2월에는 특별히 선행을 행한 회원을 조사하여 「특선포창안 特善褒彰案」에 등록하고 포창하는 방안을 통과시킴으로써 '공도헌신자 이부사지(公道獻身者 以父事之)'의 바탕을 만들었다.

40 『회보』 제26호(1936,7), 「사은사요의 필요」(手筆 李共珠)
41 『대종경』 부촉품 16장.
42 류성태, 「사요의 용어변천에 대한 연구」, 『원불교사상과 종교문화』 48, 2011, 8쪽.

뿐만 아니라 4월 22일에는 은부모 시자녀 결의법이 시행되었다. 노년에 자식이 없는 신도들과 부모의 은덕이 없어 교육을 받지 못한 어린 자제(신도)들을 은부모 시자녀로 모시게 하는 제도를 두었고,[43] 은부모 시자녀 결의식은 무자녀자 타자녀 교육으로 구체화되었다.[44] 사요는 이와 같이 사회적 필요와 공공성의 요청에 따라 제정된 것으로서, 상황에 따라 변개할 수 있도록 한 것이다.

이와 관련하여 사은사요는 개인, 가정, 사회, 국가, 세계, 만물우주에까지 적용할 수 있는 공공성의 기초로서 새 시대를 여는 주요한 시민적 덕성이 될 수 있음이 주목된다. 원불교의 법낭으로 불렸던 구타원(九陀圓) 이공주(李共珠)는 사은사요의 의의를 다음과 같이 설명한다.

사은사요의 총결. '대종사 가라사대 사은(四恩)과 사요(四要)의 법은 인생의 요도(人生의 要道)인 동시에 천하대도(天下大道)요 지상대덕(地上大德)이니 사은법이 이행됨에 따라 모든 원수가 은인으로 화하고 사요법[45]을 실천함에 인류평등(人類平等), 지식평등(知識平等), 교육평등(생활평등(生活平等))이 실현되어 개인, 가정, 사회, 국가 한 걸음 나아가 전세계 온 인류가 평화 안락한 생활을 하게 되리니 이것이 지상천국이 아니고 무엇이며 정토극락

---

43 『월말통신』 제14호(1929, 4) 은부모 시자녀 결의법제정.

44 김탁, 「원불교 사요교리의 체계화과정」, 소태산대종사탄생100주년기념논문집편찬위원회 편, 『인류문명과 원불교사상』, 익산: 원불교출판사, 1991, 13쪽.

45 본문에는 사은법으로 되어 있으나, 바로 위의 사요의 해설 부분에서 자력양성은 '남녀평등', '인류평등', 지자본위는 '지식평등', 타자녀교육은 '교육평등', 공도자숭배는 '생활평등'을 권장하는 방법으로 기술되어 있다. 이때문에 사은이 아니라 사요의 잘못된 표기라고 할 수 있다. 李共珠, 「사은(四恩)과 사요(四要)」, 『원광』 23호, 1958년(원기43) 7월.

(淨土極樂)이 아니고 무엇이랴, 그리고 사은사요의 요지를 또다시 말하자면 사은은 우리 인류의 생명수(生命水)요 사요는 우리 인간의 생활로(生活路)니라.""46

사은사요는 인생의 요도(要道)로서 천하대도(天下大道)이자 지상대덕(地上大德)이니, 사은사요를 실천하면 천지와 사람이 은혜로 바뀌고, 인류평등, 지식평등, 교육평등, 생활평등이 실현되므로 지상천국이자 정토극락으로 나아가는 생명수이자 생활로가 된다는 것이다.

이와 같이 제정된 사은사요는 이후 원불교 신앙을 강화하고 시대적 소명을 다하는 시민적 덕성이 되어 갔다. 해방 후에는 새로운 국가건설에 적극 참여하였으며, 1970년대에는 새생활운동에 앞장서고, 종교간의 협력과 세계평화를 추구하였으며, 1990년대 이후에는 자유롭고 공정한 사회와 남북통일, 환경과 생명을 중시하는 시민운동에 적극적으로 참여하고 있다.

IV. 정산 송규의 『건국론』과 새로운 국민정신

일제 말기부터 소태산에 이어 원불교를 이끌던 정산은 해방이 되자, 새로운 국가 건설에 적극 참여하였다. 해외에서 들어온 전재동포를 구호하고, 한글 보급과 문맹 퇴치 운동에 앞장섰으며, 교육사업에 진력하여 국가의 정치에 실제적으로 도움을 주었다.47

---

46 이공주(李共珠),「사은(四恩)과 사요(四要)(3)」,『원광』제23호, 1958년(원기43) 7월.
47 박맹수,「정산송규의 계몽운동과 민족운동」, 원광대학교 원불교사상연구원 편,『근대

이러한 정산의 활동은 정산의 치교사상 즉 도치와 덕치, 정치가 함께 아울러 조화, 협력해 가자는 사상에서 비롯된 것으로 소태산의 정교동심과 '강자 약자 진화상의 요법'을 계승한 것이다.[48] 정산은 특히 1945년 10월『건국론』을 작성하여 민주공화제에 토대를 둔 새로운 국가 건설의 방책을 제시하고, 진화상의 요법을 마련하였다. 정신으로 굳건한 토대를 이루고, 정치, 경제, 사회, 문화 등 제반 문야의 발전 방안을 마련하였다.[49]

『건국론』에는 소태산 때에 제정된 인생의 요도인 사은사요가 반영되어 있다.

〈표1〉 건국론과 사은사요의 항목 비교

『건국론(항목)	내 용	사은 및 사요(항목)	내 용
2장 정신/자력확립	단결로써 토대를 삼고, 자력을 확립하며, 중도주의로 외국을 대한다.	사요/자력양성	남녀 모두 교육 받고 직업을 가져 자력생활을 한다.
3장 정치/민주국건설	조선의 현실에 적합한 민주국가를 건설한다	사은/동포은, 법률은	사농공상간에 자리이타한다. 개인, 가정, 사회, 국가에서 법률을 배워 행한다.
정치/헌법명정	법령 공포 후에는 엄중하게 적용한다.	사은/법률은	법률의 보호를 받아, 구속은 없어지고 자유를 얻게 된다.
정치/실력양성	자급자족의 국가를 건설한다.	사요/자력양성	남녀 모두 교육 받고 직업을 가져 자력생활을 한다
4장 교육	초등교육을 의무화하고, 중학, 전문대학을 확장하며, 정신, 예의교육, 실습 위주의 근로교육을 강화한다.	사요/지자본위, 타자녀교육, 공도자 숭배	생활, 학문, 기술에 관한 지식이 뛰어나면 스승으로 섬긴다. 타자녀교육으로 교육의 기회를 확대한다.

한국 개벽운동을 다시 읽다』, 서울: 모시는사람들, 2020, 248쪽.
48 이성전, 「정산의 치교사상: 정치를 중심으로」,『원불교사상과 종교문화』69, 2016, 81-82쪽.
49『건국론』1장,「서언」.

5장 국방	자립과 단결의 국방정신을 강화하며, 의무병역제하에 군수공업을 일으켜 기계화, 정예화된 상비군을 육성하며, 국방군의 본분을 중시하게 한다.	자력갱생 지자본위 법률은	자력생활을 한다 지식이 뛰어나야 한다 법률의 보호를 받는다.
6장 건설과 경제	일본인 재산은 국유로 하며, 전력과 산업을 증강시켜 자급자족의 기초를 마련하며, 교통, 농업, 산림을 개량한다. 독선생활을 방지하고 노동력을 증강하며, 자력생활을 향상시킨다.	자력양성, 천지은, 부모은, 동포은	천지의 공정한 도, 순리자연한 도, 길흉없는 도를 체받는다. 생부모나 무자력한 타인의 부모를 내 부모같이 보호한다. 사·농·공·상의 직업에 힘쓴다.
	면 단위로 공익재단을 건설한다.	사은/부모은/공도자 숭배	무자력한 타인의 부모를 내 부모같이 보호한다 공도에 헌신한 사람의 봉양
7장 진화의 도	정치나 도덕, 사업의 공로자, 발명자, 특별기술자를 우대한다.	사요/지자본위	생활, 학문, 기술에 관한 지식이 뛰어나면 스승으로 섬긴다.

먼저 사요의 자력양성 항목이 건국론의 정신, 정치, 국방, 교육의 제반분야에 반영되어 있다. 정신적으로는 새로운 국가건설을 위해 단결하고 자력을 확립하여 외국을 공평하게 대한다고 하였고, 정치적으로는 민주국 건설, 헌법의 명확하고 엄정한 적용, 국가의 가급자족과 자주 국방 등으로 반영되었다. 교육에서는 지자본위, 타자녀교육, 공도자 숭배의 내용이 국민 친화의 초보를 위한 초등교육의 의무제, 전문교육을 위한 대학 확장, 정신교육의 향상, 예의교육의 향상, 근로교육의 실습 등으로 확대되었다.

또한 건설과 경제에서는 4요의 자력양성 외에도 사은의 천지은, 부모은, 동포은이 위생보건 설비의 확대, 노동력의 증강, 독선생활의 방지, 각 구역 공익집단 건설 등으로 발전하였다. 아울러 진화의 도에서는 사요의 지자본위가 국가의 제반 분야의 공로자, 기술자의 장려, 그리고 영재교육 등으로 발전하였다.

『건국론』에서 사은사요가 적극적으로 반영되고 있는 것은 소태산 이래 원불교의 정교동심(政敎同心)이 해방 이후 치교병진(治敎並進)으로 발전하였기 때문이다. 먼저 정산은 국가에 필요한 새로운 국민성 형성을 위해 정치적으로 훈련을 보급하고 종교를 장려해야 한다고 하여 치교병진을 주장하였다.[50]

정산은 조선 민중의 정신 수준이 저열한 것은 오랜 세월 국가적 훈련이 없어서라고 진단하였다. 이를 극복하기 위해서는 국민 훈련법을 시행하여 매년 정기 또는 임시로 훈련을 시켜서 애국정신과 공중도덕을 고취시켜야 하는데,[51] 종교는 정신통제와 양심배양에 크게 도움이 되므로 장려해야 한다고 하였다.

이처럼 정교동심과 치교병진을 통해 새로운 국가 건설과 국민성 함양을 주장한 정산은 열반하기 1년 전 1961년 4월 삼동윤리를 제창하였다. 이러한 삼동윤리의 제창은 1959년 4월 26일 정산이 종법사 3차 연임 취임식 설법에서 밝힌 대로 교세의 발전이 새로워 국가와 사회에서 원불교를 두루 인식하였고, 장차 세계 포교의 터전이 성숙되었다는 자신감의 발로였다. 그는 이제부터는 원불교가 대세계주의자가 되자고 선언하고[52] 1961년 1961년 4월 26일에 개교 46년 축하식과 정산종법사 회갑기념식을 겸한 자리에서 기념법문의 형식으로 삼동윤리(三同倫理)를 발표하였다.[53]

---

50 『건국론』, 제2장 정치, 5장「훈련보급」및 7장 종교장려 : 김석근,「마음혁명을 통한 독립국가 완성과 국민만들기」, 원광대학교 원불교사상연구원 편, 『근대한국 개벽사상을 실천하다』, 서울: 모시는사람들, 2019, 132-134쪽 참조.
51 『건국론』, 제2장 정치,「훈련보급」
52 『정산종사법어』, 제2부 법어, 제4 經綸編, 22장.
53 양은용,「정산종사 삼동윤리의 연구사적 검토」, 『원불교사상과 종교문화』52, 2012, 25쪽.

원기 46년 4월에 삼동윤리(三同倫理)를 발표하시며, 말씀하시기를 삼동윤리는 곧 앞으로 세계 인류가 크게 화합할 세 가지 대동(大同)의 관계를 밝힌 원리니, 장차 우리 인류가 모든 편견과 편착의 울 안에서 벗어나 한 큰 집안과 한 큰 권속과 한 큰 살림을 이루고, 평화 안락한 하나의 세계에서 함께 일하고 함께 즐길 기본 강령이니라. …… 삼동윤리의 첫째 강령은 동원도리(同源道理)니, 곧 모든 종교와 교회가 그 근본은 다 같은 한 근원의 도리인 것을 알아서, 서로 대동 화합하자는 것이니라. …… 둘째 강령은 동기연계(同氣連契)니, 곧 모든 인종과 생령이 근본은 다 같은 한 기운으로 연계된 동포인 것을 알아서, 서로 대동 화합하자는 것이니라. …… 셋째 강령은 동척사업(同拓事業)이니 곧 모든 사업과 주장이 다 같이 세상을 개척 하는 데에 힘이 되는 것을 알아서, 서로 대동 화합하자는 것이니라.

삼동윤리는 인류가 화합할 세 가지 대동의 원리로서, 모든 종교가 한 울 안의 한 진리이며, 일세 생령이 한 집안의 한 권속이며, 모든 사업이 한 일터의 한 일임을 알리려는 것으로서, 일원의 대세계주의를 구체화한 것이다.[54] 이러한 삼동윤리 역시 "천지를 부모 삼고 우주를 한 집 삼는 자리에서는 모든 사람이 다 같은 동포 형제인 것이며, 인류뿐 아니라 금수 곤충까지라도 본래 한 큰 기운으로 연결되어 있는"[55] 천지은과 부모은, 동포은의 반영인 것이다.

54 『대산종사법문집』제2집, 제8부 열반법문,「사대경륜(四大經綸) 삼동윤리(三同倫理) 받들어」
55 『정산종사법어』제2부 법어, 제13 道運編.

V. 대산 김대거의 새생활운동과 세계시민정신

원불교에서는 정산이 1962년 3월 열반하자, 대산이 정산의 사대경륜을 교정(敎政)의 기본강령으로 계승할 것을 선언하였다.[56] 사대경륜은 교재정비(敎材整備), 기관확립(機關確立), 정교동심(政敎同心), 달본명근(達本明根)인데, 그는 가정, 사회, 국가, 세계와 교단이 다 외정내교(外政內敎)로써 합심 협력하여 내외병치(內外竝治)로 나아갈 것을 천명하였는데, 그 의의에 대해서 다음과 같이 설명하고 있다.

> 8·15 해방을 맞은 후 선종법사님께서 말씀하시기를 '대종사님께서 뜻하신 일원세계를 건설하기로 하면 앞으로 정교동심(政敎同心)이 되어야 한다'고 하셨습니다. 안으로는 우리나라에서 정치와 종교가 합심 협력하여 참으로 잘 사는 문명국을 만들어야 할 것이요. 밖으로는 정치유엔(UN)은 미국에 있으나 종교의 총부는 이 땅에 세워 내외의 평화작업을 통하여 결함없는 원만평등한 지상낙원을 건설해야 하겠습니다. 우리는 오늘 이와 같은 대사명감을 갖고 다 같이 대종사님과 선종법사님, 제불제성께 심심상연(心心相連)하고, 법법상법(法法相法)하여, 대불일(大佛日)을 더욱 빛내고, 대법륜(大法輪)을 항상 굴려 나갑시다.[57]

---

56 『대산종사법문집』 제2집, 제8부 열반법문, 「사대경륜(四大經綸) 삼동윤리(三同倫理) 받들어」

57 『대산종사법문집』 제2집, 제10부, 「내실(內實) 위주로 저력(底力) 기르자-교정위원회 치사」

선종법사, 즉 정산이 대종사인 소태산의 뜻을 이어 정교동심을 표방하였으니, 안으로는 정치와 종교가 합심하여 잘사는 문명국을 만들고, 밖으로는 평화운동을 통하여 원만 평등한 지상낙원을 건설하겠다는 것이다.

이러한 정교동심의 뜻에 따라 대산은 1972년 연두에 법문을 통해서 새생활운동을 제창하였다.[58] 이미 원불교에서는 1916년 개교 이후 근검절약, 미신 타파, 허례 폐지 등의 새생활운동과 훈련을 통한 인격 향상과 사회 정화에 앞장서고 있었고,[59] 1962년에는 종법사에 취임한 대산에 의해 새생활운동의 요강이 발표되었다.[60] 이후 국가에서도 1971년부터 근면, 자조, 협동의 정신을 기반으로 한 새마을운동을 전개하였고, 1971년의 실험 단계를 거쳐 1973년에는 기반 조성 사업을 전개하고 있었는데, 대산 역시 1972년 새생활운동을 제창하여 국가적 운동으로 전개되는 새마을운동에 적극 동참한 것이다.

대산은 당시 국내외적으로 경제적 혼란과 불안이 가중되는 상황에서 내 핍과 근실한 새생활 풍토를 통하여 각기 자력을 확립하자고 역설하였다. 이를 위해 그는 정신, 청소, 식사, 의복, 주택, 생산, 시책을 통한 7가지 새생활운동을 제창하였다.

대산의 새생활운동 역시 원불교의 정교동심의 전통을 계승한 것이라고 할 수 있다. 제6조의 생산의 새생활과 제7조 시책을 통한 새생활은 시민적

---

58 『대산종사법문집』 제2집, 제4부 「신년법문 새생활운동의 제창」
59 서경전, 「少太山 大宗師의 새 生活運動考」, 『원불교사상』 2, 1977, 115-120쪽.
60 김홍철, 「원불교사상에 나타난 새마을 운동의 이념」, 『새마을연구』 1, 1983, 29-30쪽; 이때 발표된 「새생활운동요강」은 청소, 식사, 의복, 주택, 생산 등에 대해서 실천요강을 제시하였는데(『원광』 41호, 1962, 14-15쪽), 1972년 대산이 제창한 새생활운동의 뼈대를 이루고 있다.

덕성으로서의 사은사요의 정신을 잘 반영하고 있다. 예컨대 유실녹화와 동식물 보호, 공해 방지는 천지은에 대한 지은과 보은의 행위이다. 또한 어른은 남을 돕는 것이요, 어린이는 그 도움을 받는 것이니 자력이 없어서 부득이 도움을 받았으면 바로 갚는 정신을 가져야 복을 받는다는 것은 사은 중에 부모은과 사요 중에 타자녀 교육의 반영이다. 그리고 시책을 통해 전 국민이 빠짐없이 건실한 직업을 갖게 하자는 것, 교양과 도덕 훈련 시간을 두어 민족의 자질을 높이자는 것, 종교를 정하여 자각적인 생활과 봉공활동을 신조로 삼자는 것은 사은 중에 동포은과 법률은, 사요 중에 자력양성, 공도자 숭배, 지자본위의 반영이라고 할 수 있다. 또한 정치는 엄부(嚴父)요, 종교는 자모(慈母)이니 정교동심(政敎同心)이 되어 내외를 원만히 다스리고 사회복지와 인류 평화를 이룩하자는 것, 모두 함께 솔선수범하고 합력하여 인류 공동의 과제인 영(靈)과 육(肉)의 빈곤(貧困), 무지(無知), 질병(疾病)을 영원히 퇴치하여 나아가자는 것 등은 정교동심과 삼동윤리, 사은사요에 바탕을 둔 일원상의 세계를 구현하고자 한 운동임을 알 수 있는 것이다.

대산은 1979년 1월 1일에는 사중보은(四重報恩)에 바탕을 둔 세계평화를 제창하였다.[61] 대산에 의하면 소태산의 일원사상은 세계가 나아갈 좌표를 교의로 가르쳐 준 것으로서, 형식적 개체불(個體佛) 신앙을 처처불상의 진리적, 사실적인 전체불 신앙으로 바꾸고, 네 가지 은혜를 확립하여 사상과 제도의 불균형을 바로잡았다는 것이다. 그리하여 하늘만 믿던 사상을 하늘과 땅을 동일하게 믿도록 하였고, 아버지만 공경하던 것을 부모를 같이 공경하게 하였으며, 동포 중에도 선비(士)만 우대하던 것을 사·농·공·상을 같

---

61 『대산종사법문집』 제2집, 제4부 신년법문, 「사중보은(四重報恩)으로 세계평화를」.

이 우대하게 하였으며, 입법자만 받들던 것을 입법자와 치법자를 함께 존중하게 하였다는 것이다.

사은은 우리 생명의 근원이요, 만유상생의 기본 윤리이므로 천지은의 무념보시(無念布施)와 부모은의 무자력자의 보호, 동포은의 자리이타(自利利他), 법률은의 지공무사(至公無私)한 법도를 지켜나가면 원망생활이 감사생활로 바뀌며, 덕화가 만방에 미치고, 이웃과 동포가 공생공영하며, 대자유의 낙원 세상이 펼쳐진다는 것이다.

대산은 1979년 3월 26일 대각개교절 기념 경축사에서 세계평화를 위해 세계종교연합기구(UR) 창설을 재차 주장하였다.[62] 1970년 10월 일본 「세계종교인 평화회의」에 보낸 메시지를 통해 정신적 유엔기구 창설을 제안하였는데,[63] 이 때 다시 '공동시장개척', '심전개발'과 함께 세계평화를 위한 삼대 제언의 하나로서 제창한 것이다. 유엔(UN, 국제연합)이 세계평화에 나섰으나 이 유엔만으로는 인류의 근원적 평화를 이룰 수 없으므로, 종교 대표자들이 종교연합 기구(UR)를 창설하여 세계 문제에 대해 정신적 해결에 힘쓰자는 것이다. 한 가정에도 엄부와 자모가 있어야 원만한 가정을 이룩해 나가듯이, 세계도 원만히 다스려 나가려면 엄부의 역할인 정치유엔과 자모의 역할인 종교유엔이 아울러 있어야 한다는 것이다. 대산은 인류평화를 위해 다음과 같은 네 가지가 필요하다고 역설하였다.

---

62 『대산종사법문집』 제2집, 제5부, 「제5부 대각개교절 경축사-세계평화를 위한 삼대 제언」.

63 김성관, 「대산여래의 세계평화사상: 종교연합사상의 연원과 추진방안 및 전망」, 원광대학교 원불교사상연구원 편, 『(대산김대거탄생100주년기념논문집) 원불교와 평화의 세계』, 익산: 원불교100년기념성업회, 2014, 95쪽.

첫째, 인권평등(人權平等)이 되도록 자력양성(自力養成)을 해야 한다.

둘째, 교육평등(敎育平等)이 되도록 타자녀교육(他子女敎育)의 장학제도와 의무 교육을 실시해야 한다.

셋째, 지식평등이 되도록 지자를 본위(智者本位)로 하여 가치와 사상이 확립되어야 한다.

넷째, 생활평등이 되도록 공도자를 숭배하여 생활의 가치관이 인류에게 서야 한다. 공도자를 숭배하고 받들 때 성인이 되는 것이다. 예수님이 기독교 창시자라 하여 받들지 않는다면 공도자 숭배는 아니다. 우리 대종사님도 앞으로는 인종과 종교를 구분하지 아니하고 누가 전 인류에게 더 많은 유익을 주었느냐에 그 가치가 평가된다. 그러므로 세계평화를 위한 새로운 가치 표준의 방법이 나와야 한다. 그 방법이 대종사님께서 밝혀주신 사요(四要)이다.[64]

소태산이 제창한 사요의 원리가 인권과 교육, 지식, 생활평등의 세계평화의 초석이 될 수 있다는 것으로서, 자력양성, 타자자 교육과 의무교육, 지자본위, 공도자 숭배의 가치관이 확립될 때 비로소 세계평화가 올 수 있다는 것이다.

대산은 1980년 1월 1일 법문에서도 다시 '사요실천(四要實踐)으로 평등 세계 건설'을 제창(提唱)하였다. 이 시대가 요구하는 지상 과제는 전 인류가 평등한 자유와 권익을 누리고 정신과 육신에 무지·질병·빈곤이 없는 복지 세계의 건설이므로, 소태산이 원만평등한 일원의 진리에 근원하여 표방한

---

64 『대산종사법문집』 제3집, 제2편 교법(敎法),「세계종교연합기구 창설」

자력양성·지자본위·타자녀교육·공도자숭배의 사요에 힘써서 자력과 타력이 아울러진 평등한 세계가 되게 하자고 하였다.[65]

그러나 대산의 기대와는 달리 1980년 봄에는 학생과 정치적 자유와 사상을 탄압하고 군부정권이 수립되었으며, 1980년 후반기에는 군부정권을 타도하고자 하는 격렬한 민주항쟁이 전개되었다. 이 때 대산은 시종여일 참회와 해원, 보은을 통한 대진급의 시대로 나아가자고 역설하였다. 먼저 그는 1980년 5월 광주민주화운동으로 어수선한 상황에서도 시국을 진급기로 파악하였다.

> 대산 종사 말씀하시기를 '어린아이도 클 때는 아프기도 하면서 변화를 해 가듯이 이 시대도 전환기에 있으므로 좋아지려고 그러는 것이니라. 진리는 있을 것은 있게 하고 쓸 것은 쓰게 하며 없을 것은 없애고 넘어질 것은 넘어지게 하느니라. 특히 진급기에는 좋아지는 쪽으로 강급기에는 나빠지는 쪽으로 변화를 해가나니, 지금 한국은 진급기에 있으므로 이번 광주민주화운동을 계기로 전화위복이 되어 국운이 더욱 크게 열릴 것이니라.'[66]

5.18 광주민주화운동이 일어난 시기가 진급기에 해당되므로, 오히려 민주화운동이 전화위복이 되어 국운이 크게 열리게 된다고 하였다.

이어 그는 1987년 6월 민주항쟁이 절정에 달하였던 때인 6월 28일 '한강 수몰고혼 특별천도재'에서도 지금 현재가 일대겁 만에 열리는 새 천지 새

---

65 『대산종사법문집』 제2집, 제4부 신년법문, 「사요실천(四要實踐)으로 평등 세계 건설」.
66 『대산종사법어』 제10집, 정교편 11장.

세상으로서 대해원기, 대사면기, 대진급기에 들어서고 있다고 평가하였다. 이러한 시기는 만고의 대법인 사은사요와 삼학팔조를 통해 성불제중, 제생의세의 제도문이 활짝 열리기 때문에, 바른 삶을 마치지 못한 유주 무주의 고혼들도 이 기운을 받아 악기(惡氣), 탁기(濁氣), 원기(怨氣)를 모두 풀고 녹여서 대참회, 대해원, 대사면, 대진급의 길에 들 수 있다고 하였다.[67]

대산은 88 서울올림픽 직후 1988년 10월 10일 두 번째의 '한강수몰고혼 특별천도재'에서도, 지금은 대운(大運)이 돌아오고 그 기운이 움직일 때이니, 대참회(大懺悔), 대해원(大解怨), 대사면(大赦免), 대보은(大報恩), 대정진(大正進), 대진급(大進級) 운동을 전개하여 청정하고 평등하며, 자비와 인과 도덕이 넘치는 새 천지, 새 역사의 낙원 세상을 열자고 역설하였다.[68] 어두웠던 시대의 마음들을 녹이려면 뜨거운 사중보은 정의만이 이룰 수 있다고 하여 소태산이 제정한 사은의 위력과 공공성을 실천적으로 중시하였던 것이다.

VI. 원불교 봉공운동과 우주적 공공성

한국은 1987년 6.10 민주 항쟁을 통해 직선제 개헌을 쟁취한 이래 사회 전반에 걸쳐 시민들의 활동이 활발해지면서 90년대부터는 본격적인 시민

---

67 『대산종사법문집』제4집, 제2부 열반인 영전에, 「한강수몰 고혼 특별천도재 I」
   (1987.6.28)
68 『대산종사법문집』제4집, 제2부 열반인 영전에, 「한강수몰 고혼 특별천도재 II」
   (1988.10.10)

사회를 맞이하였다. 시민들은 각종 결사체와 기구를 결성하고 부당한 권력 행사나 잘못된 정치적 행위 등에 맞서 자유로운 의견 교환과 의사소통, 집회를 통해 공론을 형성하여 법적인 절차에 따라 타파하는 운동을 전개한다. 공중(公衆)의 정치적 영향력은 민주적 의지 형성과 의견 형성의 제도화된 절차를 통해서 비로소 의사소통적 권력으로 전환되고, 의회의 토론을 통해 정당한 법 제정에 도달하는 것인데,[69] 오늘날 시민사회에서의 공론장의 주제는 생활세계를 중심으로 노동이나 인권, 여성 등을 비롯해서 국가의 통일 문제, 국제적인 교역이나 환경 문제에까지 미치고 있다.

원불교에서도 이러한 시민사회 운동에 무아봉공(無我奉公)의 정신으로 적극 참여하고 있다. '무아봉공'은 무아는 '사심(私心)'이 없는 대아(大我)'이며, 봉공(奉公)은 '공도(公道)를 받든다는 의미이다. 사심 없이 일체중생을 제도하는 공도사업에 헌신하자는 것인데, 이러한 원불교의 무아봉공의 정신을 가장 잘 실천하는 단체가 원불교 봉공회와 원불교 시민사회 네트워크라고 할 수 있다. 원불교 봉공회는 인류의 무지·빈곤·질병·재해 등 모든 고통을 없애기 위해 창립된 단체인데, 원불교 교당에서 자생적으로 결성되어 활동하고 있으며, 1977년에 원불교중앙봉공회가 정식으로 발족하였다. 현재 원불교중앙봉공회 산하에 전국 교구 봉공회 13개, 교당 봉공회 350여 개가 활동하며, 해외에서도 1979년부터 교당 봉공회가 결성되어 현재 교구

---

69 하버마스는 시민사회의 공론정치는 국가체계에 침탈되지 않고, 이익집단에 의해 점령되지 않으며, 대중매체 등에 의해 지배당하지 않아야 한다고 주장한다. 시민사회의 공론정치는 자유로운 의견형성과 의사소통이 보장되는 능동적 시민들로 만들어지는 공론장 안에서 공론정치가 활성화될 수 있다는 것이다. (김대영, 「시민사회와 공론정치 : 아렌트와 하버마스를 중심으로」, 『시민사회와 NGO』 2, 한양대학교 제3섹터연구소, 2004, 130-134쪽)

봉공회(미국서부) 1개와 교당 봉공회 14개가 조직되어 있다.

원불교 봉공회에서는 국내의 각종 수해, 폭설의 재난 재해의 복구를 비롯해서, 해외의 각종 재해 및 지진 피해의 구호 활동에 나서고 있다. 새터민, 다문화 가정, 이주 노동자 등 우리나라에 함께 더불어 살아가는 이웃들을 위한 봉공활동에도 적극 나서고 있고, 인류는 한 가족이라는 삼동윤리의 정신에 따라 북한 및 해외 지원사업도 꾸준히 전개하고 있다. 특히 2007년 12월 유조선의 침몰로 태안 앞바다에 장기간 기름이 유출되자, 원불교 봉공회에서는 115일간 기름 제거에 참여하고, 매일 1,000명에서 3,000명에 이르는 식사를 제공하여 환경운동의 모범적 케이스로 칭송되었고, 2014년 4월에는 팽목항 앞바다에서 세월호가 실종되자 어른들의 부주의로 죽은 어린 학생들의 영혼을 위로하는 천도제를 지내고, 9개월 동안 실종자들의 가족을 위해 빨래를 빨고 생필품을 지원하였는데, 이 모두가 천지와 동포, 뭇 생명과 환경을 살리는 사은의 지구적 공공성의 실천이라고 할 수 있는 것이다.

또한 원불교 시민사회 네트워크 등의 활동도 활발하게 전개되고 있다. 원불교 시민사회 네트워크는 환경, 인권, 평화, 노동 등 한국 사회 사각지대에 처한 일선 현장에서 정의 구현과 개벽 운동에 앞장서고 있는 단체이다. 특히 2017년부터는 정산이 태어난 성주군 소성리에 북한뿐만 아니라 중국이나 러시아와의 군사적 충돌을 가져올 수 있는 사드(THAAD, 고고도미사일 방어체계) 배치를 반대하고 있고, 2020년 5월 18일에는 민중 항쟁 40주년을 기념하여 5대 종단이 동시에 거행하는 추모 제례에 참여하여, "5월의 광주는 철저히 고립됐지만 약탈과 범죄도 없었고, 오직 정의와 민주를 외치며 대동

화합했다."[70]고 하여 5.18 민주화운동의 정신을 제대로 알고 계승하여 새로운 대한민국을 만들 것을 촉구하였다.

이러한 원불교의 시민사회 활동은 사은, 사요에 토대를 두고 전개되고 있다. 원불교 봉공회의 재난구제나 이웃을 위한 봉공활동, 원불교 시민사회 네트워크의 인권이나 평화, 노동자의 권익 보호, 민주화 운동 등은 자력양성, 타자녀 교육, 지자본위, 공도자 숭배 등 사요의 반영이며, 지구 환경개선이나 이주민 교육, 통일운동, 각종 방역 활동과 범죄인 교화 등은 천지은, 부모은, 동포은, 법률은의 적극적인 실천이라고 할 수 있는 것이다.

특히 오늘날 코로나-19와 같은 팬더믹 극복이나 배기가스나 오염물질 배출 등을 제한하여 지구살리기 운동을 전개하고 있는 것은 자연과 환경, 인간을 동시에 살리는 우주적 공공성의 확장이라고도 할 수 있다. 예컨대 소태산은 사은 뿐만 아니라 우주만유가 죄복의 사실적 권능자라는 사실을 밝히고 있다.

일원상은 곧 청정 법신불을 나타낸 바로서 천지 부모 동포가 다 법신불의 화신이요, 법률도 또한 법신불의 주신 바이라. 이 천지, 부모, 동포, 법률이 우리에게 죄주고 복주는 증거는 얼마든지 해석하여 가르칠 수 있으므로 일원상을 신앙의 대상으로 모신 것이니라.[71]

우주만유 전체를 다 부처님으로 모시고 신앙하여 모든 죄복과 고락의 근

---

70 〈공감언론 뉴시스〉(https://newsis.com/view), 2020-05-18 기사.
71 『대종경』 교의품 9장.

본을 우주만유 전체 가운데에 구하게 되며.[72]

사은이나 우주만유 전체가 법신불로서 모든 죄복과 고락의 근원이기 때문에 원불교에서는 천지, 부모, 동포, 법률의 은혜를 알고 은혜에 보답함으로써 혜복을 찾는다. 이에 원불교에서는 사요를 통해 인권과 교육, 지식, 생활 평등 등 세계시민 정신을 함양하고, 사은의 은혜를 알고 보답함으로써 우주적 공공성을 실천하고자 하는 것이다.

VII. 맺음말

지금까지 원불교의 정교동심과 관련하여 사은사요의 시민적 덕성이 소태산과 정산, 대산을 거쳐 오늘날 시민사회에 이르기까지 어떻게 구현되어 왔는지를 살펴보았다.

소태산은 일제강점기에 우리 민족이 약자의 상태를 벗어나기 위해서는 정교동심 즉 정치와 종교가 마음을 합하여 새로운 문명국가를 건설해야 한다고 생각하였다. 그가 이상적으로 주장하는 정치형태는 자유롭고 평등한 민주공화국이었다. 그는 이러한 민주공화국은 종교에 의해서 일원상(一圓上)의 인격이 형성되고 사은사요의 시민적 덕성이 갖추어졌을 때 완전하게 실현될 수 있다고 여겼다. 원만한 인격은 사리(事理)를 원만하게 알고 사리를 원만하게 실천하는 정신적인 힘이자 바탕이다. 원만한 인격을 갖추면 나

---

72 『대종경』 교의품 10장.

와 관련된 모든 존재가 은적 관계로 전개될 뿐만 아니라, 깊은 정신적 바탕 위에 사리를 따지고 정의를 추구하게 된다.

이에 소태산은 사은사요가 조선의 주요한 시민적 덕성이 될 수 있다고 보았다. 조선의 고질병인 원망병은 사은의 은혜를 알면 감사하며 사는 생활로 바뀌어 은혜와 생명력이 가득한 대자유의 세상이 오고, 의뢰병, 차별병, 안 가르치는 병, 협심병은 사요(四要)를 통해 인간평등과 지식평등, 교육평등, 생활평등의 대평등의 세상이 실현된다고 이해하였다. 이처럼 사은사요로 도덕적 기초가 갖추어져야 민주공화국이 제대로 운영되고, 나아가서는 세계평화의 기초가 튼튼해지므로, 정산과 대산을 거쳐 오늘날 시민사회에 이르기까지 새로운 국가와 문명, 시민사회를 만들어 나가는 데 사은사요는 주요한 요소로 작동되었다.

정산은 소태산의 정교동심과 '강자 약자 진화상의 요법'을 계승하여, 1945년 10월 '건국론'을 통해 새로운 국가 건설의 방략을 제시하였다. 그는 자립적인 민주국가와 자급자족적 경제와 국방 체계를 제시한 다음, 지속적인 훈련과 교육, 그리고 종교가 협력하여 약자가 강자되는 국가가 건설되고, 공공성에 기초한 새로운 국민성이 이루어질 수 있다고 보았다. 이후 정산은 원불교의 교세가 확장되자, 1961년 삼동윤리를 제창하여 시민적 덕성에 기초한 원불교의 세계화를 주장하였다.

대산은 소태산의 사은사요와 정산의 삼동윤리를 더욱 확대하고 구체화하였다. 1972년 연두에 새생활운동을 제창하고 7대 운동을 전개하여 사은사요에 토대를 둔 시민적 덕성의 훈련을 구체화하였고, 1979년 이후 인권과 지식, 교육, 생활의 평등을 통한 진정한 세계평화를 위한 종교연합 기구(UR)를 창설하자고 주장하였으며, 1980년대 민주화 시기에 대진급의 시기를 맞이하여 원한을 풀고 함께 새 세상에 동참하는 시민적 덕성을 제시하였다.

1990년대 이후 한국 사회가 본격적인 시민사회에 접어들면서, 원불교에서도 공중의 자발적인 참여와 의사소통, 집회 등을 통해 각종 시민운동을 전개하였다. 남북 분단의 극복을 위한 통일운동이나 원불교 성지인 성주 소성리의 사드배치 반대, 전 지구적 위기로 치닫는 코로나 바이러스(COVID-19) 방역 활동 등을 교단 전체에서 대처하고 있고, 자연과 환경, 인간을 동시에 살리기 위한 우주적 공공성을 강화하고 있다. 우주만유를 죄복의 권능자로 이해하는 원불교에서는 철저한 인과의 원리에 따라 지은하고 보은하는 사은을 실천하는 시민적 덕성이 크게 강조되고 있다.

　오늘날 시민사회에서 다양한 이해관계가 분출되고 공론의 형성이 어려워지는 상황에서, 원불교의 사은사요 등의 시민적 덕성과 무아봉공의 실천적 노력은 더욱 중요하다. 특히 대산 때 구상된 인류의 영과 육의 무지, 질병, 빈곤, 재해를 구제하고 구원하는 활동에 출가자를 막론하고 재가, 국가, 세계인의 참여가 더욱 요청되는 상황이다.[73] 원불교 신앙의 궁극적 목표인 일원상의 인격과 일원상의 핵심요소인 사은사요는 이러한 개인이나 국가를 넘어서서 세계인의 요청에 부합할 수 있는 시민적 덕성이기 때문에, 향후 원불교 측에서 보다 적극적인 해석과 실천적인 규범을 마련할 필요가 있다. 이러한 과정을 통해서 원불교가 명실 공히 시민적 덕성에 바탕을 둔 시민종교이자 공공종교로서 거듭날 수 있는 것이다.[74]

73 오세영·구형선, 「원불교 四大奉公會의 역사적 변천, 그 특징과 성격」, 『원불교사상과 종교문화』 83, 2020, 170쪽, 176쪽.
74 원영상, 「원불교의 평화운동과 사회참여」, 원불교사상연구원 편, 『근대한국개벽운동을 다시읽다』, 서울: 모시는사람들, 2020, 325-326쪽.

제2부
세계인식

- 탁사 최병헌의 사해동포주의: 유교와 기독교 그리고 보편주의 — 김석근

- 대종교 범퉁구스주의와 보편주의 — 야규 마코토(柳生眞)

- 근대 한국종교의 '세계' 인식과 일원주의 및 삼동윤리의 세계관 — 원영상

탁사 최병헌의
사해동포주의*

: 유교와 기독교 그리고 보편주의

김석근 역사정치학자

* 이 글은 2019년 대한민국 교육부와 한국연구재단의 지원을 받아 수행된 연구임 (NRF-2019S1A5B8099758)

I. 머리말

탁사(濯斯) 최병헌(崔炳憲, 1858~1927). 그는 '한국 신학의 출발',[1] '한국 신학 형성의 선구자'[2]로 불린다. 그는 '개신교 최초의 호교론적 기독교 변증 신학자'[3], 한국 최초의 신학자, 한국 최초의 비교종교학자로 칭해지기도 한다. 다른 한편으로 기독교의 '토착화'를 시도한 신학자로 여겨지기도 한다.[4] 그가 한국 토착교회의 '1세대' 신학자이며 기독교의 토착화에 관심을 가진 종교학자라는 평가에는 이견이 없는 듯하다. 그렇기 때문에 최병헌에 관한 연구는 상당한 정도로 진척되고 있다.[5]

19세기 말에서 20세기로 넘어가는 전환기를 살았던 최병헌은 다양한 활

---

1 유동식, 『한국신학의 광맥』, 서울: 전망사, 1982, 53쪽.
2 송길섭, 『한국신학사상사』, 서울: 대한기독교출판사, 1987, 231쪽.
3 변선환, 「탁사 최병헌 목사의 토착화 사상(1)」, 『기독교사상』 6월호, 1993, 81쪽. 그는 이렇게 평가하기도 했다. "탁사는 협소한 교회 중심 선교나 배타적 개종주의 선교가 아니라 만인을 그리스도에게로 초대하는 열려진 문화 선교(신의 선교), 포괄적인 호교론을 전개한 자랑스러운 감리교 신학자였다."(77쪽)
4 이덕주, 「토착화 신학의 선구자 최병헌」, 『한국 그리스도인들의 개종이야기』, 서울: 전망사, 1990; 이덕주, 「최병헌의 종교신학」, 『한국토착교회 형성사 연구』, 서울: 한국 기독교역사연구소, 2000 등 참조.
5 이에 대해서는 〈참고문헌〉 참조.

동을 했으며 많은 저작을 남겼다. 그가 펼쳤던 활발한 삶과 활동은 개략적
으로 가늠해 볼 수 있지만, 그 폭과 깊이를 정확하게 더듬어 보기는 쉽지 않
다.[6] 과거 합격을 열망했던 유학도 최병헌은 기독교로 '개종'[回心]했으며, 이
어 전도사(傳道師)가 되었고 마침내 '목사(牧師)'가 되었다. 1903년에는 아펜
젤러(H. G. Appenzeller)의 후임으로 정동교회를 맡게 되었다. 목사가 된 후
에도 정부 관료를 지냈으며, 다양한 잡지 편집에도 참여하였다. 또한 '조선
기독교창문사(朝鮮基督教彰文社)' 창설에 적극 참여하는 등 활발한 활동을 펼
쳤다. 만년에는 목회 일선에서 은퇴해 신학교에서 후진을 양성하기도 했
다.[7]

한문과 한학에 능통하여 수많은 한시를 지었으며, 대표작으로 꼽히는
『성산명경(聖山明鏡)』과 『만종일련(萬宗一臠)』 등 신학적인 기독교 변증론
저작을 남겼다.[8] 유교지식인의 기독교로의 이행이라는 측면에서 흥미로울
뿐만 아니라 근대한국의 지성사에서도 중요한 한 국면이라 하겠다. '유교와
기독교의 관계 여하'라는 주제는 오래되었지만 여전히 흥미로운 주제이기
때문이다. 그의 신학을 가리켜서 '유교적 기독교 신학'이라 하기도 한다.[9]

6　최병헌은 만년에 '自歷一部'라는 제하에 자서전을 쓰려고 했던 듯하다(『신학세계』,
　　1927. 01). 하지만 그런 기획은 첫 회로 끝나고 말았다. 『崔炳憲先生略傳』이란 필사본
　　형태의 기록이 전해지고 있으며, 1906년까지만 다루고 있다.
7　김진호, 「故濯斯 崔炳憲先生 略歷」, 『신학세계』 4, 1927, 102쪽.
8　"탁사 최병헌의 대표적 저서인 『성산명경』과 『만종일련』은 신유박해(1801) 당시 순
　　교한 정약종(丁若鍾)의 『주교요지(主敎要旨)』상, 하와 기해박해(1839) 당시 순교한
　　그의 아들 정하상(丁夏祥)의 호교론인 「상재상서(上宰相書)」와 함께 제각기 한국 개
　　신교와 가톨릭교가 낳은 최초의 신학적인 기독교 변증론이라고 볼 수 있겠다.", 변선
　　환, 앞의 논문, 74쪽.
9　심광섭, 「탁사 최병헌의 유교적 기독교 신학」, 『세계와 신학』 2003 겨울, 106쪽.

이 글에서는 '유교'와 '기독교' 그리고 '보편주의'라는 관점에서 그런 측면에 초점을 맞추어 최병헌의 신학과 사상은 새롭게 조명해 보고자 한다. 그는 유교와 한학에 관한 지식뿐만 아니라 당시 세계 종교 일반에도 해박했기 때문이다. 그의 대표적인 두 저작을 통해서 한편으로는 그가 유교와 기독교에 대해서 어떤 입장과 생각을 가졌는지 더듬어 가면서, 다른 한편으로는 그가 '보편주의'라는 시각에서 유교와 기독교의 연속성을 인정하게 되었으며 또 어떤 생각하에 기독교 입장에서 동양의 다른 종교를 어떻게 비판하고 설득했는가 하는 점도 살펴볼 수 있을 것으로 기대한다.

유교를 넘어서 기독교로 간 그는 "텬하ᄂ 흔 집과 ᄀᆺ고 ᄉ히 안 사름은 다 형뎨"[10] "ᄉ히 안에 사름은 다 형뎨와 ᄌ민 "[11]라고 했다. 아울러 "만국인종 (萬國人種)이 다 일원조아당(一元祖亞當)의 후예(後裔)"[12]이며, "만국(萬國)이 동포오 사해(四海)가 일금(一衿)이라"[13]고 한다. "기독교의 신앙자들은 하국 하인하등하종인(何國何人何等何種人)을 부계(不計)ᄒ고 형제자매로 시(視)"[14] 하며, 그렇기 때문에 그는 이렇게 기도했다. "차호(嗟呼)라 세계동포여 동인 협공(同寅協恭)하며 상애동귀(相愛同歸)하기를 절망간축(切望懇祝)하나이다, 아멘."[15] 그러니까 만국동포와 사해형제로 압축할 수 있다. 그의 세계 인식

---

10 "천하는 한 집과 같고 사해안 사람은 다 형제."
11 "사해 안에 사람은 다 형제와 자매."
12 "만국 인종이 다 한 원조 아담의 후예."
13 "만국이 동포요 사해가 한 옷가지."
14 "기독교를 믿는 사람들은 어떤 나라 어떤 사람 그리고 어떤 종류의 사람이든 간에 모두 다 형제자매로 본다."
15 "아아, 세계동포여 서로 공경하고 협력하며 서로 사랑하고 같이 귀의하기를 간절히 바라고 축원하나이다, 아멘."

과 사상은 한 마디로 '사해동포주의(四海同胞主義)'라 부를 수 있다.[16] 그것은 코스모폴리타니즘(Cosmopolitanism)에 가까운 것 혹은 그것의 한국어판이라 할 수 있을 것이다.[17] 다시 말해서 유교 지식인으로서 기독교로 이행한 최병헌의 '사해동포주의' 사상은 모든 인간을 민족·국가·혈통·빈부의 차별을 넘어서서 신 앞에 평등한 존재로 바라보는 기독교의 종교적 세계주의에 충실한 것이라 할 수 있지 않을까.

16 거의 비슷한 용례가 일본신문에서 확인된다.《東京朝日新聞》明治三六年(1903) 一〇月一二日 '真に愛憎好悪なき四海同胞の一主義の下に'

17 '四海同胞主義'에 해당하는 용어로는 cosmopolitanism [Kosmopolitismus, cosmopolitisme]을 들 수 있겠다. 르네상스 후기에 희랍어 kosmo(세계)와 polites(시민)이 결합된 cosmopolite(세계시민)에서 유래한다. 코스모폴리타니즘의 기원을 살펴보면, 그리스 시대로까지 거슬러 올라간다. 알렉산더 대왕이 그리이스의 도시국가[폴리스(polis)]들을 붕괴시키면서 확장과 통일을 추진하던 무렵에 등장했다. 일부 퀴닉학파가 국가나 폴리스에 소속되기를 부정하면서 스스로 '세계의 시민'(kosmpolites)이라고 선언한 것에서 비롯되었다. 이어 로마의 스토아 학파 등의 로고스(logos)설의 뒷받침을 받으면서 확실하게 나타나게 되었다. 그같은 코스모폴리타니즘 경향은 근대에 접어들면서 다시금 되살아나게 된다. 이성의 보편성이 강조되고, 계몽주의가 전파되면서 그 효용성이 매력적으로 다가왔기 때문이다. 그래서 대체로 19세기 중반에서 정착된 것으로 보인다. 거기에 담길 수 있는 의미로는 다음의 세 가지를 들 수 있겠다. (1) 理性을 공유하는 전 인류를 동포로 하는 입장. 멀리는 퀴닉(Kynikoi) 학파가 당시 국가의 대립, 인종·귀천의 차별 등 불합리한 습관에 대해서 만인은 다 같은 叡智의 법칙에 따르는 것이라는 주장을 말한다. 이것은 일반적으로 인류를 이성적 국가 밑에 포괄하려고 하는 사상이다. (2) 그리스도교의 종교적 세계주의. 모든 민족·국가·혈통·빈부의 차별을 넘어서서 신 앞에 평등한 것으로서의 인간을 본다. (3) 국가주의에 대해서 현존하는 제국가가 해소 또는 개혁되어, 국가간의 대립항쟁이 없어지고 유일한 세계 연방이 실현되어, 전인류가 그 시민이 되는 것을 이상으로 하는 주의(『교육학용어사전』, 서울대학교 교육연구소, 1995),『철학사전』(중원문화, 2009) 四海同胞主義(cosmopolitanism) 항목 참조.

II. 유교에서 기독교로: 한계엘리트의 인식론적 전환

1. 유교 지식과 한계엘리트

유교적인 소양을 갖추고 한문 실력을 갖춘 지식인 최병헌은 어떻게 해서 새로운 종교, 사상인 기독교로 옮아갈 수 있었을까. 유학자나 정통 유림들의 경우, 예외가 전혀 없지는 않았지만 대체로 '의병(義兵)'과 '위정척사(衛正斥邪)' 사상으로 기울어지던 그런 시대였다. 아마도 그가 익힌 지식과 현실에서 부딪힌 삶 사이에 극심한 괴리를 경험하였던 듯하다. 말하자면 그는 한계 상황에 놓인 엘리트(한계엘리트)라 할 수 있다.

단적으로 자기 자신에 대해서 말하는 형식으로 쓴 「자력일부(自歷一部)」 (1927년 1월)에서 지난 시절을 돌이켜보면서 다음과 같이 회고한 부분이 있다. 가늠해 보면 1881년, 임오군란(1882)이 일어나기 전의 일이다. 일상생활에서의 가난함과 고단함을 여실히 느낄 수 있는 문장이다.

"原來 집안이 貧寒한대 生活에 困難하다. 여러 달 親患으로 남의 債務가 만흔 中에 初終葬事를 當하야 如干 남아 잇는 家産줍물을 다 팔아 三虞卒哭 까지 지나고 나니 그날 저녁브터 먹을 것이 전혀 업다. 老母侍下에 菽水를 難供하니 蕭瑟한 찬 부엌에는 푼거리 나무 하나 업서 煙氣가 끈허지고 뚜러진 窓 구멍에는 바람소래 룽룽하다. 嚴冬雪寒 치운 때에 불을 때지 못함으로 삼층 冷突 찬방에는 氷庫갓치 물이 얼고 성애가 銀갓흐니 四壁이 圖畵일다. 趣味는 잇거니와 그곳에서 三冬을 나고 보니 所得은 冷腹痛이 第一이오 두 귀는 얼엿는지 검버섯이 제법이라."[18]

최병헌은 1858년 1월 16일 충청도 제천군[현좌면 신월리]에서 태어났다. 아버지는 전주(全州) 최씨 최영래(崔永來), 어머니는 곽씨(郭氏), 그들의 둘째 아들로 태어났다. 부친은 과거 시험에 응시했으나 실패했다. 그 뒤를 이어 최병헌 역시 어려서부터 효경(孝經) 등 유학에 입문했으며, 어려운 가정 환경 속에서도 열심히 유학을 공부했다 한다. 유교가 주도적 세계관인 사회가 그러했듯이, 입신양명(立身揚名)을 위한 과거 급제가 목표였다. 온 가족이 희망을 걸 만큼 실력이 뛰어났다고 한다. 훗날 그가 구사하는 한문 문장만 보더라도 그의 한문 실력이 탁월했음을 충분히 알 수 있다. 하지만 조선 왕조가 기울어 가는 시대였던 만큼, 가문(家門)과 세도(世道)의 특별한 후원 없이 실력만으로는 과거에 합격할 수 없는 그런 시대였다. 두어 차례[乙亥年, 1875년 2월, 己卯年, 1879년 4월] 과거에 응시했으나 실패하고 말았다. 그러다 먼 친척 최직래(崔稷來)의 양자로 갔다(1881).

임오군란(1882)을 겪는 와중에 그는 금릉 김씨(김보신) 딸과 결혼도 하고(1884년 2월) 아들까지 얻었지만(1885년 11월), 상황은 크게 달라지지 않았다. 부인이 살림을 떠맡아서 꾸려가는 상황에서도 그는 여전히 '과거 시험'의 미련을 떨쳐 버리지 못했다. 임오군란, 갑신정변 등의 급격한 정변(政變)이 상징해 주듯이, 과거 시험과 인재 등용이 정상적으로 이루어졌을 가능성은 그리 높지 않다. 더욱이 친구의 모함과 지방 관리의 오판으로 억울하게 감옥에 갇히기도 했으며, 벌금과 태형을 받고서 풀려난 일도 있었다(1887년 12

---

18 최병헌, 「自歷一部(一)」, 『신학세계』, 1927.1, 34쪽.

월). 개탄하지 않을 수 없었다. "자고급금(自古及今)에 여차정령(如此政令)으로 불망자미유(不亡者未有)하나니 조선을 위하야 개탄(慨歎)하노라, 여아잔반(如我殘班)은 향곡(鄕谷)에 거(居)할지라도 성명(性命)을 난보(難保)이니 엇지 울울(鬱鬱)이 차(此)에 구거(久居)하리오." 1888년 2월 실시된 경과(慶科)에 응시하였다. 역시 낙방이었다.[19]

가난과 고난의 연속, 거듭되는 과거 낙방과 심지어 억울한 옥살이를 거치면서, 그는 당시의 조선을 개탄(慨歎)하고, 자신의 처지 '잔반'(殘班)의 설움을 처절하게 느끼지 않을 수 없었다.[20] 음풍영월(吟風咏月)로 소일(消日)하면서 울울(鬱鬱)하고 답답한 심사를 달랠 수밖에 없었을 것이다.

2. 기독교와의 만남과 소통

그럼에도 세상은 크게 변하였고, 그 변화는 드디어 최병헌에게까지 밀어닥쳤던 듯하다. 과거 이외의 '출세' 길이 열리기 시작했다고나 할까. 이미 과거는 제대로 작동하지 못했으며, 이미 그 시효가 다했는지도 몰랐다. 어느 틈인가 새로운 교육 시스템이 작동하고 있었다. 새로운 학교가 생겨나기 시작한 것이다. 미국 감리회 선교부 아펜젤러(H. G. Appenzeller)가 조선 정부

---

19 이상의 서술은 「自歷一部(一)」, 『崔炳憲先生略傳』 등을 참조했다. 이하 마찬가지.
20 다음과 같은 탄식이 참고가 된다. "꿈을 안고 수백수천 리를 바삐 와서 글 한 장으로 인생운명을 바꾸는 것이 유일한 희망이었다. 그러나 과장은 몇몇 유력자의 농락장이 되고 … 소위 권문대가라 하는 사람들은 문벌계급만 가지고 사람을 취하였다. 다시 말하면 유력자 자식이라야 사람일 뿐 하층 사람은 재덕도 쓸데없고 지식도 쓸데없다. 어찌해야 대국(大局)을 바로잡고 민중을 향상케 할 것인가.", 『신학세계』 12-2, 1927, '탁사 최병헌 선생 약력'.

의 위촉과 지원을 받아 운영한 배재학당(培材學堂)이 특히 그러했다. 어느덧 유교와 한학이 아니라 영어와 서양 학문이 출세의 사닥다리, 지름길로 작동하기 시작했다.

배재학당을 다니던 친구 윤호(尹護)와 박명원(朴明遠)을 통해서 최병헌은 기독교 선교사를 만났다. 윤호의 추천에 힘입어 새로 온 선교사 존스(George H. Jones, 趙元時; 1867-1919)[21]의 한국어 선생이 될 수 있었다. 그런데 당시 존스는 최병헌보다 거의 열 살이나 어린 나이였다. 최병헌으로서는 "허다(許多)한 세월을 객지(客地)에 허송(虛送)함이 불가(不可)하고 또한 불우(不遇)의 탄(歎)이 불무(不無)하야" 하기로 한 것이다. 1888년 10월의 일이었다. 정동에 있는 존스 집에 "매일 오전 아홉시부터 오후 네시까지 일하고 점심시간은 한 시간 반가량으로 정하고" 가르치기 시작했다.[22] 매일 외국인이자 기독교 선교사 존스를 만나서 일을 한 것이다. 당시 상황을 최병헌은 다음과 같이 회고했다.

"됴원시 목사는 간혹 그의게 종교상 도리를 말하나 선생은 그의 눈이 쑥 드러가고 눈동자가 푸르며 머리털이 노르며 말소리는 새소리 갓흔 것을 보고 겁을 내여 생각하기를 그의 용모를 보매 사람의 눈을 빼먹고 간도 빼여 먹음직하게 되엿다고 하엿다. 그 사람의 종교를 잠시 관찰하건대 부모와 임군을 모르는 종교요 사람 얼굴에 즘생 마음이 잇스니 엇지 오륜삼강(五倫

---

21 그는 1885년 한국에 온 아펜젤러와 스크랜튼(W.B. Scranton)에 이은 '세 번째 선교사'였다. 그는 고교 재학시절에 이미 해외선교사로 나갈 것을 결심해 대학도 가지 않았다. 그리고 곧바로 조선 선교를 지원한 '최연소 선교사'이기도 했다. 1888년 5월 그는 서울에 도착했다. 노블, 「죠지 혜버 죤쓰 박사의 병세하심」, 『신학세계』, 1919.9, 60쪽.

22 『崔炳憲先生略傳』; 노블부인 편, 「최병헌 목사의 략력」, 『승리의 생활』, 1927, 15쪽.

三綱)을 의론할 사람이랴. 내가 당분간 할 수 업시 월급에 팔녀서 저 사람의 게 다니거니와 엇지 영구히 친할 자랴 하엿다."[23]

"월급에 팔녀(려)서" 한 일이라는 것은 솔직한 말이었다. 낯선 외모(푸룬 눈 동자, 노란 머리, 눈이 쑥 들어간 모습 등)에 말은 안통하고. 더욱이 눈 빼먹고 간 빼먹는다는 헛소문도 있었으니. 유교 지식인 최병헌이 처음 보기에는 삼강 오륜(三綱五倫)을 모르는 '이적'(夷狄)이나 '금수'(禽獸)처럼 비쳤을 수도 있겠 다. 그렇다, "엇지 영구히 친할 자랴", 어찌 영원히 친할 수 있는 자이겠는가.

문명사적으로 보자면, 이 장면은 유교와 기독교가 생생하게 만나는 모습 을 상징한다고 하겠다. 하지만 흔히 기독교 전파 과정에서 일어나는 것처 럼, 두 사람의 관계는 '일방적인 것'이 아니었다. 이 글의 관심사와 관련해 서, 이 것은 아주 중요한 한 장면으로 주목된다. 최병헌으로서는 그에게 (자 신있는) 한국어를 가르쳤다. 그는 '교사'였던 것이다. 존스는 외국인 '선교사' 일는지 모르지만 어디까지나 '학생'이었다. 더욱이 최병헌 보다 열 살 정도 는 어렸다. 최병헌의 유교적인 소양과 지식 역시 깊었다. 물론 선교사 존스 로서도 조선의 지식인에게 당연히 '선교'하고 싶었을 것이다. "간혹 그의게 종교상 도리를 말하"기도 했다. 이질적인 문명과 언어가 서로 만나는 지점 이었으며, 동시에 '소통'이 조금씩 이루어지는 과정이기도 했다. 어쩌면 서 로가 서로에게 거부감이 비교적 덜한 바람직한 관계였을 법하다.

서로 다른 외모, 그리고 종교관, 세계관의 이해는 그렇게 조금씩 이루어 졌던 것으로 여겨진다. 최병헌을 통해서 존스는 한국의 문화, 역사, 종교를

23 노블부인 편, 「최병헌 목사의 략력」, 15쪽.

배울 수 있었으며, 그런 학습이 토대가 되어, 훗날 존스는 한국에 관한 논문들을 쓸 수 있었다. 나아가 그는 조선왕조실록을 비롯한 한문 고전을 원문으로 읽을 수 있게 되었다.[24] 최병헌과 존스의 관계는, 최병헌이 세례를 받게 되는 1893년(고종 30)까지 5년 동안 지속되었다.

최병헌으로서는 "조원시(趙元時)의 어학교사(語學教師)로 성서(聖書)도 열람(閱覽)하며 조선의 문전(文典)과 역사를 교수(教授)"하는 한편 "화조월석(花朝月夕)에 시사(詩士)를 교류(交遊)"하기도 했던 것이다.[25] 존스의 한국어 실력과 한국에 관한 지식이 늘어가는 것과 마찬가지로 최병헌의 기독교 이해 역시 비례해서 늘어갔다. 자연스러운 일이었겠지만, 존스 뿐만 아니라 아펜젤러와의 교유 역시 활발하게 이루어졌다. 아펜젤러의 주선으로 최병헌은 배재학당 한학부(漢學部) 교사가 되었다.

3. 유교에서 기독교로

유교적인 지식인이자 독서인(讀書人)이던 최병헌이 점차로 기독교 관련 서적을 읽기 시작한 것은 자연스러운 귀결이었다. 선교사, 목사와 만나서 얘기하는 것 자체가 관심을 불러일으키기에 충분했다. 궁금하거나 모르면 물어보기도 했다. 앞에서 말했듯이 최병헌은 성서(聖書)도 읽기 시작했다고 했는데, 그러면 어떤 성경을 읽었을까. 어떤 '언어'(문자)로 읽었을까. 역시

---

24 미국의 일리노이주 웨슬리언대학에서 '명예신학박사' 학위를 수여했으며(1906), 종교학 교수로 초빙했다. 존스의 한국학 관련 활동에 대해서는 이덕주, "존스(G.H. Jones)의 한국 역사와 토착종교 이해", 『신학과 세계』60호, 2007.12, 80-128쪽 참조.
25 『崔炳憲先生略傳』.

나 중국에서 '한문'으로 번역된 성경이었다.

탁월한 한문 독해와 문장력을 지닌 최병헌이 '한문' 성서를 읽는 것은 아주 쉬운 일이었다. 중국 상해에서 인쇄된 기독교 관련 서적, 나아가 서양의 정치, 문화, 역사, 지리 관련 이른바 '한역서학서'(漢譯西學書)는 최병헌에게 서양과 기독교 관련 지식과 정보를 제공해 주기에 충분했다.[26] 그와 더불어 본격적인 기독교 탐색과 이해가 이루어졌다. "성서(聖書)에 의난처(疑難處)가 유(有)하면 일일히 문의(問議)하야 진리를 점점각오(漸漸覺悟)하게 되엿다. 진도(眞道)의 취미(趣味)를 알으시고도 욕파불능(欲破不能)하야 성경서류(聖經書類)를 만히 열람(閱覽)하야 이래(伊來) 오년간에 신앙을 준비하였다."[27]

서양의 언어로 된 성경이 아니라 '한문'으로 번역된 성경을 읽었다는 것, 그것은 최병헌의 기독교 이해에서도 아주 중요한 의미가 있다. 서양 언어로 된 성경을 읽고자 하면, 기독교 내용 이해에 앞서서 그 언어 자체를 습득하지 않으면 안 된다. 하지만 최병헌은 그런 문제를 생략할 수 있었다. 요컨대 유교와는 완전히 다른 문명권에서 등장한 기독교라는 상이한 사상, 이념 체계를 이해하는과정에서 갈등과 마찰보다는 이해와 조화 쪽으로 더 기울어질 수 있었다. 사실 '유교와 기독교'의 관계 여하라는 주제는 방대한 사안인만큼 일률적으로 말할 수는 없다. 개신교 전래에 앞서 이미 천주교가 전래할 당시에 불거진 사안이기도 했다. 마테오 리치(Matteo Ricci)가 한문으로 저

---

26 최병헌은 한역 성경 이전에 이미 한역서학서를 읽고 있다. 세계지리서『瀛環志略』을 이미 읽었으며, 그 후『泰西新史』,『西政叢書』,『格物探源』,『天道溯源』,『萬國統監』,『心靈學』,『自西徂東』,『地理略解』등을 읽었다. 김진호,「故濯斯 崔炳憲先生 略歷」,『신학세계』1927.4, 99-100쪽.

27 김진호, 위의 글, 100쪽.

술한 『천주실의(天主實義)』는 그런 의미에서 귀중한 지적 유산이라 하겠다. 그는 기독교의 유일신격을 한자어 '천주(天主)'로 번역, 소개함으로써 기독교의 유일신(神)에 대한 거부감을 완화하였다.[28] 다산의 서학 역시 한편으로 그런 맥락 위에서 전개되었다. 다산 정약용은 '상제'와 '천' 등의 관념을 징검다리로 삼아 자신의 서학론을 전개하였다.[29] 이른바 한역서학서는 그 같은 연속성 위에서 이루어졌다고 하겠다.

한역성경, 한역서학서가 아니라 서양 언어로 된 책들을 접했더라면, 유교와 기독교 사이의 거리와 차이에 더 많이 부딪혔을 것이다. 한자어 天主, 上帝, 天이 아니라 Yehweh, Elohim, Deus 등으로 접하게 되었다면, 그처럼 쉽게 이해하기는 어렵지 않았을까. 근대 일본의 지식인 후쿠자와 유키찌(福澤諭吉)의 경우, 기독교의 하느님이 니치린(日輪: 태양)을 가리키는 것이 아니라, '서양의 말로서, 고쓰도, 곳도(ごっど, God)라 하며, 일본의 말로 번역하면, 조부쓰샤(造物者)라는 것'임을 밝힌 적이 있는데("어렸을 때부터 고쓰도가 있다는 것을 알아서, 고쓰도의 마음에 따라야 하느니"), 유교와 기독교의 거리와 차이를 잘 파악하였다고 할 수 있다.[30]

---

28 "우리 나라(서양)의 천주는 곧 중국말로 上帝입니다. 도교에서 만들어놓은 현제옥황(玄帝玉皇)의 조상(彫像)과는 같지 않습니다. 현제옥황은 무당산에서 수도하며 살던 한 사람에 지나지 않습니다. 그 역시 다 같은 인간인데, 인간이 어떻게 하늘의 임금님(帝皇)이 될 수 있겠습니까? 우리(서양)의 천주는 바로 (중국의) 옛 경전에서 말하는 '상제'입니다. 중용에서는 공자의 말을 인용하여 "교사(郊社)의 예는 상제(上帝)를 섬기는 것이다"라고 말하였습니다. 주자의 주해에서는 "(상제 다음에) 후토(后土)를 말하지 않은 것은 문장을 생략한 것"이라고 말했습니다. 그러나 공자께서 (지존은) 하나이지 둘이 될 수 없음을 밝히신 것이라고 저는 생각됩니다. 어찌 유독 문장이 생략된 것이겠습니까."(『천주실의』 99-100).
29 이에 대해서는 김석근, 「천주와 상제: 다산 정약용의 사상사적 독해」, 미발표 논문 참조.
30 김석근, 위의 논문 참조.

그런 과정을 거치면서 최병헌은 점차 기독교로 나아갔다. 그것을 '개종'(改宗)이라 해야 할지 아니면 '이행'(移行), 혹은 '회심'(回心)이라 해야 할지는 모르겠지만, 그같은 일종의 인식론적인 전환에는 여러 요인이 복합적으로 작용했을 것이다. 그 부분은 어쩌면 그 자신 스스로도 분명하게 알지 못했을지도 모르겠다. 하지만 그 무렵(1891-1892), 최병헌은 어떤 정치적 사건에 휘말려 억울한 누명을 쓰고 체포당할 위험에 처하였다. 부득이 서양인의 집에 피신하였으며[31], 그 과정에서 서양인과 종교에 대해 조선 정부가 관대하다는 것을 알아차리고 비판적인 인식을 갖게 되었다. 이는 다음과 같은 글에서 엿볼 수 있다.

"國家政治의 文明이 宗敎盛衰에 在하야 敎化가 밝을 때에는 官憲이 法律을 바로 쓰고 敎化가 업는 時代에는 官吏도 曲訟을 하나니 法律과 敎化가 並行하야 文明을 致하는 것이라. 然則 朝鮮政治의 紊亂함은 儒敎衰敗에 在하도다. 朝鮮을 文明케 함에는 維新한 宗敎를 實行함이 第一急務라 하야 그 때부터 基督敎의 書籍을 涉獵하엿다."[32][강조는 인용자, 이하 마찬가지]

조선 정치의 문란함과 그 원인으로서의 유교 쇠퇴, 그런 현상을 '문명(文明)'하게 하기 위해서는 역시 '유신한 종교를 실행'하는 것이 제일 급한 일로 여겨졌다는 것이다. 그때부터 '기독교의 서적을 섭렵'한 것이다. 더욱이 1892

---

31 "其後 辛卯壬辰年間에 政治改革運動이 잇섯는대 此를 謀議하던 宋鍾大等이 伏誅하매 先生이 이 嫌疑로 禍色이 迫頭한지라. 不得己 某西人家에 避身하야 免禍하엿다." 김진호, 「故濯斯 崔炳憲先生 略歷」, 앞의 글, 101쪽.
32 『崔炳憲先生略傳』.

년 10월 시행된 과거에서는 과장(科場)에 입장하지도 못했다. 마침내 최병헌은 그토록 염원했던 과거의 꿈을 접었다. 유교적인 맥락에서의 입신양명과 출세의 꿈을 스스로 버린 것이다. 그때까지 강인하게 견지하던 유교에 대한 집착의 끈을 놓아버리는 순간이라 해도 좋겠다. 정신적 공황 상태에 빠진 그에게 '종교철학 연구', 다시 말해서 기독교에로의 전환이 대안으로 떠올랐다.[33]

마침내 최병헌은 '예수교(敎)에 입참(入參)하기를 결정'했으며, 1893년 2월 8일, 정동교회에서 존스에게 '세례(洗禮)'를 받았다. 지극히 드라마틱한 장면이라 하겠다. 한국어를 가르치던 나이 어린 제자, 하지만 기독교의 선교사였던 존스와의 관계가 그 절정을 이루는 국면이기도 했다. 서로 만난 지 4년 4개월 만의 일이었다. 친구들의 반대가 있었지만 그의 결심을 막을 수는 없었다.[34] 세례 사실이 알려지자 다들 놀랐으며, 친구들과 친척들 중에는 상종하기를 꺼려하는 이들조차 있었다.[35]

이제 그가 기독교로 개종하는 과정에서, 특히 이 글의 관심사와 관련해서 두 가지 측면에서 간략하게 주목해 두고자 한다.

---

33 "自此로 先生이 科業을 廢하여 曰 士者는 國家의 원긔라 이제 如此히 賤待하는 世上에 科業을 從事함이 무엇이 有益하리오 또한 權門 出入을 廢하여 曰 叔季之世에는 恒常 奸細輩가 用權하고 君子는 隱避하나니 執家門前에 彷徨함은 眞實로 愚氓의 腔子가 업는 者라 하고 曰 如此한 庸愚는 財力이 人만 못하고 閥門이 人만 못하고 資格과 弘韠이 人만 못하거늘 出世揚眉하기를 엇지 希望하리오 潛居抱道하야 其時를 待함이 可하다 하고 이에 宗敎哲學을 硏究하기로 決心하엿다.", 『崔炳憲先生略傳』

34 최병헌이 기독교로의 개종을 결심하고 친구들에게 알렸다. 친구들은 그의 개종을 막으려고 옷을 숨기기도 했다. 그래서 나중에 친구들에게 알리지 않고 세례를 받았다. 노블부인 편, 앞의 글, 16-17쪽.

35 "세례를 밧고 독실한 신자가 되니 그의 옛날 친구들은 물론이요 그의 친척까지도 다 그를 실현하야 상종을 끈헛다." 노블부인 편, 앞의 글, 17쪽.

우선 자신의 개종 사실을 가족과 친척들에게 알린 후 서울로 옮겨오는 과정에서 "가묘(家廟)는 의산공(義山公)의 엄훈(嚴訓)이 절(切)함으로 매안(埋安)치 못하고 사위목주(四位木主)를 함중(函中)에 안비(安櫃)하야 백씨장(伯氏長)이 친담(親擔)"[36]해서 가져 왔다고 했다. 의산공(義山公)의 엄한 교훈[嚴訓]이 절실해서 가묘(家廟)를 파묻지는[埋安] 못했다는 것이다. 하루아침에 유교적인 전통에서 완전히 변할 수는 없었던 것으로 보인다. 하지만 그 지향점은 이미 분명하게 시사되었다고 해도 좋겠다. 조상들의 신주(神主)는 잠시 집에 모시고 있다가 시흥의 선영에 안장했다고 한다.[37]

다른 하나는 최병헌이 농상공부 주사를 그만둘 때의 일이다.[38] 아관파천 (1896) 이후 그 자리를 그만두려고 했지만, 조중현 협판이 만류했다. 그 무렵 고종 황제가 경운궁(덕수궁)으로 옮긴 후(1897년 2월), 정부 조직을 개편했다. 새로 농상공부 대신이 된 이윤용(李允用)은 "구례(舊例)에 의하야 각묘사릉묘(各廟祀陵墓)에 춘향제관(春享祭官)을 각과주사(各課主事)로 차비(差備)"하게 했다. 그에 따르자면 최병헌은 왕릉과 종묘에 나아가 제사 의례를 집전해야만 했다. 그는 "심내(心內)에 자서(自誓)하되 상주(上主)를 존경하는 자(者) 엇지 위패(位牌)를 숭배(崇拜)하리오." 하고 즉시 사직서를 제출했다.[39] '상주(上主)'[하느님]를 '존경'(尊敬)하는[믿는] 자가 어떻게 위패를 숭배할 수 있

36 『崔炳憲先生略傳』.
37 『崔炳憲先生略傳』.
38 그는 1895년(37세) 10월, 인천부 관찰사 朴世煥의 추천으로 농상공부 주사로 임명되어 문서과에 근무하기 시작했다.
39 『崔炳憲先生略傳』, '최병헌 농상공부 주사 면직'은 공표되었다. 『日省錄』, 光武1年 (1897) 5月 22日. 그는 미감리회 한국선교 연례회에 참석, 조이스(I.W. Joyce) 감독에게 전도사 직첩을 받았다.

겠는가 하는 말은 그가 이제는 '유교'에서 완전히 벗어났다는 것을 말해 주기에 충분하다고 하겠다.

III. 세계동포(世界同胞)와 상애동귀(相愛同歸): 사해동포주의

1. 보편주의: 유교와 기독교

최병헌의 경우, 어려서부터 익혔던 유교에서 기독교로 '개종'[회심]했다고 할 경우, 여러 가지 측면에서 설명이 가능하다. 하지만 궁금한 것은 그러한 '인식론적인 급격한 전환'을 가능하게 한 논리는 과연 무엇이었을까 하는 점이다. 비판적으로 말한다면 자신의 전환을 과연 어떻게 정당화, 합리화했는가 하는 물음이다.

한역서학서(漢譯西學書)와 한역성경(漢譯聖經)이 실마리가 될 수 있다. 한문에 능통했던 최병헌은 그런 책을 읽는 데 전혀 어려움이 없었으며, 또한 궁금한 것은 존스나 아펜젤러에게 물어보기도 했다. 최병헌은 무엇보다 유교에서 최고 관념으로 외경되던 '상제(上帝)', '상주(上主)', '천(天)'은 실은 기독교의 여호와 하느님과 같다고 여겼다. 말하자면 '이명동일신(異名同一神)', 즉 '이름은 다르지만 같은 신'이라 보았던 것이다. 그는 이렇게 말한다.

> "推此論之컨대 儒家聖賢들이 上帝를 敬畏하며 崇拜치아닌 이가 無하고
> 且儒家에서 敬畏하는 上帝는 道家에서 尊尙하는 玉皇上帝나 玄天上帝나
> 元是天尊이 아니오 天地를 管理하시는 造化의 主宰를 稱함이니, 耶蘇敎會
> 에서 獨一無二하시며 全知全能하신 華和上主와 一이시오. 堯舜禹湯과 周

之文武는 上主를 敬畏함이 猶太의 大衛王과 所羅門과 略同하고, 孔孟程朱는 猶太의 先知輩와 希臘의 哲學者와 同一한 理想이 多한지라."[40]

일단은 유교적인 상제 관념이 "야소교회(耶蘇敎會)에서 독일무이(獨一無二)하시며 전지전능(全知全能)하신 화화상주(華和上主)와 일(一)이시오."라는 점을 강조해 마지 않는다. 상제는 곧 화화상주(華和上主; 여호와상주)라는 것, 큰 명제를 내놓았다. (물론 자세하게 보자면, 그에 덧붙여서 약간의 차이, 다시 말해서 유교의 부족한 점을 지적하고 있기는 하지만). 아무튼 여기서는 유교의 천이나 상제, 천주가 갖는 성격과 기독교에서의 여호와 하느님이 갖는 특성이 다르지 않다는 점을 강조한다. 이 같은 인식은 이미 마테오 리치와 서학자들에게서 볼 수 있는 것과 거의 다르지 않다. 유교와 기독교의 관계라는 측면에서 최병헌의 천, 상제 인식이 갖는 사상사적 위상이다.

아울러 최병헌은 유교의 '천(天)'과 '대도(大道)'를 응용해서 '보편성'이나 '보편주의'를 말한다. 1903년 12월 22일 자《황성신문》에 기고한 글에서 그는 이렇게 말하고 있다.

"蓋大道不限於邦國, 眞理可通於中外, 西洋之天卽東洋之天, 以天下視同一衆, 四海可稱兄弟."[41]

---

40 『萬宗一臠』, 10-11쪽. 물론 이 문장에 이어지는 구절에서는 차이점 내지 유교의 부족함을 지적하고 있다.
41 최병헌, '寄書',《皇城新聞》1903.12.22. 우리말로 옮겨보면 다음과 같다. 무릇 대도는 한 나라에만 한정되는 것이 아니다. 진리는 우리나라와 다른 나라 어디서든 통할 수 있는 것이다. 서양의 하늘은 곧 동양의 하늘이니 천하를 보기를 같은 하나의 무리로 보니, 사해의 만민을 가리켜 가히 형제라 할 수 있는 것이다.

그런데 '대도(大道)'는 어느 한 나라에 국한되지 않는다. 그러니 어디든지 다 통할 수 있다는 것이다. 서양의 하늘은 곧 동양의 하늘[西洋之天卽東洋之天]이라는 것.[42] 도(道)와 천(天)은 보편적임을 주장한 것이다. 하늘이 아래를 내려다보면 다 같은 사람들이라는 것이다. 그렇기 때문에 사해(四海)에 있는 사람들은 모두 형제라 할 수 있다. 이른바 '사해형제(四海兄弟)', 이 말은 '사해동포(四海同胞)'와 같은 뜻이다. 여기까지는 문제가 없지만, 문제는 과연 '대도(大道)'의 내역이 무엇인가 하는 점이다.

일찍이 최병헌에게 한국어를 배웠으며, 그에게 세례를 주기도 한 선교사 존스의 경우, 유대교와 비교하면서 기독교는 "한 나라의 도가 아니라 천하(天下)의 대도(大道)"라고 했다.[43] '천하의 대도[天下大道]는 곧 기독교라는 것이다. 그런 인식은 존스에게 세례를 받고, 전도하던 최병헌에게도 자연스레 이어졌을 것이다.

이 같은 보편주의가 더 나아가면 사해동포주의에 이르게 된다. 이미 최병헌은 1900년 발표한 「삼인문답」에서, 거기서 그는[그 글에서는 전도인] 선언한 바 있다. "텬하는 혼 집과 ᄀᆞᆺ고 ᄉᆞ히 안 사ᄅᆞᆷ은 다 형뎨라."[44] 그렇다, 천하는 한 집안과 같고 사해안의 사람은 모두 다 형제라는 것! 『성산명경』에서는 "ᄉᆞ히 안에 사ᄅᆞᆷ은 다 형뎨와 ᄌᆞᄆᆡ"[사해 안에 사람은 다 형제와 자매라

---

42 비슷한 시기에 활동한 노병선 역시 비슷한 인식을 보여주고 있다. "모르는 사람은 서양 도이니 동양에서는 쓸 데 없다 하니 어찌 어리석다 아니리오. 대저 도의 근원은 하늘로부터 난 것이다. 어찌 서양 하늘과 동양 하늘이 다르다고 하리오.", 노병선, 『파혹진선론』, 京城: 조선성교서회, 1897.

43 조원시, 「증거론」, 『신학월보』, 6권 5 · 6호, 1909, 268쪽.

44 세 사람은 전도인, 관직을 지낸 양반, 그리고 그 집에 유하고 있는 학식 높은 선비이다. 「삼인문답」, 『대한크리스도인회보』, 1900.3.21.

하기도 했다. 기독교로 개종한 최병헌으로서는 아마도 많은 질문을 받았을 것이다. 어떻게 해서 그렇게 되었느냐는 것, 그래서인지 최병헌은 일종의 방법론으로 '문답'이나 '대화' 형식을 즐겨 취하였다(대표작 『성산명경』이 그렇다). 또한 한참 이후의 글이기는 하지만, 1921년 7월에 발표한 「불모이동(不謀而同)」에서는 조금 더 분명한 형태로 인류 보편주의나 '사해동포주의' 의식을 분명하게 드러냈다.

> "現世에 蒙古族과 高加索과 印第安과 黑人種이 各各其地候를 隨하야 黃白葛黑色의 不同이 有하거니와 人의 元素는 同一하야 四肢百骸와 五官七情이 同하고 仁義禮智의 性과 心地魂靈의 識이 同함으로 意見의 裁斷力이 亦同하야 文藝技術이 不謀相同하고 心理哲學이 不謀相同한지라. 宗敎에 至하야는 各各門戶를 別立하야 道理와 敎規가 不同하거니와 宗敎를 尊尙함도 同一하고 祭祀를 崇拜함도 亦同하도다, 其本意를 溯考하면 萬國人種이 다 一元祖亞當의 後裔로 體質이 同하야 三頭六鼻者無하고 心性이 同一한 人生이라, 上主끠서 自己의 肖像갓치 元祖를 造成하셧스니 其雲仍이 海沙갓치 다할지라도 慧寶가 亦同하야 上主의 우림과 黙示를 得하야 居住衣食과 生產作業이 不謀相同하고 政治社會와 禮樂法度가 不謀亦同함이니 萬國이 同胞오 四海가 一衿이라. 其中에 弱肉을 强食함은 自己의 肉을 自嚼自呑함이오 按劍相視하는 者는 自己의 身을 仇讐로 視함이니 造物主의 震怒를 엇지 避하며 審判長의 公案을 엇지 逃하리오. 嗟呼라 世界同胞여 同寅協恭하며 相愛同歸하기를 切望懇祝하나이다. 아멘."[45]

---

45 최병헌, 「不謀而同」, 『신학세계』, 1921.7, 83쪽.

여기서는 크게 두 가지 측면에 주목하고자 한다. 첫째, 만국의 인종들이 다 같이 한 사람의 원조 아담[亞當]의 후예라는 것, 그래서 체질도 같으며 심성도 같다고 한다. 많은 것들을 굳이 도모하지 않더라도 같다는 것이다. 둘째로, 만국이 동포요, 사해가 한 옷이라는 것, 그러니 세계동포들이 한마음으로 서로 돕고 서로 사랑하게 되기를 간절히 바란다는 것이다. 유념해야 할 것은 배타적인 행위와 이념을 넘어서야 한다는 비판적인 함의도 아울러 담겼다. "그중에 강한 자가 약한 자를 집어 삼키는 것은 곧 자기가 자기를 먹음 같고. 칼을 품고 상대방을 노려보는 것은 자기 몸을 원수처럼 여기는 것과 같으니 조물주의 진노를 어찌 피할 것이며 재판장[심판장]의 심판[공안]을 어찌 피하리오." 말하자면 '세계동포(世界同胞)'가 '상애동귀(想愛同歸)'하라는 것, 조물주의 진노와 재판장의 심판이 그것을 떠받쳐주는 셈이다.

되돌아가서 본다면 최병헌의 경우, 사상 내재적으로는 유교가 지닌 천, 도, 상제, 천주 등의 보편성이나 보편주의를 징검다리로 삼아서 기독교적인 보편성, 보편주의로 나아갈 수 있었다고 해도 좋겠다. 그리고 일단 기독교로 나아간 이후에는 분명한 기독교 입장에 서서 유교의 미비 혹은 부족한 점을 비판한 것이다. 그런 비판이 가능했던 것은, 이미 유교적인 세계관이 그 한계를 드러냈다는 것, 그리고 급격하게 변하는 현실 세계 속에서 그 한계를 여실히 드러낸 당시 구한말 조선의 현실이라 할 수 있겠다.

"지금 세상에서 떠드는 자들은 반드시 말하기를, 서양의 기계는 취하여 쓸 수밖에 없다고 하면서도 서양의 종교는 존경하고 숭상할 수 없다고 하며 그것을 이단(異端)이라고 지적해서 버리니 그것은 진리를 알지 못하기 때문이다. 본직은 추요(樞要)한 것이 있는데 다만 기계와 같은 끝만 취하여 사용하고 그 근본을 힘쓰지 아니하여 어찌 효험을 얻을 수 있으랴. 이렇게 해서

민정(民情)은 마비되고 국세(國勢)는 부진해졌다. … 매양 서양의 기계의 리(利)는 칭송하면서도 교(敎)와 도(道)의 불미함을 훼손하고 배척하며, 매번 외국의 강력함을 말하면서도 그 부요의 근원을 탐구하지 않으니 참으로 한스러운 일이다."[46]

2. 『성산명경』: '대화'와 '대결'

기독교로 개종한 이후 최병헌은 당연한 것이지만 성경과 기독교 진리에 대한 확고한 신념을 표현하였다. 이미 '정치'가 아니라 '종교철학'에 뜻을 둔 만큼, 여러 종교 현상에 관심을 갖는 것은 자연스러운 일이었다. 그 의도에 대해서는 바라보는 입장에 따라서 다르게 보일 수도 있다.

우선 앞에서 본 대로 최병헌은 1900년에 '삼인문답'이란 짧은 글을 발표한 적이 있다.[47] 그 글은 기독교 전도인이 유교 선비 및 관리와 대화하는 형식이다. 그 연장선 위에서 그는 기독교와 동양의 종교, 즉 유·불·선 3교의 교리와 신학을 비교하고자 했다. 기독교의 우월성을 '변증'하기 위한 것임과 동시에 유교·불교·도교를 향해서 기독교를 설명하려는 것이기도 했다. 나아가서는 기독교를 '전도(傳道)'하기 위해서라고 할 수 있다. 그는 「성

---

46 최병헌, '寄書',《皇城新聞》1903.12.22. 원문은 다음과 같다. "今之言者必曰, 西國器械不可不用, 而至於宗教, 非可尊尙. 此指而異端, 不知眞理故也. 職在樞要, 但取其末不務其本, 烏可得而有效哉. 此民情所以萎靡也, 國勢所以不振也. … 每道西洋器械之利, 而毁斥教道之不美, 每稱外國之强, 而不究富饒之源, 誠可恨也."

47 최병헌은 그 논설을 전후해서 유교 선비, 막힌 양반, 시골 훈장 등과 대화, 토론하는 내용을 담은 『대한크리스도인회보』에 발표하기도 했다['고집불통'(1899.3.8.), '학자의 고명한 수작'(1899.4.5.), '산촌 학당을 가라침'(1900.4.11.) 등].

산유람기」를『신학월보』에 연재했으며(1907), 이어 그렇게 연재한 내용을 토대로『성산명경(聖山明鏡)』을 출판했다(1909).[48] 덧붙여 두자면 최병헌은 1908년 12월 천주교와 개신교를 비교 분석한『예수텬쥬량교변론(耶蘇天主兩敎辨論)』을 번역·출판하기도 했다.[49]

그러면 최병헌은 어떻게 해서 그 책을 쓰게 되었는가. 그는 말한다. "이 책은 삼한고국의 탁사자(濯斯子)라 하는 사람이 기술한 글이니, 탁사자 일찍이 종교가의 진리를 연구하여 각교 문호가 어떠함과 목적의 여하함을 찾아볼 새 … 구세주 예수를 믿은 후로 항상 성경을 공부하며 평생에 일편성심으로 원하기를 어찌하면 성신의 능력을 얻어 유도와 선도와 불도 중에서 고명한 선배들에게 전도하여 믿는 무리를 많이 얻을까 생각"[50]했던 것이다. 전

48『성산명경』은 1909년 3월 貞洞皇華書齋 발행으로 처음 인쇄되었다[92p, 22.2 X 14.7cm, 1909.3.20. 초판]. 이어 1911년 8월 東洋書院에서 발행되었으며, 1912년 朝鮮 耶蘇敎書會에서도 발행되었다. 이 글에서는 동양서원판(1911)을 이용했다.

49 발행소는 정동예수교회, 원저자와 원저 제목을 알 수 없다. '漢譯西學書'의 한 권이었을 것으로 여겨진다. 「서문」,『예수텬쥬량교변론』, 경성: 정동예수교회, 1909. 역자 서문에 쓴 글은 천주교와 개신교에 대한 최병헌의 입장을 이해하는데 도움이 된다. 그것은 원저자와는 조금 다른 뉘앙스를 가진 것이었다. "종교의 진리는 천상천하에 하나이오 고왕금래에 둘이 업는 것이라, 예수교와 텬쥬교가 근본 로마교에서 시작되엿스니 상주를 존경하고 예수를 밋는대 조곰도 분간이 업더니 一千五百년 래로 주교와 신부들이 성경의 뜻은 점점 멀니하고 사람의 지혜로 교회를 다사리매 샹쥬끠 죄를 엇을까 두려워하는 성인이 문호를 각립하시니 이에 신구량교가 난호인 것이라. 이후 수백년 래로 구교인들이 신교인을 뮈워하야 죽인 것이 여러 백만명에 지나고 텬주교에서 예수교를 지목하되 렬교인이라 하나니 참 애석한 일이라. 예수 갈아사대 너의 원수를 사랑하며 너를 핍박하는 자를 위하야 긔도하라 하섯스니 우리가 다갓치 한 쥬를 밋는 형제가 되야 엇지 서로 뮈워하리오." 말하자면 두 교파가 서로 다르고 교리상의 차이가 있음에도 불구하고 한 하느님, 한 주님 예수 그리스도를 믿는 하나의 그리스도교라는 입장을 취하고 있다.

50『聖山明鏡』, 78-79쪽. "이 칙은 삼한고국의 탁ᄉᄌ濯斯子라 ᄒᄂᆞ 사름이 긔술記述ᄒ

도를 위한 것이며, 그것을 통해 신자를 많이 얻기 위해서였다. 그러던 차에 그가 꿈속에서 본 이야기를 소설 형식으로 쓴 것이다.[51] 그렇게 한 이유는 "유불선 삼도에서 공부하던 자라도 만일 성신이 인도하여 예수교인과 상종 하면 마음이 서로 통하여 믿는 제자가 될 수 있음이라."[52]고 한다. 그것은 마 치 존 버니언(John Bunyan)의 『천로역정; The Pilgrim's Progress』과 같은 형 식이라 하겠다. 『천로역정』은 1895년에 한국어로 번역되어 출간된 만큼[53], 최병헌도 필시 읽었을 것이다.

혼히 최병헌의 『성산명경』을 가리켜 '한국판 천로역정'이라 하는 것 역시 그런 형식과 무관하지 않은 듯하다. 그런 이야기를 제일 먼저 한 사람은 다

글이니 탁ㅅㅈ 일즉이 종교가의 진리를 연구ㅎ야 각교 문호의 엇더홈과 목적의 여하 홈을 차질ㅅ기 …… 구셰쥬예수를 밋은 후로 흥샹 셩경을 공부ㅎ며 평싱에 일편셩심으 로 원ㅎ기를 엇지ㅎ면 셩신의 능력을 얻어 유도와 선도와 불도즁 고명ㅎ 션비들에 게 젼도ㅎ야 밋ㄴ 무리를 만이 엇을고 생각"

51 "오경텬五更天 찬바람에 황계셩黃鷄聲이 악악喔喔 ㅎ거늘 놀나 니러나니 일쟝몽죠 가 ㄱ쟝 이샹ㅎ지라, … 탁ㅅㅈ- 그 몽죠를 긔록ㅎ야 ㅈ긔의 평일소원을 표홈일너라" (『聖山明鏡』, 80쪽.)

52 『聖山明鏡』, 80쪽. "유불선삼도에서 공부ㅎ 던쟈라도 만일 셩신이 인도ㅎ야 예수교인 과 샹종ㅎ면 ㅁ음이 교통ㅎ야 밋ㄴ 뎨ㅈ가 될 수 잇음이라"

53 존 번연(John Bunyan, 1628~1688), 天路歷程 The Pilgrim's Progress, 1678년 출간. 원 래 제목은 「The Pilgrim's Progress from this world to that which is to come」(이 세상 에서 장차 올 세상에 이르는 나그네의 길). 주인공 크리스천이 '멸망의 성'(장망성)에 서 출발하여 '낙담의 늪', '사망의 골짜기', '허영의 거리'를 지나 마침내 '천성'(天城)에 이르는 과정을 그리고 있다. 신앙인이 이 세상에서 장차 올 세상에 이르기까지의 구원 과정을 비유적으로 묘사한 것이다. 2부는 1684년에 출판되었다. 주인공 크리스천의 처자(妻子)가 그의 뒤를 따라가는 여정이 간결하고 소박한 문체로 그려져 있다. 우리 나라에서는 1895년 캐나다 선교사 게일(James Scarth Gale)이 번역하고, 김준근(金俊 根)이 판화를 그려 상하 2책으로 원산에서 목판으로 간행하였다. 근대의 첫 번역소설 이기도 하다. 한복을 입고 갓을 쓴 한국 삽화가 곁들여진 것이 특징이다. 『교회용어사 전』(서울: 생명의말씀사, 2013 참조)

름 아닌 존스 선교사였던 것 같다. 『성산명경(聖山明鏡)』 초판의 경우, 1909년 3월 정동황화서재에서 발행되었다. 하지만 한국에서는 1911년 동양서원에서 나온 재판(再版)이 유통되었다. 필자 역시 동양서원 판을 이용해왔다. 그런데 정동황화서재 초판본에는 존스(趙元時)가 쓴 다음과 같은 서문이 실렸다. 서문에 해당하는 영어 원문과 번역문이 나란히 실렸다.[54]

Preface

The best testimony that the Christian Religion has become the personal and complete possession of a nation of people lies in the fact that the people write great Christian allegories in their own language. In English the great Bunyan has given us the Pilgrim's Progress which is deservedly regarded as one of the greatest books ever written. And this is true of other language for they all possess Christian allegories. It is therefore a notable testimony of to the wonderful Christian development of the Korean people that already the teachers of the Korean Christian Church are using this form of writing. The Rev. Choi Pyeng Hun is one of the first pastors of the Korean Christian and in this book has produced a valuable, instructive and interesting allegory. In it he shows most conclusively the all-surpassing value of the Christian faith as compared with the old faiths of the Far East, and prophecies of the ultimate and complete Christianization of his people. This

---

54 옥성득 교수가 하버드대학교 엔칭도서관에서 1909년 초판본을 발견하여 그 서문을 소개한 바 있다. 이 부분은 그의 연구를 참조했다. '1909, 최병헌, 『성산명경』, 「서문」', https://koreanchristianity.tistory.com/922. 최종검색: 2021.1.15.

allegory is a personal testimony also without intending it to be so of 최목소
병헌씨's deep and abiding loyalty to the Lord Christ and his personal faith
in the prophecies he has made. I 죠원시 share with him in this faith and
esteem it a great honor to introduce this Christian allegory to readers both
Korean and foreign.

Seoul Korea Marth 9th, 1909. Geo. Heber Jones

夫基督教가 毋論何國ᄒ고 其人民의 思想과 精神을 將ᄒ바의 證據ᄂᆞ 該
地交友가 自國方言으로 宗敎的 比論書籍을 著述ᄒᆷ에 寔在ᄒ지라. 英文言
之컨ᄃᆡ 藩延約翰의 天路歷程은 此等著作에 最大ᄒᆫ 功效가 有ᄒ 것이오,
其他 方言에도 如斯文藝의 勢力이 多ᄒ도다. 然則韓國人士의 莫大ᄒᆫ 宗敎
發展은 韓國敎會中 先覺者가 此等著述을 着勵ᄒᆷ에 關ᄒ지라. 牧師崔炳憲
은 韓國敎人中 最優先導者라. 今此緊重ᄒ고 必要ᄒᆫ 比論으로 重人의 一大
警鑑을 成ᄒ엿스니 此ᄂᆞ 先生의 高眺로 基督敎信仰力이 東洋諸他宗敎 보
다 卓越ᄒᆷ을 發表ᄒ고 自國民族이 一統基督敎人될 것을 豫言ᄒ엿스니 是
書ᄂᆞ 先生이 主基督을 忠信信賴ᄒ여 自家預度의 確實ᄒ 信点이 有ᄒᆷ으로
個人的 明證이 自然ᄌᆞ彰ᄒ 바로다. 此書一出에 內外僉彦이 愛讀ᄒ심을 信
ᄒ며 余與先生으로 信望을 同一ᄒ야 敢히 蕘說로 此比論에 首ᄒᆷ을 光榮으
로 認ᄒ로라.

一千九百九年 三月 九日 美國 趙元時序

바로 이 서문에서 존스, 즉 조원시 목사는 존 버니언의 『천로역정』 이야
기를 하며, 최병헌의 『성산명경』은 그에 비견될 수 있다는 식으로 말한다.
아마 이것이 시초가 아닌가 생각된다. 그런데 1911년 간행된 재판본에는 그

'서문'이 수록되어 있지 않다. 본문 1페이지에 보면 '미국리학박ᄉ 죠원시 교열'이라는 문구가 있으며, 이어 최병헌의 한시(漢詩)가 실려 있다. 그리고 본문이 시작된다. 여기서 필자가 주목하고 싶은 것은 그 서문이 1911년 재판에는 실려 있지 않다는 사실이다. 왜 그럴까. 최병헌과 죠원시 두 사람의 깊은 인연을 생각해 보면(한국어교사와 세례 등), 조원시는 단순한 '교열'을 넘어서 '서문'(Preface)까지 쓸 수 있었을 것이다. 필자가 보기에는, 서문의 "차(此)ᄂ 선생의 고조(高眺)로 기독교신앙력(基督教信仰力)이 동양제타종교(東洋諸他宗教) 보다 탁월홈을 발표ᄒ고 자국민족(自國民族)이 일통기독교인(一統基督教人)될 것을 예언(豫言)ᄒ엿스니"⁵⁵ 하는 부분 때문이 아니었을까 여겨진다. 기독교 신앙이 동양 제 종교보다 탁월하다고 주장하는 것은 그렇다손 치더라도 자국 민족이 모조리 기독교인이 될 것을 예언했다는 식의 서술은 상당한 논란의 소지가 있다고 하지 않을 수 없다. 불필요한 정치적인 오해나 곡해를 불러올 수도 있었을 것이다.

또한 이 글의 관심사와 관련해서 말한다면, '자국민족(自國民族)이 일통기독교인(一統基督教人)될 것을 예언(豫言)' 운운 하는 것과 최병헌이 말하는 '사해동포주의'의 관계 여하가 조금은 심각한 문제가 될 수도 있지 않을까. 민족과 민족국가 내지 국민국가와 기독교, 그리고 사해동포주의가 어떻게 연결되는지 의문을 제기해보지 않을 수 없다. 이 부분은 다각도로 좀 더 정밀한 검토가 요청된다.

아무튼 『성산명경』에는 네 사람의 종교인들이 등장한다. "유도와 선도와 불도중 고명ᄒ 션비"라 할 수 있는 이들, 다시 말해서 동양 종교 유 · 불 ·

---

55 "이것은 선생의 높은 안목으로 기독교 신앙의 힘이 동양 제종교 보다 탁월함을 발표하고 자국 민족이 모두 기독교인이 될 것을 예언하였으니"

도 삼교를 대변하는 종교인 내지 지성 세 사람, 그리고 그들에게 '전도'하려는 기독교 대표 도합 네 명의 지성이 그들이다. 그들은 동방의 명산 '성산'(聖山)에 있는 '영대'(靈臺)에서 만나서 3일 동안 깊은 종교적인 대화를 나눈다. 그래서 기독교 측에서 보면 '세 동양 종교와의 대결이 있는 대화'[56]라 하기도 한다. '대결'도 있고 '대화'도 있다는 것이다. 하지만 미리 지적해 두고 싶은 사실은 그 '대결'에는 이미 승패가 결정되어 있다는 것이다.

그들 네 종교 지성의 면면을 보면 1)유교의 선비 '진도(眞道)', 2)불교의 도승 '원각(圓覺)', 3)도교의 선사 '백운(白雲)', 그리고 4)기독교의 '신천옹(信天翁)'이 그들이다. 이들의 이름은 당연히 최병헌이 붙인 것이며, 그 이름은 각 종교의 상징적인 의미를 함축적으로 표현한다. 특히 주목해야 할 인물은 역시 유교의 진도와 기독교의 신천옹이라 하겠다.

우선 진도는 이런 사람이다. "근본 유가의 높은 제자로 공맹을 존숭하며 문장이 리두(李杜)를 압도하여 사서오경과 제자백가서를 통하지 않은 것이 없으며 필법이 또한 절등하여 왕우군(王右軍)의 필체와 류공권(柳公權)의 서법을 왕왕히 논단하니 세상 사람들이 진도의 문장 명필을 칭송치 않는 이가 없더라."[57] 원각은 '태백산 란야라 하는 암자'[58]에서 지내던 '화상'이다. 백운은 이렇게 말한다. "나는 구름같이 정처 없이 다니오니 이른바 천지에 무가객(無家客)이오, 강호(江湖)의 유발승(有髮僧)이라. 세상 사람들이 부르기

---

56 변선환, 앞의 글(1993), 78쪽.

57 『聖山明鏡』, 3쪽. "근본유가의 놉흔 뎨즈로 공밍을 존숭ᄒ며 문장이 리두李杜를 압두ᄒ야 ᄉ셔오경과 뎨즈빅가셔를 무불통지ᄒ며 필법이 쏘흔 졀등ᄒ야 왕우군王右軍의 필톄와 류공권柳公權의 셔법을 왕왕히 론단ᄒ니 세상ᄉ룸이 진도이 문장명필을 칭도ᄒ지 아닐 이 없더라."

58 『聖山明鏡』, 3쪽. "틱빅산太白山 란야蘭若라 ᄒ는 암즈"

를 백운(白雲)이라 하나이다."[59] 세 사람이 인사를 나누고 있는데 "박탁하는 소리 들리며 어떠한 한 소년이 죽장마례로 표연히 올라" 오는데 "기상이 늠름하고 청풍이 불불한지라"[60] 일위쇼년, 그러니까 한 소년이 등장한다. 그는 자신을 이렇게 소개한다.

"두 분 선생과 한 분 대사의 존함은 들었거니와 소제는 근본 고려국 사람으로 성은 을지(乙支)오 이름은 학(學)이었습니다. 공부에 뜻이 있어 서책을 등에 지고 스승을 찾아갈 때 호수물을 지나갈 때 어떤 새가 있어 오리같이 물 위에 써다니되 입은 항상 하늘을 우러러 물속의 고기들이 공중에 뛰놀다가 우연히 입으로 들어오면 주린 창자를 채우고 조금도 다른 사물을 해치려는 마음이 없어 사욕을 거절하고 천명을 순수한 지라, 소제가 그 새를 보고 마음이 감동하여 혼자 생각하되 만물 중에 지극히 귀한 것은 사람이로되 사욕을 이기지 못하여 자신만 살찌우는 일만 생각하고 다른 사람에게 해가 되는 것은 생각지 아니하는 자, 저 새만 못하다고 하여, 그 새의 이름을 그곳 어부에게 물어보니 대답하되 신천옹(信天翁)이라 하옵기로, 소제도 성명을 고쳐 신천옹이라 하였으나, 지금도 항상 사욕에 빠져 죄를 지을 때가 많습니다."[61]

---

59 『聖山明鏡』, 4-5쪽. "나는 구름ㅈ혼 종적이 뎡쳐업시 든니오니 닐은바 텬디天地에 무가긱(無家客)이오 강호江湖에 유발승(有髮僧)이라 세상사룸이 부르기를 빅운 白雲이라 ㅎᄂ이다."

60 『聖山明鏡』, 5쪽. "박탁ㅎᄂ 소리들리며 엇더흔 일위쇼년이 죽쟝마혜로 표현이 올나" "긔상이 늠늠ㅎ고 쳥풍이 불불흔 지라."

61 『聖山明鏡』, 5-6쪽. "량위선싱과 일위대ᄉ의 존함은 드럿거니와 쇼뎨는 근본 고려高麗국 사룸으로 셩은 을지乙支요 명은 학學이옵더니, 공부에 뜻이 잇서 셔칙을 등에지고 스승을 차져갈시 호슈물을 지나더니 엇더흔 새가 잇서 오리ᄀ치 물우혜 써ᄃ니

을지학(乙支學)에서 신천옹(信天翁)으로 이름을 바꾸었다는 것, 그런데 소년임에도 이름을 '신천옹'이라 한 것이 두드러진다. 늙은이 옹(翁) 자를 썼다. 신천옹이란 새는 앨버트로스(albatross, Phoebastria albatrus), 날개가 너무 길어서 땅에서는 잘 걷지도 못하고 뒤뚱뒤뚱 걷다가 쉽게 잡히기도 하는 바보새. 그럼에도 그저 하늘만 믿는 새. 먹이도 스스로 잡는 것이 아니라 입을 벌리고 있다 보면 물고기가 어쩌다 뛰어들고, 그렇게 살아가는 새라고 한다. 하늘을 믿는, 다시 말해서 하느님을 믿고 살아가는 새, 신천옹을 자기 이름으로 고쳤다는 것이다. 이름을 고쳤다는 얘기를 듣자마자 유학자 진도는 심하게 나무란다. 하지만 신천옹은 "성명이란 것이 본래 조상 때부터 하느님이 작정하여 주신 것이 아니라 사람이 그때 형편과 경우를 좇아 변하"[62]는 것이라 반박한다. 그러고는 기자(箕子), 류하혜(柳下惠), 여상(呂尙) 등의 사례를 들자, 진도는 더 이상 밀어붙이지 못한다. 최병헌의 방대한 유교와 한학 지식이 거침없이 동원된다.

내일 다시 모여서 토론하자는 신천옹의 요청에 백운과 원각은 혼연히 수락하지만, 진도는 재삼 주저하다가 마지못해 수락한다.[63] 이튿날부터 본격적

되 입은 흥샹 하늘노 우러러 물속에 고기들이 공즁에 뛰놀다가 우연히 입으로 드러오미 주린 챵ᄌ를 요긔ᄒ고 일호도 해물지심이 업서 샤욕을 거졀ᄒ고 텬명을 슌슈ᄒᄂ지라 쇼뎨가 그 새를 보고 ᄆ음이 감동ᄒ야 혼ᄌ 싱각ᄒ되 만물즁에 지극히 귀ᄒ 거슨 사름이로되 샤욕을 이긔지못ᄒ야 비긔지ᄉ(肥己之事)만 싱각ᄒ고 다른 사름에 해되ᄂ거슨 싱각지 아니ᄒᄂ쟈 ─ 뎌새만 ᄌ지못ᄒ도다 ᄒ고 그새의 일홈을 그곳 어부드려 무른딕 딕답ᄒ되 신텬옹信天翁이라 ᄒᆞ옵기로 쇼뎨도 셩명을 곳쳐 신텬옹이라 ᄒ엿스나 지금도 흥샹샤욕에 쎄져 죄를 지을 쌔가 만습ᄂ이다"

62 『聖山明鏡』, 6쪽. "셩명이란거시 근본 조샹ᄯ브터 하ᄂ님이 작뎡ᄒ야 주신거시 아니라 ᄉ람이 그쩍 형편과 경우를 좃차 변호"

63 "빅운과 원각은 혼연이 응락ᄒ고 진도는 지삼 쥬져ᄒ다가 명일노 긔회흠을 허락ᄒ고"(『聖山明鏡』, 7쪽)

인 토론이 이루어진다. 사명감에 불타오르는 신천옹은 그들이 "하나도 하느님의 은혜를 모르는 사람이라 어찌 탄식할 일이 아니리오, 내가 아무쪼록 권면하여 구세주를 믿게 하리라."[64] 다짐하고 하느님께 기도도 올린다.

진도와 신천옹은 천지창조론, 인성론, 천당지옥설을 둘러싸고 대화를 나누었다. 전지전능하신 하느님의 조화로 천지만물을 창조했다는 주장이나 천당지옥설 같은 주장은, 실은 유교에서는 부재하거나 자세하지 않다. 그것은 유교의 주요 관심사가 아니었기 때문이다. 유교의 온갖 지식을 동원해서 진도는 설명해 보기는 하지만-자세한 소개는 생략하기로 한다- 기독교의 명쾌한 논지를 무너뜨리기는 쉽지 않다. 게다가 신천옹의 천당지옥설은 불교 화상(승려) 원각의 지지를 얻는다. 원각은 이렇게 말한다, "천당과 지옥은 분명히 있는 것이라, 소승은 아는 것이 없거니와 부처님의 말씀과 불경의 이치를 볼진대, 어찌 천당과 지옥이 없다 하리오"[65] 천당과 지옥이라는 공감대를 확인한 이후에는[66], 신천옹은 이제 원각을 공격하기 시작한다. 그것은 불교의 출가(出家)가 갖는 반사회적인 측면의 지적이다.

"사해 안의 사람은 다 형제와 자매라, 불가불 신의로 교우할지니 이것은 이른바 삼강오륜의 도요, 고금천지에 떳떳한 이치라. 불교가 비록 크다 하

---

64 『聖山明鏡』, 8쪽. "ᄒ나도 하느님의 은혜를 모로ᄂ 사람이라 엇지 탄식홀 일이 아니리오 내가 아못조록 권면ᄒ야 구셰쥬를 믿게 ᄒ리라"

65 『聖山明鏡』, 26-27쪽. "텬당과 디옥은 분명이 잇ᄂ 거시라, 쇼승은 아는 거시 업거니와 부쳐님의 말솜과 불경리치를 볼진듸 엇지 당옥이 업다ᄒ리오."

66 조선 후기 '서학'(西學)이 유행하자 유학자들이 그 교리에 대해 궁금해했다. 서학도들이 천당-지옥 등에 대해서 말했을 때, 유학자들이 결국 그것 불교와 같은 거 아니냐는 식의 발언을 했다고 한다. 시사적이라 하겠다.

나 삼강오상의 도를 능히 행치 못하나니 어찌 족히 대도라 칭하리오. 그런 고로 신라국 강수라 하는 문장(文章)은 일세에 유명한 달관(達觀)이로되 불교는 세상 바깥의 도라 숭상할 것이 없다 하였으니 인륜과 천륜을 좇는 자는 행치 못할 교라 하노라."[67]

신천옹의 불교 비판은 이미 유교 측에서도 누차 비판해 온 내용인 만큼, 이번에는 진도가 그 나름으로 수긍했을 것으로 여겨진다. 하지만 『성산명경』에서는 확인되지 않는다.[68] 신천옹은 더 나아간다.

"불교를 존숭하는 무리들은 그렇지 아니하여 부모처자와 형제자매와 군신상하를 일제히 거절하여 헌신같이 버리고 심산궁곡(深山窮谷)에 불당과 암자를 세우고 주야로 부처 앞에 참배하며 아미타불과 관세음을 쉴 새 없이 부르고 마음을 밝히며 성품을 본다 하여 참선(參禪) 공부를 힘쓸 때에 사

---

67 『聖山明鏡』, 35쪽. "ᄉ히 안에 사름은 다 형데와 ᄌ미라 불가불 신의로 교접홀지니 이거슨 닐ᄋ바 오륜삼강에 도ᄋ 고금텬디에 쎗쎗ᄒ 리치라. 불교가 비록 크다ᄒ나 삼강오샹지도를 능히 힝치 못ᄒᄂ니 엇지 족히 대도라 칭ᄒ리오. 그런고로 신라국 강슈라 ᄒᄂ는 문쟝은 일셰에 유명ᄒ 달관이로되 불교는 세상밧게교라 숭샹홀 거시 업다 ᄒ엿스니 인륜과 텬륜을 좃ᄂ는 자는 힝치 못홀 교라 ᄒ노라."
68 사람이 존귀한 것은 "우흐로 하ᄂ님을 존경ᄒ고 구세주를 신봉ᄒ야 텬륜天倫의 리치를 슌죵順從ᄒ며 아래로 초목금슈와 곤츙어별을 제어ᄒ고 다ᄉ려 물류의 리치를 궁구ᄒ고 이 세상에서 부모의게 효경ᄒ며 님군의게 츙셩ᄒ고 타인 ᄉ랑하기를 내몸과 ᄀ치ᄒ야 오륜삼강에 도리를 극진히 힝ᄒ고 슈신제가修身齊家와 치국평텬하治國平天下에 ᄉ업을 다ᄒ며 ᄅᄉᆼ來生의 령혼ᄭᆞ지 구원ᄒ야 텬당복디에 무궁ᄒ 영화를 밧ᄂ거시 사름의 당연ᄒ 직분이라"(37-38쪽) 한다. 하ᄂ님, 구세주 부분과 내생의 영혼 구원과 천당 부분을 제외한 나머지 부분에 대해서는 진도 역시 공감할 수 있는 내용이었다.

람의 윤리(倫紀)와 세상에 의리를 모두 잊어버리라 하나니 사람마다 불교를 행할진대 윤상(倫常)이 끊어지고 인종이 민멸(泯滅)할지라, 어찌 다시 불교인들 행할 사람이 있으리오. 대사는 깊이 생각하여 쓸데없는 목석으로 만들고 금은으로 단장한 우상에게 합장배례(合掌拜禮)하지 말고 광명정대(光明正大)하고 호호탕탕(浩浩蕩蕩)하신 하느님의 참 치리를 좇으소서"[69]

그 말에 충격을 받은 듯, 원각은 잠을 이루지 못하고 뒤척이며 생각하다 그 다음 날 이렇게 토로한다. "윤상(倫常)에 의리를 온전히 행하고 능히 천당까지 들어가는 데에는 예수교가 불교보다 쉬울 듯 한지라."[70] 이미 근간이 흔들린 셈이다. 마침내 신천옹의 논지에 수긍한다. "이 세상에서 유자유손(有子有孫)하야 부부화락(夫婦和樂)하며 효경부모(孝敬父母)하고 충군애국(忠君愛國)하여 세상 재미를 다 행하는 중에 능히 영혼을 구원하여 천당에 가고 한 번 천국에 들어간 후에 영영 떨어지지 아닐진대, 소승은 현현적적(玄玄寂寂)하고 허허공공(虛虛空空)한 불교보다 예수를 믿는 것이 좋을까 하나이다."[71]

69 『聖山明鏡』, 38쪽. "불교를 존숭ᄒᄂ 무리들은 그러치 아니ᄒ야 부모쳐ᄌ와 형뎨ᄌ민와 군신샹하를 일졔히 거졀ᄒ야 헌신ᄀ치 ᄇ리고 심산궁곡에 불당과 암ᄌ를 건축建築ᄒ고 쥬야로 부처압혜 쳠빅ᄒ며 아미타불 관셰음을 쉴ᄉ업시 부르고 ᄆ음을 붉히며 셩품을 본다ᄒ야 참선參禪 공부를 힘쓸쌔에 사름의 륜긔와 셰샹에 의리를 아조 니져ᄇ리라 ᄒᄂ니 사름마다 불교를 힝홀진ᄃ 륜샹(倫常)이 ᄼᄒ허지고 인종이 민멸泯滅홀지라, 엇지 다시 불교인들 힝홀 사름이 잇스리오. 대ᄉ는 깁히 싱각ᄒ야 쓸ᄃ업는 목셕으로 ᄆ들고 금은으로 단쟝ᄒ 우상에게 합장비례合掌拜禮 ᄒ지말고 광명졍대光明正大ᄒ고 호호탕탕浩浩蕩蕩 ᄒ신 하느님의 참치리를 좃치쇼셔"
70 『聖山明鏡』, 39쪽. "륜샹倫常에 의리를 온젼이 힝ᄒ고 능히 텬당까지 드러가기난 예수교가 불교 보다 쉬울 듯 ᄒ지라"
71 『聖山明鏡』, 41쪽. "이 셰샹에셔 유ᄌ유손ᄒ야 부부화락ᄒ며 효경부모ᄒ고 충군이국

도교의 대표격인 백운과의 대화는 영혼에 관한 논의로 이루어졌다. 백운은 말한다, "어찌 죽은 후에 영혼이 천당에 가는 것을 좋다고 하리오."[72] 도교에서 말하는 장생불사(長生不死)나 신선술(神仙術)을 내세운 것이다. 신천옹은 이렇게 대응한다. "사람이 오래 사는 것으로 어찌 신선이라 하며 장생불사라 하리오. 또한 천상천하에 임의로 왕래한다 하는 것은 더욱 거짓 말씀이라. 사람이 육신을 변화한 후에 천국에 들어감도 하느님의 권능이어늘 사람이 어찌 제 힘으로 혈기지신(血氣之身)을 가볍게 하여 임의로 천상에 올라가리오."[73] 그는 또 신선이 정말 장생불사한다면 지금 이 세상에 왕래할터인데 지금까지 어찌 한 사람도 보지 못했는가[74] 하는 경험론적인 반론도 제기한다. 백운의 요청에 따라 신천옹은 '육체(육신)'와 '영혼'의 구분을 근간으로 하는 기독교의 인간론을 아주 장황하게 펼쳐 보이면서 기독교의 영혼불멸설에까지 이른다. "영혼은 형상이 없는 중에 있는 참 사람이기 때문에 영원히 죽지 않는 것이라. 세상에 어찌 육체와 같이 영영 불사하는 신선이 있으리오."[75] 계속 이어지는 백운의 질문에 신천옹은 친절하게 답해 준다. 자세한 소개와 검토는 다음 기회로 미룰 수밖에 없다. 어쨌든 신천옹은 구세

호야 셰샹ᄌ미를 다 힝ᄒᄂ 즁에 능히 령혼을 구원ᄒ야 텬당에가고 ᄒ번 텬국에 드러간 후에 영영히 써러지지 아닐진ᄃᆡ 쇼승은 현현젹젹ᄒ고 허허공공ᄒᆫ 불교 보다 예수를 밋ᄂᆫ거시 됴홀가 ᄒᄂ이다."
72 『聖山明鏡』, 42쪽. "엇지 죽은 후에 령혼이 텬당에 가는 것를 됴타 ᄒ리오."
73 『聖山明鏡』, 44쪽. "사름이 오릭 숣으로 엇지 신선이라 ᄒ며 쟝싱불ᄉ라 ᄒ리오. 또한 텬샹텬하에 임의로 왕릭 ᄒᄂ다훔은 더욱 거즛말솜이라. 사름이 류신을 변화ᄒᆫ 후에 텬국에 드러감도 하ᄂ님의 권능이어늘 사름이 엇지 졔힘으로 혈긔지신血氣之身을 가ᄇᆞ얍게 ᄒ야 임의로 텬샹에 올나가리오"
74 『聖山明鏡』, 48쪽.
75 『聖山明鏡』, 71-72쪽. "영혼은 형샹이 업ᄂ 즁에 잇ᄂ 춤사름인고로 영영히 죽지 아니ᄒᄂ 거시라. 셰샹에 엇지 육톄와 ᄀ치 영영불ᄉ不死ᄒᄂ 신선이 잇스리오"

주를 믿어야 구원을 얻을 것이다, 그러니 선생도 구세주를 믿으라고 적극 권유한다.

어디까지나 문학작품이라 그렇겠지만, 장생불사와 신선 공부를 해온 백운은 마침내 백기를 들고 만다. "나도 예수를 믿어 천국에 가고자 하노니 신천옹은 곧 나의 선생이라, 선생은 고명하신 말씀으로 나같이 노둔한 제자를 가르치소서."[76] 곁에서 보고 있던 원각도 "마음이 감동하여 한 자리에 나아가 함께 예수 씨의 제자되기를 청"[77]한다. 신천옹은 "크게 기뻐하여 영광을 하느님께 찬송"[78]한다.

하지만 유학에 투철한 진도는 그렇게 하지 않는다. "시종 불복하는 모양이 있어 말하기를, 예수교의 종지와 목적을 들은즉 윤상지리(倫常之理)를 발명함이 예전 사람들이 지니고 동양의 성현이 믿지 못할 말이 많거니와 치국평천하(治國平天下)의 도리와 정치학술(政治學術)에서는 우리 유교만 못하지 않을까 하노라."[79] 치국평천하의 도리와 정치학술 분야에서는 역시나 유교가 더 낫다는 자부심을 표현한 것이다. 이에 신천옹은 다음과 같이 대꾸한다. "진 선생은 아직도 마음에 막힘이 있어 열리지 못함이라, 정치제도와 외국 사상으로 말할진대 유교가 어찌 예수교보다 낫다고 하리오."[80] 하면서 서

---

76 『聖山明鏡』, 76쪽. "나도 예수를 밋어 텬국에 가고져 ᄒ노니 신텬옹은 곳 나의 션싱이라 션싱은 고명ᄒ신 말숨으로 나ᄀ치 노둔ᄒ 뎨ᄌ를 ᄀᄅ치쇼셔."

77 『聖山明鏡』, 77쪽. "ᄆ음이 감동ᄒ야 ᄒ ᄌ리에 나아와 함씌 예수씨의 뎨ᄌ되기를 청"

78 『聖山明鏡』, 77쪽. "크게 깃번ᄒ야 영광을 하ᄂ님씌 찬송"

79 『聖山明鏡』, 77쪽. "죵시 불복ᄒᄂ 모양이 잇서 굴 ᄋ딕, 예수교의 종지와 목적을 들은즉 륜샹지리를 발명 홈이 녜젼 사ᄅᆷ의 지나고 동양셩현이 밋지 못홀 말이 만커니와 치국평텬하(治國平天下)의 도리와 정치학술(政治學術)에는 우리 유교만 못홀가 하노라"

80 『聖山明鏡』, 77쪽. "진션싱은 아직도 ᄆ음에 막힘이 잇서 열니지 못홈이라, 정치졔도

양의 사례를 설명하기 시작한다. 영국이 문명한 나라가 된 것도 그렇거니와 미국을 자주독립시킨 워싱턴, 이태리의 카브르와 마찌니, 모긔장군과 넬슨 제독이 모두 예수교 신자들이며, 자신들의 나라를 '일등문명국'이 되게 해주었다고 사례를 들어 설득한다. "마침내 진도가 다 듣고 놀라서 말하기를 서양의 문명함이 실로 예수교 덕화의 미친 바라 하고 용단한 마음으로 예수교 믿기를 작정"한다.[81] 결국 진도마저 예수교를 믿기로 작정한 것이다. 그러자 "신천옹이 더욱 기뻐하여 이에 네 사람이 곧 그 자리에 엎드려서 함께 기도하고 다 구세주의 신도가 되었다" 한다. 그리고 그것은 "실로 성신의 도우심이러"[82]라 한다.

여기서 진도와 신천옹은, 실은 둘 다 최병헌 자신의 모습처럼 보이기도 한다. 진도가 마침내 기독교로 넘어가는 장면은 세례를 받던 당시의 최병헌, 신천옹은 개종을 넘어서 전도하고 목회하던 당시의 최병헌이라 해도 좋겠다. 아울러 진도의 마음의 방향을 결정적으로 흔들어 놓은 신천옹의 설득의 핵심은 다름 아닌 '문명'의 논리라는 것 역시 많은 것을 시사해 준다. 배타적이고 공격적인 신학과 선교와는 다르다고 해야겠지만 역시 일방적인 기독교의 개종 선교에서 벗어날 수 없었다고 하겠다.[83]

　　와 외국ᄉ샹으로 말홀진ᄃᆡ 유도가 엇지 예수교 보다 낫다 하리오"
81 『聖山明鏡』, 79쪽. "진도가 쳥파에 놀라 글ᄋᆡ듸셔국의 문명흠이 실노 예수교 덕화의 밋친바라 ᄒᆞ고 용단흔 ᄆᆞ음으로 예수교 밋기를 작뎡"
82 『聖山明鏡』, 79쪽. "신텬옹이 더옥 깃버ᄒᆞ야 이에 네사름이 곳 그 ᄌ리에 업듸여 함의 긔도ᄒᆞ고 다 구셰쥬의 신도가 되엿다." "실노 셩신의 도으심이러라"
83 "탁사 최병헌의 기독교 변증은 19세기 구미 열강의 식민지 주의를 배경으로 하였던 배타주의적 개신교 선교사들의 보수주의 신학과는 구별되어야 할 것이다. 그러나 그의 기독교 변증 역시 일방통행식 배타주의적 개종 선교에서 전적으로 벗어날 수는 없었다.", 변선환, 앞의 글(1993), 81쪽.

3. 『만종일련』: 이일련지전정미야(以一臠知全鼎味也)

최병헌의 종교 연구는 『성산명경』, 다시 말해서 기독교와 천주교, 그리고 동양의 유교, 불교, 도교 삼교 영역에 머물러 있지는 않았다. 세계의 다른 종교로, 그리고 동아시아의 종교로 관심을 확대해 나갔다. 그는 『신학월보』에 『사교고략(四敎考略)』을 번역·연재했다(1909). 중국 상해에서 인쇄된 『사교고략』을 번역한 것으로, 기독교 입장에서 이슬람교, 유교, 불교, 힌두교 교리를 분석한 것이었다.[84] '번역' 작업을 통해서 세계 4대 종교로 포괄되는 그 종교들의 면모도 접할 수 있었다.

이어 그는 협성신학교 기관지 『신학세계』에 4년(1916-1920) 동안 13회에 걸쳐서 '종교변증설'을 연재했다. 이미 출판한 『성산명경』(1909)의 속편으로 보아도 좋겠다. 연재한 내용을 모아서 『만종일련(萬宗一臠)』(조선예수교서회)을 간행하였다(1922년 6월). 기독교 중심 시각에서 비교 분석한 비교종교학 논문 모음집이라 할 수 있다. 자신이 책을 쓴 이유, 그리고 제목을 '만종일련'이라 붙인 이유를 최병헌은 이렇게 말하였다.

> "雖碩德弘儒, 枬杖臨岐, 不無東西難辨矣, 群疑芸芸, 反失宗敎之眞原, 此
> 萬宗一臠之所以筆也. … 宗敎者, 元始存在, 萬物之母, 無極之道, 眞如之元.
> 若不以心權之究之探之, 孰能辨其輕重簡奧哉. … 宗者朝宗, 朝其理而奉行,

---

84 『四敎考略』은 上海 기독교연합 문서출판사 廣學會에서 인쇄, 발행되었다. 1904년 『四敎考略』 재판본이 간행되었다. 원저자는 그랜트(G.N. Grant). 그랜트의 『비교종교학』(Comparative Religion)을 맥길리브레이(Donald MacGillivray)가 중국어로 번역해 『四敎考略』이란 제목으로 출판했다. 「序文」, 『四敎考略』(2版), 上海: 廣學會, 1904.

教者修道, 教其民而感化. 一臠者, 以一臠知全鼎味也. 至若三位一體之奧, 七輪成住壞空之說, 非謏劣. 所所敢揣論, 故以俟當世之至聖云爾."[85]

종교라는 것은 애초부터 존재하는, 만물의 모체요, 무극의 도요, 변하지 않는 진리의 근원이므로, 종교의 참된 근원을 밝히고자 한 것이다. 다시 말해 다양한 종교를 분별해 볼 수 있도록 하기 위해서 책을 썼다는 것이다. 단연코 눈에 띄는 단어는 마지막 구절, 그리고 책 제목의 일부가 된 '일련(一臠)'이란 단어이다. 그 말은 『회남자(淮湳子)』「설산훈(說山訓)」, 『장자(莊子)』「지락(至乐)」, 그리고 『여참요대사간(与参寥大师简)』 등에 보인다.[86] 그 뜻은 작은 고기 한 덩어리 정도이다. 그런데 문장 자체로 보면 최병헌이 구사한 "一臠者, 以一臠知全鼎味也"는 "尝一臠足知一鼎味也"(『与参寥大师简』)과 비슷

---

85 최병헌,「緖言」,『萬宗一臠』, 경성: 조선예수교서회, 1922, 1쪽. 우리말로 옮겨보면 다음과 같다. "비록 큰 덕을 지닌 훌륭한 학자라 하더라도, 갈림길에서 지팡이를 쥐고 동서를 분간하는 데 어려움이 없지 않을 것이다. 여러 가닥의 의심이 분분해서 도리어 종교의 참된 근원을 잃어버리게 되므로, 이 책『만종일련』을 쓰게 된 것이다. … 종교라고 하는 것은 애초부터 존재하며, 만물의 모체요, 무극의 도요, 변하지 않는 진리의 근원이다. 만일 마음으로 그들을 저울질하고 연구하고 탐색하지 않는다면, 누가 능히 그 가벼움과 무거움, 간략함과 튼실함을 분변할 수 있겠는가? 종(宗)이란 갈래(宗)를 밝힘(朝)이니 그 이치를 밝혀 받들어 행함이다. 교(教)란 도를 닦음(修道)이니 그것으로 무리를 가르쳐 감화시킴이다. 일련(一臠)이란 고기 한 덩어리로 솥 안에 있는 전체 음식 맛을 앎을 말한다. 삼위일체(三位一體) 가르침의 오묘한 경지에 이르면 칠륜(七輪)이나 성주괴공(成住懷空)의 가르침이 얕거나 모자르지 않음을 알리니 그 논하는 바를 확실하게 깨우쳐주어 이 세상 사람들로 거룩한 경지에 이르게 할지니라."

86 『淮南子・說林訓』"尝一臠肉而知一鑊之味.";『莊子・至樂』"奏九韶以为乐, 具太牢以为膳. 鸟乃眩视忧悲, 不敢食一臠.";宋秦觀,『与参寥大师简』"黄诗未有力尽艜去, 且録数篇, 尝一臠足知一鼎味也.", https://www.hao86.com/ciyu_ask_9f471d43ac9f471d_content/ 최종검색 2021.1.15.

하다. 그리고 '확(鑊)'과 '정(鼎)'은 가마솥 내지 세발솥 정도로 거의 같은 뜻이다. 작은 고기 하나를 맛보면 그 솥 전체의 맛을 알 수 있다는 말이다.[87]

　한 덩어리 고기의 맛을 봄으로써 온 솥의 국 맛을 다 알 수 있다, 이는 대체 무슨 말인가. 진리의 단편[一臠] 하나를 제대로 보면 모든 종교[萬宗]의 신비를 다 알아차릴 수 있다는 것이다. 그는 모든 종교[萬宗]를 '일이관지(一以貫之)'하는 진리[一臠]를 보여주고자 했던 것이다.[88]

　최병헌이 그렇게 한 데에는 당시의 시대 상황과도 무관하지 않다. 근대 사회로 이행하는 와중에서 물밀듯이 밀려오는 새로운 사조 속에서, 종교와 사상 영역에서 급격한 변화가 일어났기 때문이다. 그런 만큼 "금(今)에 종교를 언(言)ㅎ 는자ㅣ 동이십수(動以十數)ㅎ 며 명이백설(鳴以百舌)이로듸 종교의 종지(宗旨)를 곡 철저미달(徹底未達)ㅎ 며 곡창방통(曲暢旁通)치 못흠으로 어목(魚目)의 주(珠)와 무부(珷玞)의 옥(玉)을 불변(不辨)흠이라."[89]라고 했듯이, 종교 문제는 실제 현실에서 부딪히는 문제되었다. 다양한 종교의 '백가쟁명'(百家爭鳴)이라 불러도 좋을 것이다. 그런 상황을 이렇게 묘사하고 있다.

87　一臠의 용례는 『三國遺事』에도 보인다. 일연이 의상(義湘)의 불교사상을 평가한 부분이다. "又著法界圖書印並略疏, 括盡一乘樞要, 千載龜鏡, 競所珍佩, 餘無撰述, 嘗鼎味一臠足矣."(법계도서인과 약소를 지어 일승의 요긴함과 중요함을 포괄했으니, 천년의 본보기가 될 만하므로 여러 사람이 다투어 소중히 지녔다. 그밖에는 지은 것이 없으나 솥 안의 고기 맛을 알려면 한 덩어리 고기만 맛보아도 되는 것이다.), 『三國遺事』卷4, 第5 義解, 義湘傳教條.

88　표지에는 영어로 'The World of Religion'이라 적혀 있다.

89　『萬宗一臠』, 4쪽. "오늘날 종교를 말하는 자들은 수없이 움직이며 끊임없이 떠들어대지만 종교의 큰 뜻을 제대로 알지 못하고 두루 통하지 못해서 생선의 눈알과 무부(珷玞)의 옥을 제대로 구분하지 못하고 있다."

"다만 宗敎家의 道理를 揆覽컨딕 士子와 學者들이 宗敎를 必稱ᄒᆞᄂᆞ니 孔孟을 尊奉ᄒᆞᄂᆞ 자ᄂᆞ 存心養性과 仁義禮智로 倫理元素의 體를 作ᄒᆞ고 三綱五常과 修齊治平으로 立德修行에 用을 作ᄒᆞ지라. 大學의 道ᄂᆞ 德을 明ᄒᆞ며 民을 新ᄒᆞ고 至善에 止ᄒᆞ며 中庸의 道ᄂᆞ 不偏不倚ᄒᆞ야 天命의 性을 率ᄒᆞ며 心氣形의 和ᄒᆞᆷ으로 天地의 中和를 致ᄒᆞᆫ다 ᄒᆞ야 紀綱을 立ᄒᆞ며 名分을 定ᄒᆞ야 曰 世界의 倫常을 明ᄒᆞᄂᆞᆫᄃᆡ 價値가 有ᄒᆞᆫ 道ᄂᆞ 吾儒敎가 天下에 第一宗敎라 ᄒᆞ고, ○佛陀를 崇拜ᄒᆞᄂᆞ 자ᄂᆞᆫ …… 天下에 第一高尙ᄒᆞ고 無上甚深微妙ᄒᆞᆫ 法은 吾佛家 東西洋 第一宗敎라 하고, ○仙術을 從ᄒᆞᄂᆞ 자들은 … 第一神妙ᄒᆞ고 玄奧ᄒᆞᆫ 道ᄂᆞ 仙門이 眞宗敎라 ᄒᆞ고, ○婆羅門敎를 從 ᄒᆞᄂᆞ 자ᄂᆞ … 自己의 敎가 眞宗이라 ᄒᆞ고, ○回回敎를 從 ᄒᆞᄂᆞ 자ᄂᆞ … 天下第一 宗敎ᄂᆞ 回回敎라 ᄒᆞ고, ○猶太敎를 信從ᄒᆞᄂᆞ 자들은 … 我猶太敎가 第一宗敎라 ᄒᆞ고, ○天主敎와(西羅馬敎) 希臘敎(東羅馬敎)와 宗高敎와 예수敎ᄂᆞᆫ(長老監理會組合會福音傳道會) 同一ᄒᆞᆫ 敎派로 … 門戶를 各立ᄒᆞ야 互相不合ᄒᆞᆷ은 實로 可嘆ᄒᆞᆯ 事이라. … 聖神의 智慧와 聰明이 아니면 各 敎會의 長短高下와 微妙玄理를 到底히 分辨키 難어ᄒᆞ고, ○其外에 波斯의 火敎와 印度의 太陽敎ᄂᆞ 原理가 未彰ᄒᆞ고 宗旨가 卓越치 못ᄒᆞ야 足히 齒論ᄒᆞᆯ 것이 無ᄒᆞ고, 現今 我半島에 天道敎와 大宗敎와 侍天敎와 天理敎와 靑林敎와 太乙敎, 濟化敎가 各各 門戶를 別立ᄒᆞ야 皆言ᄒᆞ기를 吾敎ᄂᆞ 天下의 眞宗敎라 ᄒᆞᄂᆞ니, 子思曰 詩曰 俱曰予聖이라 ᄒᆞ니 誰가 烏의 雌雄을 知ᄒᆞ리오 ᄒᆞᆷ이 誠是格言이라 ᄒᆞ노라"[90]

---

90 『萬宗一巒』, 1-4쪽.

우선, 최병헌은 유불도 삼교는 물론이고, 바라문교와 회회교, 천주교와 희랍교 종고교와 예수교 등 넓은 의미의 기독교 종파, 페르시아의 배화교와 인도의 태양교까지 포괄하였다. 그뿐만 아니라 당시 한국에 있던 다양한 종교들[天道敎와 大宗敎와 侍天敎와 天理敎와 靑林敎와 太乙敎, 濟化敎]까지 아울렀다. 그 시점에서 최병헌이 정리한 세계의 간략한 종교 일람표라 해도 좋겠다. 그 책에 소개된 종교는 기독교와 유·불·선을 포함하여 모두 25종에 이른다.[91] 그래서 다음으로 그가 특별히 주목하는 것은, 그 종교들이 모두 다 자기 종교가 '진종(眞宗)' 내지 '진종교(眞宗敎)', 다시 말해서 진짜 종교라 주장한다는 것이다. 다들 그렇게 주장한다면 누가 까마귀의 암수를 구별할 수 있겠는가, 다시 말해서 어떤 것이 진짜 종교인지 어떻게 알 수 있겠느냐는 것이다.

그 때문에 최병헌은 자신이 생각하는 종교를 분별하는 명확한 틀을 제시한다. 종교의 옥석을 가리키 위해서는 일정한 기준과 표준이 필요하다는 것이다. 그는 이렇게 말한다. "종교의 리(理)는 삼대관념(三大觀念)이 유(有)ᄒᆞ니 일일(一日) 유신론(有神論)의 관념(觀念)이오 이일(二日) 내세관(來世論)의 관념이오 삼일(三日) 신앙적(信仰的)의 관념이라. 모교(某敎)를 무론(無論)하고 결일어차(缺一於此)ᄒᆞ면 완전ᄒᆞᆫ 도리(道理)가 되지 못ᄒᆞᆯ지라."[92] 그러니까 첫째는 유신론, 둘째는 내세관, 셋째는 신앙론이다. 이들 가운데 하나라도 결여되면 완전한 도리(종교)가 되지 못한다. 이는 다양한 종교를 비판적

---

91 儒敎 佛敎 仙敎 回敎 婆敎 波斯火敎 喇嘛敎 印度舊敎 神敎 天理敎같은 동양의 종교, 白蓮敎 太極敎 大倧敎 天道敎 大宗敎 太乙敎 敬天敎 靑林敎 濟愚敎 등의 한국의 신종교도 있다.
92 『萬宗一臠』, 4쪽.

으로 검토하는 잣대가 된다. 그리고 그 잣대에 입각해서 종교를 하나하나 검토해 나가며, 또 '안(按)'이라 표시한 후에 자신의 생각을 거침없이 밝힌다. 이런 전략이야말로 『성산명경』과는 다른 모습이며, 한 걸음 더 나아간 것이다.

그는 이 같은 3대 요소를 갖추고 있다 할지라도 그 종교의 진정성과 가치를 판단하는 또 다른 기준으로 '선과(善果)'를 제시한다. "연즉(然則) 진종교(眞宗教)의 선과(善果)는 오묘심적(奧妙深蹟)과 부화세력(浮華勢力)에 부재(不在)ᄒ고 투태탈사(投胎奪舍)와 기행이적(奇行異蹟)에도 역부재(亦不在)ᄒ고 상주권능(上主權能)과 지혜구속(智慧救贖)에 재(在)ᄒ니 세상이 우잠(愚蠢)ᄒ다 ᄒ는 전도(傳道)로 신자(信者)를 구원(救援)ᄒ심이라."[93]

이는 바로 현재적인 관심사로 이어진다. 어떤 종교를 믿어야 할 것인가. 최병헌은 이렇게 말한다. "이상에 세계종교를 개론(概論)ᄒ엿거니와 유아동포(維我同胞)는 개중(箇中)에 진종교(眞宗教)를 연구ᄒ야 내두(來頭) 선과(善果)를 결(結)홈이 가(可)ᄒ지라."[94] 참된 종교를 궁구해서 앞으로 좋은 결과를 얻어내야 한다는 것이다.

그러면 과연 어떤 것이 '선과'인가. 그것은 그 종교가 사회와 국가에 끼친 영향으로 판단해야 한다고 한다. 이미 답은 정해져 있다. 최병헌 자신의 삶

---

93 『萬宗一臠』, 88쪽. "그런 즉 진종교(眞宗教)의 선과(善果)는 오묘하고 깊은 행적과 화려한 뜬 세력에 있는 것이 아니며 특이한 태어남과 기이한 행적에도 역시 있는 것이 아니며, 상주(上主)의 권능 및 지혜로운 구원과 대속에 있으니, 세상이 어리석다고 하는 전도로써 신자들을 구원하심이라."

94 『萬宗一臠』, 88쪽. "지금까지 세계종교를 개괄적으로 살펴보았거니와 이제 우리 동포는 그중에서 진종교(眞宗教)[참된 종교]를 연구하여 앞으로 선과(善果)[좋은 결실]를 맺어야 할 것이다."

이 보여주고 있다. 기독교야말로 그 '선과'가 증명된 '진종교(眞宗敎)'라고 선언한다. 솥 안에 든 음식 맛을 고기 한 점으로 알 수 있듯이 기독교 진리만 터득하면 다른 모든 종교의 교의(敎義)를 파악할 수 있다는 말이다. 기독교가 세계 모든 종교(萬宗)의 맛을 알 수 있는 '한 덩어리 고기(一臠)'인 셈이다.

"然ᄒ故로 基督教의 信仰者들은 何國何人何等何種人을 不計ᄒ고 兄弟姉妹로 視ᄒ며 仇讐까지 愛ᄒ야 自己를 舍ᄒ고 他人을 助ᄒ되 强者가 弱者를 扶護ᄒ고 安者가 災者를 救恤ᄒ며 愚者를 敎導ᄒ고 病者를 治療ᄒ야 憂者로 同憂ᄒ며 樂者로 同樂ᄒᄂ니 此是眞宗敎에 善果이라."[95]

결국 최병헌이 세계의 다양한 종교현상을 살피고 검토한 것은 기독교가 세계를 구원할 수 있는 참된 종교임을 변증하기 위한 것이었다. 개종을 단행했으며 '전도'를 했으며, 마침내 목사, 목회자가 된 그로서는 이미 확신하였다. 다른 종교와 '대결이 있는 대화'는 하되 분명한 표준으로 우뚝 세워 놓은 기독교의 진리와 선과를 그들에게 설득하고 변증(辨證)하기 위해서였던 것이다.[96] 다종교 상황에서 개종한 최병헌이 견지한 '기독교 중심적인 종교

95 『萬宗一臠』, 90쪽. "그런 까닭에 기독교를 믿는 신앙인들은 어떤 나라 어떤 사람 어떤 계급 어떤 종류의 사람을 가리지 말고 형제 자매로 보아야 하며, 원수까지 사랑하여 자기를 버리고 다른 사람을 도와야 하며, 강자가 약자를 보호하고, 편안한 자가 힘든 자를 구휼하며, 어리석은 자를 가르쳐 이끌고, 병든 사람을 치료하고, 걱정하는 자와 같이 걱정하고 즐거워하는 자와 같이 즐거워해야 하나니, 그것이 진종교[참된 종교]의 선과[좋은 결실]라 하겠다."
96 그가 제시한 진종교의 세 가지 기준, 즉 유신론과 내세관 그리고 신앙론은 기독교의 핵심 교리와 친화성이 강한 것이라 하겠다. 심지어 지금도 '종교'(宗敎) 하면 자연스레 기독교를 떠올리게 되는 관념은, 최병헌이 기독교를 수용하면서 전파되기 시작한 것

관'일 수밖에 없었다. 그리고 어떤 나라 어떤 사람이든 간에 모두 형제, 자매로 보아야 한다는 것, 심지어 원수까지 사랑해서 자신을 버리고 다른 사람을 도와야 한다는 주장이야말로 최병헌의 '사해동포주의(四海同胞主義)'를 단적으로 표현한 것으로 볼 수 있지 않을까.

IV. 맺음말: 사해동포주의와 민족의식

1922년 11월 최병헌은 신학교에서 한문과 동양 고전을 가르치면서 교재로 사용하기 위해 『한철집요(漢哲輯要)』(박문출판사, 1922)를 간행하였다. 거기서는 성경을 비롯하여 동서양 고전 70여 권에 나오는 구절들을 '세계관(世界觀)', '수신(修身)', '사친(事親)', '효행(孝行)', '충절(忠節)', '교우(交友)', '학행(學行)' '도리(道理)', '도원(道原)', '원리(原理)' 등 1백여 주제로 나누어 편집하였다. 스스로 그 책을 쓰면서 인용한 원전이나 참조한 책들을 적었다.

> 小學集註 大學章句 論語諸篇 孟子諸篇 禮記 弟子職 後漢書 孔子家語 家訓集說 菜根譚 五倫行實 晉史 元史 宋史 明史 列國史 金史 高麗史 新羅史 六朝宋史 法國史 遺史 敎會史 說苑 資治通鑑 漢書 楊子法言 東國通鑑 唐書 詩傳 烈女傳 芝峯類說 中庸章句 周易經傳 雜誌 弟子行 諸家勸學文 惜陰軒

이라 할 수도 있겠다. 그런 관점에서 유교를 바라보면 자연히 예전과는 다르게 보일 수 밖에 없다. 유교가 '종교'인가 아닌가 하는 논란 역시 그와 무관하지 않다. 이행훈, 「최병헌의 '종교' 개념 수용과 유교 인식 :『만종일련』을 중심으로」, 『한국철학논집』 46, 2015; 이행훈, 「최병헌의 기독교 수용과 전통 지식 재해석」, 『동방문화와 사상』4, 2018 등 참조.

記 典故八則 神仙通鑑 夫婁携求嘉言 尺牘 道德經 南華經諸篇 金剛經 列子諸篇 墨子諸篇 祭禮 集說要旨 雪鴻軒 秋水軒 太極圖說 克己銘 西銘 原人 原道 起信論 無常經 涅槃經 多莊嚴經 法句經 須摩提長者經 書傳 淮南子諸篇 搜神記 古敎彙參 性命說 八識歸元說 飛昇說 列仙傳 哲學通編 道家哲學 西士哲學 儒家哲學 朝鮮史學.[97]

　　최병헌의 학문적인 넓이와 깊이가 어디까지 미쳤는지 엿볼 수 있다. 문사철(文史哲)을 섭렵하였으며, 유불도(儒佛道) 삼교를 포괄하였다. 게다가 그는 기독교 전도사, 목사로서 당시 진행되던 문명개화의 제일선에 서 있었다. 그야말로 동서고금을 넘나들었다. 아마도 당대 최고의 지식인이라 해도 과언은 아닐 것이다. 그런데 중요한 것은 '동'과 '서', 그리고 '고'와 '금'이 같은 비중으로 자리하지는 않았다는 점이다. 그가 지향하고자 하는 방향은 분명했다. 그 나름대로 내면의 번민과 방황도 격렬하게 치렀으며[98], 두어 차례 (1899, 1902) 종교적인 신비체험을 거치면서[99], 그는 극적인 인식론적 전환을 하였기 때문이다. 과감하게 유교에서 기독교로 나아갔으며['개종' '회심'], 활발한 전도와 목회 활동을 펼치면서 기독교적 보편주의 입장에서 유교의 한계를 신랄하게 비판했다. 나아가서는 열심히 '전도'했으며, 마침내 목사가

---

97 「凡例」, 『漢哲輯要』, 경성: 박문사, 1922, 1-2쪽.
98 "그는 교회에 드러오는 문제로 인하야 밤이면 잠을 니루지 못하고 마음에 번민하엿다. '남자가 세상에 나서 과거도 보지안코 사환도 구치 아니하야 무여폐인이 되엿스니 차라리 세상 사람들이 핍박하는 천주학이나 하여 백세에 아름다운 일홈을 끼치지 못할진대 만년을 두고 욕을 먹는 것이 가하겟다'는 생각이 나서 종종 그리스도 교회에 기우러지기를 시작하엿다." 노블부인 편, 「최병헌 목사의 략력」, 15-16쪽.
99 『崔炳憲先生略傳』.

되어 '목회'까지 하였다. 동시에 기독교를 '전도' 하기 위해서 『성산명경』과 『만종일련』 등 고도의, 기독교 중심의 호교론과 변증론까지 내놓았다.

전도사를 거쳐 목사가 된 그에게 기독교의 하느님의 말씀과 원리는 크나 큰 이론적 근거이자 사상적 무기가 될 수 있었다. 유교적인 지식인에서 기 독교로 나아간 그의 코스모폴리탄적 사상은 역시 '사해동포주의'에 가까운 것으로 이름 붙이는 것이 좋을 듯하다. 최병헌의 사해동포주의는 기독교의 원리에 철저하게 충실한 것이라 해야 할 것이다.

흔히 코스모폴리타니즘(Cosmopolitanism)은 사해동포주의, 세계만민주의, 세계시민주의로 번역되기도 한다. 사실 인종, 민족, 국가(국민)에 관계없이 모든 인간을, 유일하고 절대적인 신 앞에서 혹은 인간의 본성에서는 다같은 동포(同胞)로 본다는 태도는 어떤 한 측면에서는 분명히 매력적이다. 그런 측면에서 기독교의 입장은 근본적으로 종교적인 코스모폴리타니즘이라 할 수 있다.

코스모폴리타니즘은 세계를 바라보는 시야가 넓어지고 상호 관계가 긴 밀해지는 시기에 등장하기 쉬우며, 일정한 긍정적인 역할을 하기도 한다. 인종, 빈부, 귀천의 차별에 저항하거나 나아가 역사적 진보에 긍정적으로 대응한다는 의미도 있었다. 봉건성, 분산성, 지방성으로 요약될 수 있는 폐 쇄를 박차고 나아가는 원동력이 될 수 있기 때문이다. 하지만 동시에 코스 모폴리타니즘은 약간의 위험성이 있다고 하지 않을 수 없다. 특히 근대에 접어들면서, 유럽이 주도하는 '문명과 야만'의 논리하에, 총과 대포로 요약 되는 무력으로 밀어붙이는 열강들의 제국주의적인 팽창과 더불어 제국주 의적인 침략과 억압, 그리고 지배를 정당화하는 기제로 악용될 여지가 없지 않기 때문이다. 익히 알려진 오리엔탈리즘(Orientalism)의 유행 역시 비슷한 맥락이라 하겠다. 자칫하면 제국주의와 그 지배를 정당화하는 논리, 이데올로기로 비쳐질 수도 있다. 지난 19세기 말 비서구 사회가 서구 세계의 식민지와 반식민지로 전락하는 과정과 더불어 유행하기도 했다.

'국가주의'를 초월한다는 점에서 코즈모폴리터니즘은 '인터내셔널리즘(국제주의)'과 일맥 상통하기도 한다. 하지만 각 '민족(Nation)'이나 '국민(민족)국가[Nation State]'를 매개로 하지 않는다는 점에서는 부딪히는 측면이 있다. 이는 매우 중요한 지점이다. 근대 이후의 세계는, 국제사회나 국제정치에서는 기본적으로 '국가' '국민국가'를 그 행위자로 하기 때문이다. 국민국가로 우뚝 설 것인가 아니면 식민지, 반식민지가 될 것인가 하는 것이 그 시대 비서구 국가들이 공통으로 직면한 일차적인 과제였기 때문이다.[100] 또한 코스모폴리타니즘은 아나키즘(Anarchism, 무정부주의)과는 확연히 다르다고 해야 할 것이다. 아나키즘이 '정부'를 부정하는 데 반해서 코스포폴리터니즘은 국가나 정부의 존재를 긍정하고 있기 때문이다.[101]

국민국가 시대에 자기 국가를 갖지 못한 사람들, 제대로 된 국가의 '국민'이 아닌 사람들, 식민 치하에 놓인 사람들(인민)에게 코스모폴리타니즘은 과연 어떤 의미를 지닐 수 있을까. 그것이 과연 가능하기나 할까. '국적' 없는 국제 신사, 자기의식과 영혼 없는 지식인의 존재. 일종의 거대한 환상 혹은 허위의식일 수도 있을 것이다. 물론 이것이 최병헌에게 그대로 다 적용되어야 한다는 것은 아니다. 그는 충실하게 하느님을 믿는 목사, 종교인이었다. 그의 사해동포주의의 경우, 그것은 어디까지나 기독교적인 종교적인

---

100 마루야마 마사오, 『문명론의 개략을 읽는다』, 김석근 옮김, 파주: 문학동네, 2008 참조.
101 필자가 생각하기에 코스모폴리타니즘의 지향점은 국가나 민족을 넘어선다기 보다는 오히려 영토나 언어, 문화 같은 것을 넘어서는 데에 있다는 것을 간과해서는 안될 것이다.

것이었다.[102]

최병헌은 1902년 목사 안수를 받아 교회를 담임할 수 있으며 등단설교(登壇說教)도 할 수 있었다. 정동교회의 창설자 아펜젤러(Appenzeller, H. G.)가 해난사고로 사망하자 곧바로 담임 목사직을 이어받았다(1903~1914년까지 목회 활동을 했다). 당시 정동교회가 안팎으로 지녔던 위상과 영향력, 그리고 국제적인 (특히 미국과의) 네트워크를 생각해본다면, 그에게, 그의 사상에 다소 좁아 보이는 '국민' '국민국가'를 엄격하게 요구하는 것이 무리일지도 모르겠다.[103]

아울러 지적해 두고 싶은 것은 '천하는 한 집과 같고 사해 안 사람은 다 형제'라는 사해동포주의는 그렇지 못한 현실에 대한 비판의 논리로 작동할 수도 있다는 점이다. 근원적으로 그 역시 아픔 있는 조선인이었으며, 식민지 치하의 억압과 지배를 가까이서 볼 수 있었다. 3.1운동(1919)과 6.10만세운동을 보면 그가 참여했다는 기록이나 흔적은 없다. 목사에게는 역시 '신앙'이 제일 먼저였을 것이다. 그러나 원초적인 '민족'과 '민족의식'마저 없지는 않았을 것이다. 적극적인 '국민국가' 설립을 위한 저항운동(나아가 독립운동)

---

102 이와 관련해서 『聖山明鏡』 초판(1909) 서문에 실려 있던 존스의 서문(Preface)의 한 구절 역시 시사적이다. "In it he shows most conclusively the all-surpassing value of the Christian faith as compared with the old faiths of the Far East, and prophecies of the ultimate and complete Christianization of his people."["이것은 선생의 높은 안목으로 기독교 신앙의 힘이 동양 제종교 보다 탁월함을 발표하고 자국 민족이 모두 기독교인이 될 것을 예언하였으니"]. 그 서문은 동양서원 재판본(1911)에서는 실려있지 않다.

103 그의 사해동포주의는 보편주의가 극한에 이른 것으로 여겨지며, 이는 그 시대 중요한 사상가들과 구별되는 측면을 지니고 있다. 특히 중요한 포인트는 '민족'과 '국가'에 관한 것이며, 그 점은 일본의 신학자 우찌무라 칸조오(內村鑑三), 한국의 윤치호나 김교신 등과는 다른 것이었다. 이에 대해서는 다음 기회에 다루어보고자 한다.

으로까지 응결되지는 못했다고 하겠다.

하지만 그는 일찍부터 성경을 한글로 번역하려는 뜻을 품었으며, 실제로 선교사들이 주도한 신약성경 '한글' 번역 작업에도 적극 참여했다. 구약성서의 시편과 잠언, 창세기 등을 부분 번역, 소개하여 '구약성경 한글번역'의 기초를 놓기도 했다.[104] 그리고 1920년대에 들어서 『신학세계』에 '독포은사유감'(1921.3) '한문의 필요함'(1922.12), '조선문의 필요를 논함'(1924.8), '충용이 위대한 아국명장'(1926.7), '정포은선생의 충의'(1926.9) 등의 글을 실었다. 그는 김유신 장군과 포은 정몽주를 새삼 환기하였다. 김유신의 충렬과 신의는 우리에게 모범이 될 만하다고 했다.[105] 또한 만약 정몽주가 오늘날 세상에 태어났더라면 우리 주 예수의 신자가 되어 진리를 전파하며 사회를 개량하다가 천국의 희생으로 순교자[致命者]가 되었을 것이라 한다.[106] 거의 비슷한 시기에 발표한 '자립의 필요'(1921.5)에서는 미국선교회에서 '자립하고 자주하는 교회'가 되자고 호소하기도 했다.[107]

---

104 『崔炳憲先生略傳』; 이덕주, 「초기 한글성서 번역에 관한 연구」, 『초기 한국기독교사 연구』, 서울: 한국기독교역사연구소, 1995, 353쪽, 411쪽.

105 "余가 此時에 맞참 東史를 涉獵하더니 東國名將의 歷史가 아름다운 것이 만토다. 如此한 偉人의 往積이 우리 神學界에는 不合한듯 하나 一邊으로 생각하면 亦是朝鮮同胞의 知識을 啓發하는대 有益한 말삼이오 또한 金分信의 忠烈과 信義는 우리의게 模本이 될 만한 뜻이 不無하기로 金氏의 偉大한 事業을 略述하노라.", 「忠勇이 偉大한 我國名將」, 『신학세계』, 1926.7, 47쪽.

106 "噫라 先生의 堅確한 高節과 卓越한 精忠은 能히 頹風을 激勵하며 後生을 興感케 하니 頑夫가 廉하며 懦夫가 立하고 臣子가 敬慕할지라 若使先生으로 今世에 出하엿더면 吾主 基督의 信者가 되야 眞理를 播傳하며 社會를 改良하다가 天國의 犧牲으로 致命者가 되리라 하나이다.", 「讀圃隱史有感」, 『신학세계』, 1921.3, 114쪽.

107 1920년대 미국의 경제 불황으로 선교비 지원이 줄어들자 당시 많은 목회자들은 선교의 위기로 받아들이고 있었다.

탁월한 한문 실력의 소유자였던 최병헌은 만년에는 특히 한시(漢詩)를 많이 지었다. 그는 신학교에서 '한문'을 가르치고 스스로 한시를 능숙하게 지을 수 있는 목사이자 신학자였다. 1927년 5월 13일, 그는 하늘(하느님, 上天)의 부름을 받았다(70세). 유고(遺稿)로 '유란(幽蘭)'이란 제목의 시가 전해진다. 그 시는 최병헌이 세상을 떠난 후 『기독신보』에 소개되었다. '君子의 言行' '處士의 志操'라는 구절이 인상적이다. 자신을 말하는 것 같기도 하다. 그 시를 인용하는 것으로 이 글을 맺고자 한다.

"花中王은 牧丹이오 隱逸士는 菊花로다. 그中에도 蘭草꽃은 香氣가만타 深山窮谷 깁흔곳에 아는이가 업지만은 自香하는 蘭草꽃은 君子의言行 元出이는 忘憂草요 海棠花는 無香이니 一幹一花 蘭草꽃은 香氣가有餘 꽃도만코 풀도만하 形形色色 자랑하되 特異하다 蘭草꽃은 處士의志操."[108]

---

108 「故濯斯先生遺稿」, 『기독신보』, 1927.5.25.

[부록] 최병헌 간략 연표

1858년(1세)   1월 16일 충북 제천군 현좌면 신월리 출생.

1864년(6세)   부친에게 諺文과 孝經 배움, 향리 노인에게 蒙學 배움.

1866년(8세)   自省文 읽기 시작, 漢詩 짓기 시작.

1867년(9세)   4월 어머니 곽씨 별세, 6월 조부 별세.

1869년(11세)   원신보(元信甫)에게 通史, 김일선(金逸善)에게 書法 배움.

1870년(12세)   형 결혼, 가난으로 윗마을 밤나무 밭으로 이주.

1871년(13세)   회양(淮陽) 박제빈(朴霽彬) 사숙에서 論語 공부.

1875년(17세)   신해조(申海朝) 사숙에서 공부, 2월 과거 시험 응시, 낙방.

1879년(21세)   4월 과거 시험 응시, 낙방, 左氏傳 공부.

1880년(22세)   12월 서울 남대문 최직래(崔稷來)의 양자로 입적.

1881년(23세)   7월 화성 출신 반남 박씨와 약혼, 8월 양부 별세.

1882년(24세)   6월 임오군란, 충북 보은군 사막리 이주.

1884년(26세)   보은 탁동의 금릉 김씨[김보신(金輔信)] 딸과 결혼.

1885년(27세)   11월 장남 재학(在鶴) 출생, 공부에 전념.

1887년(29세)   12월 누명을 쓰고 감옥에 갇힘. 태형과 3백량 벌금.

1888년(30세)   2월 과거 시험(경과)에 응시, 낙방.

                  10월, 배재학당 친구 윤호(尹護)의 소개로 선교사 존스의 한국어 선생.

1889년(31세)   배재학당 한문 교사로 취임.

1892년(34세)   과거[景武臺 庭試]에 응시, 낙방. 과거 포기, 종교철학 연구 결심. 송종대 모반 사건에 연루, 서양 선교사 집으로 피신.

1893년(35세)   2월 8일, 존스 선교사에게 세례 받음, 권사 직첩 받음. 아펜젤러 도와서 전도, 주일학교 교사, 아펜젤러 신학회에 들어가 신학 공부 시작.

1894년(36세)   아펜젤러와 상의, 가족들 상경, 종로 남변통집(대동서시)으로

이주. 이후 주일 예배 시작.(나중의 중앙교회)

1895년(37세) 향정동 예배당 관리, 배재학당 협성회 조직, 회보 발간.

10월 농상공부 주사로 임명, 문서과 근무.

1896년(38세) 2월 아관파천 이후 공직 사퇴하려 함, 조중현 협판이 만류.

1897년(39세) 2월 창간된 『죠션크리스도인회보』 편집 참여.

농상공부 대신 이윤용이 능묘 제관으로 삼으려 할 때 사임.

미감리회 연회 참석, 전도사 직첩 받음.

10월 정동교회 엡윗청년회(월은청년회) 조직, 『뎨국신문』 창간.

1898년(40세) 아펜젤러와 함께 양주 옹암리(瓮岩里) 전도.

3월 벙커와 함께 인천, 부산 거쳐 일본 도착.

4월 한글 성서 출판 위해 국문 2호 활자 정서, 5월 귀환.

1899년(41세) 1월 1-7일 만국기도회 참석.

아펜젤러의 설교 "산 제사"를 듣던중 성신 충만 경험.

이승만 탈옥과 체포, 독립협회 사건으로 많은 동지들 체포.

성서 한글 번역에 매진, 4월 여러 곳에서 순회 전도.

8월 연회에서 학습례 받음, 국문 서기, 전도사 피선.

9월 배재학당 축하식에서 봉축사 낭독.

10월 정동교회 주택으로 이사, 11월 우산(牛山)과 옹암리 전도.

12월 인천 제물포에서 개최된 신학회 참석.

1900년(42세) 1월 아들 성백 세례 받음, 2월 맏아들 재학 결혼.

3월 『대한크리스도인회보』에 "三人問答" 발표.

11월 서울 상동교회 신학회 참석.

12월 존스와 『신학월보』 창간 발행, 『황성신문』 기자로 활약

1901년(43세) 아들 성백과 부인(김로득), 어린아이까지 별세.

5월 상동교회 담임 전도사로 파송.

7월 『신학월보』에 "죄도리" 발표. 장남 재학 배재학당 졸업.

1902년(44세) 5월 지방회에서 전도사 4년급 진급, 5월 하느님 음성 들음.

5월 연회 참석차 평양 방문, 평양 남산현교회 정초식 참여.

5월 집사 목사 안수례 받고 상동교회 담임 목사로 파송.

6월 11일 아펜젤러 순직.

1903년(45세)　5월 정동교회 담임 목사.

1904년(46세)　서강에 의법학교와 몽양원 설립.

1906년(48세)　황성기독교청년회에서 강연[제목 "종교와 정치 관계"].

1907년(49세)　1월 『신학월보』에 "성산유람긔" 연재 시작.

1908년(50세)　1-2월 정미 의병 때 충남지역 선유위원으로 활동.

12월 번역서 『예수텬쥬 량교변론』 발행.

1909년(51세)　3월 『聖山明鏡』 발행, 6월 연회에서 장로 목사 안수 받음.

1911년(53세)　8월 경성기독교청년회 주관한 일본시찰단 일행으로 참여.

12월 감리교협성신학교 1회 졸업.

1914년(56세)　6월 인천지방 감리사.

1916년(58세)　『신학세계』에 논문 "종교변증론" 연재 시작.

1917년(59세)　6월 경성지방 감리사.

1922년(64세)　6월 감리교 협성신학교 교수로 파송, 『滿宗一臠』 발행.

11월 『漢哲輯要』 발행, 천연정 탁사정에서 집필 활동.

1923년(65세)　조선기독교창문사 기성위원.

1927년(69세)　5월 13일 별세.

대종교 범퉁구스주의와 보편주의*

야규 마코토(柳生眞) 원광대학교 원불교사상연구원 연구교수

* 이 글은 『국학연구』 42, 한국국학진흥원, 2020, 365-397쪽의 글을 수정·보완한 것임.

Ⅰ. 머리말

대종교가 근대한국의 문화운동·독립운동에 크나큰 공헌을 한 것은 잘 알려진 사실이다. 예를 들면 단재 신채호(丹齋申采浩), 위당 정인보(爲堂鄭寅普), 백암 박은식(白巖朴殷植), 민세 안재홍(民世安在鴻), 외솔 최현배(崔鉉培), 가람 이병기(嘉藍李秉岐), 고루 이극로(李克魯), 한힌샘 주시경(周時經), 백연 김두봉(白淵金枓奉), 한뫼 안호상(安浩相) 등의 대종교 관계자들이 언어·역사·언론·사상 등 다양한 분야에서 활약했다.[1] 독립운동에서도 1918년에 북간도 지역에서 발표된 무오독립선언서(戊午獨立宣言書)에서 제2대 교주 김교헌(金敎獻) 이하 38명의 대종교인이 서명하고, 백야 김좌진(白冶金佐鎭), 성재 이시영(省齋李始榮), 백포 서일(白圃徐一), 부재 이상설(溥齋李相卨), 예관 신규식(睨觀申圭植), 철기 이범석(鐵驥李範奭), 석오 이동녕(石吾李東寧), 노은 김규식(蘆隱金奎植), 여천 홍범도(汝千洪範圖) 등 쟁쟁한 독립운동가들이 대종교인들이다.[2] 또 대한민국 독립 후 제1공화국에 대종교 계열의 단군 민족

---

1 조남호, 「국학의 관점에서 바라 본 근대사 서술: 동학, 3.1운동, 대종교를 중심으로」, 『선도문화』17, 2014, 140-146쪽.
2 朴永錫, 「大倧教의 民族意識과 抗日民族運動 (下)」, 『한국학보』 9권 3호, 일지사, 1983, 104-105쪽.

주의자들이 대거 참여하면서 단군기원, 개천절, '홍익인간'의 교육이념 등을 채택하고 제도화하였다.[3]

대종교의 문화적 · 정치적 · 군사적 공헌에는 이미 많은 선행 연구가 이루어지고 있다. 그러나 기본적으로 단군 이념인 홍익인간과 민족주의가 대종교 안에서 어떻게 이론적으로 결합하느냐 하는 문제가 있다. 보통 민족주의는 반민족으로 규정한 누군가 또는 무언가를 배척하는 배타주의로 흘러가거나 다른 국가 · 민족을 정복 · 지배 · 동화하려는 패권주의로 기울이기 쉽다. 만약 그렇다면 그것이 어찌 단군이 외친 '홍익인간'의 보편주의와 모순되지 않는가?.

실은 '홍익인간'적 보편주의와 대종교 민족주의 사이를 매개하는 '무엇'이 존재해 왔다. 「단군교오대종지포명서(檀君敎五大宗旨佈明書)」에도 "태백산 남북 칠천만 동포(太白山南北七千萬同胞)"라고 하듯이 대종교에서는 원래 한반도 고래의 주민뿐만 아니라 그보다 폭넓은 태백산 —여기서는 백두산을 가리킴— 남북 영역의 주민을 '동포'로 간주하는 민족관이 있었다. 「포명서」에서는 그들을 '조선(朝鮮)', '배달(倍達)', '통고사(通古斯)'라고도 하고 '삼천단부(三千團部)'라고도 불렀다. 여기서 '통고사'는 '퉁구스(Tungus)'의 한문 번역이다. 퉁구스란 주로 중국 동북지방 · 내몽고에서 시베리아에 퍼져 있는 같은 계통의 언어를 말하는 민족들(이른바 퉁구스 어족)의 총칭이다. 이 원고에서는 이 '퉁구스'에 주목하고 대종교의 민족 관념을 '범(汎) 퉁구스주의'로 보고 그것이 맡은 역할과 의미를 살펴보고자 한다.

---

3 정영훈, 「단기 연호, 개천절 국경일, 홍익인간 교육이념: 현대 한국에서의 단군민족주의의 제도화에 관한 연구」, 『정신문화연구』31-4, 2008, 184-185쪽.

II. 대종교(大倧敎)의 중광(重光)

1. 나철(羅喆)의 생애

대종교에서는 '중광(重光)'이라는 말을 써서 옛날에 행해지다가 뒤에 잊힌 가르침이 다시 세상에 드러났다는 뜻을 밝힌다. 일반적으로 교조로 간주하는 나철(羅喆, 1863-1916)의 호는 홍암(弘巖), 본관은 나주(羅州), 초명은 두영(斗永)이었으나 인영(寅永)으로 개명하고 훗날에 다시 철(喆)로 고쳤다. 그는 1863년에 전라도 낙안군(樂安郡, 현 전라남도 보성군)에서 아버지 나용집(羅龍集)과 어머니 송씨(宋氏)의 아들로 태어났다. 1891년에 29세로 과거 병과(丙科)에 합격하고 승정원가주서(承政院假注書), 승문원권지부정자(承文院權知副正字)를 역임했다. 그는 근대한국 신종교의 교조나 지도자로는 드물게 과거시험에 합격하고 관료 생활을 경험했다. 1895년 33세 때에 징세서(徵稅署) 서장에 임명되었으나 발령 후 바로 사직하고 귀향했다.

나철은 1894년부터 강진(康津) 출신의 오기호(吳基鎬), 김제(金堤) 출신의 이기(李沂) 등 호남 출신의 지사들과 함께 유신회(維新會)를 조직하고 구국 활동에 몸을 던졌다. 1905년부터 1909년까지 네 차례에 걸쳐 일본에 건너가 천황에게 서한을 보내기도 하고 요인들과 회담하기도 하면서 한국을 병탄하지 말도록 설득했다.

1906년 1월 24일, 나철은 서대문역에서 백전(伯佺)이라는 90세 가까운 백발노인에게서 『삼일신고(三一神誥)』, 『신사기(神事記)』를 넘겨받았다. 그러나 나철은 그때에는 별다른 관심을 보이지 않았다고 한다.

나철은 1907년에 동지들과 함께 이른바 을사오적 암살을 시도하다가 실패하고 유배를 선고받았으나 은사로 풀려났다. 나철과 정훈모(鄭勳謨)가 재차 일본으로 건너가서 활동하던 1908년 12월 5일(음력 11월 12일), 도쿄의 청광관(淸光館)에 묵던 두 사람을 두일백(杜一白)이라는 도인이 찾아왔다. 그는 두 사람에게 「단군교포병서」한 권과 「고본신가집(古本神歌集)」, 「입교절차(入敎節次)」 등을 건네주었다. 그 후 나철과 정훈모는 도쿄의 개평관(蓋平館)에 숙소를 옮겼는데 12월 9일 밤에 두일백이 다시 찾아와 "조선의 국운은 이미 다했다. 빨리 귀국하여 단군대황조(檀君大皇祖)의 교화를 펴시오."라고 당부했다. 두 사람은 활동을 그만두고 귀국했다.

1909년 1월 15일 자시(子時)에 나철, 오기호, 강우(姜虞), 최전(崔顯), 유근(柳瑾), 정훈모, 이기, 김인식(金寅植), 김춘식(金春植), 김윤식(金允植) 등은 서울 제동(祭洞)의 나철 집에서 단군대황조(檀君大皇祖)의 신위(神位)를 모시고 제천(祭天)의 대례를 거행했다. 나철은 대종교⁴ 도사교(都司敎)에 취임하고 「단군교포병서」를 발표하면서 의례와 조직, 경전 등을 정비했다. 그러나 총독부의 대종교 탄압이 심해지자 나철은 1914년 5월에 만주의 화룡현(和龍縣) 청파호(靑波湖, 현 중국 지린성[吉林省] 옌볜조선족자치주[延邊朝鮮族自治州] 허룽시[和龍市])에 총본사(總本司, 교단본부)를 옮겼다.

1916년 8월 15일, 나철은 구월산(九月山, 현 북한 황해남도 안악군) 삼성사(三聖祠)에서 제천 의례를 거행하고 사람의 출입을 금한 후에 「순명삼조(殉命三條)」, 「밀유(密諭)」 등의 유서를 남기고 자결했다. 대종교에서는 이것을 조

---

4 나철들의 교단은 맨 처음에 檀君敎라고 일컬었으나 1910년에 교명을 대종교로 개칭했다. 정훈모와 李裕聲, 兪鐸, 徐彰輔 등이 大倧敎의 이름이 仁祖임금의 諱(倧)를 범한다고 반대하면서 이탈하고 '단군교'의 이름을 계속 사용했다. 나철과 정훈모에게 단군 경전을 넘겨준 백봉교단도 '단군교'의 이름으로 불릴 때가 있었다. 또 그밖에도 '단군교'를 칭한 교단들이 존재한다. 그래서 이 글에서는 1909년에 나철 집단이 종교 활동을 시작한 후 '단군교'와 '대종교' 시기를 통틀어서 그 교단을 '대종교'라고 부른다.

천(朝天)으로 부른다.

2. 백봉(白峯)과 그 교단

나철 등에게 옛 서적들과 단군신앙 문서를 넘겨준 백전(伯佺)·두일백(杜一白) 등의 스승이 바로 백봉(白峯)이다. 백봉은 학문으로 세상을 구하는 것을 소임으로 생각하고 천하를 돌아다니다가 10년 동안 하늘에 빈 끝에 단군대황조의 묵계(默契)를 받아 석함(石函) 안에서 단군조(檀君朝)의 고사와 『삼일신고』 등의 경전을 얻어 700년 동안 닫혔던 교문(敎門)을 다시 열었다. 백봉은 만주 등지에 거주했으나 1904년 10월 3일에 태백산(太白山)[5] 동무(東廡) 고경각(古經閣)에서 13명의 수제자들과 함께 단군교를 선포했다. 이 글에서는 그 집단을 '백봉교단'으로 부르기로 한다. 백봉교단에는 백전(호; 頭巖)·두일백(호; 彌島) 등 33명의 문인이 있었고, 한반도 및 만주·몽골·일본 등지로 가서 고적(古蹟)을 조사하고 있다고 밝혔다.

나철은 백봉의 문인에게 단군의 경전들을 물려 받았다고 강조하고 제2대 교주인 김교헌(金敎獻) 역시 『조천기(朝天記)』에서 나철을 대종교 2세 대종사로 기록했다. 그렇다면 당연히 백봉이 1세가 되는 셈이다. 기존 연구에서는 백봉을 실제 인물이라기보다 전설이거나 나철들이 만들어 낸 허구로 치치부될 경우가 많았으나, 조준희·유영인 등이 백봉 관련 자료를 수집·정리한 『백봉전집』을 간행함으로써 백봉의 실존과 '백봉교단'의 실체가 사실임을 밝혔다.[6]

5 초기 대종교 문헌에서 말하는 '태백산'은 백두산을 가리킨다.
6 정욱재, 「초기 대종교의 역사인식과 '한국학': 『단군교오대종지포명서』와 『대동고대

수제자인 백전은 항상 "반드시 적당한 사람이 있을 것이다[必有其人]"라고 말하면서 도통 전수를 사양하고,[7] 나철들과 접촉하여 경전과 문서를 차례로 전수했다. 대종교 문서에서 백봉교단은 약간 신비적으로 언급되었지만 그 실상은 구성원이 적고 고령화된 교단이었을지도 모른다. 그래서 수제자인 백전은 백봉교단에 발전 가능성이 없고 단군의 가르침을 다시 일으킬 역량이 부족하다고 보고 나철 집단에 접근하였을 가능성도 있다.

동학, 증산교, 원불교 등의 신종교에서는 교조가 활동한 한반도 남부 지역을 중요시하는 경향이 있다. 이것과 대조적으로 초기 대종교 문서에서는 북방 중시와 백두산 신앙이 뚜렷하다. 이것은 나철 집단이 호남 출신자를 중심으로 한 집단인 점을 생각하면 기이한 점이다. 그런 특징도 백봉교단이 허구의 존재라는 주장에 대한 반증이 될지도 모른다.

백봉교단은 원래 중국(청나라)에 사는 조선족의 비밀결사일 가능성도 있다. 중국에서는 예로부터 방(幫) 또는 방회(幫會)라고 불리는 민간조직·결사가 존재했기 때문이다. 특히 청대부터 중화민국 시기에는 다양한 비밀결사가 활약했다. 그 중에서도 홍문(紅門)·천지회(天地會)·삼합회(三合會)·청방(靑幫)·홍방(紅幫)·가로회(哥老會)나 대란을 일으킨 백련교(白蓮教)·배상제회(拜上帝會, 太平天國)·의화단(義和團) 등은 유명하다. 단군신앙을 핵심으로 삼는 백봉교단도 원래 그런 결사들의 하나였을 수도 있다. 그것을 짐작케 하는 것은 「단군교오대종지포명서」에 보이는 다음과 같은 청나라 황제들에 대해 호의적으로 언급하고 칭찬까지 하고 있는 구절이다.

사론』을 중심으로」, 『韓國史學報』72, 2019, 282쪽.
7 『倧報』第1號(개천4366년 己酉〈서기1909〉春季)「追錄杜兄面談」

"이 해에 금조(金朝)의 유신(遺臣)으로 산북(山北)의 구강(舊疆)에 거주하던 민족 중에서 대영주(大英主) 아이신기오로[愛新覺羅] 누르하치[努爾哈齊](건주부(建州部) 타실(陀失)의 아들이다)가 굴기(崛起)하여 후금국(後金國)을 세우고, 태종(太宗; 이름은 홍타이지[皇太極]로 태조의 여덟 번째 아들이다) 때, 우리나라와 형제의 결의를 맺었다. 이것은 금조(金朝)를 잊지 않고 본교(本教)의 족우(族友)를 합하라는 옛 종지를 준수(遵守)함이다. 세조(世祖; 이름은 푸린[福臨]으로 태종의 아들이다) · 성조(聖祖; 이름은 효완예이[玄燁]로 세조의 아들이다) 때, 적현(赤縣; 지나(支那)의 한 이름이다)의 산하를 그 판도에 편입시키고 대황조(大皇祖)가 최초의 신화(神化)로 편발개수(編髮盖首)로 백성을 교화한 것을 4억만(億萬)의 한족(漢族)에게 널리 베푼 것은 얼마나 성대한 일인가. 불식부지(不識不知) 중에 저절로 우리 천조(天祖)의 유화(遺化)를 받든 것이다."[8]

'우리나라와 형제의 결의를 맺은 것'이란 정묘호란(1627) 때 조선과 후금이 앞으로 '형제지교(兄弟之交)'를 한다는 내용의 강화조약을 맺은 것을 가리킨다. 특히 주목되는 것은 '천조(天祖)의 유화(遺化)'를 계승한 자로서 청나라 만주족이 중원을 정복하고 한족에게 변발 강요한 것을 높이 평가한 점이다. 이렇게 청나라를 높이 평가하는 것은 조선시대 후기의 숭명배청(崇明排淸) 정서와 아주 다르다. 조선 후기에는 송시열(宋時烈)이 의리론을 고취하면서 일상생활의 모든 기록에서 명나라 마지막 황제인 의종의 숭정(崇禎) 연호를

---

8 "是年金朝遺臣. 居山北舊疆之民族中. 大英主愛新覺羅努爾哈齊(增建州部陀失之子)氏崛起. 建後金國. 至大宗(增名皇太極太祖之第八子)時. 與我國結兄弟誼. 此不忘金朝遵守本教合族友宗旨舊義也. 至世祖(增名福臨太宗之子)聖祖(增名玄燁世祖之子)時. 赤縣(增支那一名)山河編入其版圖. 以大皇祖所教民之編髮盖首之神化普施於四億萬漢族. 猗歟盛哉. 不識不知中自然咸戴我天祖之遺化.",「檀君教五大宗旨佈明書」

사용하고, 명나라 신종·의종에게 제사지내는 사당으로 궁중에 대보단(大報壇)이, 충청도 괴산 화양동에 만동묘(萬東廟)가 세워지기도 했다. 백봉교단은 조선민족과 만주민족이 함께 단군대황조의 교화를 받은 동족[族友]임을 주장하는 점에서 조선왕조 주류의 전통적인 민족관념과는 분명히 다른 관념을 가졌던 것이 분명하다.[9]

III. 대종교와 범퉁구스주의

대종교에서는 단군조선이 백두산을 중심으로 한반도 이외에 만주·랴오둥[遼東]까지를 통치했던 까닭에 그 영역에 역사상 존재한 나라나 민족을 '태백산[10] 남북 7000만 동포'로 간주하였다.

『단군교오대종지포명서』「대황조신손원류지도(大皇祖神孫源流之圖)」에서는 이른바 배달족(倍達族)의 갈래를 다음과 같이 소개한다.

여기서 "그 일명(一名)은 조선족(朝鮮族)이고 다른 이름은 통고사족(通古斯族)인즉 삼천단부족(三千團部族)"[11]이라는 설명이 주목된다. '통고사(通古

---

9 康有爲의 영향을 받아 今文學的 孔子教를 제창한 유학자 李炳憲은『歷史教理錯綜談』(1921)에서 조선 땅은 백두산을 중심점으로 이루어지고 包犧와 虞舜도 백두산으로부터 나왔으며 金과 淸은 중국 종족이 아니라 우리 종족[吾族]이라고 주장했다. 그리고 단군의 자손인 우리 민족은 伏羲氏, 舜, 金太祖와 太宗, 그리고 淸太祖와 淸太宗 시기에 몇 차례 중국을 지배했다고 강조했다. (김경일,「한국 유교와 민족주의」『종교와 민족』제3장, 108쪽) 백두산 중심의 疆土 인식과 한반도 남북의 민족을 동족으로 보는 시각에 대종교의 영향이 엿보인다.
10 대종교에서 말하는 '太白山'은 백두산을 가리킨다.
11 "一名朝鮮族 又名通古斯族 卽三千團部族.",「檀君教五大宗旨佈明書」.

斯)'는 '퉁구스'의 한자 표기이다. 배달=조선=퉁구스=삼천단부족의 범위 안에 숙신족(肅愼族)·예맥족(濊貊族)·반배달족(半倍達族)〈기씨후조선족(箕氏後朝鮮族)〉·마한족(馬韓族)·진한족(辰韓族)·변한족(弁韓族)·규봉족(圭封族)〈위만조선족(衛滿朝鮮族)〉·선비족(鮮卑族)·읍루족(挹婁族)·백제족(百濟族)·탐라족(耽羅族)·신라족(新羅族)·가락족(駕洛族)·거란족(契丹族)·물길족(勿吉族)·서마한족(西馬韓族)·말갈족(靺鞨族)·고구려(高句麗)·요족(遼族)·정안족(定安族)·대한족(大韓族) 등을 포함한다.

大皇祖-	倍達族-	北扶餘族-	東扶餘族-	高句麗族-	渤海族-	女眞族-	金族--	後金族
本民族의 遷移와 興亡흔 事案은 倍達民族 神敎史에 詳載흔니라	一名 朝鮮族 又名 通古斯族 卽 三千團部族			ㄴ百濟族				ㄴ卽 淸族
			--馬韓族	--耽羅族				
			--辰韓族	--新羅族	--------	--高麗族	--------	--大韓族
			--弁韓族	--駕洛族				
			--圭封族 즉 衛滿朝鮮族					
			--鮮卑族	--契丹族	--------	----遼族		
		--肅愼族	--挹婁族	--勿吉族	靺鞨族			
		--濊貊族						
		--半倍達族 卽 箕氏後朝鮮族	--------	--西馬韓族	--------	--定安族		

대종교의 규칙인 「봉교과규(奉敎課規)」에도 이러한 민족의식이 반영되었다. 그것에 따르면 '역외지인(域外之人)'(외국인)에게도 입교를 허락하고 내국인과 동등하게 대우하도록 되어 있지만 입교 15년 미만의 경우는 포교와 교무에 참여하는 권리가 없다고 한다. 15년이 경과한 후에도 당사자가 국적을 변경하지 않는 한 교단 임원에게는 선임하지 않는다고 하면서 옛 고구려와

발해 땅의 사람은 거기가 '본교 고대 연원의 땅[本敎古代淵源之地]'이므로 예외로 한다고 규정되어 있다.

이와 같은 대종교의 민족의식은 19세기부터 20세기에 세계적으로 풍미했던 범민족주의의 문맥에서 파악하는 것이 가능하다. 당시 범게르만주의·범슬라브주의·범튀르크주의·범투란주의·범아시아주의·범아랍주의·범아프리카주의 등이 거론되었는데 대종교의 민족 관념을 범민족주의의 문맥에 자리매김한다면 범퉁구스주의라고 부를 수 있을 것이다.[12]

퉁구스(Tungus)라는 말은 야쿠트(Yakuts, 사하(Sakha)라고도 함, 동북아시아에 사는 튀르크계 민족) 사람들이 이웃 민족인 에벤크(Evenki, 鄂溫克族)나 에벤(Evens, 라무트(Lamut)라고도 함) 등을 가리킨 말이었다. '퉁구스'의 어원도 한문의 '동호(東胡)'에 유래한다는 설, 또는 퉁구스어의 'Donki(남자)' 혹은 돼지를 잘 키우는 사람들이라는 뜻으로 튀르크어(Turkic languages)의 'Tonguz(돼지)'에서 유래한다는 설이 있다. 오늘날 '퉁구스'는 민족 명칭으로는 쓰이지 않고 퉁구스어족(Tungusic languages)이라는 개념으로만 사용되고 있다. 퉁구스 어족은 원래 시베리아·연해주에서 만주·몽골, 홋카이도까지 널리 퍼지고 수렵과 유목 위주로 살았던 민족이다. 특히 순록을 잘 길렀다. 현존하는 퉁구스족 중 만주족(滿洲族)이 가장 많고 인구가 1,000만 명을 넘는다. 그 밖에 시버[錫伯族]·오로촌[鄂倫春族]·에벤크·에벤·나나이[赫哲]·오로치·울치·네기달·우데게·윌타 등의 민족이 있으나 거의 소수민족이다. 역사서에 나타나는 숙신·읍루·물길·말갈·여진 등이 퉁구스족임이 확

---

12 다만 대종교 교단의 견해로는 『倧報』 第6號(개천4367년 庚戌 〈서기1910〉 夏季)의 「我族의 族名」에서 '조선' '몽골' '퉁구스' 등의 호칭을 하나하나 검토하면서 '倍達民族'이 가장 적절하다는 결론을 내리고 있다.

실시되었다.

일본에서도 만주철도 촉탁였던 기타가와 시카조(北川鹿造)가 '범퉁구스주의'를 주장한 바 있었다. 그는 1929년에 대통민론사(大通民論社)에서 「판퉁구스시즘과 동포의 활로: 희망이냐 절망이냐 친애한 경들에게 고함」(パン·ツングーシズムと同胞の活路: 希望か絶望か 親愛なる卿等に告ぐ)이라는 소책자를 간행하고 범퉁구스주의를 제창했다. 기타가와는 퉁구스를 하나의 민족으로 보고 일본을 그 안에 포함해 퉁구스 민족의 문명적 선구자라고 자리매기고 '만몽(滿蒙)'과 중일 간의 문제를 타개하기 위함이라고 집필의 의미를 밝혔다.

그에 따르면 퉁구스는 '상무임협(尙武任俠), 준민총명(俊敏聰明), 근고내로(勤苦耐勞)의 특성'이 있으나 서양 문명과 늦게 접촉했기 때문에 지금은 야만족처럼 오해되고 있다. 일본은 과거에 퉁구스에게 문명을 배운 적도 있었으며 오늘날에는 그들을 교도하고 보호할 책임이 있다. 역사적으로는 예맥·부여·고구려·마한·백제·숙신·읍루·말갈·발해·여진·동호·선비·오환·거란 등은 모두 퉁구스이다. 일본인도 조선이나 만주에서 건너온 사람들의 자손이므로 당연히 퉁구스이며 나아가 즈리[直隷][13]·산둥[山東]·장쑤[江蘇]에서 도래한 사람들도 퉁구스라고 주장했다.[14]

조경달(趙景達)에 의하면 일본의 동양사학계에서는 일찍부터 동아시아

---

13 즈리[直隷]: 즈리(직례)는 "직접 통치하다"는 뜻으로 明·淸 때부터 중화민국 때까지 존재한 행정구역이다. 청나라~중화민국의 '즈리'는 거의 오늘날의 중국 허베이성[河北省]에 해당된다. 중화민국은 1928년에 수도를 베이징에서 난징으로 옮기면서 즈리성[直隷省]을 허베이성으로 개명했다. 그러나 일본에서는 이후에도 '直隷'(일본어 발음으로는 초쿠레이)의 명칭이 계속 사용되었다.

14 趙景達, 『朝鮮の近代思想』, 東京: 有志社, 2019, 383쪽.

역사를 북방민족과 한민족의 투쟁의 역사로 기술하는 역사관이 보편화되고 있었다. 기타가와는 그것에 입각해서 만주·몽골과 중원을 분리하면서 그 지역의 주민들과 '아시아 부흥의 선구자'로서의 일본인이 같은 '퉁구스'로서 연대해야 한다고 주장한 것이다.[15] 기타가와의 퉁구스주의에서는 주로 역사적인 '퉁구스'에 중점을 두면서 '대통민족(大通民族)'[16]의 동일성을 강조했다. 그리고 중국의 배일(排日)·항일사상에 대항하여 둥베이[東北]와 중원 북부의 한족은 원래 퉁구스라고도 주장하면서 중원 중남부의 한족(漢族)과 분리시키고자 하였다.[17]

기타가와가 『판퉁구시즘과 동포의 활로』를 펴낸 지 2년 후, 1931년에는 관동군이 만주사변을 일으키고 만주국을 성립시켰다. 그 후 기타가와는 범투란주의(Pan-Turanism)를 내세운 이마오카 주이치로(今岡十一郎)의 투란협회와 합류했다.[18] 그리고 투란협회를 반 중국(한족)으로 전환시키면서 만주국 건국을 정당화하는 언론 활동을 전개했다.

15 위의 책, 383쪽 참조.
16 위대한(大) 퉁구스(通=通古斯)라는 뜻으로 기타가와는 퉁구스민족을 이렇게 불렀다.
17 조경달은 농업경제학자·사회주의자의 印貞植이 범퉁구스주의의 영향을 명료하게 받았다고 지적한다. 인정식은 "편협한 의미의 민족 개념"을 지양해야 하지만, 그것은 조선의 민족성을 완전 폐기하고 야마토[大和] 민족과 완전히 동화되어 버리는 것을 의미하지 않는다고 말했다. 또 '야마토 민족'은 수많은 퉁구스민족들의 중심이긴 하지만 '퉁구스적 大民族統一'의 견지에서 '섬나라적 근성'을 지양해야 한다고 주장한 바 있다. (趙景達, 앞의 책, 390-391쪽) 즉 인정식은 대일본제국의 체제적 퉁구스주의를 가지고 일본의 동화주의를 부정하고 일본인의 섬나라 근성과 차별의식을 비판한 것이다. 인정식의 '퉁구스주의'가 과연 기타가와의 범퉁구스주의에 유래한 것인지, 혹은 이 글에서 다루고자 하는 범퉁구스주의의 영향을 받은 것인지는 앞으로의 과제로 남겨둔다.
18 투라니즘(Turanism 투란주의) 또는 범투란주의(Pan-Turanism)는 일본인이나 핀란드, 헝가리, 터키 등 유라시아 대륙의 비(非) 인도유럽계 어족의 연대를 주장하는 주의이다. 투란협회는 일본에서 투란주의를 선전하려고 한 단체였다.

기타가와와 대종교의 퉁구스주의에는 여러 가지 공통점이 있다. 먼저 양자가 '퉁구스'로 지목한 민족은 서로 겹치는 것이 많다. 그리고 그들의 이른바 '퉁구스'는 만주족을 예외로 현존하는 퉁구스족보다 주로 역사상의 퉁구스족에 치중하였다. 또 고대 언어의 자료 부족으로 학술적으로는 퉁구스 어족인지 애매한 한민족(韓民族, 그리고 그 조상 민족)을 거리낌 없이 '퉁구스'로 분류하였다. 그리고 중요한 점은 그들의 퉁구스주의가 한족 · 한문화와 거리를 두기 위한 이론이라는 점이다.

물론 대종교 성립은 20세기 초반으로 기타가와의 범퉁구스주의보다 20년 정도 앞서 있다. 또 대종교 퉁구스주의는 단군 숭배와 백두산 신앙을 바탕으로 깔고 있다. 뿐만 아니라 일본에 대한 입장도 서로 달랐다. 대종교에서 일본은 단군의 교화가 닿은 한 지역에 불과하다. 한편 기타가와 퉁구스주의에서는 일본열도-한반도-만주-몽골 지역에 이르는 퉁구스의 선각자로서의 일본의 지도적 지위를 주장한다. 즉 대종교는 만주를 중심으로 독립운동을 전개함으로써 일본 군국주의와 군사적으로 싸웠을 뿐만 아니라 퉁구스주의의 이론투쟁에서도 일본의 지도적 지위를 둘러싸고 갈등했다.

IV. 새로운 민족의식의 촉매로서 범퉁구스주의

대종교적 퉁구스주의가 가장 뚜렷하게 나타나 있는 작품 중 하나가 박은식(朴殷植)의 『몽배금태조(夢拜金太祖)』(1911)이다. 김영호(金泳鎬)에 따르면 이 작품은 만주에 망명한 교민들의 사상교과서로서 큰 반응을 불러일으켰다고 한다.[19] 그런데 이 소설은 훗날 대종교 제3대 총전교(總典教, 교주)가 된 단애 윤세복(檀涯尹世復)이 교열하고 서문까지 썼다. 그리고 본문에도 "음력 시월삼일(陰曆十月三日)은 아(我) 단군대황조(檀君大皇祖)의 강세기년일(降世紀年日)이라 일반동지(一般同志)와 학생제군(學生諸君)으로 더부러 기념식(紀念式)을 행(行)ᄒ고 객탑(客榻)에 전전(輾轉)ᄒ야 대종교(大倧教)의 신리(神理)를 정념(靜念)ᄒ다가…"[20]라고 하듯이 이 작품이 대종교의 큰 영향을 엿볼수 있다.

『몽배금태조』에서 박은식은 "우(又) 지리(地理)의 연상(聯想)으로 이(以)ᄒ야 민족(民族) 성질(性質)을 연구(研究)ᄒ건ᄃᆡ 개(盖) 통고사종(通古斯種)은 세계역사(世界歷史)에 특별(特別)히 우등민족(優等民族)"[21]이라고 말한다. 그는 퉁구스족은 그 고지(故地)인 백두산의 기후가 한랭으로 생활하기 힘들기 때문에 활동적이고 목축과 활쏘기를 익혀서 무예에 천부의 재주를 발휘했다. 또 의식이 풍부하지 않기 때문에 게으르지 않고 근면한 천성이 길러졌다. 단점은 의식(衣食)에 분주했기 때문에 근검성이 발달한 반면 문학의 공부가 부족한 탓에 현대에 이르러 문명 발달이 다른 종족에게 미치게 되었다고 보았다.[22] 또 "오호(嗚呼)라 아(我) 조선족(朝鮮族)과 만주족(滿洲族)은 균시(均是) 단군대황조(檀君大皇祖)의 자손(子孫)"[23]이며 옛날에는 남과 북에 할거

---

19 金泳鎬,「解題」, 檀國大學校附設東洋學研究所,『朴殷植全書 上』, 용인: 단국대학교출판부, 2014, 5-6쪽.

20 朴殷植,「夢拜金太祖」, 檀國大學校附設東洋學研究所,『朴殷植全書 中』, 용인: 단국대학교출판부, 2014, 201쪽.

21「夢拜金太祖」, 앞의 책, 198쪽.

22「夢拜金太祖」, 앞의 책, 198-199쪽 참조.

23「夢拜金太祖」, 앞의 책, 199쪽.

하면서 서로 경쟁도 하고 왕래도 했지만, 결국 통일되지 않은 채 두만강·압록강을 자연의 경계선으로 삼아 분리된 채 1000여 년이 지났기 때문에 풍속도 달라지고 언어도 서로 통하지 못하고 서로를 이족(異族)으로 여기게 되었다고 말한다.[24]

무치생은 "시석(是夕)에 허허연(栩栩然)히 장생(莊生, 장자)의 호접(胡蝶)을 화(化)하야 풍(風)을 어(御)하고 운(雲)을 승(乘)하야"[25] 꿈속에서 백두산의 최고봉에 이르러 금(金)나라 명창 년간(明昌年間, 1190-1196)에 백두산신을 모신 묘(廟)에서 금나라 태조 황제 아골타(阿骨打)를 만나 뵙게 되었다. 아골타는 사후에 천국에 오르고 상제의 명을 받아 지상을 돌아서 선악을 감찰하고 화복을 내리는 권병(權柄)을 부여받았다. 그는 조선 민족이 겪는 고통을 가엾이 여기지만 하늘은 "자분자강자(自奮自强者)를 애(愛)하시고 자폭자기자(自暴自棄者)를 염(厭)하시느니"[26] 하늘의 뜻을 받들지 않을 수 없다고 하면서 자분자강의 방침을 일러주겠다고 말했다.

무치생은 요즘 세계에서 약육강식·우승열패를 천연(天演)[27]이라고 하면서 신형 무기를 발명하고 많은 인민을 살상하고 나라와 인종을 몰살하는 부도불법을 정치인들이 양책(良策)으로 삼는데 이것이 어찌 일시동인하는 하늘의 뜻이겠느냐고 물었다.

아골타는 사회진화론적인 논리를 내세우면서 이렇게 대답했다. 하늘의 도는 일체 중생을 더불어 생육해 차별하지 않지만 스스로 생육할 힘이 있으

---

24 「夢拜金太祖」, 앞의 책, 199쪽 참조.
25 「夢拜金太祖」, 앞의 책, 201-202쪽.
26 「夢拜金太祖」, 앞의 책, 211-212쪽.
27 天演은 진화를 뜻한다. 청나라 嚴復은 T. H. 헉슬리의 『Evolution and Ethics(진화와 윤리)』를 『天演論』이라는 제목으로 번역하고 진화론을 소개했다.

면 생존할 수 있고 없으면 생존할 수 없다. 그래서 이 시대에 옛 시대의 수준을 넘어서지 못하고 적당한 방법을 구하지도 않는 자는 천지진화의 상례를 거역하고 도태의 화를 스스로 자초한 자이므로 하늘도 어찌할 도리가 없다. 게다가 조선에서는 이순신(李舜臣)이 철갑군함(거북선)을 제조하고 허관(許灌)이 석탄의 이로움을 역설한 일이 있었는데, 그 연구 개발을 계속했더라면 조선은 지금쯤 일대 강국이 되었을 것이다. 그러나 나라사람들은 그들의 사업을 흙더미처럼 여겨 세월을 헛되게 지냈으니 결코 하늘을 원망할 수 없다는 것이다.[28]

무치생은 "조선(朝鮮)은 사천년(四千年) 예의지방(禮義之邦)이라 의관문물(衣冠文物)이 개화제(皆華制)를 종(從)ᄒ며 시서예악(詩書禮樂)이 개화풍(皆華風)"[29]을 숭상했으니 이는 세계적인 특색이므로 위대한 하늘이 사문(斯文)을 버리지 않으신다면 조선의 문물이 땅바닥에 떨어질 도리가 없다고 오랜 문화적 전통을 과시했다.

그러자 아골타는 그 말을 듣고 참된 선비를 만났다고 기뻐하면서 무치생이 평소 읽고 있는 책을 나를 위해 외워줄 수 있겠느냐고 물었다. 무치생이 곧장 『사략(史略)』 『통감(通鑑)』의 첫 구절을 줄줄 외워주자 아골타는 정색하며 "조선인민(朝鮮人民)의 정신(精神)이 자국역사(自國歷史)ᄂ 무(無)하고 타국역사(他國歷史)만 유(有)ᄒ니 시(是)ᄂ 자국(自國)을 애(愛)치안고 타국(他國)을 애(愛)홈이라."[30]라고 말했다.

뿐만 아니라 아골타는 조선의 선비들이 숭상한 송나라의 학문과 문화에

28 「夢拜金太祖」, 앞의 책, 218-219쪽 참조.
29 「夢拜金太祖」, 앞의 책, 221-222쪽.
30 「夢拜金太祖」, 앞의 책, 224쪽.

대해서도 신랄하게 비판했다. 송나라는 도리를 강구하고 존화양이(尊華攘夷)와 충의를 외치던 선비들이 많았으나 금나라의 철기(鐵騎)가 중원을 정복했을 때 순절한 자는 이약수(李若水) 한 사람뿐이었다. 한편 금나라의 돈과 벼슬을 탐낸 송나라 사람들은 이루 셀 수 없을 정도였다. 송나라 사람들은 평소 금나라 사람들을 가리켜 이적(夷狄)이니 견양(犬羊)이니 불렀더니 금나라가 강해지고 마침내 요(遼)나라를 멸망시키자 즉시 사신을 보내오고 금나라 황제를 성인으로 받들었다. 송나라 사람들이 이와 같이 실속이 없었음에도 불구하고 조선 사람들은 어찌 이런 인간들의 문화를 맹목적으로 따르고 고수하는가?[31] 그렇게 의문을 던지면서 아골타는 "단군대황조(檀君大皇祖)의 건설(建設)로 사천여 년 전래(四千餘年傳來)ᄒ 학교(學校)가 유(有)ᄒ야 기위치(其位置)가 가려(佳麗)ᄒ고 규모(規模)가 안전(安全)ᄒ니라."[32]라고 말했다. 또 아골타는 한국 역사상의 뛰어난 임금, 영웅, 대학자, 문화인 등을 열거하고 초·중·고등학교 각 교과의 교사에 비유하면서 그들에게 배우라고 강조했다.[33]

무치생이 아골타에게 이 세상에 다시 나타나 제국주의를 정복하고 세계 인권의 평등주의를 시행할 대동민족(大東民族)의 선창자(先唱者), 맹주가 되어 달라고 당부하자 아골타는 이제 단 한 명의 영웅에게 기대하는 태도를 버려야 한다고 물리치면서 그보다 우리 민족 중에서 수많은 청년들을 잘 키워서 영웅으로 만들라고 가르쳤다.

31 「夢拜金太祖」, 앞의 책, 227-230쪽 참조.
32 「夢拜金太祖」, 앞의 책, 296쪽.
33 「夢拜金太祖」, 앞의 책, 296-306쪽 참조.

"차(此) 주의(主義)를 이행(履行)ᄒᆞᄂᆞᆫ 경유(境遇)에ᄂᆞᆫ 일개(一個) 아골타(阿骨打)의 능력(能力)을 요규(要求)홈보다 우리 민족(民族) 중(中)에서 백천만신(百千萬身)의 아골타(阿骨打)가 출현(出現)ᄒᆞ야 사의(斯義)를 주창(主倡)ᄒᆞᄂᆞᆫ 것이 더욱 유력(有力)홀지니 이(爾)ᄂᆞᆫ 짐(朕)의 차의(此意)로써 일반(一般) 청년계(靑年界)에 전촉(傳囑)ᄒᆞ야 고고(個々)히 영웅(英雄)의 자각(資格)을 자조(自造)ᄒᆞ고 영웅(英雄)의 사업(事業)을 자임(自任)ᄒᆞ야 평등주의(平等主義)의 선봉(先鋒)이 되기로 자강(自強)ᄒᆞ면 짐(朕)히 상제(上帝)써 특청(特請)ᄒᆞ야 기목적(其目的)을 득달(得達)케 홀지니 이(爾)ᄂᆞᆫ 십분명념(十分銘念)ᄒᆞ라."[34]

그 가르침에 감명을 받은 무치생은 큰절을 하고 동포들에게 그 훈계를 알리고자 달려가려 했다. 그러자 아골타는 그를 잠깐 세우고 '태백음양일통(太白陰陽一統)' 여섯 글자를 써서 주었다.[35]

이상과 같이 무치생과 금태조 아골타는 모두 박은식의 분신으로 볼 수 있다. 그것은 바로 유교적 민족의식과 범퉁구스주의의 대종교적인 민족의식의 대결이다. 후자를 대표·상징하는 것이 금나라 태조 아골타이다. 바로 이러한 점에 대종교 퉁구스주의가 여실히 나타나 있다. 박은식이 보기에 조선시대의 유교적·한학적 교양과 소중화 의식은 근대적 민족의식 확립에 걸림돌이 되었다. 박은식의 범퉁구스주의는 유교적 사고방식을 극복하고 자주적·주체적인 민족의식을 불러일으키는 촉매 역할을 한 것이다.

---

34 「夢拜金太祖」, 앞의 책, 310쪽.
35 「夢拜金太祖」, 앞의 책, 312쪽 참조.

V. 보편주의의 계기로써 범퉁구스주의

앞에서 살펴본 바와 같이 대종교의 범퉁구스주의는 유교적 민족의식(소중화의식)을 극복하고 근대적 민족의식을 확립할 촉매 역할을 하였다. 그와 동시에 전 인류의 구제를 지향하는 보편주의의 계기도 내포하였다. 원래 단군신화에는 환웅이 지상에 내려올 때 말했다고 하는 '홍익인간'이 단군이념을 나타내는 표어로 자주 강조되는 바이다.

초창기부터 대종교는 동시대의 세계정세에 대해서도 위기 의식을 가지고 있었다. 대종교(단군교)를 소개한 《황성신문》의 기사에도 현대는 개인과 개인, 국가와 국가가 사욕을 다투는 시대이고 그것이 극에 달하자 이윽고 인류가 멸종하기에 이를 것이라고 당시의 제국주의 · 자본주의적 세계에 대해 비관적인 전망을 나타내고 있다.[36] 그래서 태백산(백두산) 남북에 사는 '우리 7000만의 형제자매'가 우선 '천조(天祖)의 무극대도(无極大道)'에 교화를 받아서 점차 '일체 인류'에게 보급함으로써 세계를 구하라고 주장했다.[37] 여기서 대종교는 어디까지나 세계종교를 지향하고 '천조의 유족이자 태백산 남북부에 번연한' 형제자매를 향한 범퉁구스주의는 어디까지나 전 인류를 구제하는 첫 단계였다.

대종교가 전 인류의 구제를 지향하는 것은 (퉁구스족뿐만 아니라) 전 인류

---

36 "西歷 紀元의 二十世紀라는 時代이라 浩漠흔 東西에 人與人이 生存을 是爭ᄒ고 國與國이 利害를 是交ᄒ야 私慾의 奮鬪가 極点에 達ᄒ얏스니 若此不已ᄒ면 人族의 慘禍將至殄滅ᄒ겟기도…….",「檀君敎說筆記」《皇城新聞》1910년 5월 25일자.
37 "我天祖의 遺族으로 太白山南北部에 蕃衍흔 凡我七千萬의 兄弟姉妹가 我天祖의 无極大道를 爭先感化ᄒ야 今日世界大陸에 私慾의 劇烈흔 一切人類에 次第普及ᄒ기를 希望ᄒ는바오.", 위의 기사.

가 단군이 창조한 원초의 인간의 자손이기 때문이다. 환인(桓因) · 환웅(桓雄) · 환검(桓儉)은 삼신일체(三神一體)의 단군대황조(한배곰)라고 부른다. 『신사기(神事記)』에 따르면 환인은 상제이며 천지만물과 인류를 창조했다. 최초의 인류는 나반(那般)과 아만(阿曼)이라는 남녀로 그 자손이 점차 늘어나고 황(黃) · 백(白) · 현(玄) · 적(赤) · 남(藍)의 다섯 색 인종의 조상이 되었다. 그중 황인종은 또다시 네 갈래로 나눠져 개마고원 남쪽에서 산 사람은 양족(陽族)이 되고, 속말(粟末) 기슭에서 산 사람은 간족(干族)이 되고, 선비(鮮卑) 동쪽 들판에서 산 사람은 방족(方族)이 되고, 여러 산골짜기에서 산 사람은 견족(畎族)이 되었다. 이 네 지족(支族)이 퉁구스의 조상이다.

그들은 본래 몽매하여 풀을 짜서 옷으로 삼고, 나무 열매를 따 먹고, 나무 위에 만든 둥지나 동굴에 살았다. 인류가 번식하자 서로 다투고 강한 자가 약한 자를 학대하게 되었다. 그것을 보고 환인은 진노하고 지상에 폭풍우와 홍수, 가뭄, 기근 등 온갖 재앙을 내렸다. 그러나 인간들은 여전히 스스로의 포악함 때문에 벌을 받고 있음을 깨닫지 못하고 더욱 포학해질 뿐이었다. 이에 환웅은 갑자년(甲子年) 상월(上月, 10월) 3일에 천부삼인(天符三印)을 들고 백두산 단목(檀木) 아래에 내려왔다. 그는 신교(神敎)로써 백두산 남북의 백성들을 가르치고 삼선(三仙; 팽오(彭吳) · 신지(神誌) · 고시(高矢))과 사령(四靈; 운사(雲師) · 우사(雨師) · 풍백(風伯) · 뇌공(雷公))에게 명하여 인간사를 다스리게 했다.

환웅의 아들 환검은 최초의 임금이 되고 그 자손이 신교로써 지상을 다스렸다. 그 영토는 막북(漠北)에서 발해의 섬들에 이르렀다. 단군조(檀君朝) 중엽에는 국호를 배달국(倍達國)이라 칭하였다. 옛말에 조상을 '배(倍)'로, 아버지를 '비(比)'로 일컫고 밝게 빛나는 것[光輝之物]을 가리켜 '달(達)'이라고 불렀다. 그래서 할아버지의 빛이 사방을 비춘다는 뜻으로 '배달'을 나라이름으로 삼은 것이다. 그리고 한토(漢土)의 사관(史官)은 조(祖) 자를 피해 음이 같은 조(朝) 자와 광휘(光輝)의 뜻을 나타내는 선(鮮) 자를 써서 '조선(朝鮮)'이라 불렀다.[38]

단군조 붕괴 후에도 신교는 이름과 말을 바꾸어 가면서 한반도와 만주 땅의 역대 왕조에 계승되었다. 신교가 융성하면 나라도 번영하고 쇠퇴하면 나라(왕조)도 쇠퇴했다. 부여에서는 '대천교(代天敎)'라 하고 고구려에서는 '경천교(敬天敎)', 신라에서는 '숭천교(崇天敎)', 백제에서는 '소도(蘇塗)', 발해에서는 '진종교(眞倧敎)', 고려에서는 '왕검교(王儉敎)', 만주에서는 '주신교(主神敎)'라고 불리고 다른 곳에서는 '신교(神敎)' 또는 '천신교(天神敎)'라고 불렀다.

발해 천통(天統) 17년(서기 715) 3월 3일에 썼다는 반안군왕(盤安郡王) 대야발(大野勃)[39]의 『삼일신고』서문과 천통 16년(714) 10월 길일의 날짜가 적힌 「어제삼일신고찬(御製三一神誥贊)」이 들어 있음을 보면 단군조에 관한 문헌들은 발해시대에 필사되고 석함 속에 안치된 것으로 보인다. 그러나 고려 때 몽골 지배하에서 기악온(奇渥溫, 원나라 황실)의 혐의를 받아 신교가 폐지되고 말았다.

그러다가 앞에서 본 바와 같이 백봉이 10년 하늘에 기도한 끝에 무려 700여 년 만에 단군대황조의 묵계를 얻어 석함 속에 봉안된 옛 기록들을 꺼내고 닫힌 교문을 다시 연 것이다.

---

38 檀君朝 中葉에 倍達國이라 稱홍 語가 漢字의 字義字音으로 轉變ᄒ야 朝鮮이 되얏스니 古語에 謂組曰 倍오 謂父曰 比오 指光輝之物曰 達이라 ᄒ니 祖父光輝를 被호 四表土地라 ᄒ야 國號를 建ᄒ야 國號를 建ᄒ바인즉 倍達은 卽祖光이라. 漢土史筆이 外國國名에 險字를 用홈은 慣例라 況祖字를 用ᄒ리오. 祖를 以音譯之ᄒ야 朝字가 되고 光輝를 以義譯之ᄒ야 鮮字가 되얏스나……",「佈明本教大旨書」
39 대야발은 乞乞仲象의 아들로 발해의 건국자인 高王 大祚榮의 아우이다.

대종교가 인류를 구제하는 방법은 주로 인간 본성의 자각과 수양을 통해 인간 완성에 이르는 길을 제시하는 것이었다. 『삼일신고』 제5장 「인물(人物)」편에서 이 내용을 살펴볼 수 있다.

그 내용에 보면 사람과 사물은 똑같이 성(性)·명(命)·정(精)의 '삼진(三眞)'이 품부되어 있다. 사람은 모두 원래 그것을 온전히 받았지만 만물은 그것을 편협되게 받고 있다. 그 참된 성·명·정에는 선악(善惡)·청탁(淸濁)·후박(厚薄)이 없다. 그런데 보통사람(衆)에게는 그것과 함께 '삼망(三妄)' 즉 심(心)·기(氣)·신(身)이 뿌리내리고 있다. 심은 성에 의해 선과 악이 있게 되고 선에는 복이, 악에는 화가 내려진다. 기는 명에 의해 맑고 탁함이 있게 되고 맑으면 오래살고, 탁하면 일찍 죽는다. 신은 정에 의해 두텁고 얇음이 있게 되고 두터우면 빼어나고 얇으면 천박해진다.

삼진과 삼망이 마주 대하면서 감(感)·식(息)·촉(觸)의 '삼도(三途)'가 생기고, 그것이 돌아서 '십팔경(十八境)' 즉 18가지 감정과 감각을 이룬다.

<표2> 『삼일신고』 「인물편」의 삼진·삼망·삼도

三眞	眞	哲	三妄	妄	肯定的	否定的	三途	十八境
性	無善惡	上哲―通	心	有善惡	善―福	惡―禍	感	喜·懼·哀·怒·貪·厭
命	無淸濁	中哲―知	氣	有淸濁	淸―壽	濁―夭	息	芬·爛·寒·熱·震·濕
精	無厚薄	下哲―保	身	有厚薄	厚―貴	薄―賤	觸	聲·色·臭·味·淫·抵

보통사람은 '십팔경', '삼도'에 따라 달려가고 생(生)·장(長)·초(肖)·병(病)·몰(沒)과 그것에 관한 근심에 빠진다. 한편 철인(哲人)은 지감(止感)·조식(調息)·금촉(禁觸)의 방법으로 일의(一意)를 화행(化行)시켜 망을 돌려 진을 따라 상대적인 선악·청탁·후박을 초월한 자유자재의 큰 신기(神機)

를 발휘한다. 이것을 '성통공완(性通功完)'이라고 한다.

철인 중에도 상(上)·중(中)·하(下)의 등급이 있고, 상철(上哲)은 참된 성에 통달하고, 중철(中哲)은 참된 명을 알고, 하철(下哲)은 참된 정을 보전한다. 대종교는 이와 같이 수양을 통한 인격 향상과 인간적 완성의 길을 통해 인류를 구제하려 한 것이다.

대종교가 내세운 오대종지(五大宗旨)는 원래 『단군교오대종지포명서』에 기반한다. 그것은 원래 경봉조신(敬奉祖神)·감통영성(感通靈誠)·애합족우(愛合族友)·안고기토(安固基土)·근무산업(勤務産業)의 다섯 가지였다. 그러나 1911년에 일어난 공주시교당사건(公州施教堂事件)[40]을 계기로 그것을 경봉천신(敬奉天神)·성수영성(誠修靈性)·애합종족(愛合種族)·정구이복(靜求利福)·근무산업(勤務産業)으로 변경했다.

즉 신앙의 대상이 조상신에서 보편적인 신인 천신으로 바뀌고, 영성에 느끼고 통하는 '감통영성'에서 정성껏 영성을 닦는다는 종교적 수행을 강조한 '성수영성'으로 바뀌었고, 정치적 구호의 성격이 강한 '안고기토'에서 신앙

---

40 公州施教堂事件은 1911(明治44)년 1월에 충청남도장관 朴重陽이 공주 私立明化學校 (대종교 공주시교당)의 단군교 초기 문헌인 『단군교포명서』『단군교오대종지서』 등을 압수해 불언문서로 조선총독부에게 보고하고 학교 폐지 처분을 요청한 사건이다. 대종교 쪽은 吳赫을 공주시교당 사무시찰로 임명하고 사태 수습을 도모했다. 이 사건으로 인해 오대종지를 대폭 수정하게 되었고 주요 경전인 『삼일신고』도 오대종지의 제창자인 백봉의 기록을 삭제하고서 총독부의 허가를 받아 1912년에 인쇄본으로 출간하게 되었다. 이것은 백봉의 위상이 대종교 역사 속에서 퇴색될 단초가 되었고 교리와 교주가 바뀌게 되면서 오늘날에 이르기까지 대종교 역사와 교리 면에서 많은 혼란을 초래하였다. 나철은 문제를 타개하기 위해 교단 개혁을 단행하면서, 서간도, 상하이, 북간도 등에 시교당을 개설하고 한반도 외부의 교세 확대에 주력하게 되었다. 이러한 대응책은 만주 지역 대종교 계열 독립운동 단체의 기반 형성에도 일조하였다. (조준희, 「조선총독부 문서철 『寺社宗教』 「大倧教·檀君教ノ件」(1911)」, 387-388쪽)

을 통해 복리를 추구하는 '정구이복'으로 바뀌게 된 것이다.[41] 민족주의적 색채를 엷게 함으로써 식민지 당국이나 친일파의 혐의를 피하려는 소극적인 의도도 있을 수 있겠지만 적극적으로는 사건을 계기로 대종교가 원래 가졌던 보편주의를 더욱 강화하려고 한 것으로 해석할 수 있다.

나철도 〈중광가(重光歌)〉에서 열강의 제국주의가 이윽고 제1차 세계대전으로 수많은 희생자를 내기에 이른 국제 정세를 보고 살기를 좋아하는 하늘의 뜻을 받들어 크고 작은 나라들과 민족을 같은 가르침(대종교)에 따라 평화적으로 통일시킴으로써 하늘과 사람이 대대로 즐기는 세상을 열자고 주장하였다.

> 상제(上帝)께 호소(呼訴)하여 천국(天國)을 새로열어
> 한 나라 한 신교(神敎)로 큰 지구(地球)를 통할(統轄)케
> 대소강약(大小强弱) 너나를 한집에 일체애합(一體愛合)
> 한 세계(世界) 한 도(道)빛으로 천민동락(天民同樂) 만만대(萬萬代)[42]

1916년에 구월산에서 자결하기 전 나철은 일본 총리대신(總理大臣) 오쿠마 시게노부[大隈重信]와 조선 총독 데라우치 마사타케[寺內正毅]에게 대종교를 인정하려 하지 않는 부당함을 호소하는 편지인 「여일본총리대외서(與日本總理大隈書)」와 「여조선총독사내서(與朝鮮總督寺內書)」를 썼다. 그 안에서

---

41 김봉곤, 「대종교의 종교성과 공공성: 五大宗旨와 『三一神誥』를 중심으로」, 원광대학교 원불교사상연구원 편, 『근대한국 개벽종교를 공공하다』, 서울: 모시는사람들, 2018, 217-218쪽.
42 羅喆, 〈重光歌〉 제54장.

"또한 이 몸을 돌이켜보면 이제 더 이상 지난날의 적을 베는 것을 생각했던 나인영이 아니요 성심을 열어 원수에게 돌리는 나철이다. 이 마음을 돌이켜보면 날마다 쓸개를 핥으면서 한 나라만을 사랑하는 편견을 되풀이하는 것이 아니니 곧 오늘날 전 세계에 똑같이 인을 베푸는 대도(大道)이다."[43]라고 하면서 대종교의 도가 한 나라 범위에 사로잡힌 편견을 뛰어넘은 보편주의 · 박애주의의 '대도'임을 강조한다.

VI. 맺음말

이상과 같이 대종교에서는 '중광'이라는 용어를 써서 자기 가르침이 새롭게 창시된 것이 아니라 옛날에 행해졌던 가르침이 다시 빛을 보게 된 것임을 강조한다. 원래 정객이었던 나철은 백봉교단의 백전, 두일백과의 만남을 통해 민족종교지도자로 거듭났다. 백봉교단의 『단군교오대종지포명서』에서는 '태백산 남북 7000만 동포'라고 하듯이 한반도뿐만 아니라 태백산(=백두산) 남북에 사는 사람들을 '동포'로 규정하면서 단군대황조-배달족부터 북부여족-동부여족-고구려족 및 발해족-여진족-금족-후금족, 즉 청족이라는 북방민족의 계보를 소개하고 '그 일명이 조선족이고 다른 이름이 퉁구스족이며, 즉 3천단부족'이라고 밝혔다. 『포명서』에서는 후금을 일으킨 누르하치를 비롯하여 태종 홍타이지, 순치 황제, 강희 황제 등 청조 초기의 황제들이 조선과 형제의 결의를 맺고 중원을 정복해서 4억의 한족에게 변발을 닐

---

43 "且顧此身, 非復往年懷殘斬之寅永, 乃今日開誠返仇之喆也. 顧此心, 非復者日嘗膽愛一國之偏見, 乃是日同仁全世之大道也.", 羅喆, 『與日本總理大隈書』

리 베푼(강요한) 것을 칭송하는 내용이 보인다.

이와 같이 초기 대종교 문서가 백두산을 신성시하고 북방을 중시한 점은 나철 집단에 호남 출신자가 많았던 점이나 동학·증산교 등 다른 신종교가 한반도 남부를 중시한 점과 대조적이다. 또한 청나라 황제들에 대한 칭찬은 조선조에서 일반적이었던 숭명반청(崇明反淸)의 분위기와도 상반되는 것이며, 백봉교단이 청나라에 사는 조선족의 결사체였을 가능성도 있다.

이러한 초기 대종교에 보이는 민족의식을 19-20세기에 세계적으로 유행한 범민족주의의 문맥에서 살펴보면 '범퉁구스주의'라고 부를 수 있을 것이다. 범게르만주의, 범슬라브주의, 범아랍주의 등의 범민족주의는 당시 정치적으로 큰 영향력을 과시했다. 범퉁구스주의도 일본에 실재했다. 1929년에 만주철도 촉탁의 기타가와 시카조(北川鹿藏)는 『판퉁구시즘과 동포의 활로: 희망이냐 절망이냐 친애하는 겹들에게 고함』이라는 소책자에서 범퉁구스주의를 제창했다. 기타가와는 '퉁구스'족으로 분류되는 여러 민족들을 통틀어서 하나의 민족으로 보고 일본(야마토)민족은 퉁구스 민족의 일원이자 문명적 선구자로 단정했다. 그리고 '퉁구스' 민족의식을 고취함으로써 만주와 몽고를 중원의 한족과 분리시키고 '퉁구스'의 이름 아래 일본-한반도-만주-몽골에 걸친 일본의 세력권을 형성하고 중국인의 반일·배일 운동을 타게 하려고 했다.

물론 대종교의 창시는 기타가와의 판퉁구시즘보다 20여 년 앞서 있다. 또 기타가와의 판퉁구시즘이 일본 세력의 팽창을 도모한 것인 데 대해 대종교의 범퉁구스주의는 신앙에 바탕을 둔 것이었다. 그럼에도 기타가와의 판퉁구시즘과 대종교의 범퉁구스주의에는 공통점이 있었다. 먼저 둘 다 현존 퉁구스어 족보다 역사적인 그것에 치중했다. 다음으로 학문적으로는 그 위치가 모호한 한민족과 그 조상들을 거리낌 없이 '퉁구스'로 분류했다. 그리고 한(漢) 민족 · 문화와 거리를 두기 위해 '퉁구스'를 사용했다는 점이다.

대종교의 범퉁구스주의의 특징이 가장 뚜렷하게 나타난 작품으로 박은식의『몽배금태조』를 들 수 있다. 이 소설은 조선 선비 무치생이 꿈속에서 대금태조 황제 아골타를 알현하고 대화하는 내용으로 대종교의 영향을 크게 받은 작품이었다.

『몽배금태조』 중에서 금태조는 무치생과의 대화를 통해 전통적 한학의 허망함과 유해무익함, 그리고 조선 유생들이 숭상하던 성리학을 낳은 송나라 사람들이 얼마나 비굴하고 표리가 있는 사람들이었는지를 폭로하면서 그것을 무비판적으로 숭배하는 오류를 지적한다. 그리고 민족을 개량하기 위해 한국 역사상의 뛰어난 군주 · 영웅 · 지식인 · 문화인 등에게 배워야 한다고 강조한다. 이 소설에서 조선 사대부를 대표하는 무치생을 질타하고 민족의식을 고무하고 인도하는 역으로 금태조가 등장하는 것은 여진과 조선이 원래 하나의 대동민족(大東民族)이자 퉁구스로서 동족이기 때문이다. 이 작품에서 범퉁구스주의는 전통적으로 존중된 한문학 · 성리학의 영향을 불식해 민족 주체성과 국수를 회복하는 촉매 역할을 했다.

한편 대종교의 범퉁구스주의는 전 인류의 구제를 지향하는 보편주의의 계기도 되었다. 원래 단군신화에는 '홍익인간'이 단군 이념 · 사상으로 강조되었고, 초창기 대종교는 제국주의 · 자본주의적 세계에서 사람들과 나라들의 욕망 갈등이 극에 달함으로써 결국 모두 멸망한다는 위기의식이 있었다. 그것을 그냥 좌시하는 것이 아니라 태백산[백두산] 남북의 '7천만 형제자매'가 먼저 '천조의 무극대도'에 감화되고 나서 '일체 인류'에게 차례로 보급함으로써 세계를 구한다는 것이다.

여기서 범퉁구스주의는 전 인류 구제로 나아가는 첫 단계로 간주된다. 단군대황조는 퉁구스[배달민족]만이 아니라 전 인류의 조상을 만들었기 때문이다. 그래서 『삼일신고』에서는 삼망(三妄)이 뿌리내린 중인이 하늘에서 주어진 삼진(三眞)을 회복한 철인이 되고 성통공완(性通功完)을 이룩하고 인간적 완성에 이르는 길이 제시되었다. 또 나철이 일본국 총리대신 오쿠마 시게노부[大隈重信]와 조선 총독 데라우치 마사타케[寺內正毅]에게 보낸 편지에도 대종교의 도가 민족주의·국수주의의 편견에 사로잡히지 않는 보편주의·박애주의의 '대도'임을 밝혔다.

오늘날 대종교는 주로 민족종교로서의 측면이 많이 강조되지만 전 인류가 '사욕'의 극복과 인간적 완성을 통해 '애합'하기를 지향한 보편종교로써의 측면에서도 다시 주목할 필요가 있을 것이다.

근대 한국종교의 '세계' 인식과 일원주의 및 삼동윤리의 세계관*

원영상 원광대학교 원불교학과 교수

* 이 글은 『원불교사상과 종교문화』84, 원광대학교 원불교사상연구원, 2020, 9-40쪽의 글을 수정 · 보완한 것임.

Ⅰ. 머리말

　주지하듯이 세계라는 말은 불교에서 나왔다. 석가모니불의 설법인『장아함경(長阿含經)』「대본경(大本經)」에는 비바시보살(毗婆尸菩薩)의 탄생담 속에 "세계(世界)"라는 말이 등장한다. 도솔천에서 나와 어머니의 태에 오른쪽 옆구리로 들어갔는데 바른 생각이 흩어지지 않았다. 이때 땅이 진동하고 대광명을 놓아 세계를 널리 비추었다[1]고 한다. 산스크리트어인 loka-dhātu가 한자어인 세계로 번역이 된 것이다. 또한『수능엄경(首楞嚴經)』에서는 중생이 사는 곳으로써 세계를 말한다. 부처는 아난(阿難)에게 중생세계를 "세(世)는 옮겨 흐른다는 뜻이며, 계(界)는 방위라는 말"인 동시에 "동쪽과 서쪽과 남쪽과 북쪽과 동남쪽과 서남쪽과 동북쪽과 서북쪽과 위아래는 계(界)이고, 과거와 현재와 미래는 세(世)[2]라고 설한다. 부처는 이것을 "일체중생이 허망을 짜서 서로 이뤄내고 몸 안에서 바뀌고 옮기면서 세와 계를 서로 밟는

1　"毗婆尸菩薩從兜率天降神母胎. 從右脇入. 正念不亂. 當於爾時. 地為震動. 放大光明. 普照世界.", 佛陀耶舍・竺佛念 譯,『長阿含經』卷1(T1, p.3c)

2　"阿難云何名為眾生世界. 世為遷流界為方位. 汝今當知東西南北. 東南西南東北西北上下為界. 過去未來現在為世.", 般剌蜜帝 譯,『大佛頂如來密因修證了義諸菩薩萬行首楞嚴經』卷4(T19, p.122c).『首楞嚴經』의 원제는『大佛頂如來密因修證了義諸菩薩萬行首楞嚴經』임.

것이니라."[3]라고 설함으로써 중생의 미망(迷妄) 때문에 육도윤회가 이루어 진다고 본다.

이처럼 불교는 시간과 공간을 창출하는 것을 알 수 있다. 불교는 업(業, karma)과 그것의 발생 원인인 무명과 번뇌 때문에 벌어지는 시공간을 설명 하기 위해 세계를 등장시켰다고 할 수 있다. 실재로『수능엄경』에서는 불 성의 잠재태인 여래장(如來藏)을 비롯해 업의 원인, 수행의 자세 등을 설명 한다. 진여의 성품이 영원불멸함을 깨쳐 미혹의 세계에서 벗어나는 해탈의 길을 제시한다. 그런데 우주적인 의미에서 불국토로서는 수미산을 중심으 로 4대주를 하나의 세계로 보고, 삼천대천세계에 의해 전 우주가 구성되어 있다고 본다. 불교의 우주론이라고 할 수 있다.

불교의 세계관은 유심론적이라고 할 수 있다. 모든 것이 마음의 차원으 로 환원된다. 고집멸도의 사제(四諦), 즉 고제(苦諦)에서 도제(道諦)에 이르 는 여정과 이 세계관이 밀접하게 관련된다. 이와 함께 불타의 핵심적인 깨 달음의 하나인 연기(緣起) 사상은 우리 현실을 더 적극적으로 해석하게 한 다. 연기야말로 이웃 종교와 소통할 수 있는 보편적인 사상성을 지녔다고 할 수 있다. 사회적 차원에서 볼 때, 동양을 포함한 세계 여러 종교나 철학 에서 말하는 세계관과도 비교, 연동해 볼 수 있는 풍부한 내용을 함축하고 있다. 유교의 대동사회나 사해동포주의, 기독교의 천년왕국설, 스토아학 파로에서 시작되어 근대 유럽의 계몽사상가들에 이르기까지 범세계주의 (cosmopolitanism) 담론의 밑바탕에는 동질적인 인간 공동체에 향한 기대와 희망이 섞여 있음을 알 수 있다.

3　"一切衆生織妄相成. 身中貿遷世界相涉.", 같은 경전(T19, p.122c)

필자는 이러한 세계관의 밑바탕에는 사회적 연기가 기반이 된다고 본다. 연기에 관한 불교의 다양한 관점과 해석을 뒤로 하더라도 인간을 중심으로 하는 세계관의 이면에는 시대와 공간을 함께 살아가는 인간 군상의 모든 현상은 사회적 연기 관계론으로 풀어내는 것이 적절하지 않을까 생각된다. 물론 불교식으로 말하자면, 상극이나 상생의 연기관도 포함된다. 인간적 관계론이라고 할 수 있다. 이제 이러한 한정된 차원, 즉 불교적 세계관을 넘어 동서양의 문명이 교차하던 시기의 근대에 활약한 한국의 종교는 이 세계를 어떻게 인식했으며, 특히 그중의 하나인 원불교는 어떠한 세계관을 보여주고 있는지 고찰해 보고자 한다.

II. 근대 한국종교의 '세계' 인식

근대 한국종교의 '세계주의'와 관련하여, 기존의 근대 한국종교들에 대한 연구들은 민족주의적 요소를 연구하는 데 집중되었다.[4] 사실 근대 한국종교들은 당시 서구 문명의 충격과 외세 침략에 따른 민족정체성 보존을 위해 강한 민족주의적 성향을 띠지 않을 수 없었다. 후대의 연구도 그 결을 따라 고찰할 수밖에 없었다. 말하자면 근대 한국종교가 내세운 보다 보편적인 '세계주의'에 대한 연구에는 소홀할 수밖에 없었다.[5] 하지만 근대 한국종교

---

4 예를 들면 다음과 같다. 강돈구, 『한국근대종교와 민족주의』, 서울: 집문당, 1992; 김홍철, 『한국신종교사상의 연구』, 서울: 집문당, 1989; 배용덕, 『한사상과 민족종교』, 서울: 태광문화사, 1987.
5 하지만 신종교의 세계주의에 대한 연구 성과가 전무한 것은 아니다. 김용환은 「세계화 시대의 민족주의와 신종교」(『신종교연구』26, 2012)를 통해 근대 한국종교의 민족

들은 민족주의적 성향이 강하기도 했지만, '세계주의'에 관한 인식도 확연하게 나타났다. 특히 '민족주의'와 '세계주의'의 조화를 강조하면서 서구적 세계주의와는 다른 대안을 제시했다. 최근 민족이나 국가의 결여를 전제하는 세계시민성에 대한 문제가 비판받고 있다. 이러한 담론마저 충분히 수용할 수 있는 근대 한국종교의 '세계주의'에 대한 인식은 또한 서구적 세계시민성 비판에 대안을 모색하기에 충분한 사상적 가치가 있다.

세계를 어떻게 볼 것인가 하는 점은 근대 한국종교인들의 세계관 인식의 공통된 기반이라고 할 수 있다. 무엇보다도 세계관의 변천은 개벽사상을 빼놓을 수 없다. 동학과 천도교의 근원이 된 최제우(崔濟愚, 1824-1864)의 사상은 근대 개벽사상의 시초가 된다. 그는 〈몽중노소문답가〉에서

> "십이제국(十二帝國) 괴질운수(怪疾運數) 다시개벽(開闢) 아닐런가 / 태평성세(太平聖世) 다시 정(定)해 국태민안(國泰民安) 할 것이니 개탄지심(慨歎之心) 두지 말고 차차차차 지냈어라 / 하원갑(下元甲) 지내거든 상원갑(上元甲) 호시절(好時節)에 만고(萬古) 없는 무극대도(無極大道) 이 세상에 날 것이니 / 너는 또한 연천(年淺)해서 억조창생(億兆蒼生) 많은 백성 / 태평곡(太平曲) 격양가(擊壤歌)를 불구(不久)에 볼 것이니 / 이 세상 무극대도(無極大道) 전지무궁(傳之無窮) 아닐런가."[6]

라는 가사에서 보듯이 괴질이 일어난 후에 다시 개벽이 될 것임을 예언한

주의와 세계주의의 매개 가능성을 분석했는데 이는 본 연구를 수행하는 데에도 많은 시사점을 제공한다.

6 라해명 주해,『천도교경전 공부하기』, 서울: 모시는사람들, 2007, 157-158쪽.

다. 이처럼 선천 후천에 관한 설은 최제우가 시작한다. 후천시대에는 널리 창생을 제도하는 광제창생(廣濟蒼生)의 기운이 나타나고 시천주(侍天主)와 사인여천(事人如天) 사상에 기반하여, 사람이 곧 한울인 보편적인 인권평등 사상이 꽃을 피우게 된다. 사회라는 대아(大我)가 불생불멸하며, 지상천국의 생활은 덕치생활을 이루고, 의식주의 부자유와 질병, 재앙 같은 자연적 압박을 극복한 삶이 이루어진다. 1905년 손병희가 동학을 천도교로 개명한 이후, 1920년대 중반 천도교 지도자들은 민족주의를 한민족과 다른 민족을 대립케 하는 원인으로 파악하고 제국주의 질서와 '민족국가' 단위의 세계질서를 비판하면서 '세계일가주의(世界一家主義)'를 주장한다. 즉 세계평화를 위해서는 민족주의를 넘어선 세계주의 관점이 필요하다고 본 것이다.

천도교는 세계를 한 사람[一人]으로 보고, 세계를 한울타리[一圍]로 보았다. 이렇게 세상을 한 사람으로 보고 세계를 한 몸으로 본다는 것은 인간 각자가 전체에서 자신을 분리한 소세계를 벗어나 세계가 다시금 동귀일체로 돌아와 한울타리가 되어야 함을 뜻한다. 천도교는 이것을 대정치(政治)로 개념화하면서, 정치를 분리된 소세계의 약육강식하는 전쟁터를 동귀일체의 한 울타리로 바꾸는 것으로 정의했다.

이에 따라 이돈화는 '사람성(性)주의'를 통해 종교적 사회개조론을 발전시켰다.[7] 그는 개인과 사회 사이를 잇는 실천적 개념으로 도덕에 주목했는데, '도덕'으로 '이기주의'와 '이타주의'를 조화시키고, '범인간적 민족주의' 개념을 통해 민족주의라는 '이기주의' 사상을 인류주의라는 '이타주의' 사상과 조화시키고자 했다. 그는 '범인간적 민족주의'를 "역사상 완고한 민족주의

---

7 허수, 「1920년대 전반 이돈화의 改造思想 수용과 '사람性주의'」, 『동방학지』125, 2004 참조.

를 배척하고 전 세계의 민족을 동일한 인류라고 하는 평등적 조건하에서 각 민족이 각기 자연한 상태하에 공동 평등의 행복을 수(受)하자 함이라."[8]고 규정했다.

즉 세계주의를 주장하지만 민족 관념을 세계주의를 실행하는 한 개의 좋은 단위로 인식하였다. 또한 세계주의를 실행하는 데 개인으로 단위를 삼는 것보다 민족으로 단위를 삼는 '세계공화'를 주장하였다. 이처럼 천도교는 각 민족을 세계공화의 단위로 인식하였다. '세계공화'의 개념은 현재의 세계시민주의와 그 맥을 같이한다고 할 수 있다. 말하자면, 이돈화는 민족개벽으로 민족단위, 즉 민족과 민족의 차별을 융화하고 세계일가주의를 지향한다.[9] 여기에서 이돈화가 『신인철학』[10]에서 주창한 삼대개벽, 즉 정신, 민족, 사회개벽[11]이 등장하는 것이다.

이어 강일순(姜一淳, 1871-1909)은 선후천교역설을 기반으로 해원상생의 도로써 천지공사를 한다.[12] 그는,

"나는 서양(西洋) 대법국(大法國) 천계탑(天啓塔)에 내려와서 천하를 대순하다가 삼계의 대권을 갖고 삼계를 개벽하여 선경을 열고 사멸에 빠진 세계 창생들을 건지려고 너희 동방에 순회하던 중 이 땅에 머문 것은 곧 참화 중

---

8 『개벽』 제31호, 開闢社, 1923년 1월호.
9 류병덕, 『근현대 한국 종교사상연구』, 서울: 마당기획, 2000, 148쪽.
10 이돈화, 『신인철학』, 서울: 천도교중앙총부, 1982 참조.
11 이 외에도 손병희의 인개벽, 물개벽에 있다. 이에 대해서는 김홍철, 「근·현대 한국 신종교의 개벽사상(開闢思想) 고찰」, 『한국종교』 35, 2012 참조.
12 강일순의 사상을 계승하고 있는 대순진리회 4대 종지(후천개벽의 이상세계)는 음양합덕·신인조화·해원상생·도통진경이다. 이에 대해서는 이경원, 「한국신종교의 시대적 전개와 사상적 특질」, 『한국사상사학』 24, 2006 참조.

에 묻힌 무명의 약소민족을 먼저 도와서 만고에 쌓인 원을 풀어 주려 함이
노라."[13]

라고 하여 천지도수를 짠다. 이에 따라 후천개벽의 조화로운 세상을 이루
기 위해 음양도수를 조정하는 데에는 개인의 마음공부가 중요하다고 본다.
그는 도통진경을 회복에서는 "천존과 지존보다 인존이 크니 이제는 인존시
대라. 마음을 부지런히 하라."[14]고 한다. 시간적으로는 천지도수, 공간적으
로는 한반도를 중심으로 후천선경세계가 도래한다. 후천선경은 음이 드러
나는 시대로 모든 억압받던 존재가 권위를 되찾는다. 강일순의 개벽관은 우
주적 차원으로도 확대되기도 한다. 원불교 또한 강일순의 후천개벽 사상을
계승하고 있다.[15]

   민족과 세계관의 관련성은 대종교가 더욱 극명하게 보여준다. 대종교는
비록 일제 강점 치하에서 민족주의적인 성격도 없지 않지만, 창시자 나철
(羅喆, 1863-1916)의 '사해일가(四海一家)'나 '만교합일(萬敎合一)'로 대아적 성
격인 세계주의의 면모를 드러냈다. 나철은 오기호(吳基鎬, 1863-1916)와 함께

13 大巡眞理會 敎務部 編, 『典經』권지 1장 11절, 서울: 대순진리회출판부, 1974.
14 같은 경전, 교법 2장 56절.
15 박중빈은 後天開闢의 순서에 대해 제자들이 최제우는 "세상이 깊이 잠든 가운데 첫 새
   벽의 소식을 먼저 알리신 것", 강일순은 "그 다음 소식을 알리신 것", 또는 전자는 "해
   동이 되니 농사 지을 준비를 하라 하신 것" 후자는 "農曆의 절후를 일러 주신 것"에 대
   해 "그럴 듯하다"고 한다. 또한 박중빈 자신에 대해 "직접으로 농사법을 지도하신 것"
   이라고 한 말을 수긍한다(『대종경』변의품 32장). 박중빈은 후천개벽의 시대는 "도덕
   세계 참 문명세계"(같은 경전, 전망품 21장), 법신불의 진리가 크게 드러나는 미륵회
   상, 크게 밝은 세상이 되는 용화회상 등에도 비유(같은 경전, 전망품 16장)하고 있다.
   일원주의와 삼동윤리는 이러한 후천개벽세상의 핵심원리라고 할 수 있다.

1909년 국조 단군을 숭상하는 단군교를 개창하고, 1910년에는 대종교로 바꾼다. 단군신앙을 새롭게 연다는 의미의 중광(重光)을 통해 나철은 이것이야말로 후천개벽과 상통하며, 한배검님이 한민족에게 전한 삼일철학을 통해 인류가 새로워질 것이라고 주장한다.

그는 〈중광가(重光歌)〉와 〈밀유(密諭)〉에서 천신의 자손인 단군(大皇祖 또는 聖神)을 신앙의 대상으로 하고 이화세계(理化世界)와 홍익인간(弘益人間)을 삼일철학을 통해 구현하고자 한다. 박광수는 나철의 사상에 대해 "그가 재천명한 홍익인간사상은 모든 종교와 인류를 포용할 수 있는 조화의 원리를 제공하고 있으며, 범종교적·범인류적 세계관이다."[16]라고 밝힌다. 이는 세계를 보는 관점인 동시에 민족에서 발산한 세계주의의 기본 이념이라고 할 수 있다.

이러한 세계주의적 인식은 대종교의 종교적 규례에서 확인할 수 있는데, 그 내용은 종교와 종교의 벽을 넘어 이단(異端)이 없는 진정한 신앙인의 자세를 요청한다. 나철은 〈중광가〉에서 "대소(大小) 강약(強弱) 너 나를 한집에 일체애합(一體愛合) 한 세계(世界) 한 도(道) 빛에 천민동락(天民同樂) 만만대(万万代)"[17]라고 한다. 즉 크거나 작거나 힘 있거나 약한 자들이 모두 함께 사랑으로 통합하고 하늘이 낸 백성이 모두 함께 즐긴다는 언급은 '도덕세계론'을 드러낸다.

대종교 오대종지는 민족을 넘어 인류라는 보편적 가치에 부합한다. 특히 '애합종족(愛合種族)', '사랑으로 인류를 합할 것', 즉 결속과 통합의 매개 원리를 '사랑'으로 설정하는 항목은 이를 단적으로 보여준다. 나철은 대종교

---

16 박광수, 『한국신종교의 사상과 종교문화』, 서울: 집문당, 2012, 266쪽.
17 나철, 〈중광가〉, 『한검 바른길: 첫거름』, 대종교 총본사, 1949.

의 범인류적 사상을 토대로 인간과 인간의 관계를 넘어, 하늘의 뜻에 따라 인간이 사이좋게 지냄을 '호생(好生)'으로 표현했다. 이처럼 대종교는 사회 윤리적으로 '애합종족'과 '도덕평화'를 추구하는 교리사상을 구축했다. 여기서 '종족'은 단군의 자손 한민족이겠지만, 민족을 초월하여 인류 전체로까지 확대하여 해석할 수 있을 것이다.

한편 대종교에 입교한 박은식(朴殷植, 1859-1925)은 "성인은 이를 본받아 만물을 일체로 삼고 사해를 일가로 삼아 경계와 울타리가 없었습니다."[18]와 같이 모든 생명체가 하나라고 하는 만물일체(萬物一體)사상과 인종적 차별이 없이 모든 인류가 한 가족이라는 사해일가(四海一家)의 사상을 주장했다. 또한 박은식은 강자와 약자가 사회진화적으로 조화를 이루고자 한 대동사상을 통해 세계주의를 지향했다. 대동사상을 전파한 캉유웨이(康有爲)와 량치차오(梁啓超)의 영향을 받은 박은식은 세계가 지구촌으로 통합되는 대동 시대에 맞게 문화 사이의 '교통(交通)'을 종교적 창조력의 원천으로 중시하였다. 태평의 복락을 함께 향유하는 대동의 이상에 함축된 평등과 평화의 가치는 제국주의와 강권주의를 비판하고 도덕적 세계주의를 지향한 것으로 볼 수 있다.

---

18 박은식, 『夢拜金太祖』, 천안: 독립기념관 한국독립운동사연구소, 1989, 212-213쪽.

Ⅲ. 일원주의와 삼동윤리의 세계관

1. 일원주의의 회통성

불법연구회(후에 원불교)의 창시자 박중빈(朴重彬, 1891-1943)이 깨달은 내용은 일원상의 진리이다. 원불교 신앙의 대상이자 수행의 표본은 이것이다. 그 자체가 진리의 모습이 아니라 진리의 세계로 들어가는 상징의 문이다. 사실 이 상징이 적극적으로 진리나 깨달음의 상징으로 쓰인 것은 선종의 발전과 함께였다. 일원상은 여러 조사들이 자신의 깨달음의 경지를 드러내는 언어적 도구였다.

특히 남양혜충(南陽慧忠, ?-775)은 다양한 일원상 그림으로 그 경지를 드러냈다. 『경덕전등록』에는 그 일화가 기록되어 있다. "국사가 어떤 승려가 오는 것을 보고, 손으로 원상(圓相)을 그렸다. 원상 안에 일(日) 자를 그려 보였는데 승려는 대답이 없었다."[19] 원상을 통해 법거량(法擧揚, 수행자들 사이에서 깨친 내용을 주고받는 행위)을 하고 있음을 알 수 있다. 남양혜충의 가르침의 핵심은 부처는 마음을 떠나 있지 않다는 것이다. 그는 부처와 중생의 차별을 놓으면 해탈을 얻을 수 있다고 하며, "청정법신불은 어떻게 해야 얻을 수 있는가." 하는 물음에 대해 "부처를 구하는 데에 집착하지 않아야 한다."고 하며, "무엇이 부처인가." 하는 질문에 "마음이 부처."[20]라고 설한다.

'즉심시불(即心是佛)'이야말로 선가(禪家)의 가보와도 같은 정언명법이다.

---

19 "師見僧來. 以手作圓相. 相中書日字. 僧無對.", 『景德傳燈錄』卷5(T51, p.244c)
20 "曰淸淨法身作麼生得. 師曰. 不著佛求耳. 問阿那箇是佛. 師曰. 即心是佛.", 같은 경전 (T51, p.244b)

모든 분별과 모든 차별의 마음을 놓아야 깨달음에 이르며, 마침내 부처의 경지를 얻을 수 있다. 이러한 깨달음의 기본 원리는 다양한 방식으로 전수되었다. 그런데 이러한 일원상의 상징이 본격적인 선풍이자 가풍으로 자리를 잡은 것은 중국 선종의 5가 7종 중에 위앙종(潙仰宗)이었다. 남양혜충의 제자인 탐원응진(眈源應眞)은 마조도일의 법손 앙산혜적(仰山慧寂, 815-891)에게 법을 전했다. 앙산혜적은 스승인 위산영우와 함께 이 일원상을 자가의 상징으로 삼았다. 글로 말로 몸짓으로 표현했다.

　이 위앙종을 한반도에 들어온 사람은 앙산혜적의 법사(法嗣, 법을 이은 제자)인 신라시대 료오(了悟)선사 순지(順支)이다. 그는 4대8상(四對八相) 등의 다양한 표현 방식을 통해 깨달음의 과정을 설명했다. 나아가 이 일원상이 한반도에 하나의 화두로서 정착된 것은 고려시대 자각(自覺)선사의 언설이다. 주지하다시피 그 화두는 "부모나기 전 한 상이 둥글었네. 석가도 여전히 알지 못했거늘 가섭이 어찌 전할 수 있겠는가."[21]이다. '고불미생전(古佛未生前)'처럼 부모 대신 고불, 즉 옛 부처로 바꾸어 칭하기도 하지만 내용은 같다. 또한 깨달음의 길을 제시한 보명(普明)선사의 「목우십도송」 마지막 송인 쌍민(雙泯)에서,

　　"소와 사람 함께 없어 자취가 묘연하니 밝은 달빛이 차서 만상이 공했더라. 누가 만일 그 가운데 적실한 뜻을 묻는다면 들꽃과 꽃다운 풀 절로 총총하다하리."[22]

---

21 "慈覺勸孝文首篇頌云. 父母未生前. 凝然一相圓. 釋迦猶不會. 迦葉豈能傳.", 『萬松老人評唱天童覺和尚頌古從容庵錄』卷5(T48, p.276a)
22 "人牛不見杳無蹤. 明月光寒萬象空. 若問其中端的意. 野花芳草自叢叢.", 「十牛圖頌」卷

라는 것처럼 깨달음의 최후 단계를 밝은 달과 같은 일원상으로 나타냈다. 이처럼 원상 상징의 내용은 법신불(法身佛, dharma-kāya-buddha)이다. 박중빈의 깨달음의 핵심은 대승불교가 지향해 온 법신사상을 계승했다고 할 수 있다. 법성, 자성, 불성, 불심 등 다양한 언어는 이 법신을 여러 차원에서 해석한 것이다. 즉 우리 인간과 우주의 본질은 법신으로 귀결되며, 이를 통해 하나의 유심적 구조의 통일체를 이룬다. 대승불교의 발전사는 곧 이러한 법신 해석의 역사라고 할 수 있다. 박중빈은 나아가 일원상 상징을 통해 동아시아의 핵심 종교인 유불선 삼교의 합일사상으로까지 발전시킨다.[23] 또한 그는 "만일 종교라 이름하여 이러한 진리에 근원을 세운 바가 없다면 그것은 곧 사도(邪道)라."[24]고 하여 모든 종교의 근원과도 일치한다고 본다. 세계관을 단계적으로 확충한 것이다.

이러한 사상에 근거하여 원불교 핵심 경전인 『정전(正典)』에서는 이에 근거하여 모든 종교의 교지도 통합 활용하도록 하고 있다.[25] 구체적으로 기독교의 장로인 조송광을 제자로 받아들이는 과정에서 잘 나타난다. 박중빈은 "나의 제자 된 후라도 하나님을 신봉하는 마음이 더 두터워져야 나의 참된 제자나라."[26]고 하여 모든 종교가 한 집안임을 주장한다. 이처럼 일원상 진

1(X64, p.776b)
23 박중빈은 "유가에서는 이를 일러 太極 혹은 無極이라 하고, 선가에서는 이를 일러 자연 혹은 도라 하고, 불가에서는 이를 일러 청정 법신불이라 하였으나, 원리에 있어서는 모두 같은 바로서 비록 어떠한 방면 어떠한 길을 통한다 할지라도 최후 구경에 들어가서는 다 이 일원의 진리에 돌아가나니"(『대종경』 교의품 3장)라고 하여 유불선 삼교의 궁극의 세계로 보고 있다.
24 같은 경전.
25 『정전』 교법의 총설.
26 『대종경』 전망품 14장.

리는 지구적 차원으로 확산되는 세계주의 담론의 기본 구조를 제공할 수 있다. 물론 이에 대한 철학적 논의부터 시작할 수도 있을 것이다. 이에 대해서는 일원상 진리의 철학화를 꾀한 유병덕의 연구를 참고할 수 있다.[27]

일원상 진리의 세계관은 무엇보다도 일심을 통한 회통(會通)이라고 할 수 있다. 일원은 즉 일심의 더 확장된 세계관인 것이다. 회통은 사상의 다양성을 하나로 일치시킨다는 뜻이 있다. 이와 관련한 말로는 융회(融會)가 있다. 녹여서 하나로 모은다는 뜻이다. 선가의 화두인 만법귀일(萬法歸一)의 의미이기도 하다. 실제 박중빈은 깨달음의 언설에서 "만유가 한 체성이며 만법이 한 근원"[28]이라고 한다. 유병덕은 대승불교의 원사상을 유일물어차(有一物於此)[29]의 논리에서 시작해, 각의 함일성, 일심의 존재성, 원융의 관계성을 통해 드러낸다. 그리고 한국의 원융사상에 이르러 승랑의 이제합명중도, 원효의 화쟁사상, 의천의 교관겸수, 보조의 정혜쌍수, 서산의 삼교화합, 그리고 마침내 박중빈의 일원사상[30]으로 귀결됨을 밝혔다. 이는 박중빈의 사상이 대승불교와 한국 불교의 전통선의 맥락을 계승하였음을 보이는 것이다. 회통과 융회가 일원상의 진리를 통해 완결되었다고 할 수 있다.

---

27 류병덕, 「일원상 진리의 연구」, 원불교사상연구원 편, 『一圓相眞理의 諸研究』, 익산: 원광대학교출판국, 1989, 312쪽. 그는 일원상 진리의 삼속성을 태허, 주편, 순환으로 보고, 태허는 유일, 평등, 명징, 주편에는 무흠, 무여, 원만, 순환에는 무시, 무종, 인과로 보고 있다.

28 『대종경』 서품 1장.

29 "有一物於此. 從本以來昭昭靈靈. 不曾生不曾滅. 名不得狀不得.", 曹溪退隱, 『禪家龜鑑』 卷1(X63, p.737b). 曹溪退隱은 서산대사의 별호. "여기 한 물건이 있는데 본래부터 한없이 밝고 신령하여 일찍이 나지도 않고 죽지도 않았으며, 이름도 모양도 알 수 없도다."라는 내용으로 인간 내면의 眞如佛性을 말한다.

30 류병덕, 앞의 책, 149쪽.

나아가 박중빈의 실천적 회통과 원융사상은 근본불교는 물론 선, 화엄, 정토, 밀교에 이르기까지 불법을 대해로 뻗어나가게 했으며, 모든 보편가치의 용광로로써 체용, 영육, 이사, 성속, 수행과 삶 등의 이원적 세계를 원융무애(圓融無礙)하게 녹여냈다고 할 수 있다.[31] 이처럼 법신불을 속성으로 하는 일원상의 진리는 원불교를 통해 인간과 사회의 모든 측면에서 융회한다. 주지하다시피 회통의 한국적 연원은 원효대사이다. 다양한 대승정신을 일심으로 회통하는 화쟁의 사상으로 정착되었다. 이러한 사상은 확장되어 대립을 넘어서 모든 법(dharma, 진리)의 사리(事理)가 구별(區別) 없이 널리 융통(融通)하여 하나됨을 보인다.

이 전통이 마침내 박중빈에 이르러 현대불교로서 재해석된 것이다. 결국 원불교 태동의 교의적 슬로건인 '불법시생활 생활시불법'을 통해 중도불이(中道不二)적 세계관으로 귀결된다. 즉 모든 대립을 포용하는 동시에 깨달음의 정의(正義)적 관점에서 모든 사상(事相)을 삶 속에서 차별 없이 드러낸다. 김대거(金大擧, 1914-1998)가 일원상의 진리를 '일원주의'로 규정하고, 일원주의를 세계주의로 등치해면서 이를 역사 발전의 동력으로 강조하는 것에서도 잘 나타난다. 이에 대해서는 다음 장에서 밝히고자 한다.

2. 삼동윤리와 대동사회

'한울안 한 이치에, 한 집안 한 권속이, 한 일터 한 일꾼'으로 표현되기도 하는 삼동윤리(三同倫理)는 박중빈의 제자이자 대를 이어 교단을 이끈 송규

31 위의 책, 235쪽.

(宋奎, 1900-1962)의 핵심 사상이다. 그는 박중빈의 일원상 진리를 동양사상을 기반으로 재정립한 사상가이기도 하다. 삼동윤리는 그가 평생 논한 사상의 정수이자, 종교로서의 원불교가 지향해야 할 지침이기도 하다. 그 사상의 원류이자 근본은 일원상의 진리이다. 즉 일원상의 진리가 현재화(現在化)되어 있다고 할 수 있다. 삼동윤리는 송규가 1961년 제창한 윤리강령으로 하나의 세계를 건설하고, 하나의 인류로 대동 화합하는 길을 세 가지로 제시한 윤리 강령이다. 종교계는 물론 정치계와 사업계가 나아가야 할 방향을 윤리적 입장에서 밝힌 것이다. 삼동윤리는 세계주의와 세계시민성을 염두에 둔 보편윤리적 성격이 강하다. 먼저 동양적 세계주의인 대동(大同)사회와의 관련성을 제시해 보고자 한다.

대동사회는 유교에서 현실 정치를 이상적으로 이끌고 가기 위한 유토피아적인 세계를 말한다. 잘 알려진 것처럼, 『예기(禮記)』 예운(禮運) 편에는 이에 관한 공자의 언설이 실려 있다.

"대도가 행하여지던 그 시대와 3대의 성현에게는 구(丘)가 아직도 미치지 못했지만 그와 같은 이상적인 시대를 출현시키고, 그와 같은 성현의 행했던 바를 행할 뜻은 있다. 대도가 행해지던 시대에는 천하를 공기(公器)로 보았다. (중략) 그렇기 때문에 사람마다 대문을 잠그지 않고 편안하게 살 수 있었으니 이것을 대동(大同)의 세상이라고 한다."[32]

---

32 大道之行也 與三代之英 丘未之逮也 而有志焉 大道之行也 天下爲公 (중략) 是故謀閉 而不興 盜竊亂賊而不作 故外戶而不閉 是謂大同.", 權五惇, 『(新譯) 禮記』, 서울: 홍신문화사, 1980, 192-193쪽.

어떻게 보면 환과고독(鰥寡孤獨, 늙은 홀아비와 홀어미, 고아와 늙어서 의지할 곳 없는 사람)과 같은 약자를 돌보는 상부상조와 공존공영의 복지사회의 실현과도 유사한 구조이지만, 바른 정치를 통해 구현하는 길이기도 하다. 이를 위한 사회가 예운편의 다음에 나오는 소강(小康)사회다. 한 집안과 같은 천하에서 도덕적 정치를 통한 예의 질서를 확립한 사회다.

이러한 대동사상은 장횡거의 '민오동포사상(民吾同胞思想)', 정명도의 '만물일체사상'과 이를 이어받은 왕양명의 '사민이업동도사상(四民異業同道思想)', 강유위의 '대동삼세진화론(大同三世進化論)' 등 고대로부터 사상적으로 윤리적으로 맥맥이 이어져 왔다.[33] 어릴 때부터 유학을 공부한 송규는 후천개벽을 통한 새로운 시대를 대동사상을 통해 새롭게 펼쳐나가고자 했다고 할 수 있다. 불법을 중심으로 인간의 마음공부를 기반으로 한 대동사회의 원리가 삼동윤리라고 할 수 있다.

첫째, 동원도리(同源道理)에 대해 송규는 "모든 종교와 교파가 그 근본은 다 같은 한 근원의 도리인 것을 알아서 서로 대동화합(大同和合)하자는 것"[34]이라고 한다. 그는 세계평화의 3대 요소를 "주의는 일원주의요, 제도는 공화 제도요, 조직은 십인 일단의 조직"[35]이라고 보고 일원주의의 첫 번째를 동원도리라고 한다. 일견, 종교학적 차원에서는 다원주의에 가깝다. 실제로 모든 종교의 쟁투는 자기 동일화에서사 발생한다. 이때문에 자신의 진리에 대한 확고한 신념이 독(毒)이 되는 것도 현실이다.

33 원광대학교 원불교사상연구원 편, 『원불교대사전』, 익산: 원불교100년기념성업회, 2013, 삼동윤리 항목.
34 『정산종사법어』 도운편 35장.
35 같은 법문, 22장.

그러나 여기서 말하는 한 근원, 한 이치라는 것은 불교의 유심론(唯心論)과 유교의 이(理)와 같은 세계에 관한 인식론적 차원을 말한다. 박중빈은 종교의 근본을 "참으로 아는 사람은 때와 곳을 따라서 이름만 다를 뿐이요 다 한 집안으로 알게"[36]된다고 한다. 이 언설의 이면에는 일원상의 진리에 기반을 둔 반야공(般若空) 사상의 논리가 전제되어 있다. 대승불교의 근간인 반야사상의 핵심은 진공묘유(眞空妙有)이다. 반야의 지혜라는 것은 모든 존재의 근원은 연기적인 존재이기 때문에 어디에도 머물러 있지 않고, 고정되어 있지 않은 공한 세계, 즉 원천적으로 무집착의 세계관을 말한다. 그리고 이러한 인식은 다시금 모든 존재에 대해 존재 자체의 절대성, 부처의 현현이라는 최고의 가치를 부여하는 것이다.

따라서 실상(實相)은 모두 각각의 존재 의미가 있으며, 따라서 다양으로써 조화를 이룬다. 동원도리는 세계 모든 종교의 가르침을 존중하며, 언어로 형용할 수 없는 근원의 일치를 지향한다. 내재적이면서도 초월적인, 초월적이면서도 내재적인 진리관이라고 할 수 있다. 그 지향점은 모든 인류의 이념을 소통되도록 하는 세계주의라고 할 수 있다.

둘째는 동기연계(同氣連契)이다. 송규는 이것을 "모든 인종과 생령이 근본은 다 같은 한 기운으로 연계된 동포인 것을 알아서, 서로 대동화합하자는 것"[37]이라고 한다. 동기연계의 원리는 우주만유의 근원인 법신불의 체·용 사상을 확장한 체·용·영지와 성리학의 이·기·질(理氣質) 사상을 변용한 영·기·질을 기반으로 한다. 송규는,

---

36 『대종경』 전망품 14장.
37 『정산종사법어』 도운편 36장.

"우주만유의 자연현상은 법신불의 체(體)요, 그 체 가운데 한 기운이 순환하여 천변만화를 행하는 것은 법신불의 용(用)이요, 그 체용 가운데 형상도 없고 소리도 없고 냄새도 없어서 무엇으로 가히 말할 수가 없으나 항상 허령불매(虛靈不昧)하여 엄연히 체용을 주재하는 것은 법신불의 영지"[38]

라고 한다. 또한 "우주만유가 영과 기와 질로써 구성되어 있나니, 영은 만유의 본체로서 영원불멸한 성품이며, 기는 만유의 생기(生氣)로서 그 개체를 생동(生動)케 하는 힘이며, 질은 만유의 바탕으로서 그 형체를 이름이니라"[39]라고 한다.

결국 기는 법신불의 조화력이자 만유를 활동케 하는 기운이다. 우주의 모든 기운을 하나로 본다. 하나의 거대한 자장(磁場)과도 같은 세계다. 송규는 "일체의 인류와 생령을 하나로 보는 큰 정신을 확립"하고, 나아가 "세계의 인류를 평등으로 통일하는 데 앞장서야 할 것"[40]이라고 한다. 각각의 존재가 하나의 우주적인 몸을 구성하여 일가(一家)를 이룬다. 따라서 존재의 형태는 달라도 동등한 존재의 무게가 있다. 법신불의 현현이자, 하나님의 자손인 형제자매인 것이다. 대동사회의 현실적 기반이라고 할 수 있다. 동기연계는 없으면 살 수 없는 은(恩)적 존재다. 이는 인간과 인간, 인간과 자연, 자연과 자연이 절대적 은의 관계로서의 연기적 생명으로 존재하고 있음을 말한다.

셋째는 동척사업(同拓事業)이다. 송규 또한 이것을 "모든 사업과 주장이

---

38 같은 경전, 예도편 9장.
39 같은 경전, 원리편 13장.
40 같은 법문.

다 같이 세상을 개척하는 데에 힘이 되는 것을 알아서 서로 대동 화합하자는 것"[41]이라고 한다. 이는 인류 전체가 평화를 위한 각자의 역할을 한다고 보는 인식적 전환이다. 송규는 모든 사업, 모든 이념을 포용하며 근원적인 목표는 세상을 더 낫게 하는 한 가지 목표를 향하고 있으므로 동업의식으로 중정(中正)의 길을 확립하자고 한다.[42] 그는 일원주의적 우주론에 기반하여 지금을 개벽시대로 정의하며, 더불어 살기 위한 초월적인 규범으로서 동척 사업을 제시한다. 즉 하나로 어우러지는 일원세계 건설을 위한 세계일가의 실천적 윤리 덕목이라고 할 수 있다.

이는 박중빈이 언급한 '강자약자진화상의 요법'[43]과 더불어 정의, 평화, 공존을 위한 현대불교에 의한 불법민주주의(佛法民主主義)[44] 원리가 될 수 있는 것이다. 필자는 불법민주주의는 박중빈의 평화사상과 상통하는 이념이라고 본다. 핵심을 중도와 중용, 상생과 조화, 관용과 섭취불사(攝取不捨, 한 사람도 빠짐없이 구제하겠다는 대승정신)의 정신으로 본다.[45] 중도 조화의 정치는 이해관계를 조율할 수 있는 대화와 타협, 그리고 화합으로 이끌 수 있는 사상을 의미한다. 대자비의 섭취불사는 모든 중생을 한 명도 남기지 않고 구제하겠다는 대승보살도를 의미한다.

여기에는 근본적으로 사은(四恩, 천지·부모·동포·법률로서 일원상 진리의 현실태) 중 동포은의 이념인 자리이타(自利利他, 나도 이롭고 너도 이롭다는 공

---

41 『정산종사법어』 도운편 37장.
42 같은 법문.
43 이는 근대 진화론에 대한 박중빈의 대응이라고 할 수 있다. 강자 약자가 호혜적으로 도와가며 사회를 진화시키는 논리이다. 『대종경』 수행편, 강자약자진화상의 요법.
44 이는 일본 창가학회(SGI)가 1964년 결성한 公明黨의 이념이기도 하다.
45 원영상, 「소태산의 평화사상」, 『통일과 평화』 8-2, 2016 참조.

진화의 원리)의 사상이 자리한다. 이는 대승불교의 일승(一乘)사상인 자각각타(自覺覺他, 나도 깨닫고 너도 깨달아 불국토를 이룬다는 대승의 근본정신)에 기반한다. 모든 존재를 부처로 만드는 대승적 활동이 그것이다. 기원 전후에 발생한 대승운동의 최종 목표라고 할 수 있다. 자기만의 존재 우월이 아니라 모든 존재가 최상의 가치를 지닌 존재로 드러나도록 모든 대승경전은 논하고 있다. 동척사업은 이러한 목표를 향한 지구적 차원의 대승운동인 셈이다. 사바세계의 불국정토화라고 할 수 있을 것이다.

IV. 일원주의와 삼동윤리의 현대적 의미

종교는 현대사회에서도 여전히 문화의 한 축을 형성하며 활발하게 움직인다. 불교나 이슬람은 자신의 거주지인 아시아와 중동을 떠나 이제까지 밟아보지 못한 다른 지역으로 이동하며 새로운 문화를 형성해낸다. 물론 유럽의 기독교는 전통과 일상 의식의 일부분을 차지하며 형해(形骸)만이 남아 있는 것도 사실이다. 세계 전체적으로 볼 때 종교 또한 다른 사회 문화영역이 그렇듯이 요동치지만 여전히 지구적으로 기능한다.

『위험사회』를 쓴 울리히 벡(Ulrich Beck)은 다른 저서인 『자기만의 신』에서 종교는 세계 문제의 일부일 뿐만이 아니라 해결의 일부도 될 수 있다고 전망한다. 여기서 말하는 종교는 제도에서 벗어나 개인화된 종교를 말한다. 그는 장기적인 종교역사의 관점에서 종교의 개인화에 주목한다. 그리고 "개인화 1단계는 종교 안에서 (예컨대 프로테스탄티즘) 일어나는 개인화를 의미하고, 개인화 2단계는 종교의 개인화('자기만의 신')를 의미한다."[46]고 한다. 이는 서구 중심의 사유이기는 해도 지구적 차원에서도 유용한 분석이다. 나아가 그는 "'세계 정치에서 더 이상 종교가 하는 역할이 없다.'라는 테제에서 '종교는 세계 정치의 핵심적 역할을 수행한다.'로 방향 전환이 이뤄져야 한다."[47]고 주장한다. 이에 따라 "평화가 진리를 얼마나 대신할 수 있는지에 따라 인류의 존속이 결정된다."[48]라며 종교의 실천을 요구한다.

이는 세계성을 함축한 종교의 지구적 역할을 주문한 것으로 볼 수 있다. 종교는 태생은 특수하지만 성장하면서 보편성, 즉 세계성을 지향한다. 그 특수성 또한 시간과 공간이 한정적일 뿐, 창시자의 체험은 인류의 다양한 언어로 해석 가능한 보편성을 포함한다. 박중빈의 일원상의 진리나 송규의 삼동윤리도 마찬가지다. 동아시아라는 한정된 지역성을 가지고 있지만 그 사상성은 이미 태동 자체가 세계성을 지녔음을 앞에서 살펴보았다. 울리히 벡이 말하는 '자기만의 신'을 지향하는 동양의 종교나 철학의 사상체계 위에서 성장한 이 양대 사상은 세계관의 형성과 문제 해결의 원리를 제공할 수 있다.

박중빈은 1924년 불법연구회를 창립하면서 '물질이 개벽되니 정신을 개벽하자.'라는 슬로건을 개교표어로 내걸었다. 그리고 법인기도(法認祈禱)[49]를 통해 물질을 선용해야 할 인간의 마음을 바로잡을 사명과 문명의 고통에

---

46 울리히 벡 지음, 『자기만의 신』, 홍찬숙 옮김, 서울: 도서출판 길, 2013, 116쪽.
47 위의 책, 225쪽.
48 같은 책.
49 1919년 제자들과 함께 法界(진리계)의 인증을 받기 위해 올린 기도. 여기에서 원불교 최초의 이적인 白指血印이 일어났다. 그날인 8월 21일(음 7. 26)을 법인절로 하여 4대 경절 중 하나로 경축하고 있다.

서 인간을 해방할 창생제도의 책임을 하늘에서 부여받는다. 핵심 텍스트인
『정전(正典)』에서는 과학 문명의 발달에 따라 쇠약한 인간의 정신 때문에
물질의 노예 생활로 파란고해(波瀾苦海)가 펼쳐진다고 본다. 그리고

> "진리적 종교의 신앙과 사실적 도덕의 훈련으로써 정신의 세력을 확장하
> 고, 물질의 세력을 항복 받아, 파란 고해의 일체 생령을 광대무량한 낙원(樂
> 園)으로 인도하려 함이 그 동기니라."[50]

라고 하여 원불교 창교의 이유와 목표를 명시한다. 세계 차원에서 일원주
의는 지구화의 문제, 삼동윤리는 지구 가족의 윤리 차원의 맥락과 상통한다
고 할 수 있다.

첫째, 일원주의는 하나의 세계관을 지향한다. 박중빈의 제자이자 교단 지
도자였던 송규와 김대거(金大擧, 1914-1998)의 언설은 이 점을 잘 보여준다.
송규는

> "옛날 초(楚)나라 사람이 실물을 하매, 초왕은 '초인이 잃으매 초인이 얻
> 으리라'하였는데, 그 후 공자께서는 '사람이 잃으매 사람이 얻으리라'하셨
> 고, 우리 대종사께서는 '만물이 잃으매 만물이 얻으리라'하시었나니, 이는
> 그 주의의 발전됨을 보이심이라, 초왕은 나라를, 공자는 인류를, 대종사는
> 우주 만물을 한 집안 삼으셨나니, 이가 곧 세계주의요 일원주의"[51]

50 『정전』 총서편 개교의 동기.
51 『정산종사법어』 도운편 24장.

라고 비교하여 설명한다. 점진적인 탈지역, 탈개인으로 나아가 지구와 우주의 모든 존재가 한 집안이 되는 것이 세계주의이자 일원주의라고 한다. 이는 앞에서도 살펴본 일심의 확충된 사상적 면모를 보여준다.

김대거는 원불교의 개교 이념과 운영 방침에 대해 '일원주의 이념을 바탕으로 지상낙원인 일원 세계를 건설하기 위해 개교'[52]하였다고 명확히 천명한다. 이는 앞에서 원불교의 개교의 동기가 일원주의에 기반함을 의미한다. 그는 또한 "대종사의 일원주의는 전 세계 전 인류를 하나로 만들어 고루 잘 사는 하나의 세계를 이루자는 것"[53]이라고 하며, 구체적으로 "이 지상에 하나의 세계, 평화의 세계, 균등의 세계, 선경의 세계, 낙원의 세계가 건설되는 일원주의"[54]라고 한다. 이는 지구 차원의 담론인 인류의 가치를 어떻게 담지하고 확충할 것인가 하는 세계적 차원의 논의와도 상통한다.

물론 이러한 세계주의나 일원주의는 관념적이다. 의식세계를 통합하기 위한 하나의 종교적 전략이라고 할 수 있다. 이를 위해서는 앞서 세계화의 문제를 상정하지 않을 수 없다. 세계화는 실제로 전개되는 지구적 현상이다. 세계화의 개념은 사회학적 차원에서 1980년대부터 롤런드 로버트슨이 주도적으로 발전시켰으며, 지금은 여러 담론이 이루어진다. 그는 "하나의 개념으로서의 세계화(globalization)는 세계의 압축(compression)과 전체로서 세계에 대한 의식의 강화를 말한다."[55]고 한다. 세계화는 지구적 차원의 시

---

52 『대산종사법어』 회상편 14장.
53 『대산종사법어』 교리편 45장.
54 『대산종사법어』 회상편 57장.
55 롤런드 로버트슨, 「하나의 문제로서 세계화」, 롤런드 로버트슨·브라이언 S. 터너 외, 『근대성, 탈근대성 그리고 세계화』, 서울: 사회문화연구소, 2000, 7쪽. 롤런드 로버트슨의 『세계화: 사회론과 전 지구적 문화』(서울: 한국문화사, 2013)에는 세계화 문제에

간과 공간이 인간 개개인의 의식 속으로 확대되는 것을 말한다. 말콤 워터스는 이에 대해 세계화가 16세기 이후 근대화와 함께 동시대적이며, 지상의 개별적인 사회적 연대의 체계적인 상호관계, 수축(contraction)의 현상학, 성찰적, 보편주의와 특수주의의 붕괴, 위험과 신뢰의 야누스적인 얼굴[56] 등으로 정리한다. 이를 종합하면, 세계화는 과학과 자본의 발달에 따른 지구적 단일화에 의해 다양한 현상의 등장 가능성을 내포하는 것이라고 할 수 있다.[57]

현 세계는 휴대폰, 컴퓨터, 각종 미디어의 발달로 지구적 차원의 탈시공간의 소통이 이루어진다. 이제는 인공지능(AI)의 발달로 현 문명이 어떻게 변화, 발전될지 예측할 수 없는 지경에 이르렀다. 일원주의는 이러한 현대와 미래 문명을 인식적 차원에서 근본적으로 어떻게 이해할 것인가 하는 점을 내포한다. 결국 이는 인식의 변화를 통한 지구의 문제를 해결하고자 하는 종교적 열망의 세계관인 것이다.

둘째, 일원주의를 기반으로 한 삼동윤리는 지구 가족의 윤리를 보여준다. 이는 보편윤리를 기반으로 한 세계 구제의 이념이라고 할 수 있다. 칸트의 영구평화론, 강유위(康有爲)의 만민공동체 형태의 세계 공정부 건설[58], 하버마스의 세계주의 구상과 국제법의 헌법화 등에서 보듯이, 근현대에는 세계를 하나로 보고 힘의 균형을 통한 세계의 평화 구축에 다양한 담론들이 쏟

대한 그의 핵심 사상들이 정리되어 있다.

56 말콤 워터스, 「놀라운 신세계: 최근 이론들」, 롤런드 로버트슨 · 브라이언 S. 터너 외, 위의 책, 66-67쪽.
57 최근 활발하게 이루어지고 있는 지구화 또는 세계화 담론과 일원주의 및 삼동윤리와의 관계 문제는 다음의 연구 과제로 삼고자 한다.
58 강유위, 『大同書』, 이성애 옮김, 서울: 을유문화사, 2006 참조.

아져 나온다. 여기에 불가결한 것이 지구적 윤리이다. 정산은

"삼동윤리는 곧 앞으로 세계 인류가 크게 화합할 세 가지 대동(大同)의 관계를 밝힌 원리이니, 장차 우리 인류가 모든 편견과 편착의 울안에서 벗어나 한 큰 집안과 한 큰 권속과 한 큰 살림을 이루고 평화 안락한 하나의 세계에서 함께 일하고 함께 즐길 기본강령"[59]

이라고 한다. 윤리라고 명명한 것은 지구 보편윤리의 근본이 될 것이라고 보았기 때문이다.[60] 세계종교자평화회의는 1970년 함께 사는 세계를 위해 행동해야 할 내용을 7항으로 정리했다. 공동의 인간성, 공동의 안전, 상호의 존성, 공동의 미래, 공동의 삶, 포괄적 교육, 희망과 헌신. 이 내용은 세계보편윤리를 확립하는 기초라고 할 수 있다. 1990년대부터 유네스코 철학·윤리국에서는 보편윤리 프로젝트를 추진하였다. 1997년 파리에서 '보편윤리를 위한 개념적, 철학적 기초'를, 1999년 한국에서 '보편윤리와 아시아 가치'라는 주제로 심포지엄을 열었다. 이러한 논의는 지구 전체의 헌법을 제정하기 위한 토대를 구축하는 일이다.

이 보편윤리를 구축하기 위해서는 문화적 다양성을 인정하고, 포용하며, 존중하는 가운데 모두에게 통용될 수 있는 보편성을 확립해야 한다. 특히 다양한 문화, 국가, 민족, 종교들의 특수한 가치를 넘어서 이들 가치가 조화롭게 공존할 수 있는 방안을 찾아내는 것이 중요하다. 또한 이 보편윤리는 전체의 공동 이익과 함께 개인의 이익에도 부합하는 경우에 그 당위성이 성

---

59 『정산종사법어』 도운편 34장.
60 박광수, 「세계보편윤리와 정산종사의 삼동윤리」, 『원불교학』 4, 1999 참조.

립한다. 이를 위해서는 모두가 공감하면서도 모든 문제를 포용하는 초월적인 가치를 확보하는 것이 필요하다. 세계 보편윤리는 이처럼 세계의 다양한 문제에 대응 가능한 규범을 말한다.

근대 한국종교나 한국사상의 시각에서 보면 탈경계 시대의 윤리 정립을 위한 회통과 조화 등 풍부한 사상적 지혜를 쉽게 찾을 수 있다. 이러한 회통과 조화, 나아가 융합은 오늘날 세계가 안고 있는 과제들, 예컨대 남과 북의 통일 문제나, 윤리 도덕의 해이 현상과 재정립의 문제, 자연과 인간의 공존, 다문화사회의 소통 문제 등 다양한 문제를 해결할 실천적 방안의 실마리를 충분히 제공할 수 있을 것이다.[61] 평화사상가 이찬수는 종교가 보편성이나 세계성을 내세우면서도 자기만의 경계를 설정하고 타자를 제재하는 종교 공동체의 모순을 비판적으로 성찰하면서도 한편으로는 최치원의 포함삼교(包含三敎)가 세계시민주의의 동력으로 충분히 활용될 수 있음을 밝혔다.[62] 유불선 삼교의 공통 기반이자 세계 모든 종교의 교의도 통합 활용하는 근본틀인 일원상의 진리와 그것의 구체화인 삼동윤리 또한 이의 연장선에 있다. 세계시민윤리의 기반으로도 활용 가능하다고 할 수 있다.

---

61 일원상의 진리를 현실에서 구현하기 위해 원불교에서는 종교단체 및 시민운동단체들과 연대하여 대안교육운동, 생명 및 환경운동, 여성운동, 종교간 남부교류와 협력, 평화운동 등 사회적 과제에 적극 참여하여 한국 시민운동의 크나큰 역할을 담당하고 있다. 박광수, 「원불교 사회참여운동의 전개양상과 과제」, 『원불교사상과 종교문화』 30, 2005, 227-258쪽.

62 이찬수, 「공동체의 경계에 대하여: 세계화시대 탈국가적 종교공동체의 가능성」, 『대동철학』 74, 2016, 205-228쪽.

V. 맺음말

현재 우리 삶의 원형에는 근대가 하나의 중요한 요인으로 자리 잡고 있음은 최근의 여러 연구들이 잘 보여준다. 2000년대 이후 근대에 관한 연구가 활성화된 이유이기도 하다. 세계에 대한 인식은 근대 자본주의의 확장과도 깊은 관계가 있다. '서구 문명의 세계화'와 축을 같이한다고 할 수 있다. 서구의 세계 혹은 세계주의적 관점은 서구 자신의 특정 지역이나 국가의 이해관계를 반영한다는 비판을 받는다. 서구 문명의 세계화는 제국주의적 식민주의의 팽창 의도를 은폐하는 이념의 역할을 하였다고 보기 때문이다.

이러한 서구 문명의 한계와 은폐된 사상적 의도를 일찍이 파악한 근대 한국종교들은 각 종교 나름대로 이를 자신의 입장에서 해석하는 한편, 다양한 전통 관념으로 세계를 새롭게 전망하였다. 그 사상 속에는 국가와 세계시민성에 관한 깊은 사유도 엿보인다. 여기서는 이에 대해서는 깊이 있게 논하지 못했지만, 애초에 동양의 사유 속에 세계나 시민에 대한 인식이 서구와는 다른 차원에서 확장되어 왔다. 실제로 삶에 큰 영향을 끼치는 현대문명의 병폐는 이러한 동양의 사유가 집약된 한국종교의 사상 속에서 해법의 길을 찾을 수도 있을 것이다. 최근 맹위를 떨치며 지구의 모든 기능을 정지시키는, 그리하여 문명의 새로운 길을 모색하도록 촉구하는 코로나-19 사태를 바라볼 때 더욱 절실해진다.

특히 현재의 바이러스 확산 문제는 신자유주의로 명명되는 자본의 세계화와도 관계가 깊다. 서구의 발명품인 자본주의는 지구의 자원을 무한 착취하였다. 또한 무한 생산과 무한 소비로 지구의 자연은 더 이상 보존할 수 없는 상황이 되었다. 인류 문명이 병든 것이다. 세계 전체에 대한 인식을 새롭게 재조정하지 않으면 인류의 미래는 없다고 할 수 있다. 본 연구가 최종적으로 지향하는 것도 이러한 지구 문명의 미래에 대한 것이다. 이를 근대한 국 종교, 나아가 그중 가장 뒤에 탄생한 원불교를 통해 세계관을 새롭게 정립해 보고자 했다.

역사학자 유발 하라리(Yuval Harari)는 『사피엔스』를 통해 현생 인류가 자본주의, 종교, 화폐, 국가 등 이들을 상상을 통해 발명해 냈다고 한다.[63] 종교는 인류의 연대를 위해 탄생한 상상의 산물인 것이다. 유발 하라리는 최근 바이러스 문제에 대한 세계적인 대처에 대해서도 여러 언론에서 '분열이냐 아니면 세계 연대냐'를 주제로 자기 주장을 밝혔다. 전통을 보존하며 여전히 다양한 형태로 인류에게 영향을 끼치는 종교는 지구 문명의 한계가 드러나는 지금이야말로 자신의 역할을 재현하는 동시에 인류의 연대를 위한 하나의 통로로 활용될 수 있다. 이 점에서 근대 한국종교는 지구와 인류의 현재와 미래를 위한 풍요로운 세계관을 담고 있음을 확인할 수 있다.

---

63 유발 하라리 지음, 『사피엔스』, 조현욱 옮김, 서울: 김영사, 2015 참조.

제3부

세계인식

근대 한국종교의
'사회·경제' 인식*

김민영   군산대학교 행정경제학부 교수

* 이 글은 『한일민족문제연구』38, 한일민족문제학회, 2020, 89-122쪽의 글을
수정 · 보완한 것임.

I. 머리말

역사는 문명의 수용과 변용 과정이라 할 수 있다. 한국의 전통사회 역시 근대문명과 접하면서 한편에서는 반발하고 다른 한편에서는 수용과 변용 과정을 거쳤다고 볼 수 있다. 근대한국의 종교사상 역시 예외가 아니며, 그러한 도전과 응전의 과정에 있었다.

이러한 측면에서 근래 근대 한국종교의 '공공성'을 재구축하고자 하는 연구가 중장기적으로 진행되어 그 의미가 사뭇 크다. 이는 먼저 식민지시대 한국의 종교 지형에 대한 재검토에서 시작했다. 나아가 전통종교와 외래종교는 물론 특히 '한국신종교'가 '시민종교' 또는 '민중종교'로서 지니는 이념과 이상 가운데 실제로 한국 사회에서의 존재 방식과 그 특질에 대한 실증적 논구로 이어졌다.[1]

---

1 여기에서 '근대 한국종교'라 하지만 특히 '한국신종교'까지 포함하여 살피고 있다. 이는 근대전환기 전통종교와 외래종교를 도외시하는 것이 아니라, 이 시기 '한국신종교'가 갖는 고유성·자생성·토속성·민중성 등을 강조하고자 하는 까닭이다. 당시 이에 대해 고유종교·토속종교·자생종교·신흥종교·유사종교·신종교·민족종교·민중종교 등 다양하게 불렸던 것처럼, 이를 포함함으로서 '근대 한국종교의 공공성'이 더 극명하게 드러난다고 생각하기 때문이다. 아울러 이와 관련하여 다음과 같은 일련의 작업 결과가 있어 참고 된다. 원광대학교 원불교사상연구원 편, 『근대한국 개벽종교를 공공하다』, 서울: 모시는사람들, 2018; 동, 『근대한국 개벽사상을 실천하다』, 서

그 작업은 여러 각도에서 이루어졌다. 특히 근대 한국종교를 둘러싼 사회 경제적 배경의 측면에서 보면, 우선 일제강점기 일본인 무라야마 지준(村山智順)의 한국 사회 인식에 대한 비판적 재검토가 있었다.[2] 또한 그의 자료에 포함된 통계 등을 기본 텍스트로 삼아 그 지형을 살피는 것으로 이어졌다.[3] 이를 통해 1920-1930년대 개별 '신종교'의 동향과 부침에 관한 기초적인 양적 고찰이 이루어진 셈이다.

이로써 근대 한국종교 역시 우리 사회의 정치, 경제와 생활문화 등을 지탱하고 설명하는 중요한 요소의 하나였음이 더욱 분명해졌다. 또한 그 숫자적 파악도 시도되어 그 양적 동향의 대강을 알 수 있었다.[4] 물론 통계자료의 신뢰성, 양적 데이터의 이면에 놓인 개별 종교의 구체적 존재 양상에 관한 세부적 검토는 여전히 과제로 남아있다.

나아가 근대한국의 종교가 국내외 경제사회의 변동을 주체적으로 인식하며 이른바 근대문명에 종교 나름의 방식대로 응전해 나간 과정에 관한 고

울: 모시는사람들, 2019; 동, 『근대한국 개벽운동을 다시 읽다』, 서울: 모시는사람들, 2020. 그 밖에 이에 대한 구체적인 연구동향과 그 내용에 대해서는 각각 참고문헌 등이 있어 참고가 될 것이다.

2 『朝鮮の類似宗教』(村山智順, 1935)에는 1860년 '동학'을 시작으로 1934년 8월 조사 당시까지 개별 '신종교'의 신도와 교구, 연도 및 지역별 교세 등이 자세하게 나타나있다. 또한 조사 당시의 각 종단별 신도(남여)와 포교소 및 교구와 지역별 교세를 통계와 그래프로 제시하고 있다. 나아가 각 종교의 지역별, 시기별(1880년대부터 1930년대 초반까지) 신도수의 변화도 제시하고 있다. 특히 당시 '신종교'를 '유사종교'라 표현하며 그 분포와 교세의 성쇠, 신앙의식, 영향은 물론 종교사상운동과 사회운동까지 살피고 있다.

3 김민영, 「식민지시대 한국 '신종교' 단체의 동향과 특징: 『朝鮮の類似宗教』(村山智順, 1935)의 재검토를 중심으로」, 『한일민족문제연구』 34, 2017, 35-69쪽.

4 원광대학교 원불교사상연구원 편, 앞의 책, 2018.

찰도 있었다. 즉 근대한국의 종교 또한 신앙의 이념적 표출을 넘어 '이념의 사회화'라는 면에서, 미래의 새로운 사회와 국가 질서 등을 갈망하며 근대와 대면해 왔다. 그 과정에서 구체적인 일상적 삶과 관련하여 민족 및 경제사회운동 등에 참여하여 사회적 신망을 얻으려 했던 것이다. 이는 한국종교의 측면에서 볼 때 그 자체가 하나의 '공공성'을 확보하려는 노력으로 이에 대한 일정한 탐구가 이루어졌다.[5]

그 연장선에서 1910년대 일제의 강제 병합과 3.1운동을 전후하는 시기 지역단위의 사회 역시 큰 전환기적 변동을 경험하였음에 착안한 연구도 진행되었다. 특히 전남 영광 지역에 대한 연구가 있었다.[6] 이는 이 지역이 불교의 도래지였음은 물론, 동학과 개신교, 그리고 천주교와 원불교(당시에는 불법연구회였음) 등이 공존했던 종교문화와 사상적 지형 때문이기도 하다. 특히 민족사회운동과 경제운동의 전개 등을 통해 근대 시기 '한국종교의 사회경제적 공공성과 그 지역적 투영'에 주목한 것이다.[7]

이러한 일련의 작업을 통해 근대 한국종교 역시 자신의 운동 논리에 시대상황을 비판적으로 인식하며 수용하는가 하면, 응전의 과정에서 각종 대안을 제시했음이 확인되었다. 즉 근대 한국종교의 공공성에 대한 탐색 가운데 그 '사상적 지형도와 사회적 실천'에 대한 일정한 연구 성과가 축적된 것이

---

5 박광수 외, 『한국 신종교의 사회운동사적 조명』, 서울: 집문당, 2017.
6 김민영, 「1910년대 전후 전남 영광지역의 종교지형과 민족사회·경제운동」, 『한일민족문제연구』34, 2018, 5-36쪽.
7 이 시기 지역연구 차원에서는 특히 충남 계룡산과 전북 모악산 지역에 대한 검토 역시 향후의 과제로 손꼽히는 곳이라 할 수 있다. 이에 대해서는 柳炳德 著, 『鷄龍山下 宗教集團體와 母岳山下 宗教集團體의 比較研究』, 이리: 원광대학, 1968 참고.

다.[8]

이후 일제강점기에 전개된 정치적 독립운동은 물론 경제적 자립운동과 관련하여 근대 한국종교 역시 단순히 개인의 수양에만 머무르지 않고, 당대의 사회경제 문제에 직간접적으로 관여하며 대응한 부분으로 관심이 이어졌다. 특히 근대시기 한국의 경제자립운동 가운데 경제적 실력양성론은 '물산장려운동'이 대표적인데, 이를 주요 종교계와 연계한 시론적인 검토도 이루어졌다.[9] 이를 통해 정신문명과 물질문명의 교차라는 측면에서 종교계를 중심으로 한 물산장려운동의 이해와 실천을 기초적으로 탐색한 것이다.

이처럼 종교계의 물산장려운동은 식민지 자본주의에 대한 인식과 민족자본의 대응뿐 아니라 각 종교별 사회경제발전관 등 종교적 공공성의 보편적 실천윤리를 드러내는 주요한 과제라 할 수 있다. 따라서 개별 종교의 세부적 활동에 대한 천착과 함께 특히 해방 이후 전개된 압축적 경제성장과 개발, 물질문명과 문화의 조화, 시장 자본주의 미래 등과 관련된 종교계의 인식과 함께 더 많은 연구가 진행되기를 기대한다.[10]

---

8 원광대학교 원불교사상연구원 편, 『근대한국 개벽종교를 실천하다』, 서울: 모시는사람들, 2019.

9 김민영, 「1920·30년대 물산장려운동의 경과와 종교계」, 『한일민족문제연구』36, 2019, 5-37쪽.

10 이상에서 검토된 근대시기 한국종교의 '사회경제적 측면의 공공성 재구축' 가운데 몇 가지 부각된 과제는 다음과 같다. 첫째, 근대시기 한국종교, 특히 '신종교'를 바라보는 타자적 인식의 극복과 종교가 공적 영역으로부터 탈각하여 사적 영역화 되는 논리와 그 고착화 등에 대한 실증적인 연구가 더 진전되어야 한다는 점이다. 둘째, 근대시기 민족사회 및 경제운동의 전개 가운데 각 개별 종교의 존재양상과 그 지역적 특성 및 공공성의 공통적 기반을 복원하고 다시 조명하는 것이 필요하다고 본다. 셋째, 근대시기 한국종교의 시장자본주의에 대한 인식 및 실천에 대한 탐구 역시 개별 종교의 사회경제발전관 등 공공성의 보편적 실천윤리를 드러내는 주요한 과제임이 확인되었다.

잘 알려져 있듯이 근대 한국종교는 조선 후기 폭압적 왕정과 침략적 외세라는 정치적 · 사회적 고난에 놓여 있었다. 그 과정에서 한국종교가 민중을 역사적 주체로 자각하며 '사회와 경제' 개념을 어떻게 받아들이고 정립해 나갔는지를 검토하는 것은 이러한 작업의 가장 기초적인 첫걸음이 될 수 있다. 또한 여기에서 '사회'는 국가(정치사회)와 시민사회뿐 아니라 시장경제(경제사회)까지 포함하는 것으로 받아들여져야 할 것이다. 나아가 일제강점기는 물론 해방 이후 각 사회경제적 상황에서 그 시대적 가치, 개인의 책임, 사회적 정의 등 이른바 '공동선'을 바탕으로 한 '사회경제적 공공성'에 관한 각 종교들의 개별적인 노력과 실천에 관심이 모아져야 할 것이다.

따라서 여기에서는 우선 근대 전환기 한국 사회에서 '사회 · 경제' 개념이 어떻게 형성 · 유통되었는지에 대해 그간의 연구사적 맥락을 검토한다. 나아가 그 개념 수용의 역사를 토대로 당시 근대 한국종교가 새로운 공공영역의 출현에 따라 '종교의 사회경제적 역할'을 어떻게 자각해 나갔는지를 기초적으로 살피고자 한다. 이를 통해 근대 전환기 한국종교의 '사회경제적 공공성'을 탐색하는 실마리를 찾을 수 있을 것이기 때문이다.

II. 근대한국의 '사회 · 경제' 인식

1. '사회' 인식

'사회'에 관한 일반적 개념은 19세기 유럽의 역사적 맥락 속에서 구성된 담론적 산물이다. 물론 고대 그리스의 '폴리스(polis)' 역시 사회 개념의 기원에 해당하지만 폴리스는 국가, 교회, 사회가 모두 합체되어 미분화된 것이었다.

이와 관련하여 학계에서 근대 시기 '사회'를 개념사적 측면에서 살피고 있는 주된 연구자로는 특히 사회학자 박명규와 정치학자 박주원 등을 들 수 있다.[11] 우선 박명규는 1970년대 이후 1990년대에 이르는 시기 '사회' 개념에 대한 논의가 본격적으로 이루어지지 못했음을 밝히고 있다.[12] 이어 그는 한말 《독립신문》이 '사회' 개념을 통해 각종 단체와 자발적 운동의 출현을 부각시키기 위해 활용됐다는 점을 들고 있다. 그리고 이는 당시 조선에서 근대 시민사회를 지향하던 여러 움직임을 조장·촉진하려 했던 것으로 이해한다. 특히 독립협회는 '나라의 주인인 인민은 정치적이고 사회적인 사안들에 관심을 가지며, 공론을 통해 그 사안들을 해결하는 데 참여'해야 함을 강조했다고 주장한다. 그리고 '인민'이 시민적 공공영역을 형성하고 거기에 참여할 수 있는 가장 좋은 방법은 '회(會)'라는 단체의 결성을 통해서였다고 논구한다. 즉 '회'의 조직, 동등한 의사 참여 등의 과정을 통해 형성되는 공론에서 바로 '사회'라는 새로운 개념어가 필요했다는 것이다. 하지만 1890년대 후반에 '사회'라는 용어가 소개되면서도 이후 명확한 의미를 지닌 개념어로 정착되지는 못한 것으로 본다.

이어 그는 1900년대 예컨대 천도교의 《만세보》에서 사회 개념이 활용되었음을 찾았고, 이와 함께 《대한매일신보》를 통해 애국계몽운동 차원의 '사회' 개념의 위상을 확인하였다. 하지만 3.1운동 이후 1920년대에 들어 각 매체들의 등장과 함께 '사회' 개념이 증폭되는 가운데 이에 대한 실증연구는

11 박명규, 「한말 '사회'개념의 수용과 그 의미체계」, 『사회와 역사』 59, 2001; 박주원, 「근대적 '개인', '사회' 개념의 형성과 변화: 한국 자유주의의 특성에 대하여」, 『역사비평』 67, 2004, 207-238쪽.
12 박명규, 위의 논문, 51-57쪽.

부족한 상황이어서 이에 대한 탐구의 필요성을 제기하고 있다.[13]

또한 식민지기 1910년부터 1920년대 중반에 이르는 시기 '사회'에 대한 이론과 상상, 그리고 실천을 분석한 김현주는 1900년대 사회 개념의 지형을 대체로 박명규의 연구를 토대로 정리하고 있다.[14] 나아가 1910년대의 연구사적 공백도 지적한다. 또한 후술하겠지만 1920년대의 풍부한 실증연구를 통해 '사회' 개념의 구체성을 입증하였다.

한편 '사회' 개념에 대한 박명규의 검토와 관련하여 박주원은 '회'라는 장소가 반드시 '개화기 사회 개념의 주된 의미로 묘사되고 있지 않는다고 보고, 오히려 사회는 '사욕만을 앞세운 경쟁의 공간'이 되고 있었다고 밝히고 있다.[15] 즉 그는 이 시기 '사회'라는 개념을 '국가'와는 다르지만 '교류와 결사'를 의미하는 '회(會)'나 '계(契)'와 구별되는 '사리사욕의 경쟁적 공간'으로 보고 있는 것이다.[16]

따라서 이상에서 살펴본 근대 시기 '사회' 개념사와 관련하여 연구자들 사이에서 주목되는 주요한 쟁점들을 요약하면 다음과 같다. 먼저 주요 연구 시기가 1900년대에서 1920년대로, 특히 1910년대의 연구사적 공백과 1920년대의 구체성 규명 부분이 과제로 제기된다. 또한 주요 분석 대상의 텍스트가 《독립신문》과 《대한매일신문》 등이라는 점이다. 즉 당시 《독립신문》은 사회 계몽인들이 발간한 대중신문이다. 그만큼 분석 대상으로 삼는 매체를 확대, 다양화하여 그 차이를 심화, 연구하는 것이 과제로 제기된다. 나아

---

13 박명규, 앞의 논문, 80쪽.
14 김현주, 『사회의 발견: 식민지기 '사회'에 대한 이론과 사상, 그리고 실천(1910-1925)』, 서울: 소명출판, 2013, 63쪽.
15 박주원, 앞의 논문, 207-238쪽.
16 박주원, 앞의 논문, 235쪽.

가 개화기 '사회' 개념의 주된 의미에 대한 해석과 관련하여 '교류와 결사'를 의미하는 '회'나 '계'와 구별되는 '사리사욕의 경쟁적 공간'으로 보고자 하는 견해 등 '사회'에 대한 각 시대별 다양한 인식과 개념에 대해 종합적으로 정리하는 것도 필요다고 생각된다.[17]

또한 근대 전환기 특히 한말 시기 한국 사회의 '개인과 사회' 인식에 초점을 두고 그 원형을 찾는 작업이 있어 관심을 끈다. 즉 전상숙은 이 시기 국내 주요한 언설에 투영된 '인민'관과 '민권' 인식을 중심으로 검토하였다. 요컨대 한말 이후 근대적 전환기 '개인과 사회'에 대한 인식이 '개개인으로서의 인간과 인간 이성에 대한 자각과 신뢰가 유보된 채 선진 지식인들의 정치적 역할과 사회적 발언력 고양에 동원되어 이바지하는 존재'로 나타났다는 것이다.[18]

근대 전환기 한국은 서양과 직접적으로 교류하기 전에, 한중일의 동아시아 삼국 가운데 가장 먼저 '근대화'를 경험한 일본에 의해 '개항'되었다. 이후 일본을 주요한 통로로 서양의 근대적 문물을 수용하였다. 따라서 한국 근대의 출발은 일본적 근대의 수용, 근대화와 국권 확립을 위한 주체의 양분화, 군권과 민권의 대립 갈등을 특징으로 파악할 수 있는 것이다.[19] 그만큼 서양 근대의 문물과 주요 개념 역시 체계적·계통적 수용이 순탄하지 않았던 것으로 이해된다. 즉 한말 이후 근대 전환기 한국에서 '개인과 사회'에 관한 인식은 개인과 인간 이성의 자각과 신뢰에 기초하기보다 오히려 '신진 지식인

---

17 다만 여기에서는 논지와 지면의 제한 등을 고려하여 다음 과제로 남겨두고자 한다.
18 전상숙, 「한말 '민권' 인식을 통해 본 한국 사회의 '개인'과 '사회' 인식에 대한 원형적 고찰: 한말 사회과학적 언설에 나타난 '인민'관과 '민권' 인식을 중심으로」, 『한국정치외교사논총』 33-2, 2012, 25쪽.
19 전상숙, 앞의 논문, 27쪽.

들의 정치적 동원'에 따르는 다소 피동적인 것으로 나타났다.

그리고 이상의 '한말의 피동적 인민관과 의무가 선행된 민권'에 대한 인식 가운데 한국 근대 초기의 '개인과 사회'에 대한 인식이 굴절되었고, 그 인식이 보정되는 데에는 상당한 시간이 필요했던 것이다.[20] 즉 1910년대 일제 강점기 이후 한국에서 '사회'는 부르주아 계몽주의 지식인들의 세계 이해를 표현한 관용어나 다름없었다는 관점이다. 따라서 당시 '사회'는 자율성을 가진 영역으로 표상되면서 조선인들의 생활 영역이 일본으로부터 독립적 · 자율적이라는 이미지를 산출했고, '조선 사회'는 조선인들 전체를 하나의 공동체로 표상하는 포괄성의 의미를 지니고 있었던 것으로 이해된다.[21]

그 연장선에서 1920년대에 이르면 한국에서 '사회'는 다양한 분화 경향을 표상하고 다양하게 분화된 조직과 영역을 종합하는 실재를 표상한 개념으로 인식한 것으로 분석된다. 그리고 이러한 상황은 중국의 경우 5.4운동 이후의 '사회개조'나 일본의 '사회집단', '생활사실' 등에서도 읽을 수 있다는 것이다.[22] 즉 1920년대에 이르면 '사회'라는 용어가 다양하게 분화된 조직과 영역을 종합하는 의미에서 정치, 경제, 사회 등으로 분화되고 '사회문제, 사회교육', '사회교화' 등의 합성어로 통용되기 시작한 것이다.[23]

---

20 전상숙, 앞의 논문, 27쪽.
21 김현주, 앞의 책, 258-260쪽.
22 김현주, 앞의 책, 369-374쪽.
23 예컨대 당시 《동아일보》에는 조선인들이 '민족운동'으로 전개해야 할 '사회운동'을 '문화운동'으로 규정하면서 민족운동을 사회운동, 그 내용을 문화운동으로 논의하고 있다. 이처럼 '사회'와 '문화' 개념이 결합되는 양상마저 나타난 것이다. 아울러 사회의 통합성이 주장되면서 '인격', '도덕'과 같은 용어도 유행했다는 점은 개인의 도덕이 '사회'를 형성 · 유지시키는 원동력으로 인식되고 있었던 것이다. 따라서 예컨대 '사회개혁'이라 하더라도 제도나 구조개혁보다는 개개인의 도덕적 인격과 정신적 수양을 목표로

그렇게 본다면 근대한국에서도 서구의 문명 수용 등에 발맞추어 '종교'와 '사회' 등 각각 그 개념과 영역이 정립되고 있었음을 엿볼 수 있다. '종교사회'라는 용어 역시 '종교에 기반한 단체'를 지칭하기에 이른다. 이처럼 '사회'를 둘러싸고 공공성에 관한 담론적 논의가 담겨 있다는 점에서 그 개념사적 접근은 종교와 공공성을 논하기 위한 주요한 연구 주제임에 분명하다. 이 경우 '사회'는 결국 당시의 '공익', '개화' 등의 개념과도 연결된다고 할 수 있다.

이상에서 살펴보았듯이 근대한국에서 '사회'에 대한 개념은 논의의 시기, 사용한 텍스트, 같은 텍스트라 하더라도 인용자의 시선과 관련성에 따라 다의적이었음을 알 수 있다. 예컨대 신문이라 하더라도 독립신문, 황성신문, 만세보, 대한매일신보, 매일신문 등 시기와 편집 주간에 따라 다르기 마련이다. 그만큼 일정 시기, 특정 매체에 나타난 논점을 일반화하는 것은 무리가 따를 수 있다는 점에도 주의가 필요하다.[24] 따라서 이러한 논점을 파악하면서 그 실체상을 규명하기 위한 연구가 심화되고 전체상이 정립되기를 기대한다.

2. '경제' 인식

한편 이상에서 살펴본 '사회' 개념에 대한 수용의 역사에 덧붙여 당시 근대한국 사회에 새로운 공공영역이 출현하면서 '경제' 개념이 어떻게 인식되었고, 이에 따라 종교의 사회경제적 역할이 어떻게 부각되었는지를 검토하는

해야 한다는 인식이 확산되었다는 것이다. 이를 김현주는 '사회'의 재배치로 이름 붙이고 있다. 김현주, 앞의 책, 384-386쪽.
24 이에 대한 종합적인 정리는 향후의 과제로 남겨둔다.

것도 중요한 과제이다. 즉 이를 통해 근대 전환기의 사회경제사적 흐름 속에서 한국종교의 새로운 경제적 공공성이 탐색될 수 있기 때문이다. 하지만 이역시 지난한 작업으로 그 본격적인 고찰은 향후의 과제로 남기고자 한다. 여기에서는 '경제' 개념의 형성에 관한 기존의 연구 성과를 중심으로 검토하며 근대 전환기 한국종교의 사회경제적 공공성의 실마리를 찾고자 한다.

'사회'의 핵심 개념 가운데 하나인 '경제(經濟)' 개념은 중국을 비롯한 한자문화권에서 사용한 한자어였다. 한편 근대 전환기 이 용어는 일본에서 '정치경제(political economy)'의 번역어로 사용되고, 이후 전통 한자어 '경제(經濟)'와는 사뭇 다른 의미를 지니게 된다. 현실적으로 '경제'는 'economy'의 번역어로 익숙하게 사용된다. 따라서 그 어원과 변화에 대한 역사적 고찰이 필요한 지점이라 할 수 있겠다.[25]

영어에서 이코노미(economy)는 '집'과 관련된 'eco'와 '질서와 규칙'을 뜻하는 'nom'의 합성어이다. 또한 이코노미(economy)는 원래 그리스어 오이코노미아(Oikonomia)에서 유래한 것으로 가정관리를 의미하였다. 이후 프랑스어(économie)와 영어(Economy) 등으로 발전한 것이다. 이후 17세기를 거치며 가정 공동체에서 정치적 공동체까지 확대되고 경제(economy)는 정치경제학(political economy)으로 발전한다. 이어 19세기에 들어 경제학이 도덕철학이나 정치학 등과 분리된 엄밀한 의미의 학문을 모델로 삼아 이른바 '과학적 경제학'을 발전시키고자 하여 현재의 '경제학(ecoomics, economic science)'으로 그 위상을 구축하기에 이른 것이다.

근대 한국 사회에 번역어로서 '경제'라는 용어가 등장한 것은 19세기 일

---

25 차조일 · 박도영, 「사회과 주요 개념에 대한 역사적 고찰: 번역어 '경제'를 중심으로」, 『시민교육연구』 44-2, 2012, 199-226쪽.

본에서 시작한 것을 도입한 1900년대 초반이다. 그러나 현실에서는 번역어 '경제'의 의미를 '국가의 통치나 정치적인 성격'으로 오해하도록 만들고 있으며, '부나 상품의 생산 소비 분배 활동'이라는 근현대적 의미를 제대로 이해할 수 없도록 만들고 있는 것으로 이해된다.[26] 즉 '전통적으로 통용된' 경제라는 용어와 '번역된' 경제가 혼용되어 혼란을 주는 것이 현실이다.

결과적으로 '경제'는 동양의 경제사상을 나타내는 것으로, 반면에 '이코노미(economy)'는 서양의 경제사상을 대표하는 것으로 양분되어 잘못 다루어지고 있다. 나아가 동양과 서양의 경제사상의 엄밀한 차이가 '국가 중심'의 문제나 '개인 중심의 문제' 등으로 환원되는 오해마저 있는 현실인 것이다.[27]

그렇다면 근대 전환기 '사회'와 관련된 삶의 영역, 특히 '경제'는 우리 사회에 어떻게 수용되었을까. 이와 관련하여 그 시작은 역시 1860년대 일본을 통해 전해진 번역으로, 이코노미(economy)는 '경제'로 'political economy'는 '경제학'으로 소개되었다.[28] 이어 1898년에서 1902년 사이에도 그 경향은 기본적으로 지속되었다. 이후 20세기 초반 일본의 경제학이 신고전학파보다는 독일의 역사학파의 영향을 받으면서 '경제'라는 용어가 자리를 잡게 된다. 그 까닭에 더욱 전통적 의미의 '경제'와 번역어로서의 '경제'가 함께 혼재되기에 이른 것이다. 특히 여기에서 주목되는 부분은 사사(私事)의 행위 영역을 뜻하는 경제(economy)가 번역되면서 포괄적인 공공(公共)의 행위 영역

---

26 차조일 · 박도영, 앞의 논문, 199-226쪽.
27 차조일 · 박도영, 앞의 논문, 220쪽.
28 차조일 · 박도영, 앞의 논문, 211쪽. 반면 이 시기 중국에서는 1866년에 이코노미(economy)는 치가지도(治家之道)나 제가지도(齊家之道)로 'political economy'는 '치국가지도(治國家之道)'로 번역하였다.

을 의미하는 경제(經濟)가 되었다는 점이다.[29]

　앞에서도 살폈듯이 1910년대 이후 우리 사회에서 '사회'에 대한 개념 인식은 국가의 활동으로서 '정치' 이외 '경제' 등 삶의 다양한 영역에 투영된 양상으로 확장되어 가는 상황이었다.[30] 특히 이 시기 유학생들 사이에서 자본주의 경제 시스템과 국민경제에 관한 이해가 어떠한 양상으로 일반화되었는지를 살펴보는 것도 흥미로운 부분이다. 즉 유학생들 사이에는 '경제의 싸움 = 약육강식과 우승열패' 등 경제와 산업의 발전과 이를 위한 물질 및 인적 조건에 대한 논의가 활발했기 때문이다.[31]

　나아가 '사회경제=민족경제'라는 시각에서 소작인과 지주의 협조, 대표적 근대인으로서 기업가의 위상, 노동과 근면에 대한 개인적 차원의 조명 등이 자주 논의되기에 이른다.[32] 이러한 양상에서 1910년대 이후 이미 다수의 유학생들은 경제 개념의 인식을 유통 중심의 '상업주의'를 넘어 생산 기반의 '산업주의'로 이동하였음을 알 수 있다.

　아울러 '시장의 메커니즘으로는 해결되지 않는 사회경제 문제'에 관한 인식도 공존했음을 놓치지 않아야 할 것이다. 그리고 바로 그 지점에 '사회경제적 공공성'이 자리할 틈이 형성될 수 있는 것이다. 또한 비록 추상적이나마 개인-사회 개념 체계를 운용하지 않으면서도 경제, 기업, 노동문제를 논의하는 논자들도 있었다. 즉 노동문제 가운데 '사회'가 상등, 하등으로 분화

---

29 김주성, 「번역어로 살펴본 동북아문명」, 『정치사상연구』 24-1, 2018, 9쪽.
30 그 외에 가족, 교육과 종교 및 문화 등 개념의 형성과정에 대한 검토 역시 중요한 부분이라 생각되지만, 여기에서는 필자의 영역을 넘는 부분으로 향후의 과제로 남기고자 한다.
31 김현주, 앞의 책, 272-273쪽.
32 김현주, 앞의 책, 273-274쪽.

되며, 개인주의와 방임주의 등 구체적인 자본주의 체제를 염두에 둔 이해와 분배의 불공평에 기인한 적대적 투쟁관 등 구체적인 '경제'와 '사회문제'에 대한 언급 가운데 네트워크 간의 접속과 교류가 나타나고 있었던 것으로 이해된다.[33] 향후 이를 포함한 '사회경제적 공공성'의 실증에 대한 천착이 더 진행되기를 기대한다.[34]

III. 근대 한국종교의 '사회 · 경제' 인식과 공공성

1. 근대 한국종교의 사회경제적 인식의 특성

그렇다면 근대 전환기 한국종교는 '사회'와 '경제' 개념을 어떻게 인식했을까. 또한 한국의 각 개별 종교의 '사회경제적 공공성'과 관련된 존재 양상은 어떠했을까. 이와 관련한 연구사를 볼 때, 근대 전환기 종교영역의 변화 가운데 사회 인식에 대해 정리하고 있는 이명호의 연구가 돋보인다.[35]

우선 그는 근대 전환기 한국 사회의 종교적 지형을 '탄압 정책의 지양' 즉 '신앙의 자유가 보장되는 종교적 개방사회'로의 변화를 중시하고 있다.[36] 또한 사회구조의 근대적 전환으로 종교 영역이 종교 나름의 존재가치를 보유하며 독립된 영역으로 분화했다는 것이다.

---

33 김현주, 앞의 책, 278-230쪽.
34 손열, 「근대한국의 경제 개념」, 『세계정치』 25-2, 2004.
35 이명호, 「근대전환기 종교영역의 변화와 사회인식: 기독교의 수용과 성장을 중심으로」, 『사회사상과 문화』 29, 2014, 431-475쪽.
36 이명호, 앞의 논문, 434쪽.

물론 이와 관련하여 '종교 영역의 상대적 독립성' 등에는 공감이 가지만 반론의 여지 또한 없지 않을 아닐 것이다. 특히 식민지 시대 공인된 종교로는 불교와 기독교(천주교와 개신교)가 주류를 이루었다. 불교와 유교에 비해 기독교의 경우에는 '국제적 지원 구조'도 있어 외국에서 선교 금품 보조 등을 받았던 점을 무시할 수 없기 때문이다. 반면에 토착적 '한국종교'들은 이른바 '유사종교' 영역으로 밀려나 심지어 보안법과 집회 단속 등으로 감시를 받는 대조적인 상황이었던 것 또한 엄연한 현실이었기 때문이다.

아무튼 그는 이 시기 한국종교의 기본 지형을 다음과 같이 특징짓는다. 즉 유교와 불교 등 전통종교의 사회적 위상과 역할의 변화, 천주교와 개신교를 대표로 하는 외래종교의 수용과 그 확산, 동학과 증산교를 비롯하여 대종교와 원불교 등 '근대한국신종교'의 창립과 발흥, 일본계 종파불교의 전래 가운데 '무교의 미신화' 등을 들고 있다.[37] 아울러 일제강점기 한국종교가 한편에서는 민족주의적인 노선으로 다른 한편에서는 식민지 권력에 굴종하는 모습으로 나타났다는 것이다.

따라서 여기에서는 논리 전개상 종교 지형의 구체적인 논의는 뒤로 미룬 채, 이명호의 상황 인식에 전반적으로 공감하며 이 시기 한국종교의 사회경제적 인식을 검토해 보기로 한다.

먼저 유교의 위상 변화는 다음처럼 간추려진다.[38] 즉 유교는 조선 후기 이래의 사회 혼란에 이념과 현실의 측면에서 무기력하여 국가 제사의 축소를 맞게 되며, 일제 침략에 맞서 상소와 의병운동 등 투쟁과 함께 계몽운동과 타협 등으로 그 한계를 노정하였다. 그래서 종교와 신앙의 영역보다는 관습

---

37 같은 논문.
38 이명호, 앞의 논문, 435-431쪽.

과 윤리 도덕의 영역에 머무르게 되었다는 것이다.

이러한 변화는 유교의 근대 및 사회 인식과 밀접하게 연동되어 있는데, 이에 대해서는 박경환의 검토도 매우 설득적이다.[39] 즉 위정척사론과 동도 서기론(東道西器論), 변법적 개화론이 바로 그것이다. 특히 변법개화론은 실 용성과 공리성이라는 기준에서 유학의 효용성을 평가하려는 태도이지만 결국은 유학과의 결별로 이어졌다는 인식이다. 나아가 영남퇴계학파에서 전개한 변법자강론 역시 봉건적 한계 가운데 전통과 현대, 동양과 서양의 접목을 시도하는 것으로 결국은 주자학과 변법론이 서구수용이라는 실용 적 관점에서 결합하는 형태를 띤 것으로 이해되고 있다.[40] 이러한 양상은 호 남 지역에서 전개된 개신 유학의 흐름 가운데에서도 잘 드러난다는 학계의 보고가 있다.[41]

나아가 당시 불교의 위상 변화와 관련하여 덧붙일 사항은, 조선시대 통치 질서의 근간이었던 유교가 효율적인 대안을 제시하지 못한 그 공백을 메울

---

39 박경환, 「동아시아 유학의 근현대 굴절양상: 조선 유학을 중심으로」, 『국학연구』 4, 2004.

40 김종석, 「19·20세기 초 영남 퇴계학파의 사상적 대응에 관한 철학적 고찰: 신사조 수 용과 관련한 퇴계학의 변용」, 『철학논총』 20, 2000, 44쪽.

41 예컨대 20세기 초반 전북 군산지역의 유풍은 시대적 변화와 맞물려 개신유학적 흐름 으로 구체화되기도 하였다. 국권 회복을 위해서는 무엇보다 신교육의 도입과 함께 산 업 진흥이 급선무라고 파악한 애국계몽기의 주요 인사들에 의해 주도된 학회의 조직 이 호남에도 진행되어 '湖南學會'가 1907년 창립되었고, 이때 옥구와 임피, 그리고 군산 의 유림 가운데 개신유학적 흐름에 동참하는 인사들이 이 학회에 참여하였다. 이에 따 라 호남학회의 주요 인사들은 군산에서 강연회를 열고 자강운동, 특히 신교육 도입의 필요성을 역설하였고, 지역민의 호응을 이끌어내기도 하였다. 20세기 초반 전북의 어 느 지역에 앞서 군산에 今湖學校, 군산사립보통학교 등 사립학교가 건립될 수 있었던 데에는 이들의 역할이 상당하였던 것으로 보고 있다. 이에 대해서는 다음을 참조. 박학 래, 「群山 地域의 儒敎 傳統과 그 특징」, 『지방사와 지방문화』 22-1, 2019, 159-188쪽.

유력한 종교로서 불교가 유력했지만 실제로는 이를 수행할 역량을 갖추지 못했다는 점이다.[42] 즉 근대 전환기 불교 역시 한국 사회에서 일종의 질시와 비판 가운데 놓여 있었으며 서구로부터 유입된 기독교와 근대 한국종교는 물론 일본 불교와도 경쟁 체제를 형성하고 있었다는 것이다.[43]

요컨대 당시 불교의 실천 전략 역시 전통주의적 시대 인식, 정체성의 지향, 문화 개화의 지향 등으로 간추릴 수 있으며,[44] 전통의 계승 및 고수 가운데 대중과의 소통을 중요하게 생각하며 새로운 쇄신을 구하는 방향으로 나아갔다는 것이다.[45] 그러한 가운데 불교개혁(유신)론의 입장에서 문명개화를 지향하면서도 주체성을 중시하는 움직임도 있었다고 소개한다. 즉 '물질 생활을 세간에만 의지하여 구하고 스스로의 노력을 기울이지 않는다.'는 비판에 대응하며, 사회적 역할을 수행할 수 있는 불교인의 양성 등이 강조되었다는 것이다.[46] 하지만 일부 개혁과 함께 정체성을 중시하면서도 오히려 일본 불교를 근대의 모델로 선망하는 이른바 '친일적 근대 개혁' 등으로 나아가는 흐름도 있었던 것으로 보고 있다.[47]

다른 한편 이 시기 '외래종교의 수용과 성장'도 눈에 띄는 특징이라 할 수 있다. 천주교의 해외 선교는 12세기의 북아시아 선교단을 비롯하여 15세기의 극동아시아 선교단, 그리고 이후 15-16세기의 아메리카 신대륙 선교단,

---

42 이명호, 앞의 논문, 442쪽.
43 이명호, 앞의 논문, 441-449쪽.
44 이명호, 앞의 논문, 443쪽.
45 양창연, 「근대시기 '종교' 인식과 한국 불교의 정체성 논의」, 『한국사상과 문화』 52, 2010.
46 이명호, 앞의 논문, 446쪽.
47 이명호, 앞의 논문, 447쪽.

나아가 18-19세기 식민지로 파견된 선교사 등으로 요약할 수 있다.

따라서 천주교의 이러한 움직임은 조선 중기에 이르면 중국과 일본은 물론 우리나라까지도 연결되었다. 선교 과정에는 '기독교가 유교와 유사하다는 전제에서 유교를 이해하고 이를 토대로 전교'하려 한 이른바 보유론(補儒論)적 성격 또한 작용했던 것으로 이해된다. 이른바 서학으로도 불린 천주교는 1780년대에는 우리 사회에서도 어느 정도의 종교활동이 가능할 정도의 신앙으로 받아들여지기 시작한 것이다.[48]

이러한 외래종교수용 배경에는 조선 사회의 동요와 신분 질서의 이완 가운데 18세기 후반 전통적인 이념 체계인 성리학이 비판을 받게 되고 실학파 지식인들이 새로운 지식 세계를 수용할 수 있는 의식의 개방성을 강조하는 흐름이 있었다는 주장 또한 설득적이다.[49] 또한 천주교가 유교, 불교, 무교 등과 조화를 이루고 적응하는 종교 혼합 현상으로 일반 민중들에게 친화적인 교의로 수용될 수 있었음도 간과할 수 없을 것이다.[50]

특히 서구 종교의 수용에 긍정적으로 작용한 전통적 종교 문화적 요소로서 유교의 이분화된 세계 이해와 선과 악의 단순화된 보수적 기독교 교리의 수용과 한국 종교들의 전통적인 '인격화된 신관'에 따른 믿음 체계의 공존, 미륵신앙과 정토신앙, 도참사상 등은 메시아사상의 수용에 유리한 환경을 제공했다는 분석 역시 설득적이다.[51]

잘 알려져 있듯이 개신교는 처음부터 신앙운동으로 전개되었는데 무엇

48 변우찬, 「조선 후기 사회·종교 상황과 초기신자들의 종교인식」, 가톨릭대 석사논문, 1994; 이명호, 앞의 논문, 451쪽.
49 이명호, 앞의 논문, 453쪽.
50 이명호, 앞의 논문, 454쪽.
51 이명호, 앞의 논문, 455쪽.

보다 의료와 교육을 통한 선교가 특징적이다. 특히 지방의 의료시설이나 진료소 등을 찾는 이들을 거의 무료로 치료하며 개신교를 접촉할 수 있는 계기가 제공되었다.[52] 이러한 상황에서 특히 개신교는 교육과 의료사업을 통해 '문명의 종교'로 인식되고 청일전쟁에서 치외법권 지역으로 인정되면서 급격히 성장하였다.

하지만 1920년대를 넘어 1930년대에 이르면 한국 교회는 사회적인 문제보다는 영적이고 종교적인 문제에 더 많이 관심을 기울이는 방향으로 변화하였다는 점도 놓쳐서는 안 될 것이다.[53] 또한 기독교로 개종한 종교적 이유가 물질적 이익이나 공동체가 아닌 개인적 향유의 대상, 즉 '현세에서의 어려움에 희망을 부여하는 교의' 역시 기독교의 성장을 추동했던 것이다.[54]

즉 초기 기독교인들의 사회 인식은 우선 유교와 대척점에 있는 불교를 비판함으로써 유교와 천주교의 유사성을 강조하며 한국 사회와의 갈등을 최소화하려는 지속적인 노력으로 요약된다. 나아가 천주교와 개신교가 동도서기론적 관점에서 '문명개화'라는 시대적 요청에 대한 응답으로 이해하려 했던 것이다.[55]

여기에 덧붙여 당시 선교사들의 사회 인식의 특징을 간추려 보면, 서구문명의 일차적 담지자이자 전파자로서 하나같이 식민주의적 관점을 지니고 있음을 부인하기 어렵다. 더욱이 주술적 행위를 행하는 '미신'과는 일정

---

52 유영렬·윤정란, 『19세기말 서양선교사와 한국 사회: The Korean Repository를 중심으로』, 서울: 경인문화사, 2004.
53 이명호, 앞의 논문, 443쪽.
54 이명호, 앞의 논문, 460쪽.
55 송현강, 「초기 한국 기독교인의 신앙 형태 연구: 근대 복음주의와 전통적 세계관」, 『한국사상과 문화』23, 2004; 이명호, 앞의 논문, 462쪽.

하게 거리를 두는 문화적 우월주의 역시 부인하기 어려울 것이다. 또한 여기에서 주목되는 부분은 기독교를 통한 문명화가 '부귀 복락' 같은 현세 지향적 욕구와 연계되었던 점이다. 즉 공평한 법, 평등한 사회질서, 생업의 발전, 외국과의 화평, 위정자의 경천애인 같은 사회적 측면과 함께 무병, 장수, 물질적 풍요 등 현세적 행복에 관한 부분 또한 상당하다는 점이다.[56] 그 연장선상에서 미국의 종교적 제국주의적 사명을 열렬히 전하거나 복음주의적 경향으로 세상과 분리된 교회, 사회참여에 미온적이고 보수적인 교회 정체성 추구 등으로 치닫게 된 또 하나의 흐름이었던 것으로 이해된다.[57]

2. 근대한국 '신종교'의 '사회 · 경제' 인식과 공공성

그렇다면 이 시기 한국 '신종교'의 사회 인식과 존재 방식은 어떠했을까. 이와 관련하여 우선 '근대 한국종교'의 역사적 전개와 방향성에 대한 조경달의 '민중종교'적 분석이 있다.[58] 그는 당시의 상황을 '민중 자신들의 변혁 주체성이 철저하게 부정되는 대부흥운동과 종말론적 미신의 강화, 종교의 정치 · 계몽운동화, 내면세계 구제와 사회 공헌' 등으로 특징짓고 있다.[59]

---

56 이명호, 앞의 논문, 467쪽.
57 김권정, 『근대전환기 한국 사회와 기독교 수용』, 성남: 북코리아, 2016.
58 이에 대해서는 조경달 · 박맹수, 「식민지 조선에 있어 불법연구회의 교리와 활동」,
   『원불교사상과 종교문화』67, 2016, 251-275쪽. 특히 기독교의 평양 대부흥운동에 대
   해서는 많은 연구가 있지만 기본적으로는 다음 자료가 참고로 된다. 김권정, 앞의 책,
   152쪽.
59 이 가운데 특히 기독교의 평양 '대부흥운동'에 대해서는 수많은 연구가 있는데, '각성'
   과 '회개'가 기초를 이루고 있음을 간과해서는 안될 것이다. 그것이 이후 기독교 '부흥'
   의 큰 전환점이 되었음은 연구자 대부분의 통설이기 때문이다.

또한 윤승용은 한말 개화기인 1860년 동학을 시작으로 하여 1894년 농민혁명, 1904년 러일전쟁을 거치면서 민중종교로서의 근대 한국종교가 사회변혁과 문명개화에 적극적으로 대응한 것으로 파악하고 있다.[60] 나아가 그는 그러한 역사적 맥락 가운데 기독교가 근대적 종교체제로 유입되고 유교역시 영향을 받는 가운데, 동학도 개신하여 '천도교'로서 문명 종교적 체제에 '대응'해 나갔다는 것이다. 요컨대 당시 '근대 한국종교' 역시 '문명개화와 민족국가 형성이라는 시대적 과제를 직시하며 적절히 수용함으로써 향후 민중 민족운동을 선도해 갈 수 있었다'고 평가하고 있다.[61]

그러한 측면에서 근대 시기 한국종교의 위상과 관련하여 근래 새롭게 제기되고 주목을 받는 문제 제기가 있어서 눈길을 끈다. 즉 구한말에서 일제강점기에 이르는 한국사상사를 '척사파, 개화파, 개벽파'로 보는 견해이다.[62] 특히 허남진은 당시 척사파가 '서구 문명의 야만성을 성리학적 사유로 논증하고 도덕적 문명사회에 근거한 화이론적 사유'를 견지했으며, 개화파는 '만국공법의 세계를 발견하고 서구문명을 문명의 표상으로 인정하고 수용'하려 했다는 것이다. 나아가 '개벽파'라 하여 개화파와 척사파의 양극단 사이에서 근대 한국 사회에 새롭게 자리매김한 동학, 천도교 등 근대 한국종교의 '개벽사상'을 제기하고 있다. 즉 '민중이 개벽의 주체가 되어 개척하는 새로운 문명 모색'이라는 것이다.[63]

아울러 근대 '한국신종교'의 사회경제 인식에 관한 개별적인 연구 역시

---

60 윤승용, 「한국 신종교에 대한 종교사적 연구와 과제」, 『한국종교』 36, 2013.

61 윤승용, 위의 논문, 87-125쪽.

62 허남진, 「근대한국의 '종교' 인식: 개화파와 개벽파를 중심으로」, 『종교문화연구』 32, 2019. 및 조성환, 『한국 근대의 탄생』, 서울: 모시는사람들, 2018.

63 허남진, 위의 논문, 157쪽.

중요한 과제로 부각되고 있다. 특히 동학이 천도교로 전환하는 시대적 상황에서 개화기의 애국계몽운동을 서구적 사회진화론의 실력양성론으로만 규정하는 경향이 짙었던 데에 대한 일정한 자기반성이 있다. 즉 개화기 애국계몽운동 역시 '동학-천도교'를 배제하고는 그 맥락을 제대로 이해하기 어려울 수 있다는 인식이 있기 때문이다.[64]

이와 관련하여 예컨대 당시 '천도교'는 '종교성과 사회성'의 완전한 실현을 '천인공화(天人共和)'로 표현하고 있음이 주목된다.[65] 즉 『초등교서』에 '사회'를 사람과 사람의 결합체로 보고 사람과 관련되는 최대의 것을 종교의 공덕사회(公德社會)와 국가의 공의사회(公義社會)로 구분하였다. 또한 '사회'는 스스로 성립되는 자성체(自成體)가 아니라 우리의 심력(心力)에 의존하여 성립하는 것으로 기술하였다. 나아가 '도덕'은 내적 규제로 작동하는 사회규범이라 했다. 특히 '윤리'를 개인윤리, 사회윤리, 국가윤리로 구분하고 신을 사랑하는 자는 사회를 위하여 공덕심(公德心)과 공익심(公益心)을 다하는 것이라 하였다. 특히 여기에서 '사회윤리'라는 개념이 제기되는데, 이는 종교와 사회 간의 관계를 잘 명시해 주는 개념으로 이해된다.

또한 '경제' 개념에 대해서도 구체적인 인식의 틀과 이를 토대로 한 새로운 사회 건설의 구상까지 나타나 있다. 즉 다음의 인용문에서 확인할 수 있듯이, '경제'를 인류생활에서 가장 긴요한 문제로 보고 '상업과 산업경제', '노심과 노력경제', '국가와 인민경제'로 자세하게 구분하였다.

---

64 오상준 지음, 『동학 문명론의 주체적 근대성: 오상준의 '초등교서' 다시읽기』, 정혜정 역해, 서울: 모시는사람들, 2019, 7쪽.
65 오상준 지음, 위의 책, 10쪽.

'경제는 인류생활에서 가장 긴요한 문제이다. 경제의 대략을 말하면 산업경제와 상업경제, 노심경제(勞心經濟)와 노력경제(勞力經濟), 그리고 국가경제 및 인민경제로 구분될 수 있다'라고 하면서 경제에 대해서 논의합니다.[66]

나아가 경제는 인류생활에서 가장 긴요한 문제로서 '산업, 상업, 노심, 노력, 국가 및 인민'에 대해 설명을 덧붙였다. 우선 '산업경제'는 사람이 어떤 업무에 종사하든지 물품의 귀천과 형태, 노동력. 비용, 가치, 운송지 등을 고려하여 계산하는 즉 비용과 지출에 따라 성패가 달라진다는 것이다. 반면 '상업경제'는 소기업가(세공 및 개인 상업)와 대기업가(합명합자주식회사)에 관계없이 모든 상시자본(기계 등 영구자본)과 운송자본(유통금액 등의 자본) 등이 기초를 이루며 수요 공급과 시장 경기에 따라 판로를 예측하여, 가치 변동과 투기 방법, 신용고객(단골)과 경쟁의 유기적 활동 등을 강조하였다. 또한 상업 흥왕(興旺)의 여파는 개인 생활뿐만 아니라 국가 부강에도 밀접한 영향을 미친다고 보았다.

한편 '노심경제'는 도덕과 지식, 기예와 능력에서 기인하는 것으로 '노력경제'는 노동자의 노동자본과 기업가의 보수 여하에 관한 비교상의 계산에서 비롯한 것으로 보았다. 또한 '국가경제'는 인민의 생존 발달, 즉 교육, 군사, 청결, 제방, 도로, 관리, 대개혁 등 인민 생활에 관한 것으로 개인경제와 다른 점은 세금을 거두어들이는 것에 국한하였다. 나아가 '인민경제'란 인민의 공의적(公義的) 정신경제로서 재산 이익상의 경제보다 가장 큰 자리를

66 오상준 지음, 앞의 책, 90-95쪽.

점하는 것이라 강조하였다.

이를 현대경제학의 측면에서 볼 때, 유통 중심의 상업자본과 자본과 노동력을 기초로 생산 기반을 이루는 산업자본의 구분이 모호하고 인민 경제와 국가경제의 경우 조세 부분만을 중요한 차이로 보는 점 등 문제점이 없는 것은 아니다. 그러나 이후 이른바 '민주경제'라는 틀에서 천도교의 건국이념으로 구체화되기 때문에 향후 그 발전에 관한 점을 포함하여 구체적인 분석이 필요하다. 예컨대 생산수단의 재분배, 계급적 대립 없는 단일성의 민족경제, 개인 사유권과 관련한 토지문제의 시급한 해결이 강조된 것으로 이해된다. 또한 농토가 좁고 농업기술의 발달이 미약하며, 농업생산액이 빈약한 제약 조건 가운데 농공진흥책과 국제적 통상 등이 강조된 점도 인상적이다.

이상에서 살펴보았듯이 근대 전환기 한국종교의 존재 양상은 전통종교인 유교, 불교의 사회적 위상과 역할이 변화하면서 외래종교인 천주교, 개신교의 수용과 확산이 특징적이다. 따라서 근대 시기 각 개별적인 한국종교의 사회경제 인식과 존재 양상 및 그 윤리적 특징과 차이 등에 대한 종합적인 검토가 필요하다. 나아가 이 시기 '한국신종교'의 '시민'과 '세계'에 관한 이해는 물론 구체적 논증 역시 과제이다. 예컨대 근대 전환기 야뢰 이돈화 (1884-1950)는 동학의 종교화 과정에서 교리를 철학적으로 정리한 동학 천도교 사상가이다. 특히 그의 '신앙성과 사회성'이라는 논설 가운데 독특한 '사회관'을 엿볼 수 있다.[67] 또한 『신인철학』에서는 더 발전된 '사회관'이 피력

---

67 허수 지음, 『(역비한국학연구총서33) 이돈화 연구: 종교와 사회의 경제』, 서울: 역사비평사, 2011. 아울러 이돈화, 「신앙성과 사회성(1)·(2)」, 『천도교월보』98과 동, 「종교의 신앙과 사회의 규칙」, 『천도교월보』98 등이 참고 된다.

되었다.[68]

이와함께 천도교의 '공개인(公個人)'과 '대아(大我)'는 물론 원불교의 '사은사요(四恩四要)'와 '봉공인(奉公人)'을 통한 시민 개념 등의 정립과 '세계' 인식과 관련한 천도교의 '세계주의'와 '세계공화'는 물론 '사해동포주의', 대종교의 '애합종족'과 '천민동락(天民同樂)'과 원불교의 '일원세계'와 '삼동윤리' 등을 통해 그 구체성이 파악되고 나아가 '사회경제적 공공성'의 실천윤리 등에 대해 체계적인 정리가 병행되기를 기대한다.

IV. 맺음말

이상에서 근대 시기 '사회·경제' 개념의 형성·유통과 관련하여 근래 학계에서 진행된 개념의 수용사를 토대로 당시 근대 한국종교가 새로운 공공영역이 출현하면서 '종교의 사회경제적 역할'을 어떻게 자각해 나갔는지를 기초적으로 검토하였다. 이를 통해 근대 전환기 한국종교의 '사회경제적 공공성'이 새롭게 탐색되는 실마리가 찾아지기를 기대한다.

결과적으로 근대 전환기 한국에서는 '사회와 경제'에 관한 개념 인식이 시작되어 특히 1900년대를 넘어 1910년대에 이르면 '사회'라는 개념 인식은 국가의 활동으로서 '정치' 이외 '경제' 등 삶의 다양한 영역에 투영된 양상으로 확장되는 상황이었음을 알 수 있었다.

---

68 근대전환기 대표적인 사상가인 야뢰 이돈화(1884-1950)는 동학의 종교화 과정에서 교리를 철학적으로 정리한 동학 천도교 사상가이다. 특히 그의 대표 저술인 『신인철학』에서 '사회관'을 엿볼 수 있는데, 이른바 '신사회'와 '개벽'이 바로 그것이다.

더욱이 1920년대에 이르면 한국 '사회'는 다양한 분화 경향을 표상하고 그 분화된 조직과 영역을 종합하는 실재를 표상하는 개념으로 인식됨을 확인할 수 있었다. 나아가 중국의 5.4운동 이후의 '사회개조'나 일본의 '사회집단', '생활사실' 등에서도 유사하게 읽을 수 있었다. 요컨대 1920년대에 이르면 '사회'라는 용어가 다양하게 분화된 조직과 영역을 종합하는 의미에서 정치, 경제, 사회 등으로 분화되면서 '사회문제, 사회교육', '사회교화' 등의 합성어로 통용되기 시작한 것이다. 특히 '시장의 메커니즘으로는 해결되지 않는 사회경제 문제'에 관한 인식 또한 공존했으며, 바로 그곳에 '사회경제적 공공성'이 자리할 수 있는 틈새가 형성될 수 있었던 것으로 보인다.

그러한 측면에서 전통 종교인 유교 불교의 사회적 위상과 역할 변화는 물론 천주교, 개신교와 같은 외래종교의 수용과 확산의 과정의 검토 역시 중요한 것이었다. 나아가 한국 '신종교'의 사회 인식과 존재 양상 및 유력 인사들의 통찰의 특징 등의 검토도 더욱 심화되기를 기대한다.

이처럼 근대 한국종교는 조선 후기의 정치 경제 · 사회문화적 고난 속에서 민중을 역사적 주체로 자각하며 '사회' 개념을 받아들이고 정립하였다. 특히 그 경우 '사회'는 '정치사회'와 '시민사회'는 물론 '경제사회'까지 포괄하는 의미로 받아들여야 함은 물론이다.

특히 '한국신종교'의 경우, 예컨대 이 시기 천도교 등에서 제기하는 '사회윤리'라는 개념은 종교와 사회 간의 관계를 잘 명시해 주었다. 따라서 이를 심화 연구하여 궁극적으로 근대 한국종교가 지향하는 사회경제적 이념들, 특히 사회윤리와 시민윤리의 연계는 물론 현대사회의 사회문제를 바라보는 또 다른 '이정표'였음이 궁구되어야 할 것이다. 즉 근대 한국종교의 사회경제적 공공가치를 시민적 공공성으로 재해석하며 시민윤리 나아가 세계시민윤리로 연계시키는 이론적 진전이 필요한 지점에 서 있다고 생각된다.

요컨대 한국의 전통윤리와 가치 가운데 세계적 시민윤리로 발전시킬 수 있는 요소들을 미래적 관점에서 재해석하여 이를 토대로 동서양을 아우르는 세계시민윤리의 재정립을 모색할 수도 있기 때문이다.

예컨대 '근대한국 신종교'의 경우 천도교의 '공개인(公個人)'과 '대아(大我)'는 물론 원불교의 '사은사요(四恩四要)'와 '봉공인(奉公人)'을 통한 시민개념 등의 검토가 이미 진행 중인 것으로 알고 있다. 또한 '세계' 인식과 관련한 천도교의 '세계주의'와 '세계공화'는 물론 '사해동포주의', 대종교의 '애합종족'과 '천민동락(天民同樂)', 원불교의 '일원세계'와 '삼동윤리' 등을 통해 그 구체성이 파악되기를 기대한다. 이러한 작업 가운데 '사회경제적 공공성'의 실천윤리 등이 체계적으로 제기될 것으로 기대된다.

이상에서 살펴보았듯이 근대 전환기 동서양이 충돌하고 교류하면서 한국종교 역시 서양적 사회 구성의 원리 및 학문적 체계에 관심을 확대하였고, 특히 '사회', '경제' 등 새로운 개념들과 조우하는 과정이었음을 알 수 있었다. 또한 이러한 개념의 형성은 역사적 특성과 밀접하게 관련되므로 그 문화사상사적 전통과의 연계성을 밝히는 것도 자연스럽게 과제로 대두된다. 즉 '번역된 근대'의 관점이 아니라 '해석된 근대'의 관점에서 '사회와 경제'에 관한 개념의 변천 과정을 분석하는 개념사적 방법을 넘어서기를 기대한다. 나아가 근대한국의 개별 종교가 근대적 시민 형성, 세계시민주의에 어떻게 기여했으며, 또한 그 과정에서 '나침반과 등대' 같은 사회경제적 공공성의 가치가 추출되는 성과로 발전되기를 기대한다.

이돈화의 미래종교론*

: 손병희에 대한 해석을 중심으로

조성환 원광대학교 동북아시아인문사회연구소 HK교수, 『다시개벽』 편집인
이우진 공주교육대학교 교육학과 교수

* 이 글의 출처는 2020년 12월에 간행된 『종교연구』 80-3에 수록된 조성환·이우진의 「이돈화의 미래종교론: 손병희에 대한 해석을 중심으로」이다. 이 논문은 2020년 11월 7일에 '개벽학스튜디오'에서 발제한 조성환의 "이돈화의 「장래의 종교」"를 보완한 것이다.

I. 머리말

일제강점기의 천도교 이론가로 저명한 야뢰 이돈화(夜雷 李敦化, 1884-1950)는 3·1만세운동이 일어나던 1919년 초에 천도교 기관지 『천도교회월보』[1]에 세 차례에 걸쳐 「장래의 종교」라는 글을 연재하였다. 시기적으로 이돈화의 초기 사상에 해당하는 이 글은 천도교의 신관에 입각한 '미래종교론'을 피력하고 있는데, 그 요지는 다음과 같다.

"미래에는 종교가 필연적으로 하나의 형태로 통일되고, 그것은 '자기 안의 신'(自神)을 신앙하는 형태이며, 천도교야말로 그러한 신앙 형태에 부합된다."

여기에서 '자신(自神)'은 '자천(自天)'이나 '자신(自信)'으로도 표현되는데, 동학을 창시한 수운 최제우(1824-1864)의 '시천주(侍天主)'에 대한 또 다른 해석이라는 점에서 주목할 만하다.

한편 「장래의 종교」는 '성훈(聖訓)'을 인용하는 형태로 시작되는데, '성

---

1 『천도교회월보』는 1910년 8월에 창간되어 1938년 9월에 폐간된 천도교 기관지로, 1910년대의 천도교 사상경향을 파악하는데 매우 중요한 사료로 평가받고 있다. 이에 대해서는 『한국민족문화대백과사전』 '천도교회월보' 항목(집필자 최동희) (http://encykorea.aks.ac.kr/Contents/Item/E0055822) 참조

훈'은 문맥상 1905년에 천도교를 선포한 의암 손병희(義菴 孫秉熙 1861-1922)의 '강설(講說)'을 가리키는 것으로 보인다. 비록 인용의 형태이기는 하지만, 『천도교회월보』가 천도교 기관지라는 점을 감안하면, 이 인용문은 상당히 신빙성이 높은 사료임이 틀림없다. 따라서 이 인용문은 이돈화의 사상이 손병희와 연속선상에 있을 뿐만 아니라, 이돈화의 사상 형성에 손병희가 일정 정도 영향을 끼쳤음을 시사한다. 한편 「장래의 종교」는 이돈화가 1919년 말에 『천도교회월보』에 쓴 「종교통일은 자연의 세」나 「개조와 종교」[1]와 내용상 이어지고, 1921년에 쓴 「사람성의 무궁을 논하느라」에서 더욱 발전되었다는 점에서도 주목할 만하다. 이처럼 「장래의 종교」는 천도교의 '신관'과 '종교관'을 비롯하여, 손병희의 알려지지 않은 사상과 이돈화의 초기 사상의 형성 및 전개 과정을 이해하는 데 중요한 실마리를 제공하는 귀중한 자료이다.

이하 본문에서는 「장래의 종교」에 인용된 손병희의 강설과 그것에 관한 이돈화의 해석을 분석함으로써 그동안 주로 '독립운동가'로만 알려져 왔던 '사상가 손병희'의 모습과, 이돈화와 손병희의 사상적 연관성을 살펴보고자 한다. 이러한 고찰은 손병희가 최제우를 어떻게 해석하여 자신의 사상을 전개하고, 그것을 다시 이돈화가 어떻게 이어받는지를 파악하는 데 중요한 실마리를 제공하리라 생각한다.

---

1 이돈화의 「종교통일은 자연의 세」나 「개조와 종교」에 대해서는 고건호의 선구적인 논문 「'종교-되기'와 '종교-넘어서기' - 이돈화의 신종교론」, 『종교문화비평』 7, 2005 참고.

II. '성훈(聖訓)'의 의미

「장래의 종교」는 3·1독립운동 전후인 1919년 2월(102호)과 3월(103호) 그리고 5월(105호)에 나온 『천도교회월보』의 〈교문정의(敎門訂議)〉[2] 섹션에 총 세 차례에 걸쳐 실렸다. 〈교문정의〉라는 섹션 제목에서 알 수 있듯이, 천도교 교리에 관한 내용을 다루고 있고, 분량은 한 편당 평균 6쪽 정도이며 한 페이지는 상하 2단으로 이루어졌다. 문체는 국한문 혼용체이고, 글의 전체 구성은 맨 처음에 '머리말'에 해당하는 글이 나오고, 그 다음에 본론이 이어진다. 본론은 '본제(本題)의 삼대(三大) 요점'이라는 소제목 하에 세 가지 주제로 나뉘어서 서술되고, 각 주제마다 한 편씩의 글이 할애되었다. 세 가지 주제를 소개하면 다음과 같다.

> 갑. 종교통일론의 발생은 필연적 추세
> 을. 피안적 신앙, 즉 타력적 신앙의 쇠퇴와 영성적 신앙, 즉 자력적 신앙의 발흥(이하, 「타력신앙의 쇠퇴와 자력신앙의 발흥」으로 약칭)
> 병. 문호적 종교의 부패와 통일적 종교의 신기운

이 중에서 핵심은 「을. 타력신앙의 쇠퇴와 자력신앙의 발흥」이다. "장래에는 자력신앙을 중심으로 종교가 통일된다."는 것이 이 글 전체의 주장이기 때문이다. 그리고 이 주장은 「갑. 종교통일론의 발생은 필연적 추세」에서 손병희의 설법을 인용하는 형태로 시작된다. 이하에서는 이 두 가지 측

---

2 '訂(정)'은 '정정하다', '바로잡다'는 뜻이다.

면, 즉 종교통일론의 내용과 그것의 근거로 제시되는 손병희의 설법에 초점을 맞추어 고찰하고자 한다.

「장래의 종교」의 첫머리는 다음과 같이 시작한다.

"연월일(年月日)에 성사(聖師)가 일반 도제(徒弟)를 향하여 진리에 대한 강화(講話)가 있으셨는데, 그 훈사(訓辭)가 도도(滔滔) 수백 마디에 이르기 때문에 일필(一筆)로 다 기록할 수 없으며, 또한 그 의의가 심오하고 현묘하여 필설(筆舌)로 모사하려 하면 자칫 제2의(義)나 제3의(義)로 전락할 것은 물론이지만, 우리는 항상 성훈(聖訓)을 깊이 새기는[銘佩] 성의(誠意) 위에서 이것을 공포하여, 만세계의 천민(天民)과 함께 영원히 복응(服膺)하여 신신앙의 낙토에 들어가고자 하는 것은 신도 된 우리의 본분이거니와, 여기에 기자가 독자에게 고백할 것은 본호부터 특별게재하고자 하는 이 '장래의 종교'라는 글 역시 성훈(聖訓) 중의 일절(一節)인데, 그 의의의 광대함은 물론이거니와 원래부터 기자와 같은 관견으로 이것을 의역하는 것은 까치가 대붕의 걸음걸이를 배우는 것으로, (…) 독자는 이 점에 주의하여 본론과 같은 성훈(聖訓)의 진의(眞義)에 단지 수천분의 일을 모사하는 것에 불과할 뿐이라는 관념하에서 이것을 읽으면 (…)".[3]

여기에서 이돈화는 지금부터 논하고자 하는 '장래의 종교론'은 '성사(聖師)가 강화(講話)한 훈사(訓辭)이자 성훈(聖訓) 중의 한 구절[一節]에 불과하다'는 고백으로 자신의 얘기를 시작한다. 그렇다면 여기에서 '성사(聖師)'는 누구를

---

3   이돈화, 「신앙성과 사회성(3)」, 『천도교회월보』 102호, 1919. 2, 1쪽.

말하고, '성훈(聖訓)'은 누구의 가르침을 지칭하는지 궁금해지지 않을 수 없다. 이에 대한 단서는 먼저 '의암성사'라는 용어에서 찾을 수 있다. 여기에서 '의암'은 손병희의 호이고, 그의 설법을 수록한 천도교 경전의 제목은 『의암성사법설』이기 때문이다. 따라서 이돈화가 언급하는 '성사'는 '손병희'일 가능성이 높고, '성훈'의 의미는 '의암 성사의 가르침'이 될 것이다.

다만 천도교에서 '성훈'이라는 말이 꼭 '손병희 가르침'을 가리킨다고 단정할 수는 없다. 손병희의 말씀을 모아 놓은 『의암성사법설』에도 '성훈'이라는 말이 세 차례나 나오는데, 문맥상 해월 최시형(1827-1898)을 지칭하는 것으로 보이는 용례도 있기 때문이다. 예를 들면 다음과 같다.

> "(A) 성훈에 이르기를(聖訓曰) '사람은 하늘사람이고 도는 대선생님의 무극대도이다'라고 하셨는데, 무슨 뜻인가? '사람이 하늘사람이다'는 것은 ….."
>
> (聖訓曰: '人是天人也, 道是大先生主無極大道也'者, 何者? 人是天人也者, ….)

여기에서 '성훈의 말씀'으로 인용되는 문장은 해월 최시형의 설법을 모아 놓은 『해월신사법설』의 「개벽운수」편에 보인다. 주시하다시피 해월 최시형은 수운 최제우의 뒤를 이어서 동학교단을 이끈 인물로, 의암 손병희의 스승이기도 하다. 따라서 의암의 설법을 모아 놓은 『법설』에 '성훈'이라는 형태로 해월의 말이 인용되는 것은 전혀 이상한 일이 아니다. 실제로 현행본 『천도교경전』이나 김용휘의 『손병희의 철학』에서는 '성훈'을 '해월의 말'로 보고 있다.[4]

---

4 김용휘, 『손병희의 철학』, 서울: 이화여자대학교출판문화원, 2019, 94-95쪽; 『의암성사법설』 「수수명실록(授受明實錄)」. 천도교중앙총부, 『천도교경전』, 천도교중앙총부

하지만 순전히 문장구조상으로만 생각해 보면 '성훈'을 '의암의 가르침'으로 해석해도 의미는 통한다. 그렇게 되면 전체 문장은 "의암성사께서 말씀하셨다. '사람이 하늘사람이고 도는 대선생님의 무극대도이다.'는 무슨 뜻인가?"라는 식이 될 것이다. 이렇게 해석할 경우에 문제는『의암성사법설』전편을 통해서 '성훈왈'이라는 형태로 의암의 말이 인용되는 사례가 없다는 점이다. 다만 '성훈왈'을 어떤 식으로 해석하든 "사람은 하늘사람이고 도는 대선생님의 무극대도이다."가 해월의 말이라는 점에는 변함이 없다.

한편「장래의 종교」(2019년 2월-5월)보다 몇 달 먼저 쓰여진 이돈화의「신앙성과 사회성」에도 '성훈'이라는 표현이 보인다. 이돈화는 1918년 12월부터 1919년 2월까지 3회에 걸쳐『천도교회월보』의〈교리부〉에「신앙성과 사회성」이라는 글을 연재하였는데, 여기에도 '성훈'이라는 말이 나온다.

> "성훈에 이르기를(聖訓曰) '사람은 선천적으로 두 개의 본능이 있으니 신앙성과 사회성이라고 할 수 있다. 사람은 이 두 개의 본능이 있음으로써 이 본능이 발달하는 곳에 인류의 권위가 표현되며, 인류의 공적이 실현되니, 우리는 이 본능을 조화(調化) 수련(修煉)하여 인내천의 대정신을 발휘함이 종교 최후의 목적이다'라고 하셨다.
>
> 우리는 이 성훈(聖訓)을 받든 상태에서 감히 몇 마디를 부연하여, 본제(本題)의 정신에 철저하고자 한다."[5]

출판부, 1988, 650쪽, 655쪽. 참고로「수수명실록」은 천도교중앙총부의『천도교경전』에는 '제8편'으로, 김용휘의『손병희의 철학』에는 '제9편'으로 되어 있다.

5   이돈화,「신앙성과 사회성(1)」,『천도교회월보』100호, 1918.12, 7쪽.

여기에서도 『의암성사법설』에서와 같이 '聖訓曰(성훈왈)'이라는 말로 인용이 시작되는데, 내용상 해월의 말씀이 아니라 의암의 말씀으로 보인다. 왜냐하면 인용문에 나오는 용어들이, '신앙성', '사회성', '인내천'과 같이 『해월신사법설』에는 보이지 않을뿐더러 해월 시대에는 나오기 어려운 개념들이기 때문이다. 마찬가지로 「장래의 종교」에 인용되는 '성훈'에도 '종교통일'이나 '유래종교'와 같이 천도교 시대에나 등장하는 개념들이 사용되기 때문에, 「장래의 종교」의 '성훈' 역시 '손병희의 가르침'으로 이해되어야 할 것이다.

한편 위의 「신앙성과 사회성」에 인용되는 성훈에는 '신앙성'과 '사회성'이라는 개념이 이미 등장한다. 즉 이돈화가 쓴 「신앙성과 사회성」이라는 글의 제목에 들어 있는 '신앙성'과 '사회성' 개념이 이미 성훈 속에 나오는 것이다. 따라서 「신앙성과 사회성」은 손병희의 개념과 사상을 토대로 작성된 것임을 알 수 있다. 이 점은 「장래의 종교」가 성훈을 시작으로 글이 전개되는 것과 유사하다. 이것으로 우리는 이돈화의 사상에 손병희의 영향이 적지 않게 작용하였음을 엿볼 수 있다.

'聖訓曰(성훈왈)' 이외에도 『천도교회월보』에는 '聖師曰(성사왈)'의 형태로 손병희의 말이 인용되는 경우도 있다. 「신앙성과 사회성(1)」(1918년 12월, 100호)보다 3개월 전에 쓰여진 황산 이종린의 「종교의 신앙과 사회의 규칙」(1918년 9월)이 그것이다. 이 글은 『천도교회월보』 98호의 〈교문정의〉에 실려 있는데, '성사왈(聖師曰)'로 시작해서 무려 3쪽에 걸쳐 손병희의 말이 인용되었다. 글 전체의(6쪽) 반에 해당하는 분량이다. 글의 제목으로부터 이돈화의 「신앙성과 사회성」과 유사한 주제를 다루고 있음을 알 수 있다. 이것은 이종린과 이돈화의 '신앙과 사회'에 관한 논의가 손병희에게서 연원하였음을 말해 준다.

한편 앞서 소개한 「신앙성과 사회성(1)」에는 "사람은 선천적으로 두 개의 '본능'이 있으니 '신앙성'과 '사회성'이다."라는 손병희의 말이 인용되었는데, 「종교의 신앙과 사회의 규칙」 또한 "이 세상에 사는 자는 천연적 양대(兩大) '개성'이 있으니, 그 하나는 '종교성'이요 그 둘은 '사회성'이다."라는 손병희의 말로 시작되었다. 양자의 차이가 있다면 '신앙성'(이돈화)이 '종교성'(이종린)으로, '본능'(이돈화)이 '개성'(이종린)으로 바뀐 정도이다. 참고로 이돈화도 '종교성'이라는 표현을 쓰지 않은 것은 아니다. 1918년 11월에 간행된 『천도교회월보』 99호에 실린 「종교성과 사회성」이 그것이다. 이돈화의 「종교성과 사회성」(1918년 11월)은 이종린의 「종교의 신앙과 사회의 규칙」(1918년 9월)과 이돈화의 「신앙성과 사회성(1)」(1918년 12월) 사이에 쓰여진 글이다. 이상을 정리해 보면 다음과 같다.

1) 이종린 「종교의 신앙과 사회의 규칙」(1918.9. 98호)

2) 이돈화 「종교성과 사회성」(1918.11. 99호)

3) 이돈화 「신앙성과 사회성」(1918.12-1919.2. 100호, 101호, 102호)

4) 이돈화 「장래의 종교」(1919.2-1919.3. 1919.5. 102호, 103호, 105호)

이 네 편의 글은 모두 비슷한 시기에 쓰였고(1918년 9월-1919년 5월), 내용상 서로 연관되어 있으며, 하나같이 손병희의 설법을 토대로 하였다는 점에서 공통적이다. 아마도 손병희가 살아 있었던 1922년까지의 글들은 대개 이러한 구조를 띠고 있지 않았을까 생각된다. 즉 손병희의 논의를 토대로 자신들의 논의를 전개하는 형태의 글쓰기인 것이다.

그럼 이하에서는 본격적으로 「장래의 종교」에 인용된 손병희의 설법과 이돈화의 해석을 통해 손병희와 이돈화 사이의 사상적 교류가 어떻게 이루어졌는지 살펴보도록 하자.

III. 손병희의 종교통일론

「장래의 종교」에는 손병희의 설법이 두 차례에 걸쳐 인용되는데, 모두 두 번째 주제에 해당하는 「타력신앙의 쇠퇴와 자력신앙의 발흥」에 수록되었다(두 차례의 인용문 중에서 첫 번째 인용문은 무려 두 페이지에 달하는 장문이다). 즉 세 편의 글 중에서 두 번째 글에만 손병희의 말이 인용된 것이다. 이 점은 세 편의 글 중에서 두 번째 글에 가장 큰 비중이 있음을 시사한다. 그런 점에서 그동안 알려지지 않았던 손병희의 사상적 측면을 엿볼 수 있는 귀중한 자료이다. 다소 길지만 전문을 의역해서 소개하면 다음과 같다.

"오사(吾師)가 일찍이 도제(徒弟)에게 말한 일절(一節)에 이르기를[曰],

장래의 세계는 장차 사상통일의 신세계가 되며, 그리하여 사상은 점차 종교통일의 신기운으로 변하리라. 대개 통일은 결코 용이한 문제가 아니고, 여기에는 반드시 없어서는 안 될 필요불가결한 중대한 사실이 있은 연후에야 비로소 이것이 성립될 것이다. 그것이 무엇인가 하면 어떤 민족 어떤 사상계를 막론하고 반드시 여기에 통과(通過)할 만한 진리가 있는 연후에야 이것이 실행될 것이다.

여기에서 통과(通過)라 함은 무엇인가 하면 가령 과학이 과학인 까닭은 일정한 세계사상계의 사실증명인 공인을 얻은 후에야 비로소 완전한 신용을 얻은 것과 같다. 가령 채무자가 채권자에 대해 의무를 실행하는 것이 옳다는 것은 누구도 부인하지 못할 통과건(通過件)이 아닌가? 또한 법률상에서 강도로 살인한 자는 반드시 죽여야[殺] 한다는 것은 누구도 부인하지 못할 통과건(通過件)이 아닌가? 이것이 과학이 과학이 된 원칙이다.

그렇다면 종교통일의 사상도 역시 이와 같아야, 여기에 통일될 만한 하나의 새로운 진리가 있으면 누구도 그것을 부인할 수 없으며, 어느 나라 어느 민족을 막론하고 그것을 공동(共同)으로 통과할 만한 것이 아니면 이것은 결코 진리가 진리로 될 수 없다. 만족(萬族)에 물어도 만족(萬族)이 공히 옳다고 할 만한 것이 아니면 통일이 통일이 될 수 없다. 그렇다면 동서를 통하고 신구를 막론하여 이러한 진리를 포용한 종교가 어디에 있는가? 내가 믿기에 우리 교(敎)의 인내천주의, 즉 자신(自神) 신앙 이외에 여기에 가까운 것은 없다고 생각한다.

대신사(大神師)[6]가 말씀하시기를 「네 몸에 모셨으니 사근취원(捨近取遠)[7] 하단말가 나는 도시 믿지 말고 흔울님만 믿어서라」[8]고 하셨으니, 이 일절(一節)은 실로 만고의 대진리이니라. 피안적 신앙을 버리고 각자 자기 몸에 모시고 있는 자천(自天)을 신앙하라고 하신 것이니, 누구든지 생각해 보라. 자기 몸에 심령(心靈)이 있다 함은 만인에게 물어봐도 만인이 부인하지 못할 것이며, 이 심령이 곧 자기의 흔울이 되어야 자체(自體)의 일체 화복(禍福)을 지배한다는 것 또한 만족(萬族)에게 물어 보아도 이것을 진리라고 말하지 않을 수는 없을 것이다. 그래서 누구든지 허탄난신(虛誕難信)한 고원한 설을 믿기보다는 우선 자기 몸에 모시고 있는 자신(自神)을 믿는 것이 가장 정대(正大)하다 하면, 이 또한 부인할 사람이 만무(萬無)하리라.

---

6 '대신사(大神師)'는 동학을 창시한 '수운 최제우'를 지칭하는 천도교의 전문용어이다.
7 원문은 '捨近最遠'으로 잘못되어 있는데, '最'를 '取'로 바로잡았다.
8 이 인용문은 최제우의 『용담유사』「교훈가」에 나오고 있다.

그러면 진리는 결코 고원난행(高遠難行)한 곳에 있지 아니하고, 근이평범(近易平凡)한 사이에 가득 차 있으니, 만인에게 물어서 만인이 하나같이 옳다고 하는 것이 곧 진리 중의 진리이며, 만족(萬族)에게 물어도 만족(萬族)이 공동으로 통과(通過)할 만한 것이 곧 사실 중의 사실이니라. 그렇다면 사람들이 각자 자기의 심령을 믿는 것보다 더욱 명백한 진리가 어디에 있으랴. 또한 자천(自天)을 신앙하여 초연히 자립자존하는 것보다 정대(正大)한 사실이 또 어디에 있으랴.

나는 이 점에서 장래의 세계적 사상은 반드시 유래종교의 우언적(寓言的) 교훈에 만족하지 않고, 필연적으로 자신(自神) 신앙의 세계로 돌아가서 종교통일의 단서는 여기에서 시작[開始]되리라고 자신(自信)하노니 제군들은 힘써라」 운운(云云).

이상은 곧 성훈(聖訓) 강화(講話) 중의 일절(一節)이니라."

먼저 인용의 형식을 살펴보면, '曰'로 시작해서 '云云'으로 끝난다. '云云' 바로 앞에는 인용문을 표시하는 '」' 부호가 달려 있다(이 부호는 이 글의 중간에 최제우의 말이 인용될 때에도 사용된다). 인용문의 앞뒤로 '오사(吾師)가 제자들에게 한 말'이자 '성훈(聖訓) 강화(講話) 중의 한 구절'이라는 글의 출처가 소개된다. 이것으로 이 인용문은 '손병희의 설법'임을 알 수 있다(이하에서는 이 인용문을 편의상 손병희의 「종교통일론」이라고 부르기로 함).

다음으로 손병희의 「종교통일론」의 내용을 살펴보자. 키워드는 '종교통일'과 '자천자신(自天自神)'이고, 글의 요지는 "장래의 종교는 자기 안의 한울[自天]을 믿는 자신(自神) 신앙의 형태로 통일된다."는 것이다. 여기에서 신(神)은 동학의 천(天)을 서구적인 개념(god)을 빌려서 표현한 것으로, 수운시대와는 개념의 사용이 약간 달라졌음을 보여준다. 수운만 해도 '신(神)'은 주로 '신령하다'는 의미의 형용사로 쓰였지 '천(天)'을 대체하는 개념으로는 거의 쓰이지 않았기 때문이다. 가령 최제우가 『동경대전』「논학문」에서 '시천주(侍天主)'의 '시(侍)'를 '내유신령(內有神靈)'이라고 해석했을 때의 '신(神)'은 '신적인 령'이라는 의미의 형용사이지 명사가 아니다. 반면에 최제우는 『용담유사』에서 '신' 대신에 '님'(하늘님) 개념을 사용한다. 김소월이나 한용운이 「님의 노래」나 「님의 침묵」이라고 할 때의 그 '님'이다.

최시형의 경우에도 기본적으로는 크게 다르지 않은데, 다만 '신'과 '천'이 서로 통용되어 쓰이는 용례가 한 차례 보인다. 『해월신사법설』「기타」편에 나오는 '신인합일(神人合一)'과 '천인합일(天人合一)'이 그것이다.[9] 먼저 '신인합일'에서 '신(神)'은 '인(人)'과 짝을 이루어 명사로 사용되고, 바로 앞 단락에 '천인합일(天人合一)'이라는 표현이 나오는 점을 고려하면, '신(神)'은 '천(天)'의 다른 표현이라고 보아도 큰 무리는 없을 것이다.[10]

이러한 쓰임은 손병희의 「종교통일론」에 오면 완전히 일반화된다. 자천(自天)과 자신(自神)의 용례에서 알 수 있듯이, 신(神)이 천(天)을 대체하는 개념으로 쓰인다. 이것은 손병희가 「종교통일론」을 말했던 시기에는 오늘날과 같은 '신' 개념이 일반화되었음을 시사한다. 그래서 현대 학자들이 동학의 신관을 말하면서 '범신론'이나 '범재신론'이라는 개념을 사용하듯이, 손병희 역시 동학의 천(天)이나 '님'을 신(神)으로 설명하는 것이다.

9 이규성, 『최시형의 철학』, 서울: 이화여자대학교출판문화원, 2011, 228쪽.
10 참고로 '인(人)'과 대비되는 '신(神)' 개념은 일찍이 조선왕조실록에도 보이고 있다. '神人共憤'이 그러한 예이다(『세종실록』 14년 3월 3일 6번째 기사). 다만 이때의 '신(神)'은 '천(天)'과 통용되는 개념이라기보다는 말 그대로 '귀신'이나 눈에 보이지 않는 '신령한 존재'를 가리킨다. 반면에 동학이나 천도교에서는 내 안에 '천(天)'이 있다고 말하고, 그것을 '신(神)'으로도 표현하고 있다는 점에서 다르다.

그렇다고는 해도 '자신(自神)'이라는 표현은 생소하다. 『의암성사법설』에는 나오지 않고, 서구 신학에서도 '내안에 영성이나 신성이 있다'고는 해도 '내 안에 신이 있다.'고는 하지 않기 때문이다. 이것은 마치 중국의 불교나 유교 전통에서 '내 안에 불성이나 인성(仁性)이 있다.'고는 하지만 '내 안에 하늘이 있다.'고는 하지 않는 것과 유사하다. 반면에 동학에서는 시천주(侍天主)라는 명제에서 알 수 있듯이 '내 안에 하늘님이 있다'고 말한다. 따라서 손병희의 '자신(自神)' 개념은 동학의 시천주적 인간관을 서구적인 신(神) 개념을 빌려 와서 만들어 낸 조어임을 알 수 있다. 다시 말하면 '내 안의 하늘'을 '내 안의 신'으로 표현한 것이다.

손병희에 따르면 천도교가 '유래종교'(기성종교)와 구분되는 특징은 자기 안에 있는 '자천=자신'을 믿는 '자천 신앙' 또는 '자신 신앙'이라는 점에 있다. 나아가서 이러한 '자천 신앙=자신 신앙'이야말로 누구도 부인하지 못하는 상식적이고 보편적인 진리이고, 장차 모든 종교는 종래와 같은 '피안적 신앙'이 아니라 천도교와 같은 '자신 신앙'의 형태로 통일될 것이라고 전망한다. 이것이 손병희의 '종교통일론'의 대강이다.

IV. 이돈화의 종교통일론

이돈화는 손병희의 종교통일론을 좀 더 정교하게 발전시킨다. 먼저 천도교와 기성종교를 신앙의 형태에 따라 구분하여, 기성종교는 '피안적 신앙'과

'타력적 신앙'으로, 천도교는 '영성적 신앙', '자력적 신앙'[11], '심령적 신앙'[12], '자신적(自信的) 신앙'[13]으로 더 세분화한다. 여기에서 '자신(自信)'은 '자기 안의 신을 믿는다'는 의미로, 손병희가 말한 '자신(自神) 신앙'에서 유래한 개념이다. 또한 '영성적 신앙'이나 '심령적 신앙'이라는 표현도 쓰는데, 주목할 만한 점은 오늘날 종교 일반에서 널리 사용되는 '영성' 개념을 자신(自神) 신앙에만 한정해서 쓴다는 점이다. 즉 타력적 신(神)이 아닌 자력적 신(神)에만 '영성'이라고 말하는 것이다. 이것은 아마도 최제우 이래의 동학 전통을 잇고 있기 때문일 것이다. 최제우는 『동경대전』에서 '내 안의 하늘님'을 '신령'이라고 했고,[14] 손병희는 「종교통일론」에서 '심령'이라고 바꿔 말했다.[15] 따라서 이돈화의 '영성' 개념은 가깝게는 손병희의 '심령'을, 멀리는 최제우의 '신령'을 이돈화 당시의 언어로 바꿔서 표현한 것이라고 생각된다.[16]

11 "을. 피안적 신앙 즉 타력적 신앙의 쇠퇴와 영성적 신앙 즉 자력적 신앙의 발흥", 이돈화, 「장래의 종교(1)」, 『천도교회월보』 102호, 1919.02, 1쪽 하단.

12 "이에 반하여 심령적 신앙을 세계 각지에 발흥함을…" 이돈화, 「장래의 종교(2)」, 『천도교회월보』 103호, 2019.03, 3쪽 하단.

13 "2. 피안적 신앙의 쇠퇴와 자신적 신앙의 발흥," 이돈화, 「장래의 종교(2)」, 『천도교회월보』 103호, 1919.03, 1쪽 상단.

14 內有神靈(내 안에 신령이 있다). 『동경대전』 「논학문」

15 "피안적 신앙을 버리고 각자 자기 몸에 모시고 있는 자천(自天)을 신앙하라고 하신 것이니, 누구든지 생각해 보라. 자기 몸에 심령이 있다 함은 만인에게 물어봐도 만인이 부인하지 못할 것이며, 이 심령이 곧 자기의 흔울이 되어야…."

16 참고로 '심령'은 최시형이 이미 쓴 개념이고(가령, 『해월신사법설』의 제6 「심령지령(心靈之靈)」), 손병희는 '영성'과 비슷한 개념으로 '성령(性靈)'도 사용하고 있다(가령 「성령출세설」).

1. 구종교와 신종교

이돈화는 영성적 신앙이야말로 구종교와는 다른 형태의 새로운 종교라고 하면서, 장차 '개벽'의 운수를 맞아 이러한 신종교가 출현한다고 진단한다.

> "원래 구식의 종교는 누구나 아는 바와 같이 신앙의 관념을 피안, 즉 자기 이외의 어떤 사물에 의뢰하게 하였도다."
>
> "최근 수십 년간에 (…) 세계 신사상의 서광으로 동서각지에 심령연구가 발흥하여 신신앙의 기초를 개성중심 상에서 찾고자 하는 것은 각종 사상계급을 통하여 일반적 상징이었다. 이에 그들은 (…) 천당과 극락을 새롭게 자아의 영성 범위 내에서 깨달을 만한 기회에 봉착하였도다."
>
> "이것이 장차 거대 종교가 개벽의 신운명을 띠고, 이 지구상에 출현할 신비적 대(大) 원인이라 할지로다."[17]

이에 따르면 '구종교'와 천도교('신종교')를 가르는 기준은 '자기 안의 영성'을 신앙하느냐 아니냐에 달렸다. 즉 구종교가 자기 밖의 존재에 의존하는 종교라면, 천도교는 자기 안의 영성을 믿는 종교이고, 그런 의미에서 천도교야말로 구종교를 개벽한 신종교라는 것이다. 이러한 주장은 앞서 살펴본 손병희의 「종교통일론」을 충실히 계승하고 있다. 다만 차이가 있다면 천(天)이나 신(神) 개념보다는 오늘날 종교학에서 널리 쓰이는 '영성'이나 '신

---

17 이돈화, 「장래의 종교(2)」, 『천도교회월보』 103호, 2019.03, 3쪽, 5쪽, 6쪽.

앙'이라는 표현을 애용한다는 점이다. 즉 손병희가 '천론'이나 '신론'을 피력했다면, 이돈화는 '영성론'이나 '신앙론'을 전개한 것이다. 이것은 이돈화가 장래의 종교는 외부의 '신'에 의지하는 형태가 아니라 내 안의 '신성'을 신앙하는 형태로 전개될 것이리라고 생각했기 때문일 것이다.

이돈화는 이후에 천도교의 영성 신앙적 특징을 '사람성' 개념으로 설명한다. 천도교는 '사람 중심의 신앙'을 하는 발전된 '신종교'이고, 바로 이 점이야말로 구종교와 구별되는 차이라는 것이다. 여기에서 '사람성'은 손병희의 '인내천' 사상을 이돈화식으로 해석한 말로, 1921년에 쓴 「사람성의 무궁을 논하느라」라는 글에 등장한다. '사람성 무궁'은 직역하면 '사람은 무한한 존재이다.'라는 뜻인데, 그 근거는 자천(自天), 즉 사람 안에 하늘(신)이 있기 때문이다.

이돈화의 '사람성'과 '신종교' 개념을 고건호는 다음과 같이 설명한다.

"이돈화는 천도교라는 종교는 기왕의 종교 개념으로 담을 수 없는 '새로운 종교'라는 주장으로 응답했다. 이돈화가 전개한 종교 비판의 초점은 구종교의 '신 중심적인 신앙'에 대한 비판이다. 천도교가 주장하는 이른바 '사람성주의'의 출발점은 바로 이 자리이다. 즉 인내천주의가 지향하는 '신(神) 본위의 신앙으로부터 인(人) 본위의 신앙으로'라고 하는 사람중심주의가 신종교를 구종교로부터 차별화하는 준거가 되고 있다."[18]

「사람성의 무궁을 논하노라」는 1921년 4월에 간행된 『천도교회월보』

---

18 고건호, 「'종교-되기'와 '종교-넘어서기'- 이돈화의 신종교론」, 『종교문화비평』 7, 2005, 54쪽.

128호에 실린 글이다. 따라서 「장래의 종교」보다 2년 뒤에 쓰였다. 그런데 「장래의 종교」에는 아직 '사람성' 개념은 보이지 않았다. 따라서 '사람성' 개념은 「장래의 종교」 이후에 성립된 것으로 추측된다. 이를 뒷받침해 주는 증거로, 『천도교회월보 목차집』을 보면 제목에 '사람성'이 들어간 글은 단두 번밖에 보이지 않는다.[19] 모두 이돈화가 쓴 글로 「사람성의 무궁을 논하느라」의 (1)과 (2)가 그것이다. 전자는 1921년 4월호(128호)에 실렸고, 후자는 두 달 뒤인 1921년 6월호(130호)에 실렸다.

'사람성'은 이후에 이돈화 사상의 핵심 개념으로 자리 잡는다. 이돈화가 1924년에 쓴 처녀작 『인내천요의』에는 무려 200번이 넘는 용례가 보이고, 1926년에[20] 쓴 『수운심법강의』에도 70회 이상 보이며(허수, 2011, 226), 1931년에 쓴 『신인철학』에도 130회가 넘는 용례가 보인다. 따라서 '사람성' 개념은 1921년 이래로 적어도 10년 동안은 이돈화 철학의 중요 개념으로 자리잡고 있음을 알 수 있다.

한편 천도교를 '신종교'라는 범주로 설명하는 '천도교 신종교론'은 이미 손병희에게서 보인다.[21] 『의암성사법설』에 실린 「천도교와 신종교」라는 설법이 그것이다.

"천도교는 천도교인의 사유물이 아니요 세계인류의 공유물(公有物)이니라. 천도교는 문호적 종교가 아니요 개방적 종교니라 천도교는 계급적 종교가 아니요 평등적 종교이며 구역적 종교가 아니요 세계적 종교이며 편파

19 "천도교중앙도서관, 『(2018 동학DB구축사업) 천도교회월보 목차집』." 참조.
20 이돈화, 『수운심법강의』, 천도교중앙총부, 1924(포덕 65년). 허수는 『이돈화연구』에서 『수운심법강의』의 출판연도는 1924년이 아니라 1926년이라고 고증하고 있다.
21 이 점은 도서출판 모시는사람들의 박길수 대표로부터 계발을 받았다.

적 종교가 아니요 광박적(廣博的) 종교이며 인위적 종교가 아니요 천연적 종교인 금불문고불문(今不聞古不聞) 금불비고불비(今不比古不比)의 신종교(新宗敎)니라."[22]

여기에서 손병희는 천도교가 발전된 형태의 '신종교'인 이유를 개방성과 평등성 그리고 자연성으로 설명한다. 그러나 아직 「종교통일론」에서와 같이 신 관념이나 신앙 형태의 차원에서는 설명하지 않는다. 따라서 손병희의 「종교통일론」은 「천도교와 신종교」보다 발전된 형태라고 볼 수 있다. 천도교의 신종교적 특징을 '자신(自神) 신앙'으로 규정하면서, 장차 모든 종교가 이러한 형태로 통일되리라는 '통일론'까지 말하기 때문이다. 그리고 이돈화는 이것을 좀 더 세련화해서 구신앙과 신신앙을 대비하면서 종교통일론을 전개한다. 이것은 이돈화의 사상이 손병희의 사상을 토대로 하면서 그것을 정교화하고 세련화하는 형태로 체계화되었음을 의미한다.

2. 인내천(人乃天)과 자신(自神) 신앙

이돈화가 「장래의 종교」에서 두 번째로 인용하는 손병희의 말을 살펴보는 것으로 본론을 마무리하고자 한다. 이 인용문 역시 첫 번째 인용문과 마찬가지로, 손병희가 동학을 어떻게 이해하였는지, 그리고 그것이 이돈화에게 어떻게 이어졌는지를 보여주는 중요한 사료이다.

"이것이 천사문답의 한 구절인데, 성신(聖神)께서 일찍이 이것을 해석하

22 김용휘, 『손병희의 철학』, 서울: 이화여자대학교출판문화원, 2019, 265-267쪽.

시어 말하였다.

『동경대전』 한편을 총괄하여 한마디로 하면 '인내천' 석자를 부연하신 것에 불과하니라. 그래서 천사문답의 요절(要節) 같은 것은 대신사(=최제우) 자신이 자체(自體) 심령과 자문자답(自問自答)한 진리니라. 생각해 보라. 만일 인격적 상제가 하늘(天)에서 내려와 대신사를 가르쳤다고 하면 어찌 '안으로부터 강화(講話)의 가르침이 있다'고 하였으리오! 그래서 '오심(吾心)이 곧 여심(汝心)'이라 함에 이르러서는 대신사(=최제우)가 자심(自心)이 곧 천심(天心)이며 천심(天心)이 곧 자심(自心)인 까닭을 일자(一字) 하에 갈파[道破]하였느니라. 또 한 걸음 더 나아가서 '귀신도 나이다'(鬼神者도 吾라)고 함에 이르러 갠지스강[恒河]의 무량한 수억 조의 심령이 모두 천주(天主)가 천주(天主)된 까닭을 절언(切言)하심이니, 이것이 우리 교(敎)가 오만 년의 대성공이라 말씀하심이니라」 운운."

먼저 맨 앞에 나오는 '성신(聖神)'은 내용상 성사(聖師), 즉 손병희를 가리킨다고 보아도 무방할 것이다. 그리고 '천사문답'은 하늘님과 최제우가 대화한 사건을 일컫는 말로, 『동경대전』「논학문」 등에 자세히 나온다. 이어서 '성신(聖神)께서 일찍이 이것(=천사문답)을 해석하시어 말하였다'는 이돈화의 설명은 손병희가 천사문답을 자기 나름대로 해석했음을 의미한다. 따라서 이어지는 인용문을 보면 손병희가 천사문답을 어떻게 해석했는지를 알 수 있다. 나아가서 손병희가 최제우의 동학사상을 어떻게 이해하고 있는지도 살필 수 있다. 실제로 인용문 첫 줄에 나오는 손병희의 말, "『동경대전』 한편을 총괄하여 한마디로 하면 '인내천' 석 자를 부연하신 것에 불과하니라."를 참고하면, 손병희가 『동경대전』 전체를 '인내천'이라는 명제의 해설로 이해하고 있음을 알 수 있다(참고로 『동경대전』이나 『용담유사』에는 '인내천'이라는 말은 나오지 않는다). 여기에서 '인내천'은, 이어지는 손병희의 말을 분석해 보면, 단지 '사람이 하늘처럼 존귀하다.'는 것 이상의 의미를 담은 것처럼 보인다. 이하에서는 이 점을 자세히 살펴보고자 한다.

먼저 위의 인용문에 언급된 천사문답은『동경대전』「논학문」에 나온다. 그 부분을 간단히 소개하면 다음과 같다.

> "몸이 몹시 떨리면서 밖으로 접령하는 기운이 있고 안으로 강화의 가르침이 있었다. (…) 마음이 이상해져서 수심정기하고 물었다.
>
> 최제우: 어째서 이렇습니까?
>
> 하늘님: 오심이 곧 여심이다(吾心卽汝心也). 사람들이 이를 어찌 알겠는가? (…) 귀신이 바로 나이다(鬼神者吾也)."[23]

여기에서 '오심이 곧 여심이다.'는 '내 마음이 곧 네 마음이다.'는 뜻으로 하늘님이 최제우에게 한 말이다. 따라서 그 의미는 하늘님과 최제우 사이에 마음이 일치했다는 뜻으로 이해해야 할 것이다. 그런데 이돈화가 인용한 손병희의 설법에 따르면, 대신사(=최제우)는 이 말을 '자심이 곧 천심이며 천심이 곧 자심이다.'라고 이해했다는 것이다. 여기에서 '자심이 곧 천심이고 천심이 곧 자심이다.'는 말은『동경대전』이나『용담유사』에는 보이지 않는다. 그래서 최제우의 말 그대로라고 보기는 어렵다. 대신 비슷한 말이『동경대전』「논학문」에 '천심이 곧 인심이다[天心卽人心].'로 나온다. 따라서 '자심이 곧 천심이고 천심이 곧 자심이다.'는「논학문」의 '천심이 곧 인심이다.'

---

23 "身多戰寒, 外有接靈之氣, 內有降話之敎. (…) 心尙怪訝, 修心正氣而問曰 何爲若然也. 曰吾心卽汝心也. 人何知之 (…) 鬼神者吾也. (…).",『東經大全』「論學文」.

를 손병희 나름대로 해석한 문구로 보인다.

그런데 '천심이 곧 인심이다.'는 최제우의 말은 아니다. 최제우를 찾아온 제자가 최제우에게 질문을 던지는 과정에서 나온 말이다("천심이 곧 인심이라면 어째서 선악이 있습니까?").[24] 다만 문맥상 최제우가 한 말의 의미를 되물은 것으로 보이기 때문에, 최제우의 말이라고 보아도 무방하다. 그렇다면 최제우는 하늘님의 말씀인 '오심이 곧 여심이다'를 '천심이 곧 인심이다.'로 해석해서 사람들에게 전달한 것으로 보인다. 하늘님과 최제우 사이의 관계를 하늘님과 인간 사이의 관계로 확장한 것이다. 이것은 동학의 구조를 이해하는 데 중요한 단서를 제공한다. 최제우가 창시한 동학은 최제우 단독의 독창이라기보다는 하늘님을 체험하는 과정에서 형성된 '천인합작(天人合作)'임을 시사하기 때문이다. 예를 들어 '개벽'이라는 말을 맨 처음에 제시한 것은 최제우가 아니라 하늘님이었다.[25] 그런데 이것을 '다시개벽'이라는 사상 용어로 개념화한 것은 하늘님이 아니라 최제우이다.[26] 이처럼 최제우의 동학은 하늘님의 계시나 체험을 '다시' 해석하는 과정에서 형성된다.[27] 1911년에 천도교 사상가 정계완이 하늘님과 최제우 사이의 문답을 '천인공화안'(天人共和案)이라고 표현했던 것도 이러한 맥락에서이다.[28]

마찬가지로 천도교를 선포한 손병희의 사상도 최제우의 말을 자기 나름

---

24 "天心卽人心則, 何有善惡也.", 『東經大全』 「論學文」
25 "하늘님 하신말씀 개벽후 오만년에 네가또한 첨이로다.", 『龍潭遺詞』 「龍潭歌」
26 "십이제국 괴질운수 다시개벽 아닐런가.", 『龍潭遺詞』 「安心歌」
27 이상의 내용은 조성환, 「최제우의 '동학' 개념 창출과 남원: 창도(創道)에서 창학(創學)으로」, 『2020년 남원동학농민혁명 학술대회: 동학농민혁명 '남원대회'와 미래지향적 기념사업』 발표집, 2020년 11월 13일 참조.
28 정계완, 「삼신설(三新說)」, 『천도교회월보』 9호, 1911년 4월.

대로 해석하는 과정에서 형성된다. 이것을 보여주는 것이 '인내천'과 더불어 "자심이 곧 천심이며 천심이 곧 자심이다."라는 명제이다. "자심이 곧 천심이며 천심이 곧 자심이다"는 최제우의 "천심이 곧 인심이다."를 손병희 나름대로 해석한 말로, 양자의 차이는 최제우가 '인(人)'을 강조했다면 손병희는 '자(自)'를 강조했다는 점이다. 즉 하늘님이 최제우를 지칭한 말인 '너(汝)'를 최제우가 '사람 일반'을 의미하는 '인(人)'으로 확장했다면, 손병희는 그것을 다시 '나(自)'로 수렴하는 것이다. 최제우의 해석이 그의 '시천주'적 인간관에서 비롯되었다면, 손병희의 해석은 그의 '인내천'적 인간관의 귀결이다. 이것을 도식화하면 다음과 같다.

〈표1〉 '하늘님마음(天心)'에 대한 해석

해석자	해석 내용	인간관
하늘님	하늘님 마음 = 네 마음 (吾心卽汝心)	
최제우	하늘님 마음 = 사람 마음 (天心卽人心)	시천주(侍天主)
손병희	하늘님 마음 = 내 마음 (天心卽自心, 自心卽天心)	인내천(人乃天)

손병희의 해석에 따르면, 최제우의 천사문답은 외부에 있는 어떤 존재와의 대화가 아니라 자기 자신과의 대화가 된다. 그래서 '대신사(최제우) 자신이 자체 심령과 자문자답한 진리'라고 한 것이다. 그리고 이러한 해석의 근거로 최제우의 '내유강화지교(內有降話之敎)'라는 말을 든다. 최제우가 받은 계시는 사실은 최제우의 '내면'에서 나왔다는 것이다.

그렇다면 이돈화는 손병희의 최제우 해석을 어떤 식으로 '다시' 해석하고 있을까? 이돈화는 손병희의 해석을 인용한 뒤에 다음과 같은 자신의 해석을 덧붙인다.

"대신사(최제우)가 이미 말하지 아니하였는가.「유도불도 누천년에 운이 역시 쇠하였다」 하고 한 것이 이것이니, 세계의 사조는 이 예언과 부합하여, 인지(人知)의 발흥에 따른 구종교의 쇠퇴는 역사상의 명백한 사실로 표현되었으며, 또한 신신앙의 기초는 대신사가 발표한「자신(自神) 신앙주의[29]에 점차 기울어져 온 것은 지금까지 서술한 바와 같도다. 그렇다면 (…) 이때에 종교의 (…) 장래는 필연적으로 우리 성신(聖神)이 주창하신 (…) 영성적 신앙이 필경 최후에 승리를 얻으리라 자신하노니, (…) 대신사가 말한 '산하대운이 모두 이 도로 귀결된다'라는 것은 실로 이것을 말하신 것이리라."[30]

여기에서 이돈화는 최제우와 손병희의 말을 근거로 제시하면서 자신의 주장인 '천도교 신종교론'과 '종교통일론'을 뒷받침한다. 즉 최제우가 말한 '유도불도 누천년에 운이역시 다했던가.'는 구종교가 쇠퇴한다는 진단이고, 손병희가 설파한 '자신(自神) 신앙'은 새롭게 대두되는 신종교가 영성적 신앙의 형태라는 지적이며, 최제우가 예언한 '산하대운이 모두 이 도로 귀결된다'는 말은 장차 모든 종교가 천도교와 같은 형태로 귀결되리라는 통찰과 다르지 않다.

이러한 주장은 맨 처음에 인용된 손병희의 말 '장래의 세계적 사상은 반드시 유래종교의 우언적(寓言的) 교훈에 만족하지 않고, 필연적으로 자신(自

---

29 이곳에 '」' 부호가 누락되어 있는 것 같다.
30 이돈화,「장래의 종교(2)」,『천도교회월보』 103호, 1919.03, 7-8쪽.

神) 신앙의 세계로 돌아가서 종교 통일의 단서는 여기에서 시작[開始]되리라.'는 전망에 이미 내장되어 있었다. 그런 점에서 이돈화는 손병희의 논리를 더욱 강화하였다고 할 수 있는데, 이돈화에게서 두드러지는 점은 앞으로의 종교는 장차 '영성적 신앙'을 추구하는 천도교와 같은 형태로 통일되리라는 '종교의 미래'에 관한 전망이다. 즉 손병희가 상대적으로 최제우의 계시와 체험에 입각한 동학 해석에 집중했다면, 이돈화는 그것을 종교론 일반으로 확장해 '종교의 미래'를 전망하는 데 활용한다. 그러나 설령 이런 차이가 있다고 해도, 이돈화가 손병희의 종교통일론이나 자신신앙론(自神信仰論)을 충실히 계승한 점은 분명하다.

V. 맺음말

지금까지 살펴본 바같이, 손병희가 최제우의 '시천주'적 인간관을 '신관' 중심으로 해석했다면(自神), 이돈화는 그것을 '영성'이나 '신앙' 중심으로 설명하였다('영성적 신앙'). 그리고 이후에는 '사람성' 개념 등이 애용된 점을 보면, 점점 '인간관'으로 관심이 이동되었음을 알 수 있다. 이처럼 「장래의 종교」는 최제우와 손병희 그리고 이돈화 사이의 사상적 차이를 설명하는 데 중요한 단서를 제공한다.

그러나 다른 한편으로는 이들 사이의 사상적 연속성과 계승성을 강하게 말해 주기도 한다. 최제우가 하늘님의 말씀을 '다시' 해석하면서 동학의 체계를 완성해 나갔다면, 손병희는 최제우의 말씀을 '다시' 해석하면서 자신의 사상을 구축해 나갔다. 마찬가지로 이돈화도 손병희를 '다시' 해석하는 형태로 자신의 사상을 전개해 나갔다. 「장래의 종교」에 인용되는 손병희의 설법은 이 점을 잘 보여준다. 「장래의 종교」는 1910년대의 손병희의 사상을 전달해 줄 뿐만 아니라, 이돈화의 사상이 손병희의 사상과의 연관 속에서 형성되었음을 말해 준다.

이처럼 『천도교회월보』는 일제강점기의 천도교 사상과 교리를 이해하는 데 빼놓을 수 없는 1차 자료이다. 그러나 종래의 연구에서는 아직 본격적으로 다루어졌다고 보기 어렵다. 이 글에서 인용한 고건호의 논문이 유일하다고 할 수 있다. 이것은 천도교 사상에 관한 연구가 아직 초보적일 뿐만 아니라 치우쳐 있음을 의미한다. 이돈화 연구도 마찬가지이다. 지금까지는 주로 그의 저서, 그것도 1930년대의 『신인철학』을 중심으로 연구가 진행되었는데, 1910-1920년대의 『천도교회월보』에 실린 글의 분석이 선행되지 않으면 이돈화 철학의 전모를 밝히기는 어려울 것이다. 1910년대에 『천도교회월보』에 실린 글들, 그리고 이것을 정리한 1920년대의 초기 저서, 이어서 1930년대의 『신인철학』, 마지막으로 1940년대의 후기 저서 등으로 시기별로 나누어서 사상의 형성과 전개 과정 등이 추적되어야 제대로 된 '이돈화 사상 연구'라고 할 수 있을 것이다. 이는 향후의 과제로 삼고자 한다.

레비나스 타자철학과 원불교 여성관의 만남*

: 여성혐오 문제에 대한 제언

이주연 원광대학교 원불교사상연구원 책임연구원

* 이 글은 『원불교사상과 종교문화』 85, 원광대학교 원불교사상연구원, 2020, 147-182쪽의 글을 수정·보완한 것임.

Ⅰ. 머리말

여성혐오 범죄가 심심치 않게 일어난다. 여성혐오는 여성을 싫어하는 것만이 아니라 여성이 오직 남성의 성적 대상으로서만 의미 있는 존재로 취급되는 '타자화'를 말하는데, 이때 여성은 남성과 맺는 관계를 통해 정의되거나 남성들 사이의 관계를 매개하는 역할로서만 존재하게 될 뿐 남성과 궁극적으로 동등한 권리를 가진 개인으로 인식되지도 인정되지도 않는다.[1]

여성을 '타자화'한다는 것은 실질적으로는 자신이 감당할 수 있는 '타자' 범주에 여성을 억지로 집어넣는다는 것을 의미한다.[2] '된장녀'나 '김치녀'의 거푸집도 여성을 끼워 맞추기 식으로 타자화하는 메커니즘이다. 반대로 '개념녀'도 있는데, 이것도 여성을 타자화한 것이기는 마찬가지다. '개념녀' 자체가 남성이 바라는 이상적인 여성상을 뜻하는데, 여기에는 여성이 남성의 입맛에 맞아야 한다는 가부장적 인식이 존재한다. 'n번방 사건'도 마찬가지로 여성을 타자화한 경우다. 이 사건에서는 여성을 존엄한 존재가 아닌 신체화된 대상으로 정의하고, 영상 유형에 따라 여성을 기계적으로 분류했다.

그러나 참된 의미에서의 타자는 내가 해석하거나 변모시킬 수 있는 존재

---

1 권김현영, 『늘 그랬듯이 길을 찾아낼 것이다』, 서울: 휴머니스트, 2020, 31쪽.
2 우에노 치즈코, 『여성혐오를 혐오한다』, 서울: 은행나무, 2012, 27쪽.

가 아닌, 전적으로 외재적인 존재이다. 여성은, 물론 남성도 마찬가지일 테지만, 표현의 거푸집으로 찍어 낼 수 있는 대상이 아니며, 신체화해도 되는 대상은 더더욱 아니다. 여성이든 남성이든 내가 아닌 타자는 절대적으로 나의 '바깥'에 존재한다. 이 글은 레비나스의 타자철학과 원불교의 여성관을 살펴보고, 이 두 사유를 바탕으로 여성혐오 문제에 관한 제언을 하는 것을 목적으로 한다. 레비나스는 주체보다 타자에 무게중심을 두었다. 그가 바라본 타자는 주체가 의미화할 수 없는 절대적 존재, 즉 신(神)이다. 주체는 다만 타자의 얼굴을 마주하며 그에게 귀를 기울이고 응답할 뿐이다. 또한 원불교의 '남녀권리동일'은 여성의 평등과 해방을 강조하는 교의로, 모든 존재를 귀하게 여기는 원불교의 특성을 반영한다. '일원상의 진리'에 따르면 우리는 포월적 존재로서 일원의 공통된 바탕을 갖춘 동시에 개별적 고유성을 가진 처처불(處處佛)이다. 절대적 타자이자 포월적 존재로서 여성은 누군가가 이름을 붙이거나 변모시킬 수 없으므로 혐오의 대상이 될 수 없고 되어서는 안 된다. 우리는 레비나스가 강조했던 타자를 향한 환대의 윤리, 그리고 원불교의 불공(佛供)을 통해 여성을 혐오의 대상이 아닌 부처이자 신으로 만날 수 있을 것이다.

II. 여성, 절대적이고 포월적인 존재

1. 절대적 타자로서의 여성

에마뉘엘 레비나스(Emmanuel Levinas, 1906-1995)가 사유했던 타자철학에서 타자는 나와 완전히 다른 존재, 즉 절대적 타자이다. 유대인이었던 그는 제2차 세계대전 당시 가족들이 모두 수용소로 끌려가는 아픔을 겪었다. 그리고 독일군의 포로수용소에서 노역을 하며 전체주의의 기저에 자리한 존재론에 회의를 품게 된다. 서구의 자아 중심적 철학은 주체적 자아가 타자를 충분히 인식할 수 있다고 보는데, 그는 이러한 사유가 폭력의 원인이 될 수 있다고 보았다.

그가 '존재 철학이 아닌 존재자의 철학'[3]을 새롭게 개진한 것은 타자들이 하나에 수렴 가능하다는 사유에 대한 반박이자, 개별 존재들이 지닌 고유성을 명확히 바라보기 위한 시도였다. 레비나스 자신은 이러한 작업을 가리켜 '통일성 안에 용해할 수 없는 다원론을 지향하며, 파르메니데스(Parmenidēs)와 결별하자는 시도'[4]라고 말한다. 파르메니데스는 불변하는 유일한 존재만을 인정했었다. 진리는 불변하는 존재뿐이며, 변하는 것이나 여러 가지로 나타나는 것, 사라지는 것들은 전부 오류에 불과하다는 입장이다. 레비나스가 파르메니데스와 '결별'하겠다고 한 것은 개별 존재들의 다양함, 즉 주체가 아닌 타자에 초점을 맞추기 위해서였다.

그렇다면 레비나스는 불생불멸(不生不滅)하는 초월적 존재를 사유하지 않았단 말인가? 그렇지 않다. 다만 그는 어느 강의에서 말한다. "어떻게 한 관계가 인간과 인간을 초월한 것 사이에 실존할 수 있는가? 어떻게 존재 너머가 그것의 초월성 속에서 사유될 수 있는가? 철학의 역사는 초월의 파괴이고 내재성의 긍정이다."[5] 그의 철학에서는 타자가 곧 신(神)이다. 그런데

---

3 박남희, 『레비나스, 그는 누구인가』, 서울: 세창출판사, 2019, 18쪽.
4 에마뉘엘 레비나스, 『시간과 타자』, 강영안 역, 서울: 문예출판사, 1996, 33쪽.
5 에마뉘엘 레비나스, 『신, 죽음 그리고 시간』, 김도형 외 역, 서울: 그린비, 2013, 310쪽.

대자(對自)의 존재가 아니며, 탈자(脫自)의 운동을 가져오는[6] 신이다. 즉 나 자신을 중심에 두고 신을 사유해서는 신을 만날 수 없다. 세상의 중심은 내가 아닌 셈이다.

따라서 세상에 존재하는 수많은 타자가 곧 초월적 존재들이다. 그의 철학이 이론적이지 않고 실존적이라고 평가받는 것도 이렇게 우리 눈앞에 현현(顯現)하는 타자들을 통해 초월성과 절대성을 확인하기 때문이다. 각 존재들은 서로를 침범하지 않으며, 그 자체만으로 본질적이고 근원적이고 자유롭다. 그래서 레비나스는 주체가 타자와 같아질 수 없다고 보았다. 서로에게 영향을 미칠 수 없으므로 존재들은 평행선을 계속 달릴 뿐, 동일해질 수는 없는 것이다. 우리 각자는 고독한 존재이며, 홀로서기를 해야 한다.

고독한 서로가 홀로 일어서서 얼굴을 마주보는 것, 타자의 얼굴을 마주한다는 것은 사실 그리 간단한 일은 아니다. '타자' 자체가 낯설고 어색하게 느껴지기 때문이다. 레비나스는 타자와의 관계를 설명하기 위해 '얼굴'을 도입했다. 얼굴은 주체가 대하는 타자의 고유하고 존엄한 면모를 상징한다. 타자의 인격과 영혼, 기분 상태, 삶의 여정을 모두 담은 게 얼굴이다. 그래서 레비나스는 '얼굴이 주는 용모 아래 그의 모든 약함이 터져' 나온다[7]고 말한다.

타자와 얼굴을 마주할 때 우리는 그 얼굴을 바꿀 수 없다. 그저 마주할 뿐이다. 마주할 뿐인 얼굴에 내가 할 수 있는 것은 타자의 얼굴에 대한 환대를 책임지고 실천하는 것이다. 이는 곧 내가 내 얼굴을 책임지는 것이기도 하다. 이 점에서 레비나스가 얼굴을 여러 차례 강조한 것은, 주체는 데카르트

---

6   윤대선, 『레비나스의 타자물음과 현대철학』, 서울: 문예출판사, 2018, 126쪽.
7   에마뉘엘 레비나스, 『타자성과 초월』, 김도형·문성원 역, 서울: 그린비, 2020, 126쪽.

처럼 단순히 사유하는 자가 아니라 자신의 얼굴을 한 자, 자기가 되는 일에 책임을 지닌 자[8]이기 때문이라 보인다.

우리 모두는 서로에게 타자이다. 그리고 이 타자가 있기 때문에 각각 존재할 수 있다. 마치 원불교의 '사은'에서 말하는 '없어서는 살 수 없는 관계'처럼, 타자 없이는 모두가 살아갈 수 없다. 그래서 레비나스는 타자와의 관계에 관심을 가졌다. 그의 철학이 '타자윤리학'이라고도 불릴 만큼, 사유를 하는 '나 자신'이 아닌 타자와의 관계에서 빚어 나오는 '윤리'가 그의 사유의 주제였다. 그래서 그가 말한 윤리는 자신보다 타자를 우선하는, 타자 중심의 환대의 윤리이다.

환대의 타자 '윤리'에 따르면, 타자는 나와 대립해 있는 자가 아니고 나와 동등한 주체이기만 한 것도 아니며, 나보다 더 존중받아야 하는 귀한 자다.[9] 따라서 타자는 내 안에서 이해되는 자도, 내가 내 안으로 들여올 수 있는 자도 아니다. 나보다 귀한 존재를 내가 함부로 해석하거나 규정하고, 변화시킬 수 없다. 나아가 신이자 외재적 존재로서의 타자를 환대하는 것은 내가 하고 싶으면 하고 싫으면 하지 않아도 되는 성격의 것이 아니다. 그는 타자에 대한 환대를 의무로 보았다.

그런데 절대적 외재성을 지닌 타자를 환대한다는 것이 가능할까? 주체가 이해 가능한 타자로서 '그'가 아닌 '너'일 때 오히려 '너'에 대한 환대가 자연스럽게 되는 것이 아닐까? 타자는 어디까지나 내가 가까이 할 수 있는 존재가 아니다. 따라서 언제까지나 멀리 존재하는 낯선 자이다. 레비나스에게 타자는 신이자 초월적 존재이다. 주체의 입장에서 보았을 때 타자는 '그'

---

8 박남희, 앞의 책, 93쪽.
9 박남희, 앞의 책, 62-63쪽.

가 아닌 '너'인 것 같지만, 알고 보면 '너'가 아닌 '그'로서 절대적이고 초월적인 타자이다. 이렇게 신이자 초월적 존재로서 타자는 '제3자'로 표현된다. 제3자인 타자는 곧 내 앞의 유일한 '너'가 아닌 '낯선 이'로서, 보편적인 인간성을 열어 주는 길이다.[10] 즉 외재적이고 낯설지만 그만큼 편견 없이 다가설수 있는 존재다. 제3자로서의 타자, 보편적 얼굴의 '너'가 아닌 '그'로서의 타자, 레비나스의 절대적 타자는 결코 언어화될 수 없다. 언어화되는 순간, 타자는 무한한 외재성에서 내재적 전체성으로 떨어지는 것이다. 그럼에도 레비나스는 절대적 타자를 짐작하게끔 비유적 표현을 사용한다. 바로 '여성적인 것'이 그것이다.[11]

> "타자성이 순수한 상태로 나타나는 그러한 상황이 존재하는가? 타자성이 타자에게 자신의 동일성의 다른 한 면 이상의 의미를 갖는 상황, 모든 항이 똑같은 내용을 갖는, 그래서 동일자가 타자를 내포하는 그와 같은 플라톤적 참여의 법칙만을 충족시키지 않는 상황이 과연 존재하는가? 어떤 존재가 타자성을 자신의 본질로서, 적극적인 자격으로 담보할 수 있는 그러한 상황은 없는 것일까? 동일한 유(類) 안에서의 두 종(種)의 대립으로, 순전히 그리고 단순하게 포섭되지 않는 타자성은 어떤 것인가? 상반(相反)된 것에 대해 완벽하게 상반된 것, 그 상반성이 그 자신과 상관자의 관계를 통해서도 어떠한 영향도 받지 않는, 전적으로 다른 것으로 남아있도록 허용하는 상반성, 그것은 여성적인 것이라고 나는 생각한다."[12]

10 엠마누엘 레비나스, 앞의 책, 140쪽.
11 김애령, 『여성, 타자의 은유』, 서울: 그린비, 2012, 89쪽.
12 에마뉘엘 레비나스, 앞의 책, 103쪽.

레비나스의 타자철학에서 여성성은 절대적 타자성을 어쩔 수 없이 언어로 전달하기 위해 차용한 은유적 표현이다. 남성성에 대립되는 이원적 성격의 여성성이 아닌 것이다. 여기에서의 여성은 생물학적 여성도, 경험되는 여성도 아니다. 레비나스는 어디까지나 관점의 중심을 타자에 두지, 여성과 남성을 나누려 하지는 않는다. 그래서 한 인터뷰에서는 "남성적인 것과 여성적인 것 사이의 존재론적 차이는 인류를 두 종류로(혹은 두 유형으로) 나누는 것이 아니라 남성적인 것과 여성적인 것에 참여하는 것이 모든 인간 존재의 속성이라는 점을 말하는 것"[13]이라고 한다. 비록 절대적 타자를 '여성'으로 은유했지만, 우리 모두는 그 누구도 쉽게 가까이 할 수 없고 의미화할 수 없는 절대적 타자이다. 물론 레비나스가 부득이 언어적으로 표현한 '여성'은 더욱 그러하다.

2. 포월적 존재로서의 여성

원불교 2대 교조 정산은 자성 반조 공부를 설명하며 '원래에 차별 없는 그 평등한 자리를 생각할 것'[14]을 당부했다. 본래적으로 차별이 없다고 보는 것은 우리에게 가장 가까운, 아니 가장 근본적이고 원초적인 자성의 원리에 근거한다. 이는 '일원상의 진리'를 통해 확인할 수 있다. 일원상의 진리는 우주 만유를 관통하는 근본적인 진리를 담고 있다. 그렇다면 '여성'은, 그리고 모든 존재들은 일원상 진리의 어떤 점에서 평등하다고 볼 수 있을까?

---

13 에마뉘엘 레비나스, 『윤리와 무한. 필립 네모와의 대화』, 양명수 역, 서울: 다산글방, 2000, 86쪽.
14 『정산종사법어』 무본편 27장.

『정전』 '일원상의 진리' 장 서두에서는 '일원(一圓)은 우주만유의 본원이며, 제불제성의 심인이며, 일체중생의 본성이며, 대소유무(大小有無)에 분별이 없는 자리며, 생멸거래에 변함이 없는 자리며, 선악업보가 끊어진 자리며, 언어명상(言語名相)이 돈공(頓空)한 자리'라고 밝힌다. 여기에 이어서 '공적 영지(空寂靈知)의 광명을 따라 대소유무에 분별이 나타나서 선악 업보에 차별이 생겨나며, 언어명상이 완연하여 시방삼계(十方三界)가 장중(掌中)에 한 구슬같이 드러나고, 진공묘유의 조화는 우주만유를 통하여 무시광겁(無始曠劫)에 은현자재(隱顯自在)하는 것이 곧 일원상의 진리'라고 한다.

일원상의 진리를 평등의 측면에서 바라본다면 본래 여성과 남성의 성별 차이에 따른 분별이 없으며 성별이나 신분, 연령, 직업에 관계없이 모두 일원으로서 평등한 존재라고 볼 수 있다. 그러면서도 여성은 여성으로, 남성은 남성으로, 부모는 부모로, 자녀는 자녀로, 연장자는 연장자로, 어린이는 어린이로 그 색깔을 분명히 구분지음으로써 분별도 가능해진다. 모두 평등한 가운데 그 다양성은 분별 가능하다는 이러한 시각은 체와 용의 원리, 즉 본체와 현상의 원리로 해석 가능하다. 소태산이 일원상의 진리를 '공적영지의 광명', '진공묘유의 조화' 등으로 표현한 것은 법신불의 체와 용을 함께 보아야 하기 때문이었을 것이다. 정산도 '체와 용, 그리고 이를 주재하는 영지(靈知)가 다 법신불 하나'[15]라고 하였을 정도로, 체와 용은 함께, 동시적으로 작용한다.

본체와 현상의 관계에 관한 원불교학자들의 견해는 크게 두 가지 양상으로 전개되었다. 바로 상즉론(相卽論) 중심적 해석과 본원론(本原論) 중심적

15 『정산종사법어』 예도편 9장.

해석[16]이다. 본체와 현상이 같다고 보는 상즉론은 소태산이 '일원상의 내역을 말하자면 곧 사은이요, 사은의 내역을 말하자면 곧 우주 만유로서 천지만물 허공 법계가 다 부처 아님이 없나니'[17]라고 한 점을 강조한다. 한종만은 근본적 진리의 상징인 일원상과 현실적으로 전개된 우주의 삼라만상이 서로 상즉해 있어서 현실적 만유자체에 일원상의 진리가 그대로 구유해 있고 일원상 진리의 모든 작용을 나타내며 그대로 일원상의 화현이라고 보았다.[18] 상즉론에서는 공적즉영지, 진공즉묘유의 입장을 취한다. 이는 공적과 영지, 그리고 진공과 묘유는 이원화하여 볼 수 있는 것이 아니기 때문으로, 영지와 조화는 어떤 절대적 실체에서 계층적으로 생성될 수 없다는 관점이다.[19]

김팔곤도 일원상 진리의 상즉성에 주목했다. 일반적으로 하기 쉬운 상식적 사량과 달리, 우주만유의 본원인 일원의 자리에서는 무와 유가 둘이 아니고, 진공과 묘유도 둘이 아니며, 불변과 변이 둘이 아니고, 유상과 무상이 둘이 아니며, 불생불멸 인과보응이 둘이 아니다.[20] 그러므로 본체와 현상은 상즉하다. 여기에 주목할 점이 있다. 그는 인간의 마음에 대조해볼 때 희로애락의 감정에 사로잡히지 않고 만사를 바르게 판단하고 공정하게 처리할 때가 바로 본체와 현상의 상즉관계가 형성되는 순간이라고 말한다. 이는 한

---

16 허종희, 「일원상진리의 본원론과 현상론 소고」, 『원불교사상과 종교문화』79, 2019, 49쪽.

17 『대종경』 교의품 4장.

18 한종만, 「불공의 원리에 대한 연구」, 『원불교학연구』8, 1978, 8쪽.

19 한종만, 「일원상진리의 상즉성」, 『일원상진리의 제연구 上』, 익산: 원광대학교 원불교사상연구원, 1989, 333쪽.

20 김팔곤, 「일원상진리 소고」, 『일원상진리의 제연구 上』, 익산: 원광대학교 원불교사상연구원, 1989, 394쪽.

편으로 오염된 상태에서 이해하거나 결정하는 것은 진정한 의미에서의 상즉관계로 귀결되기 어려움을 의미한다. 이 점은 상즉론적 관점에 필수적으로 요청되는 전제 사항이다.

다음으로 본원론은 모든 현상의 절대적 본체를 일원상 진리의 중심에 둔다. 송천은은 일원은 물론 사은의 현실을 조화로서 포섭한다 할지라도, 일원의 바탕은 '영지불매한 절대진공'이라고 보았다. 만유의 바탕이 영지불매한 절대진공인 까닭에 처처(處處)에 일원의 진리이다. 그는 일원상과 그 조화(전개)로서의 사은이 크게는 상즉일치(相卽一致)의 관계에 있어 처처불상 사사불공의 교리로 나타난다 해도, 본원이요 참 달인 일원상의 진리를 표준으로 해서 사은과 일체만유를 이해하는 것이 소태산의 진의라 강조한다.[21]

본체가 곧 현상이라는 상즉론을 중심에 두면 사은신앙, 즉 내가 당하는 현상 자체를 부처로 알아 사사불공을 실천하고자 하는 의미가 살아날 수 있다. 그러나 상즉론의 본래적 의미를 살리지 못하거나 상즉론 자체에 치우칠 경우, 사은이라는 우주만유의 현상에 갇혀 무한덕상으로서의 본원적인 은(恩)을 발견하지 못할 수 있다. 자칫 일체중생으로 하여금 본성(本性)을 향한 깊은 신행보다는 분별심(分別心) 수준에 머물고 말게 되는 한계를 보이는 것이다.[22] 이를 인간 마음의 측면에서 논한다면 본체와 현상의 상즉관계를 참으로 이해하고 실천할 때라야 진정한 상즉관계가 구현되는데, 그러지 못할 경우에는 분별성과 주착심마저도 본체와 상즉하다는 이론하에 그 분별심과 주착심을 '없이 하는' 공부를 간과할 수 있음이다.

21 송천은,「소태산의 일원상진리」,『일원상진리의 제연구 下』, 익산: 원광대학교 원불교사상연구원, 1989, 550-552쪽.
22 허종희,「「일원상진리」에 관한 연구」, 원광대 박사논문, 2018, 60쪽.

반대로, 본원론에 치우칠 경우에는 사은신앙이 약화될 수 있다. 지금 내 앞의 존재가 불공의 대상임을 자각하고 실천해야 하는데, 자칫 '달을 가리키는 손가락'처럼 부차적인 요소로 이해할 수 있는 것이다. 또한 일원상의 진리를 추상적이고 이상적인 '어떤 것'으로 설정, 또 하나의 분별심이 조장될 수도 있다.

요즘은 혐오문제를 비롯해 바이러스, 환경문제, 고령화 등 많은 문제들이 빠른 속도로 등장해 인류를 쇼크에 빠뜨린다. 이런 시점에는 그간의 논의들을 바탕으로 일원상의 진리를 어떻게 실천할 수 있을지 모색할 필요가 있으며, 이는 곧 원불교학 후세대들의 역할이기도 하다. 그럼 상즉론에도, 본원론에도 치우치지 않는 실천이라면 어떨까? 원불교학 1세대였던 박길진은 다음과 같이 말한 바 있다.

"圓佛敎에서는 일원의 진리가 만유현상에 內在한다는 本体論的 汎神論的 해석을 내리고 있으므로 현상 만유와의 사이에 시간적 선후 관계는 중시되지 않는다. 不可不離의 相卽關係에서 순환 반복만이 있을 뿐이다. 이른바 色卽是空 空卽是色이다. 따라서 우주만법은 일원에 귀일하지만 일원은 만법을 떠나지 않는다. 일원은 곧 삼라만상과 같이 있다."[23]

"우주만물은 각각 불성을 가지고 있어 處處佛像이다. 그것은 우주에 가득 찬 생명력을 온통 다 받았다. 즉 萬法歸一이다. 만법이 하나로 돌아갔다. 그 하나 자리가 어디냐 하면, 기운이며 곧 우주의 생명력이다. 그리고 어디로 돌아오느냐 하면 만법으로 돌아온다. 우리가 피아노를 칠 때 낮은

23 박길진, 『일원상과 인간의 관계』, 익산: 원광대학교출판국, 1985, 54쪽.

음, 높은 음, 다 있지만 결국 음 하나로 일관되는 것처럼 만법 자리도 그와 같다."[24]

그는 만유에 일원의 진리가 내재하고 본체와 현상 중 무엇이 순서 면에서 우선순위를 차지하는지 변별하는 것은 무의미하다고 본다. 본체가 곧 현상이고 현상이 곧 본체이기 때문에 무엇이 먼저라고 볼 수는 없다. 박길진은 본체와 현상의 상즉관계에 주목한 것이다. 그러면서도 본체를 '하나', '기운', '우주의 생명력', 나아가 '음 하나'에 비유한다. 그리고 현상은 '만법', '낮은 음', '높은 음' 등에 비유한다. 다양한 음들이 피아노 건반을 통해 구현될수 있으나 모두 '음 하나'에 융합된다는 것은 개별적으로 존재하는 현상들이 각각의 세포처럼 존재하되 법신이라는 궁극처를 떠나 있지 않음을 말한다.

그는 '이 우주 안에는 기운이 하나 가득 차 있으니 이것이 우주의 근본 원리이며, 이 원리는 생생 약동하여 이 원리를 받은 인간의 성품도 항상 움직이며 무엇을 하려 하고 생성 발전하려 한다.'[25], '법신불이란 우주의 한 기운으로서 우주 안에 꽉 찬 것, 삼라만상은 다 그 일원의 기운을 받아 나타나 있는 것'[26], '우주에 한 진리가 있으니 이것이 우주만물을 일관해 있고 만물은 그 분신이라고 볼 수 있다. 사람을 예를 들어 생각해 본다면 사람이 전체라고 하면 코 · 입 · 발 · 손이 모두 연결되어 있다.'[27]라고 하여, 초월적 존재로서 광대무량한 법신불의 작용과 내재적 존재로서 법신불을 갖춘 인간 본성

---

24 박길진, 앞의 책, 133쪽.
25 박길진, 앞의 책, 165쪽.
26 원불교사상연구원, 『숭산논집』, 익산: 원광대학교출판국, 1996, 43쪽.
27 원불교사상연구원, 앞의 책, 56쪽.

의 양면성을 설명한다.

이와 같이 본체와 현상에 동시적, 양면적으로 접근했던 박길진의 관점은 원불교에서 말하는 법신불 일원상 교의의 특수성, 즉 초월성과 내재성을 함께 충족하는 특성을 온전히 보여준다.[28] 그리고 이는 사사물물의 존재를 원불교에서 어떻게 보는지, 나아가 이 존재들의 평등성을 어떻게 구현할 수 있을지 사유하는 근거가 된다.

이와 같은 본체와 현상, 초월성과 내재성의 양면성은 '포월적' 관점으로 설명 가능하다. '포월(包越)'은 품어 안고서 넘는다는 뜻으로, 내재와 초월을 동시에 충족하는 것을 의미한다. 포월적 관점을 견지해 온 학자로는 칼 야스퍼스(K. Jaspers, 1883-1969)가 있다. 야스퍼스는 포괄자(包括者, das Umgreifonde)라는 표현을 사용했다. 포괄자는 모든 것을 포괄하는 존재다. 저마다에 내재된 주체와 합일한 상태의 것, 결코 종결되지 않으며 따라서 폐쇄되지도 않는 것, '우리를 낸 것'을 가리킨다. 그는 포괄자를 '내재자의 존재'라고도 불렀는데, 우리는 포괄자의 모든 양태를 알아차리고, 거기에 몰입하여, 우리의 내면에서 그것들을 일깨워야만 한다고 강조했다.

야스퍼스는 포괄자가 무(無)의 공허일 뿐인 것 같지만 '가능적 실존(mögliche Existenz)', 즉 내가 나 자신일 수 있고 타자와의 상호작용 속에서 나 자신이 될 수 있는 부분을 고려해야 한다고 말한다. 이는 포괄자는 개별적 실존에 의해서만 확인됨을 의미한다. 초월자가 본래적으로 존재한다고 간

---

28 이는 마치 류병덕이 말한 대로 '진정한 만남'에 의한 것이다. 일원상 진리의 인식이 최고절정에 들어가면 이러한 만남이 이루어지는데, 이는 절충도, 혼합도 아닌, '창조성이 들어있는 종합'이라 설명된다. 류병덕, 「일원상 진리의 연구」, 『일원상진리의 제연구 上』, 익산: 원광대학교 원불교사상연구원, 1989, 153쪽.

주되면서 개별적 실존은 소멸하여 버리는 것으로 간주되는 것은 맞지 않다. 또한 반대로 실존이 초월자에 선행한다고 보는 것도 잘못된 것이다. 야스퍼스는 초월자와 실존은 동시적이며 양면적이라고 보기 때문이다. 초월자와 개별적 실존을 모두 포괄하는 '포괄자'에 대한 야스퍼스의 견해는 초월성과 내재성을 모두 총괄하는 포월자로서의 그것과 공통적 맥락을 지닌다.[29]

켄 윌버(Ken Wilber, 1949~)도 '포월'에 관해 언급하였다. 윌버는 물질 중심의 시대에 필요한 것은 최고 수준인 '영(spirit)'으로 진화하는 것이며, 이 진화의 과정은 '초월하면서 포함'으로 이루어진다고 보았다. '초월하면서 포함'한다는 것은 '영'이 각각의 새로운 초월에서 그 자신을 전개하고 있고, 새로운 단계에 이르면 그것을 그 자신의 존재 속으로 감싸 넣음을 의미한다. 즉 성장한다는 것은 이전의 나를 품은 상태에서 이를 초월하는 것이다.

그리고 여기에는 '한 사람 안에 있으면서 그 사람 너머에 있는 것', '자신이 아닌 자신', 즉 초월적 자기를 직관하는 작업[30]이 필요하다. 윌버는 이러한 작업을 통해 완전한 성장을 이룬 상태를 '온 우주 전체와의, 모든 수준에서의 공과 형상과의, 법신(혹은 무시간의 영)과 색신(혹은 시간적 영) 둘 다와의 하나 됨을 실현한 것'[31]이라고 말한다.

류병덕도 초월과 내재의 동시성에 주목했다. '초월적으로 표현한 것이 신(神), 내재적으로 표현한 것이 불(佛)이라고 한다면 일원상은 이 신과 불의 표현을 동격으로 동시적으로 표현한 것'이라고 말한다. 즉 이 우주에 존재

29 칼 야스퍼스, 『계시에 직면한 철학적 신앙』, 신옥희 역, 서울: 분도출판사, 1989, 113-125쪽.
30 켄 윌버, 『무경계』, 김철수 역, 서울: 무우수, 2005, 201-207쪽.
31 켄 윌버, 『켄 윌버의 통합영성』, 김명권·오세준 역, 서울: 학지사, 2018, 307쪽.

하고 이 우주를 움직이는 미묘한 진리, 불타는 '인연연기(因緣緣起)'라고 불렀고 용수는 '공(空)'이라고 불렀으며 마명(馬鳴)은 '진여(眞如)'라고 불렀던 진리의 속성을 소태산은 초월적이면서 내재적인 일원상 진리로 보았던 것이다.[32]

한편, 노권용에 따르면 일원상의 진리에서 포월적 실재관은 초월, 내재, 상즉, 불이 등의 의미를 모두 지닌다. 그는 이 포월적 실재관이 동양사상 일반에서 주장되어 온 '일이이(一而二)', '불일불이(不一不二)'의 관계를 포함한다고 보았다.[33] 하나이면서 둘이고, 하나라고 할 수 없으면서 둘이라고 할 수 없다는 모순적 명제는 법신불 일원상의 포월적 특성을 보여준다.

이들이 관심을 가졌던 '포월'은 모두에게 내재한 불성, 그리고 개별적 존재들을 초월하여 하나의 기반을 이루는 법신의 동시성과 양면성을 인정한다는 점에서 유사한 맥락에 있다고 볼 수 있다. 이러한 포월적 실재관에 입각해 비추어 보는 '존재', 나아가 여성 또는 남성은, 성의 차별이 없고 '차별'이라는 언어조차 적용되지 않는 초월적 존재인 동시에, 여성 또는 남성으로서의 특수함과 고유함으로 개별 존재마다 그 색깔을 달리 할 수 있는 내재적 존재라 볼 수 있다.

정산은 그의 게송 '한 울안 한 이치에, 한 집안 한 권속이, 한 일터 한 일꾼으로, 일원세계 건설하자.'를 통해 '삼동윤리(三同倫理)'를 밝힌 바 있다. 그는 삼동윤리의 둘째 강령인 '동기연계(同氣連契)'를 설명하면서 "천지를 부모 삼고 우주를 한 집 삼는 자리에서는 모든 사람이 다 같은 동포 형제인 것이며,

---

32 류병덕, 『원불교와 한국 사회』, 서울: 시인사, 1977, 172쪽.
33 노권용, 「교리도의 교상판적적 고찰」, 『원불교사상과 종교문화』 45, 2010, 263-264쪽.

인류뿐 아니라 금수 곤충까지라도 본래 한 큰 기운으로 연결"[34]되어 있다고 말했다. 그리고 이후 대산은 '진리는 하나 세계도 하나, 인류는 한 가족 세상은 한 일터, 개척하자 하나의 세계'라는 게송으로, 소태산에게서 시작된 법맥을 이었다.

정산과 대산의 게송에서 우리는 모든 존재가 전부 일원상의 진리에 의해 한 기운으로 연결된 동포, 그러면서도 인류·금수·곤충의 존재 각각이 법신불 일원상으로서 숨 쉬고 살아가는 완전한 존재, 즉 포월적 존재임을 확인할 수 있다. 이는 소태산이 『정전』 '일원상 법어'에서 밝혔듯 '우주 만물이 이름은 각각 다르나 둘이 아니'라는 점에서 더 명확해진다. '여성' 또는 '남성'이라는 이름표를 붙이고 살아갈지언정 모두가 '일원'이라는 한 울타리 안에서 살아가는, 즉 '여성' 또는 '남성'을 포함하는 동시에 '여성' 또는 '남성'을 초월해 있는 포월적 존재이다. 이는 마치 공통의 백지 위에 그려지는 다양한 형상들이 바탕을 함께 하면서도 개별 모양과 색깔은 달리 하는 것과 같다.

그러므로 모든 존재와의 관계를 대립적으로 보고, 억압하고 지배하는 남성과 차별되고 복종하는 여성이라는 구도는 이러한 관계를 모르는 것이며, 원불교의 세계관에서는 수용할 수 없다.[35] 성별의 차이를 막론하고 모두가 공통의 백지에 그려진 여러 형태의 한 가족일진대, 어떻게, 어떤 기준으로, 누가 누구와 대립하고 누가 누구를 억압하고 누가 누구를 의미화 할 수 있겠는가!

---

34 『정산종사법어』 도운편 36장.
35 민현주, 앞의 논문, 26쪽.

III. 환대와 불공의 실천윤리

1. 애무와 환대의 윤리

레비나스는 시몬 드 보부아르(Simone de Beauvoir, 1908-1986)를 비롯한 페미니스트들의 공격을 받았는데, 그 이유는 레비나스가 여성성을 가리켜 '빛 앞에서의 도피', '스스로 자신을 감추는 것', '수줍음' 등으로 묘사하기 때문이다. 보부아르의 입장은 본래적인 여성성이란 건 존재하지 않는다는 것이다. 태어날 때부터 가지게 되는 여성 또는 남성적인 것은 원래 없다는 것이다. 그러나 보부아르의 비판은 그 출발점부터 레비나스의 관점을 벗어나 있다. 보부아르의 비판 자체가 애초 레비나스 자신이 타자에 관한 사유에서 제외시킨 것이기 때문이다. 보부아르의 생각대로라면 여성적 본질이란 애초 존재하지 않으며, 존재하는 것은 주체와 대상뿐이다. 이는 곧 '타자'가 나에게 이해 가능하다는 것, '타자'가 나와 호환 가능하다는 것, '타자'가 나의 동류라는 것으로 이어진다. 이러한 타자 이해야말로 레비나스가 혼신의 힘을 다해 뒤집으려는 바로 그 지견이다.[36]

그렇다면 레비나스는 왜 여성성을 '수줍음'이라고 표현했을까? 그는 여성성을 '신비'에도 연관하여 사유했다. "여성적인 것의 외적 표현이 가장 거칠거나, 가장 뻔뻔하거나 또는 가장 무미건조한 물질성으로 나타난다고 하더라도 그것이 지닌 신비, 그것의 수줍음은 결코 파괴되지 않는다." 어떻게 해도 부정되지 않는 신비, 온 우주를 관통하는 절대성으로서의 이 신비는 곧

---

36 우치다 타츠루, 『사랑의 현상학』, 이수정 역, 서울: 갈라파고스, 2013, 215쪽.

절대적 타자성을 의미한다. 타자는 주체에게 자신을 내주지 않는다. 그리고 수줍게 가려진 채로 자신을 보여주지도 않는다. 타자는 전부 알 수도, 볼 수도 없기 때문에 신비한 '여성'으로 묘사된다. 이러한 여성성의 수줍음과 신비는 정지된 상태의 존재가 아닌 시간의 흐름 속에서 운동성을 띠고 실존해 가는 우리 자신과 타자의 속성이라 볼 수 있다.

레비나스에게 여성성은 '구원에의 가능성'이다. 그는 여성성을 곧 인간성에 관한 철학적인 이해이면서 다시 이것을 구원에의 가능성을 정당화하는 메시아의 심성으로서 이해한다.[37] 여성은 어디까지나 타자이고 누군가가 마주하는 낯선 얼굴이다. 그러나 여성성은 이 낯선 얼굴을 환대하고 책임지는 근원적 힘이다. 여성 또한 외재적 존재로서 절대성을 지닌 타자라면, 여성의 얼굴은 곧 신의 얼굴이 된다. 그런데 레비나스는 여성을 여기에서 한 걸음 더 나아간 존재로 본다. 남성성에 대비되는 이원론적 성별로서의 존재가 아닌, 소통과 관용을 이끌어 내는 원동력인 것이다. 여성성은 남성과 대별되는 여성이 아니라, 남성이든 여성이든 모두가 근원적으로 내재한 생명력과 같다.

이와 같이 그저 '존재'하는 것에 그치지 않고 삶에서의 가능성과 힘, 생명력에 주목한 레비나스는 여성성과 관계를 맺는 '에로스'를 강조했다. 그에게 에로스는 남녀의 융합만을 의미하지 않는다. 오히려 절대적 타자를 겪어 보는 것, 나와 하나가 될 수 없는 타자와의 차이를 확인하는 것을 가리킨다. 에로스적 관계에서 타자를 '애무'한다는 것은 이러한 절대적 타자성에 다가가는 하나의 방법이다. 레비나스는 타자를 대하는 법을 마치 애무하듯 해야

---

37 윤대선, 「'너'와 '나'의 삶의 공동체를 위한 페미니즘의 기원과 해석」, 『해석학연구』 20, 2007, 261-262쪽.

한다고 보았다. 내가 대하는 타자가 나와 어떤 관계에 놓여 있건, 설령 미워하는 대상이라 할지라도 함부로 대해서는 안 된다는 것이다.

여성성을 타자성의 은유로 보았던 레비나스의 관점은 서서히 변화했다. 그래서 후기에 그는 여성적인 것=타자성의 등식을 버리고 나를 너그럽게 수용하고 환대하는 수줍은 타자의 한 예로 여성을 제시한다. 즉 그는 부드럽고 친밀하게, 다소곳이 나를 영접하는 집안의 타자를 여성이라 부른다.[38] 이러한 여성성은 에로스에 의한 애무로 내가 가질 수 없고 알 수도 없는 타자성을 체험하게 하는 동시에, 출산을 통해 완전한 타자성을 보여준다.

그러나 '주체를 환대하는 집안의 타자'로 여성성을 사유한 레비나스는 페미니스트들의 비판을 면하기 어려워졌다. 레비나스의 여성이 흔히 우리가 경험하는 그 '여성'은 아니며, 따라서 보부아르의 비판이 정곡을 찌르지 못했다 할지라도 말이다. 여성평등의 관점에서는 더더욱 레비나스의 후기 시각이 가부장적으로 느껴지지 않을 수가 없다. 그러나 여성의 집단적 정체성 강화에 희생되지 않은 채 개인들의 고유성을 발전시켜야 한다는 요구에 봉착한 현대 페미니즘에 이 타자철학이 하나의 길을 제시할 수 있으리라는[39] 조명을 받고 있다.

이전의 페미니즘이 여성과 남성의 차이를 기반으로 여성평등을 주창하는 방향을 추구했다면, 지금은 여성이라는 성별 아래 묶인 하나의 집단이 느끼는 억압이 아닌 여성들 간에도 존재하는 다양한 속성과 차이를 고려하

---

38 이희원은 레비나스의 여성 관련 개념이 두 번의 변화를 거쳤다고 본다. 즉 『전체와 무한』에서 여성은 남성의 윤리적 초월을 돕는 수줍은 여성이었고, 이후 『존재와 다르게』에서는 윤리적 어머니로 변모한다. 이희원, 「레비나스, 타자 윤리학, 페미니즘」, 『영미문학페미니즘』17, 2009, 247쪽.
39 김도형, 「레비나스와 페미니즘 간의 대화」, 『철학논총』96-2, 2019, 161쪽.

는 페미니즘을 추구한다. 이상화는 이러한 새로운 흐름을 '현장 여성주의'로 표현했는데, 이는 여성을 동질화함으로써 또 하나의 억압이 이루어질 수 있다는 점에 주목함으로써 '차이의 존재론'과 '실천적 연대의 가능성'을 염두에 둔 흐름이라 할 수 있다.[40]

현장 여성주의에 입각해서 본다면 더 이상 다양한 여성들을 '여성'이라는 이름에 수렴시키지 않고 이제는 개별적 타자들이 경계를 넘나들며 복합적으로 상호작용하는 방향으로 나아갈 필요가 있다. 그래서 로지 브라이도티 (Rosi Braidotti)는 "제2의 성인 모든 여성들의 전 지구적 유사성이라는 의미를 띠는 자매애 이미지를 폐기하고, 여성들이 활동하고 있는 기호적이고 물적인 조건들의 복잡성에 대한 인식을 선호할 필요가 있다."[41]라고 말한다. '여성'은 핑크색 울타리 안에 들어가 있는 '남성을 제외한' 존재들이 아닌, 연령 · 기호 · 민족 · 인종 · 취향 등 다수의 요소들이 복잡하게 얽혀 구현해내는 '다성성'의 존재들인 것이다.

레비나스의 타자철학에서 우린 타자의 얼굴을 마주하는 동안 타자와 하나가 되고, 그를 환대해야 하는 책임의 윤리를 실천하게 된다. 이렇게 서로를 마주봄으로써 소통과 관용의 공동체가 이루어진다. '어깨를 나란히 한 집단성'이 아닌 '나-너의 집단성', 즉 '공통성이 전혀 없는 집단성'[42]의 공동체가 바로 레비나스가 사유한 진정한 '하나'인 동시에 다원성이다. 타자철학에서 여성은 주체의 바깥에 존재하는 절대적 타자로서 여성, 주체가 해석하거나

---

40 이상화, 「지구화시대의 현장 여성주의: 차이의 존재론과 공간성의 사유」, 『한국여성 철학』4 2004, 80-81쪽.

41 로지 브라이도티, 『유목적 주체』, 박미선 역, 서울: 여이연, 2004, 79쪽.

42 에마뉘엘 레비나스, 『시간과 타자』, 강영안 역, 서울: 문예출판사, 1996, 116-117쪽.

변화시킬 수 없는 여성이다. 이러한 여성의 복수 형태인 '여성들'은 '어깨를 나란히 한 집단성'이 아닌 '나-너의 집단성'으로 접근되어야 할 것이다.

여성을 집안의 타자로 개념화했던 레비나스의 관점을 차치하더라도 절대적 타자로서 '여성'과의 에로스적 관계에 따른 애무와 환대의 윤리는 이전의 단수적 여성관에 따른 여성평등을 지양하고 복수적 여성관을 중심으로 다양성과 이질성을 추구하는 요즘의 페미니즘에 하나의 시사점을 제공할 수 있을 것이다. 성적으로 또는 남성을 제외한 여느 성별로서 여성을 대상화하지 않고, 내 앞의 '신'을 향한 경외의 마음으로 조심스럽게 여성에 대한 환대를 실천해보는 것, 이러한 시도가 곧 레비나스 타자철학의 시사점을 활용하는 길이라 보인다.

2. 사사불공의 윤리

원불교 초기교단 당시 조선 사회에서 여성은 성차별적 문화 속에 존재했다. 사회제도는 물론이거니와 모든 관습과 인습이 하나같이 여자의 권리를 인정하지 않고 있었다. 여자는 남자의 예속하에 있었고 모든 질서는 여자를 억압하고 천시하는 경향이 있었으며, 이는 조선 5백 년 왕조시대를 통하여 철저히 뿌리내려져 그 시대를 지배하던 전통사상이었다.[43] 이에 소태산은 '남녀권리동일'을 이렇게 주창한다. "나는 남녀권리동일이라는 과목을 내어 남녀에게 교육도 같이 하고 의무 책임도 같이 지우며 지위와 권리도 같이 주어서 피차 의뢰심은 철폐시키고 자력을 얻게 함이요 ….''[44] 그리고 원기 5

---

43 김지정, 『개벽의 일꾼』, 익산: 원불교출판사, 1985, 37쪽.
44 『회보』 26, 불법연구회 총부, 1936, 38쪽.

년, '과거 조선 여자의 생활조목'을 다음과 같이 비판하였다.[45][46]

〈과거 조선 여자의 생활조목〉

1. 자기를 낳아준 부모에게 자녀의 도리를 다하지 못하였음이요,

2. 자기가 낳아준 자녀에게도 차별적 대우를 받게 되었음이요,

3. 사람인 이상에는 반드시 받아야 할 교육을 받지 못하였음이요,

4. 사람인 이상에는 인류사회를 면치 못하는 것인데 사교의 권리를 얻지 못하였음이요,

5. 사람인 이상에는 반드시 수용하여야 할 재산의 권리가 없었음이요,

6. 그 외에도 자기의 심신이지마는 일동일정에 구속과 압박을 면치 못하였음이니라.

그리고 이어서 '남자로서 남녀 권리 동일 권장의 조목', '여자로서 남녀 권리 동일 준비의 조목'을 다음과 같이 제시했다.[47]

〈남자로서 남녀 권리 동일 권장의 조목〉

1. 결혼 후 부부간 물질적 생활을 각자 할 것이요,

2. 여자로서 아래에 기록한 남녀 권리 동일 준비의 조목이 충실하여 남자에 승할 때는 그 지도를 받을 것이요,

45 『보경육대요령』. 1932, 27-28쪽.
46 '남녀권리동일'의 역사적 형성 과정과 교의적 의미에 대해서는 민현주 논문을 참고하기 바란다. 민현주, 「원불교의 남녀평등사상과 실천에 관한 연구」, 이화여대 석사논문, 1994.
47 『보경육대요령』. 1932, 28-30쪽.

3. 기타 모든 일을 경위에 따라 처결하되 과거와 같이 여자라고 구별할 것이 아니라 남자와 같이 취급하여 줄 것이니라.

〈여자로서 남녀 권리 동일 준비의 조목〉
1. 인류 사회에 활동할 만한 교육을 남자와 같이 받을 것이요,
2. 직업에 근실하여 생활의 자유를 얻을 것이요,
3. 생生부모의 생전사후를 과거 장자의 예로써 같이 할 것이요,
4. 남자의 독특한 사랑과 의뢰를 구하지 말 것이요,
5. 위에 기록한 준비 조목 4조가 충분치 못하여 남자에 미급한 때는 그 지도를 받을 것이니라.

'남녀권리동일' 조항이 처음으로 발표되었던 해는 1920년이다.[48] 1920~1930년대는 이른바 '개조의 시대'였다. 낡은 것을 버리고 새 것을 취하려는 물결이 거세게 일었으며, 사회제도의 공적 영역에서 일상생활의 사적 영역에 이르기까지 많은 것이 바뀌었다. 또는 바뀌어야 한다고 주장되었다.[49] 변혁을 요구하는 목소리는 남녀 차별 문제에서도 마찬가지였다. 1920년의 어느 신문 사설에서는 "남자와 같이 동등이 되려면 다 같이 나서 우리도 남자의 하는 일을 꺼릴 것 없이 해야 한다."[50]라고 주장하기도 했다. 이와 같이

48 1920년에 '남녀권리동일' 초안이 봉래정사에서 나왔고, 1929년에 『교무부 사업보고서』를 통해 '부부권리동일'이 등장했다. 이후 '부부권리동일'이 '남녀권리동일'로 그 명칭을 달리하는데, 바로 1932년 『보경육대요령』에서다. 민현주, 앞의 논문, 1994, 33쪽.
49 김윤성, 「1920~30년대 한국 사회의 종교와 여성 담론」, 『종교문화비평』 9, 2006, 166쪽.
50 '조선 뉴스 라이브러리100'(https://newslibrary.chosun.com), 이취송, 「가뎡실제생활

'남녀권리동일'을 불법연구회가 발표한 시기는 사회적으로도 남녀평등을 주장하던 때였다. 불법연구회도 이러한 시대적 요청에 부합하는 강령을 제시했다고 볼 수 있는데, 주목할 점은 불법연구회는 단순히 여성의 권리를 찾아 남성과 동등해지는 것만을 추구한 것이 아니라는 것이다.

소태산이 새 회상의 교강을 발표한 1920년, 사은의 피은(被恩) 보은(報恩) 배은(背恩)에 관한 교의는 세상에 그 모습을 드러냈으나 '사요는 그 후 누차 연마하여 완정'[51]되었다. '남녀권리동일'은 '지우차별', '무자녀자 타자녀교양', '공도헌신자 이부사지'와 함께 사요(史要)의 한 조항으로 자리하였고, 이들 조항은 이후 '자력양성', '지자본위', '타자녀교육', '공도자숭배'로 변경되었다.

'남녀권리동일'이 '자력양성'으로 변천된 것인데, 이는 남녀의 상대성을 극복한 범주의 확대적 의미로 해석될 수 있다.[52] 즉 '남녀권리동일'에서는 남성에 비해 불평등의 대상이었던 여성이 실천해야 할 준비 조목만 다루었다면, 현재의 '자력양성'에서는 '자력이 없는 어린이, 노혼(老昏)한 늙은이, 어찌할 수 없는 병든 이'를 제외한 모든 존재가 자력을 양성하고 자력 없는 사람을 보호하자는 내용을 담고 있다. 이러한 '남녀권리동일'에서 '자력양성'으로의 변화는 결국 여성과 남성의 상대적 평등에서 모든 존재들의 평등으로 그 지향점을 넓힌 것이며, 여성은 남성에게 억압당하지 말아야 하는 존재로서뿐 아니라 침해당할 수 없는 존엄성을 지닌 '전 지구적 존재'의 일원으로서 대해져야 함을 시사한다.

가정(家庭)과 실생활(實生活)」,《조선일보》, 1920. 05. 22. 석간3면 기사.
51 『원불교교사』 '교강 선포와 첫 교서 초안'
52 류성태, 「사요의 용어 변천에 대한 연구」, 『원불교사상과 종교문화』48, 2011, 14쪽.

그러므로 우리는 사요가 남녀뿐 아니라 모든 존재들의 평등을 현실적으로 구현하기 위한 교의임을 알 수 있다. 사요에 한 걸음 앞서 발표되었던 '사은(四恩)'과 더불어 사요가 '인생의 요도'로 제시되었다는 점에서, 사요가 구현해 내고자 하는 평등은 결국 '서로 없어서는 살지 못할' 은(恩)적 관계에서 출발함을 짐작할 수 있다. 즉 남녀를 비롯해 주된 차별의 대상이었거나 불합리한 결함 조목의 범주 내에 있던 존재 모두가 과거의 습관과 문화에서 벗어나 새로운 시대에 진입하는 데 필요한 실천 조목들을 제시했다고 볼 수 있다.

그런데 이는 단선적인 '행동강령' 정도에 그치지 않고 모든 존재가 본래적으로 어떤 관계에 놓였는지를 밝히는 '일원상의 진리', 나아가 '사은'을 기반으로 한다는 점에서 '진리적 실천', '성리를 바탕으로 한 평등'을 지향한 것이다. 비유컨대 '본립이도생(本立而道生)', 즉 근본을 바로 세우면 나아갈 길이 바로 설 수 있도록, 본래 평등한 진리적 세계에 입각하여 여성평등을 추구하게 된다.[53]

인생의 요도인 사요 교의는 여러 가지의 실천적 측면에서 적용되었다. 원불교에서 강조하는 '처처불상 사사불공(處處佛像 事事佛供)'은 곳곳이 부처님이므로 일마다 불공하자는 뜻을 담고 있는데, 이 교의는 모든 존재가 불성

---

53 원불교 여성회에서는 양성평등사상에 대해 '恩적인 상생상의를 바탕으로 남녀관의 기본구조를 평등하게 바꿔나가는 것', '각자의 마음혁명과 동시에 각종 제도나 관습을 변화시키기 위한 공동노력이 병행되어야 할 것'이라고 설명하고 있어, 이러한 특성을 잘 반영하고 있다. 恩적인 상생상의를 바탕으로 한 평등은 곧 마음의 혁명으로부터 시작하여 실질적인 사회 문제들을 변혁시키는 것을 말한다. 평등을 이루기 위해서는 본래 평등한 자리, 즉 '제불 제성의 심인'이면서도 '일체 중생의 본성'인 一圓에 입각해야 근본을 바로 세운 평등이 가능한 것이다. 원불교여성회(http://www.wbwa.or.kr/index.php.)

을 지님에 주목함으로써 누구나 평등한 대우를 받아야 함을 함의한다. 불효하는 며느리를 개선시키고자 실상사 부처에게 불공을 올리려는 노부부가 소태산에게서 "그대들의 집에 있는 자부가 곧 산 부처"라는 말을 듣고는 자부를 공경하고 위해 주었더니 며느리가 효부가 되었다는 일화[54]는 포월적 존재로서의 여성, 처처불로서의 여성에 대한 불공의 과정을 보여주며, 여성은 평등하고 존엄한 존재로서 대우받아야 함을 시사한다.

또한 원불교의 최고 의결기관인 수위단회(首位團會)는 종법사를 단장으로 하여 선거로 선출한 남녀 각 9명의 정수위단, 그리고 정수위단원이 선출한 출가교도 8명의 봉도수위단, 재가교도 8명의 호법수위단으로 구성된다.[55] 즉 교단의 주요 사안들을 의결하는 권한이 9명의 여성 수위단원과 9명의 남성 수위단원에게 주어져 있다. 남녀 동수의 수위단회가 구성된 것은 1928년(원기 13년)의 일이다. 이는 모든 존재, 특히 당시에 차별의 표상이었던 여성의 평등성을 제도적 측면에서 구현한 사례라 볼 수 있다.

소태산의 인재 등용에서도 여성평등을 실천했던 사례를 찾을 수 있다. 불법연구회에 귀의한 이들 여성 중에는 여학교 출신으로 황실 시독(侍讀)을 역임했던 이공주와 같은 신여성이 있는가 하면, 별다른 교육 없이 성장하여 농촌에서 삶을 영위했던 최도화, 기녀 출신으로 세간 향락을 청산하고 입문한 이청춘 등 다양한 지식층과 신분의 인물들이 혼재하였다. 게다가 이들 중에는 대부분 결혼 경험이 있었으되 홀몸이 된 이도 있었고, 부군의 인도로 소태산 문하에 귀의한 이도 있었다. 특히 원불교 초기교단의 중요 여성 10대 제자는 전부 기혼자들이었다. 물론 원기 12년에 출가한 공타원 조전

---

54 『대종경』 교의품 15장.
55 〈원불교 대사전〉(https://won.or.kr)

권을 시작으로 많은 정녀(貞女)들이 배출되었으나, 교단이 첫걸음을 내딛을 때 그 토양을 마련한 여성들은 기혼자였던 것이다. 게다가 삼타원 최도화와 팔타원 황정신행은 출가가 아닌 재가교도로서 활발한 활동을 하였다.

소태산은 한 여성 제자에게 "집 지으려 할 때 대들보만 있으면 집이 되더냐? 수숫대도 있어야 하고 서까래, 흙 등 모든 것이 있어야 집이 되듯이 너희들이 혹은 서까래도 되고 기둥이 되는 것이다. 자기 능력대로 하는 이런 일꾼이 이 회상 창립주"[56]라고 말한 바 있다. 그의 인재 등용 철학을 고려했을 때 여성은 남성에게 억압받아서는 안 될 존재, 사회적으로 차별당해서는 안 될 존재일 뿐 아니라 자신만의 고유성을 담지한 존재이다. 여성은 포월적 존재이자 처처불로서 저마다의 고유성을 간직한다. 처처불이 가지는 이 고유성은 아무나 변화시키거나 억압할 수 없는 것이다. 다만 우리는 이 처처불에게 불공을 할 뿐이다. 나와 같을 수 없는 타자로서의 여성을 향한 불공은 진정한 타자화의 궁극적 실천이 된다.

IV. 맺음말: 제언

이상과 같이 레비나스의 타자철학과 원불교의 여성관을 살펴보았다. 이를 바탕으로 여성혐오 문제에 대한 두 가지 제언을 하고자 한다.

첫째, 레비나스가 사유했던 절대적 타자, 그리고 원불교의 포월적 존재로서 여성관에 근거해 볼 때, 여성의 진정한 '타자화'는 남성에 대립되는 이원

---

56 박혜명, 『함께 한 서원의 세월』, 익산: 원불교출판사, 1989, 192쪽.

론적 존재로 여성을 개념화하는 타자화가 아닌 아무도 동화시키거나 변모시키거나 해석할 수 없는 존재, 즉 완전무결한 진리의 단면인 '일원'으로 수용하는 것이어야 한다.

　요즘 발생하는 여성혐오, 그 기저의 타자화 문제는 주체를 중심에 둔 전체주의적 발상에서 기인한다고 볼 수 있다. 여성을 절대적 타자 또는 일원이 아닌 '맘충', '된장녀' 등으로 보거나 여성을 그저 신체화 하고 마는 것은, 여성을 하나의 어휘 또는 이미지에 수렴시킬 수 있다고 보는 자아 중심적 사고의 일면을 보여준다.

　그러나 레비나스의 타자철학에서 우리는 모두 서로에게 외재적인 존재이다. 주체가 아닌 타자를 사유의 중심에 두면 나 자신에 머무르지 않고 공동체를 지향할 수 있게 된다. 주체보다 타자에 무게중심이 실리면 서로 간의 차이는 '내가 인정해 주는 것'이 아닌 '당연히 인정되어야 하는 것'이 된다. 그러나 차이를 존중하지 못할 경우 이는 폭력으로 이어질 수 있다. 즉 서로의 일원상은 그대로 존중되어야 하는 대상이지, 주체가 변형을 가하거나 소유할 수 있는 것이 아니다.

　일원상의 진리에 따르면 모든 존재는 초월적이면서도 내재적이다. 인간부터 금수와 초목에 이르기까지 전부 법신불이라는 공통의 초월성을 바탕으로 하는 내재적 일원상들이다. 그리고 레비나스는 내 앞의 절대적 타자가 곧 신이며 초월적 존재라고 보았다. 그러면서도 시간과 공간을 달리하며 이 세상을 살아가는 모든 생명 있는 것들, 물론 내가 어찌할 수 없는 자연과 시간, 사물도 내게 모두 타자라는 면에서 그는 타자를 특정인에게만 한정시키고 있지는 않다.[57] 따라서 타자는 나와 다른 배경, 다른 인종, 다른 종교, 다른 취향, 다른 성별의 '서로 다른' 제각각의 존재들인 동시에 초월적인 신으로서 '한 가족'이다.

'포월적 존재', 그리고 '절대적 타자'의 개념에서 유추할 수 있듯, 우리 모두는 초월적 존재인 동시에 각자의 개성과 차이를 내재한 개별자들이다. 우리는 서로 공통의 위대함과 각자의 고유성을 직시할 수 있다. 그러므로 여성은 주체가 '-충' 또는 '-녀'라고 공통된 이름을 붙일 수 있는 대상이 아니다. 물론 이는 남성도 마찬가지이다. 설령 더 고상하거나 아름다운 이름을 사용할지라도 주체가 특정 이름으로 누군가를 규정한다면 이는 폭력이 될 수 있다. 여성은 어디까지나 절대적 타자이자 포월적 존재, 그리고 신이자 부처이지, 누군가가 의미화하거나 혐오할 수 있는 대상이 아닌 것이다.

둘째, 레비나스가 언급한 환대의 윤리, 그리고 우주만유가 포월적 존재이므로 부처 모시듯 해야 한다는 원불교의 처처불상 교의는 타자를 우대할 것을 강조한다. 바로 실천과 책임의 강조이다. 타자철학에서 주체와 타자는 대등하지 않다. 오히려 주체와 타자는 비대칭적 관계에 있다. 주체는 자신보다 더 우위에 있는 타자를 환대해야 한다. 그리고 책임을 진다. 이런 관계는 불평등하지 않을까? 그러나 레비나스는 서구의 주체 중심 윤리가 양산해 온 타자에 대한 차별을 시정하기 위해 주체가 아닌 타자를 우선시하는 정반대의 입장을 취한다.[58] 그리고 책임을 진다는 것은 논의에 그치지 않고 나서서 실천함을 뜻한다. 타자를 실제로 귀하게 여기고 우대할 수 있어야 한다는 것이다. 여성혐오에 연관된 표현은 물론이고 범죄와 문화산업이 지속적

---

57 박남희, 앞의 책, 84쪽.
58 박남희, 앞의 책, 82쪽.

으로 등장하는 요즘에는 이와 같이 주체 중심적 사고가 아닌 타자에 무게중심을 두는 것도 필요하다고 보인다.

주체를 중심에 둔 타자화의 대표적 케이스가 바로 불상 숭배다. 부처를 향한 그리움에 병을 얻은 우전왕(優塡王)을 위해 신하들이 불상을 세웠는데 이것이 불상의 기원이다. 그러나 불상은 달을 가리키는 손가락과 같은 것이어서 실제 부처가 될 수 없다. 불상은 어디까지나 부처를 그리는 사람들을 위해 타자화한 것일 뿐이다. 원불교에서 '불공하는 법'이 등장한 것은 등상불에 대한 신앙을 일원상 신앙으로 변혁하기 위해서였다. 며느리의 불효 때문에 실상사 부처님께 불공을 올리려는 노인 부부에게 자부에 먼저 공을 들일 것을 제안한 소태산의 이야기는 변질되어 버린 등상불 신앙을 혁신했던 것이다. 이는 우주만유와 사은과 일원을 불상으로 타자화했던 것을 바로잡는 혁신이었다. 우주만유를 참된 의미에서 '타자화'하는 것, 즉 주체가 우주만유를 자신의 소유로 삼거나 오염시키는 타자화가 아닌 '처처불'로서 타자화하는 것이 곧 불공이라 할 수 있다.

내 앞의 타자에게 직접적으로 불공을 한다면 레비나스가 말했던 환대의 윤리를 실천할 수 있을 것이다. 타자를 우위에 두고 그를 환대하는 것은 곳곳의 산 부처에게 경외심으로 다가가 불공하기를 주저하지 않는 공부인의 심경과 흡사하다. 레비나스는 얼굴과 얼굴의 마주함, 그리고 타자를 따뜻하게 어루만지는 애무의 에로스가 이 시대에 필요한 행위라고 보았다. 애무는 내가 가질 수도, 나와 같아질 수도 없는 타자를 존중하며 서서히 다가서는 것이다. 에로스를 다른 말로 정의하자면 사랑이자 경외라고 할 수 있을 것이다. 코로나19 상황에서 많은 타자들을 치료하는 데 헌신한 의료진은 타자를 향한 환대와 불공을 실천한 이들이다. 이들의 사랑은 레비나스가 강조한 타자에 대한 책임이기도 했다. 알지 못하는 타자를 위해 잠을 줄이고 땀을

흘리는 그들의 행위는 곧 실천으로서의 환대와 불공이다.

레비나스는 '말함은 말해진 것의 소통이 아니'라고 말한다. 말해진 것 없는 말함에는, 끊임없이 자신을 여는 열림이, 스스로를 그런 것으로 선언하는 열림이 있어야 한다고 한다.[59] '말해진 것'의 소통은 주체가 의미화한 것을 타자에게 전하려는 것과도 같다. 이러한 소통에서는 주체가 중심에 위치하며, 주체에 의해 화석화 되어 버린 '말해진 것'을 타자에게 강요하는 셈이 된다. 여성이 남성의 언어로 소통해야 하는 상황[60]이 바로 이런 경우다. 대표적인 남성의 언어로는 가부장제가 있다. 가부장제는 모권사회에서 부권사회로 이행함으로써 시작되었다. 그간 가부장적 결혼 문화에서 여성의 성적 주체성은 인정받지 못했다. 성은 인간 실존의 한 표현임에도 여성의 성은 남성에게 지배당하고 통제되어 왔다.[61] '말함'으로서의 소통에서는 가부장제에 고착되지 않는다. '말함'은 지금 이 순간 깨어있음이며, 상(相) 없는 마음으로 이전의 '말해진 것'들을 허무는 것이다. 대산은 '상 없는 자리를 보아다가 상 없는 마음을 쓰는 공부'[62]를 해야 한다고 말한다. 여성을 남성의 도구로 여겼던 가부장제에 대한 상이 없던 자리를 보아서, 객체로서의 타자가 아닌 절대적 타자로서의 여성과 소통하는 것, 여성의 성적 주체성을 환원시키는 것, 이것이 곧 레비나스가 그토록 강조했던 책임으로서의 실천일 것이다.

여성혐오는 여성에 대한 타자화를 근간으로 한다. 여성을 특정 어휘에

59 에마뉘엘 레비나스, 『신, 죽음 그리고 시간』, 김도형 외 역, 서울: 그린비출판사, 2013, 288-289쪽.
60 윤보라 외, 『여성 혐오가 어쨌다구?』, 서울: 현실문화, 2015, 94쪽.
61 심귀연, 「가부장적 구조 속에서 본 타자화된 여성」, 『철학논총』 59, 2010, 215-219쪽.
62 『대산종사법어』 교리편 25장.

수렴시키거나 성적으로 대상화하는 행위들은 자아중심적이고 전체주의적인 사고에서 비롯된다. 이는 여성의 본래 면목인 '신' 또는 '부처'를 보지 못한 채 여성을 내가 원하는 대로 의미화할 수 있다는 왜곡된 타자화이다. 그러나 여성은 나의 바깥에 존재하는 절대적 타자이며, '불일불이(不一不二)'의 포월적 존재로서 그 존엄함과 고유성은 아무도 영향을 가할 수 없다. 물론 여성뿐 아니라 남성도, 성소수자와 노인과 인종적 다름 등에서도 이는 마찬가지다.

우리 삶에서 빈번히 일어나는 혐오의 문제는 실존의 문제이다. 여러 제언들이 탁상공론이 되지 않고 실존의 문제를 해소하는 데 도움이 되려면 직접적인 실천이 필요할 것이다. 이 점에서 레비나스의 환대의 윤리와 원불교의 불공은 실천의 메시지이며, 우리는 지금 이 자리에서 내 앞의 타자와 얼굴을 마주한 채 실천의 메시지를 행동에 옮길 수 있다. 존귀하고 존엄하며 귀한 타자에게, 경외심과 배려와 사랑으로.

에필로그

동학 정신과 코로나19 이후 미래사회*

박맹수 원광대학교 원불교사상연구원 원장, 원광대학교 총장

* 이 글은 『원불교사상과 종교문화』 85집(원광대학교 원불교사상연구원, 2020.09, 482-516쪽)에 실린 것을 약간 수정한 것이다. 이 원고는 코로나19 이후의 정신적 지향점을 동학 정신에서 찾아보자는 취지로 2020년 5월 22일 충북학연구소에서 개최한 〈2020년 1차 충북학이시습(忠北學而時習) 아카데미〉에서 필자가 강연한 〈코로나19 이후 미래사회와 동학 정신〉을 녹취한 것이다.

오늘 제가 드릴 말씀의 키워드는 세 가지입니다, 첫째 코로나19 사태, 둘째 미래사회, 셋째 동학 정신입니다. 여기에서 제가 의도적으로 뺀 것이 하나 있습니다. 충청북도가 동학과 어떤 관련이 있는가 하는 문제는 미리 보내드린 특강 자료에서는 뺐습니다만, 오늘 이 자리에서는 동학과 관련하여 미래사회에 충청북도가 어떤 가능성이 있으며, 어떤 역사적 사명을 지닌 땅인가에 대해서까지 말씀드리고자 합니다. 그래서 특강 서두에서는 코로나19 사태로부터 시작해서, 이후에 앞으로 우리 사회가 어떻게 될 것인지를 전망해 보고, 그런 전망 속에서 동학과의 연관성 속에서 충청북도가 어떤 가능성이 있는지, 동학의 미래지향적 가치가 무엇인지에 대해서 말씀드릴까 합니다.

원광대학교의 코로나 방역

저는 지난 2018년 12월 말에 전북 익산에 있는 원광대학교 총장으로 취임하였습니다. 이제 취임한 지 약 1년 5개월(2020년 8월 기준) 정도가 지났습니다. 처음 1년 정도는 대학의 살림살이를 파악하느라 정신없이 바쁘게 살았는데, 뭔가 제 나름대로의 공약도 있고 해서 학교를 '개벽(開闢)'하고 싶은(혁신하고 싶은) 의지와 포부가 컸는데, 하늘도 무심하게 코로나19 사태가 우리 대학을 포함하여 전 세계와 한국사회를 강타했습니다. 그래서 당초 계획들

〈2020년 1차 충북학이시습(忠北學而時習) 아카데미〉를 마친 후 기념촬영
(사진 출처 : 충북연구원 홈페이지)

이 크게 흔들린 가운데 코로나19 감염 방지를 위해 전력투구할 수밖에 없는 상황 속에서 제가 겪었던 얘기부터 소개해 드리겠습니다.

지난(2020) 1월 20일 중국 우한(武漢)에서 입국한 중국인 여성이 인천공항 검역 과정에서 첫 확진자로 확인되고, 그로부터 1주일 뒤에 국내 여덟 번째 환자가 전북 군산의료원에서 저희 대학병원으로 이송됩니다. 그 환자는 실제로는 코로나19 양성 환자였는데 군산의료원의 검사 시스템이 제대로 정비되지 않은 상태여서 음성 상태로 판정을 받아 퇴원했다가, 퇴원 후에도 계속 발열이 되니까 큰 병원인 원광대병원으로 이송된 것입니다. 원광대병원에 도착했을 때 그 환자는 이미 양성 환자였어요. 그런데 그날이 마침 휴일이었는데 응급실에서 근무하던 당직 의사가 저희 대학병원에 딱 한 명 있는 '이재훈'이라는 감염내과 교수였어요. 감염내과 교수니까 호흡기 질환이라든지 코로나19에 대해서는 상당한 전문가죠. 그래서 음성 판정 상태로 보통 환자처럼 이송되어 온 환자를 보니까 이상하다 싶어서 도착하자마자 격리하고 응급처치를 했어요. 즉시 보건소에 연락해서 검사를 다시 실시하여 몇 시간 만에 확진 판정이 나왔습니다. 이렇게 해서 저희 대학병원에서 전라북도 최초로 확진자가 나오게 됩니다.

그 초동 대응 과정에서 30분에서 1시간 정도 그 환자를 맞이했던 간호사 몇 사람과 의료진이 밀접 접촉자가 됩니다. 하지만 당직의사의 지혜로운 대응으로 응급실로 보내지 않고 바로 격리병실로 보냈기 때문에 큰 폭풍을 모면할 수 있었죠. 만약에 그때 감염내과 교수가 아닌 다른 의사가 맞이했다든지, 또 초동 대응을 하는 과정에서 그 환자를 일반 환자처럼 응급실로 모셨더라면 아마 저희 병원도 수십 명이 감염되고, 병원이 코호트 격리를 당하는 것은 물론이고, 익산시를 비롯하여 지역사회 전체가 뒤집어지는 사태가 발생했을 것입니다. 다행히 운 좋게 초동 대응을 잘한 덕분에 이재훈이라는 감염내과 교수는 언론에서 '영웅'이 됐죠. 그 뒤로 거의 1주일에 한두 번씩 의심 환자가 발생하곤 했습니다.

제가 핸드폰을 두 개나 가지고 있습니다. 하나는 병원 상황실에서 오는 전화를 받는 핸드폰이고, 다른 하나는 학교 상황실에서 오는 전화 수신용입니다. 그러니까 코로나19 사태가 벌어지고 나서부터는 24시간 내내 전화를 받아야 하는 상황인데, 지금까지 거의 3-4일에 한 번 정도 의심 환자가 발생해서 몇 시간씩, 때로는 며칠씩 마음을 졸이면서 대응을 해 왔습니다. 그런데 희한하게 군산에서 확진자가 나오고, 전주에서도 나오고, 김제에서도 나오고, 가까운 옆 대학에서도 확진자가 나왔는데, 저희 대학 구성원들 중에는 지금까지 한 명도 나오지 않았어요. 참 신기하다고 생각하실 수 있겠습니다만, 사실은 8번 환자가 확진되었을 당시에 원광대학교에서 전국 대학 최초로 총장이 상황실장을 맡는 코로나19 상황실을 설치합니다. 그리고 바로 그 자리에서 비상사태 선언을 하고 모든 주요 보직을 맡은 교수님들, 그리고 처장님들 앞에서 이렇게 말했습니다;

"1세기 전에 우리 선조 중에 동학을 이끄신 해월 최시형(1827-1898) 선생님은 "사람이 하늘이니 사람 섬기기를 하늘처럼 하라! 인시천(人是天)이니 사인여천(事人如天)하라!" 이렇게 말씀하시고 실천했습니다. 모든 경제적인 것, 행정적인 것을 다 투자하여 우리 구성원들을 하늘님으로 모시는, 생명이 제일이라는 그런 자세로 상황실을 설치해서 함께 이 위기를 극복합시다."

어떻게 보면 제가 오래전부터 동학을 연구해 오는 과정에서 해월 선생의 가르침을 알았기 때문에 그런 말씀을 드린 것 같고, 그런 자세로 대학 구성원들이 합심해서 노력한 결과 지금까지 이렇게 무사히 지낼 수 있었던 게 아닌가 싶습니다. 저희 대학이 이렇게 안전지대를 확보했기 때문에 대구경북의 신천지교회에서 대량의 확진자가 나와서 중증환자들을 수용할 병원이 부족했을 때, 원광대병원은 대구경북에서 일곱 분의 중증 환자를 모셔서 치료를 분담할 수 있었습니다.

영호남의 연대

코로나가 막 진행 중이던 3월 2일 이른 아침에 전화가 한 통 왔습니다. 자매대학 영남대 총장님의 전화였어요. 저희 원광대는 광주의 조선대학교, 대구의 영남대학교, 부산의 동아대학교와 자매대학 사이입니다. 네 대학의 규모도 비슷하고, 모두 지방 사립대학이어서 오래전부터 '영호남 4개 대학'이라는 이름으로 다방면으로 교류해 왔습니다. 그래서 다른 대학보다 더 친밀한 관계입니다.

바로 그런 관계에 있는 영남대 총장님이 전화를 하신 겁니다. 깜짝 놀라서 아침 일찍 어쩐 일이시냐고 물었어요. 그랬더니 말씀하시기를, 영남대학교 이사장님과 아주 가까운 분이 지금 원광대 음압병실로 가고 있는데, 코로나19 중중 환자여서 가족이 따라갈 수 없고 보건소 직원하고 운전사만 가는 상황이라는 겁니다. 70대 중반인 환자를 위중한 상태로 홀로 타지로 보내야만 하는 가족들의 심정이 이해되더라고요. 이렇게 아무도 따라가지 못하는 형편인데 마침 원광대병원 음압병실로 이송된다고 하니, 좀 신경 써서 살펴주시면 좋겠다고 말씀하시더라고요.

자매대학 총장님으로부터 전화를 받았으니 저 또한 얼마나 부담이 됩니까? 젊은 사람도 아니고 나이 드신 분이라 완치 여부를 장담할 수가 없었으니까요. 곧바로 음압병실로 달려가서 격리병실도 살펴보고 병원장님께도 아무튼 최선을 다해 달라고 당부를 했습니다. 마침 주치의가 박철이라는 교수인데, 1년 전까지 서울 삼성병원에 근무하면서 2015년에 메르스 사태를 겪었던 의사였어요. 그러니 그 의사는 메르스 중중환자를 치료하면서 수많은 어려움을 겪지 않았겠습니까? 저희 대학병원에 오기 전에 이미 산 교육을 다 마친 셈이에요. 이것도 지금 생각하면 참 묘하다는 생각이 듭니다.

그 환자는 3월 2일에 입원해서 자그마치 48일 동안 사투를 벌인 끝에 완치돼서 4월 17일에 대구 자택으로 무사히 귀가하셨습니다. 그 소식을 들은 제가 눈물이 났습니다. 그런데 더 감격스러운 것은 그 환자분이 가족도 연고도 없는 상황에서, 그동안 영호남 갈등이네 어쩌네 이런 것들도 좀 있고 해서 여러 가지로 마음이 편하지 못한 상태로 우리 병원에 오셨을 텐데, 48일 동안 간호사들이 입 주위가 터지고, 마스크 때문에 진물이 생기고, 그런 눈물겨운 치료 과정들을 온몸으로 다 목격했잖아요. 48일 만에 완치돼서 가시니까 도저히 그냥 갈 수가 없다고 하시면서, 떠나시기 전날에 가족들에게 연락을 해서 원광대병원 발전기금으로 거액을 기부해 주고 가셨어요. 저는 돈이 문제가 아니라 코로나가 한편으로는 큰 선물을 주었다는 생각이 들었습니다. 영호남 미래에 한 줄기 빛이 될 큰 선물을요. 이런 일이 원광대학교

병원을 둘러싸고 일어났습니다.

코로나19로 되살아난 공동체의식

저는 아침 8시 30분에 출근하면 가장 먼저 하는 일이 코로나19 상황실에 가서 전날부터 그날 아침까지 일어났던 일들을 체크하고 점검해서 위에 보고하고, 산하 각 기관장과 정보를 공유해서 그날 할 일을 챙기는 일입니다. 그렇게 쭉 일을 해 나가는데 또 하나 변수가 있었어요. 여러분도 잘 아시는 중국인 유학생 입국 문제였어요. 저희 대학에도 중국인 유학생이 440명이나 있었습니다. 코로나 사태 초기에 우리 국민들이 너무 불안하니까 어떻게 했습니까? 유학생을 포함해서 중국인 입국을 무조건 다 막아야 한다, 못 들어오게 해야 한다고 했습니다. 그런데 나중에 중국인 유학생들이 우여곡절 끝에 입국한 뒤에 사정 얘기를 들어보니까, 우리나라가 1960~70년대에 시골 어른들이 논밭 팔아가지고 자식들이 좀 더 좋은 삶을 살라고 도시로 유학 보내던 것과 똑같은 이유로 왔더라고요. 그러니까 그 유학생 친구들은 "나는 죽어도 한국에 가야 한다"는 거예요. 왜? 한국에 가서 소정의 기간 안에 학위를 따 와야만 집안도 일으키고 조국에 기여도 할 수 있으니까요. 그러니까 우리하고는 상황이 전혀 달라요. 그런데 우리나라는 안전 때문에 못 들어오게 하고 야당에서도 입국금지하지 않는다고 비판하고 그랬잖아요. 어찌됐든 간에 한국정부에서 봉쇄하지 않고 철저한 검역을 거쳐서 다 받아들이게 되죠.

그 440명을 받아들이는데 중국은 23개 성(省)인데다가 지역도 엄청 넓으니까 성마다 상황이 다 달라요. 입국하라고 정해준 날, 예를 들면 3월 2일에 개강을 하니까 2월 26일부터 28일까지만, 이런 식으로 지정을 해서 입국을 시키면 3일만 고생하면 되잖아요. 그런데 코로나19 사태가 확산되자 그게 다 불가능하게 된 거예요. 그래서 2월 말부터 4월 초까지 하루에 몇 명꼴로 들어오는 거예요. 그럼 어떻게 합니까? 저희 대학의 국제교류처 직원이 보건소 직원과 같이 인천공항에 가서, 비행기에서 내리자마자 학생을 인수받아서 화장실에 잠깐 다녀오게 하고, 곧바로 차에 태워서 고속도로에서 화장실도 못 가게 하고, 두세 시간 운전해서 기숙사로 네려오면, 거기서 바로 검사하고 기다렸다가, 음성이 나오면 14일간 자가격리를 하게 해요. 14일간 자가격리 할 때 기숙사나 학교에서 지정해 준 숙소가 아니면 갈 수가 없는 거예요. 기숙사에서 자가격리는 거의 감옥 생활과 비슷합니다. 하루 세 끼 밥을 줘야 하고, 쓰레기 치워야 하고, 이부자리 세탁해야 하고, 이런 일들을 해야 해요. 440명 뒷바라지를 해야 하는데 학교 직원들은 입국 관리를 하느라 역량이 안 되는 상황인데, 마침 이때 구세주가 등장했습니다. 퇴직 직원 몇 분이 "저희가 그 일을 감당하겠습니다." 하고 자원하신 거예요. 그것도 완전 무료봉사로요. 지금도 생각하면 생각할수록 굉장히 감사할 일인데 나중에 교육부에 보고했더니 전국에 그런 사례가 없었다고 합니다.

아무튼 퇴직 직원들까지 합심해서 대응했는데, 제가 왜 이런 말씀을 드리는가 하면, 코로나19로 인해서 우리가 산업화 과정에서 돈 벌어서 잘 살아보겠다는 목표 하에 지난 몇십 년간 잃어버렸던 공동체 의식이 완전히 되살아나게 되었다는 것입니다. 다른 예를 들면 코로나 대응 초기에 자매 대학인 영남대, 기독교 학교이면서 원불교 학교인 저희 대학과 자매 대학인 계명대, 그리고 대구대를 비롯하여 대구에 있는 3개 대학 총장님들께 마스크와 손세정제를 몇 개 사서 보냈어요. 이런 일들이 오가면서 우리 마음속에 막연하게 남아 있거나 무의식 속에 남아 있던 공동체 의식, 상호부조 정신이 전 국민들 사이에서 되살아났습니다. 특히 저희 대학은 그 덕을 톡톡히 보았습니다.

잘 아시다시피, 우리나라는 중국보다 조금 늦게 코로나19 사태가 악화되잖아요? 우리나라에 코로나 사태가 발생하기 전에 저희 대학에서 마스크를 산 적이 있었어요. 1월 초쯤에 학생처에서요. 어떻게 그런 일이 있었는지 모르는데 마스크를 10,000장쯤 산 일이 있다고 해요. 그래서 우한에서 코로나가 발발했을 때 중국에 자매대학이 여덟 개가 있는데, 거기에 마스크를 천 장씩 보냈어요. 그때까지만 해도 그게 가능했어요. 그랬더니, 요즘에는 중국에서 다섯 배로 마스크를 보내오곤 하는데, 감당을 못할 정도로 과분하게 되돌려 받았어요. 그리고 중국의 여덟 개 대학 총장님으로부터 감사편지를 받았고요. 주한중국대사님으로부터도 감사장을 받았고 광주에 있는 중국총영사님으로부터도 받았어요. 이런 일 덕분에 중국과의 관계는 이번에 굉장히 발전했어요. 아마 코로나19 사태가 끝나면 저희 대학 같은 경우에는 중국 유학생 유치가 완전히 새로운 단계로 접어들 것 같다는 생각이 듭니다. 이런 공동체 정신을 통해서 우리 스스로도 건강해질 뿐만 아니라 지역 간의 장벽도 많이 없어지고 나라와 나라도 하나로 이어지는 것을 실감했습니다.

관민상화와 민관협치

자, 그런데 코로나19 사태 초기 상황을 돌아보십시오. 정부에서는 중국인의 입국을 막지 않았습니다. 하지만 일부 시민사회와 야당에서는 대한민국이 중국에 뭐가 꿇리는 게 있어서, 무엇이 두려워서 못 막느냐고 얼마나 많은 비판을 했습니까? 한두 달 정도 끊임없이 비판했던 것 같아요. 1월 말부터 3월 초까지-. 그런데 상황이 좋아지면서부터 중국인 입국 금지 여론이

쏙 들어가기 시작하고, 신천지교회 신자들을 중심으로 확산되던 확진자 수가 점점 줄어들면서 해외 언론에서 이상한 뉴스가 뜨기 시작합니다. "대한민국의 대응을 봐라."

그 첫 번째 기사가 뜻밖에도 일본의 《산케이신문》이었어요. "절대로 《산케이신문》은 보지 마세요."라고 말할 정도로 한국에 부정적인 기사만 쓰는 신문이 《산케이신문》입니다. 그런데 이런 보수성향의 신문에 구로다라고 하는 논설위원이 "한국은 거국적인 민관협력으로 코로나 대응에 성공하고 있고, 아베 정부는 한국을 배워야 한다"라고 쓴 겁니다. 이게 2월 중순에 나온 기사예요. 그런데 3월 중순쯤 되니까 미국의 타임지나 뉴욕타임즈에서 한국은 개방성과 투명성을 통해서 코로나19 방역에 성공하고 있다는 기사가 나오기 시작했습니다. 코로나19 방역으로 인해 대한민국이 일거에 전 세계 1등 국가로 평가받게 된 것입니다.

그렇다면 도대체 이렇게 된 저력과 배경이 무엇인가? 이걸 가지고 많은 전문가들이 얘기를 하고 있는데, 마침 지난 4월에 원광대학교 동북아시아 인문사회연구소의 조성환 교수와 원불교사상연구원의 허남진 교수가 중심이 되어 『세계는 왜 한국에 주목하는가』(모시는사람들)라는 책을 기획하여 펴냈습니다. 그 책에서 대한민국을 대표하는 소장파 30대, 40대, 50대의 각 분야별 시민운동가와 전문가들이 코로나19 사태에 대한 나라별 대응을 분석했어요. 맨 앞에 한국정치학을 전공한 여성정치학자 이나미 교수가 한국이 의료 선진국이 된 내용을 분석한 게 있는데, 가장 중요한 요인은 의료계의 헌신이라고 보았습니다. 확진자 치료를 담당하셨던 의사, 간호사들의 헌신, 그리고 정은경 질병관리본부장님. 특히 정은경 본부장님을 중심으로 하는 질병관리본부 체제는 메르스 사태와 사스 유행을 경험하면서 노무현 대통령 때 구축해 놓은 제도인데, 이런 통일된 센터를 중심으로 일사불란하게 관리하는 시스템이 일본에는 없다는 거예요. 미국도 비슷한 게 있긴 있는데 우리처럼 그렇게 작동을 못했던 것 같아요.

다음에는 구로다 논설위원이 지적한 민관협치(民官協治)인데, 바로 이 부분이 동학과 관련된 내용입니다. 문대통령이 1월 말에 전국의 전문가들, 시민사회와 논의해서 신속히 대책을 수립하라고 지시를 내립니다. 그래서 1월 말에 서울역 회의가 열리게 되는데, 여기에서 의료계 전문가들이 조언하고, 일선 의사들이 조언해서 1월 말에 진단키트를 신속하게 개발하기로 결의했다는 거예요. 이 진단키트의 조속한 개발과 보급, 이것이 결정적으로 우리를 의료 선진국으로 만드는 데 일등공신의 역할을 했다는 겁니다. 그런데 이 작품이 어디에서 나왔느냐? 관에서 일방적으로 지시하거나, 민간이 관의 지시를 일방적으로 따른 것이 아니라 민-관이 서로 지혜를 모으고 협력을 통한 민관협치의 작품이라는 거죠. 이 진단키트가 지금까지 116개 나라에 5,600만 명분 정도의 엄청난 양이 수출되고 있다고 합니다.

그렇다면 이러한 전통이 어디에서 왔느냐?『세계는 왜 한국에 주목하는가』에서 조성환 교수는 동학농민혁명 때의 '관민상화(官民相和)'라는 역사적 사실을 예로 듭니다. 전주에서 동학군이 전주성을 점령하고 나자 청나라와 일본이 조선에 대한 주도권을 장악하기 위해 출병합니다. 그때 정부군하고 전봉준(1855-1895) 장군이 협상을 한 것이죠. 전봉준 장군은 국가가 누란의 위기 앞에 놓인 상황에서 외세를 끌어들이는 것이 우리의 본의가 아니라면서 전라감사 김학진(1838-1917)과 약속을 합니다. 탐관오리들이 부당하게 세금을 징수하고, 동학도를 탄압하는 부정부패를 바로 잡아 주면 우리도 해산하겠다고요. 그래서 전주화약(全州和約)을 맺어 동학군은 해산하고, 전라감사는 동학군들의 안전한 귀가를 보장하고, 부정부패를 일소하겠다는 약속을 합니다. 정부 당국과 동학군 사이의 약속, 그게 관민상화라고 하는 전통인데, 이것이 21세기에 부활해서 이번에는 코로나19라는 세계적 재난 앞에서 민관협치, 민관 거버넌스의 구축을 통해서 대한민국을 의료 선진국으로 격상시키는 데 결정적 역할을 했다는 겁니다.

코로나19가 깨트린 신화들

더 중요한 것은 이것으로 인해 더 큰 일이 벌어졌는데, 그것을 이나미 교수는 두 가지 신화가 깨졌다고 말합니다. 어떤 신화냐? 그동안 우리는 19세기 이래로 우리나라의 모든 틀과 제도를 외국으로부터 수입해 왔습니다. 예를 들면 1945년에서 1950년 사이에 대한민국의 대학을 포함한 모든 교육의 틀이 만들어지는데, 그 틀을 만든 것은 미국의 유명한 대학 출신들입니다. 바로 피바디대학 출신입니다. 한국 현대교육사에서 아주 유명한 이야기예요. 1945년에서 1950년 사이에 대한민국 교육의 틀을 만든 사람들이 피바디대학에서 유학한 사람들입니다. 그때 교육과정을 보면 국어 수업보다도 영어 수업이 많을 정도로 미국 중심의, 서구 중심의 교육에 치우쳐 있었습니다. 그게 우리가 스스로의 힘으로 우리 전통을 살리면서 근대국가를 만들지 못했기 때문입니다. 다시 말하면 동학농민혁명의 좌절과 실패로 인해 그런 역사를 지금까지 걸어온 거예요. 그런데 이번에 이런 신화가 완전히 무너졌다는 거예요. 한 걸음 더 나아가 전문가들은 이제 100년 전, 150년 전에, 더 나아가서는 단군 이래로 우리 한반도에 축적되어 왔던 어떤 문화적 힘, 문화의 에너지 같은 것들이 코로나19 사태를 맞이해서 활짝 개화했다고 보고 있습니다.

그다음으로 깨진 신화는 시장주의 신화입니다. 시장주의라는 것은 시장에 무한 자유를 줘서 무한경쟁을 통해서 돈도 벌고 출세도 하자는 거잖아요.

그런데 대한민국 정부는 모든 자유를 다 허용하지 않았어요. 통제했습니다. 시장주의를 통제한 가장 실감나는 정책이 바로 마스크 정책이었어요. 공적 마스크를 공급했잖아요. 그게 사실 시장주의 원칙하고 180도 다른 거거든요. 이걸 통해서 코로나를 막는 데 결정적으로 정책 효과를 거둔 겁니다. 무슨 이야긴가 하면 서양에서 들어온 자유주의라는 것이 만능이 아니라는 것입니다. 필요할 때는 그 자유주의도 조금 제한해야 한다는 거죠. 그럼 필요할 때가 언제냐? 나와 내 가족, 우리 공동체의 안위와 관계 있을 때입니다. '공적' 마스크 제도가 코로나를 막은 거예요. 처음에 저희가 마스크 쓰고 다닐 때 그런 습관이 없는 유럽의 여러 나라들은 다 비웃었잖아요. 그 대표적인 나라가 독일이었어요. 그런데 딱 한 달이 지나고 나니까 메르켈 총리부터 마스크를 하고 나왔죠.

이 마스크 정책 하나만 놓고 봐도 우리가 생각했던 것과는 전혀 다른 차원으로 대한민국의 국위를 높여 줬습니다. 그래서 코로나19 사태를 통해서 서구의 신화가 깨졌다는 겁니다. 이것을 제 식으로 표현하면, "진리는, 우주적인 보물은 서양에만 있는 것이 아니고, 미국이나 중국에만 있는 게 아니고, 우리 안에도 얼마든지 있다"는 거예요.

그런데 사실 이런 이야기는 새삼스러운 게 아니에요. 갑신정변의 주역인 김옥균, 서광범, 홍영식, 이런 북촌(개화기 무렵 서울의 양반들이 모여 살던, 경복궁 동쪽 비원 서쪽 구역)의 양반 자제들의 의식을 누가 깨워주었냐 하면 평양감사를 하셨던 박규수라는 분입니다. 박규수(1807-1877)라는 분이 북촌 양반 출신 젊은이들을 모아놓고 했던 교육 중 하나가 지구본이잖아요? 지금은 지구본이 아주 일상화되었지만, 지금으로부터 한 150~160년 전에는 얼마나 귀한 거였겠습니까? 지구본을 중국으로부터 수입해서 갖다 놓고, 뱅뱅 돌리면서 북촌 양반 자제들에게 던진 화두가 "어디가 세계의 중심이냐?"는 것이었어요. 1860년대에 우리 조상들의 머릿속에는 세계의 중심, 우주의 중심은 중국이었어요. 중국이 중심이라고 생각했어요. 그런 시대에 박규수라는 분이 지구본을 돌리면서 "너, 어디가 중심인지 얘기해 봐!" 이런 얘기를 하셨다는 거예요. 이런 질문을 통해 '중국이 세상의 중심'이라는 고정관념을 깨뜨리고, 내가 서 있는 자리가 바로 지구의 중심이라는 생각을 깨우친 거지요. 하지만 그런 생각은 그때 널리 퍼지지도 못하고 또 이후 급속하게 식민지로 전락하면서 이를 실증하고 체험할 기회가 없었어요. 그런데 바로 지금 대한민국이, 우리가 살아가는 나라가 지구의 중심이 되고 있어요. 150년 전의 그 자각을 실증하고 있는 거지요.

최근에 또 재미있는 뉴스를 봤어요. 코로나19 사태로 없어지고 달라진 게 있대요. 젊은이들 사이에 '헬조선'이라는 표현이 싹 사라졌다고 합니다. 제 딸들도 헬조선이라는 말을 했던 세대인데, 젊은 세대 사이에서 그 얘기가 싹 사라졌대요. 또 3포, 5포, 7포 얘기, 결혼 포기, 취업 포기, 친구 포기, 그런 말을 많이 써 왔잖아요. 그럴 때 젊은이들 사이에 대한민국을 떠나고 싶다, 이민가고 싶다고 하면서 헬조선이라는 말이 나왔는데 코로나19 사태로 그게 싹 사라졌단 겁니다.

그래서 코로나19는 우리로 하여금 잊고 살았던, 혹은 모르고 지냈던 우리 안의 보물, 우리 안에 내재하는 어떤 진리, 이것을 돌아보게 하고, 성찰하게 하고, 재발견하게 해 주는 엄청난 효과를 가져왔다고 생각합니다.

준비된 동학농민혁명

그러면 앞으로 코로나19 사태 이후의 사회가 어떻게 될 것인가? 생태환경을 대단히 소중하게 생각하는 잡지가 1991년에 창간된 『녹색평론』입니다. 최근에 나온『녹색평론』5-6월호에 발행 겸 편집인이신 김종철(2020년 6월 25일 별세) 선생께서 코로나와 관련해서 여러 말씀을 하고 계시는데, 코로나19가 세계를 강타하니까 여러 가지 변화가 생겼다는 겁니다. 바닷가에 돌고래들이 몰려와서 춤을 추고, 나폴리 베네치아 항구 앞으로 돌고래들이 몰려오고, 사람의 흔적이 끊어진 도시의 거리에는 사슴, 멧돼지들이 막 들어와서 자기들 세상처럼 놀고 그런다는 거예요. 사람이 사라지니까 사람 아닌 생명체들의 천국이 됐다는 겁니다. 코로나19 사태를 통해서 인류가 큰 깨달음을 얻게 된 셈이죠. 그것이 무엇이냐? 앞으로 코로나19 이후의 세상은 사람만이 혼자 살아가는 세상이 아니라 풀 한 포기, 나무 한 그루, 벌레 한 마리, 야생동물들과 물고기들도 사람과 함께 살아가야 할 세상이 될 거라고 하는 생명사상, 생태적 사고가 전 세계적으로 확산될 것이라는 것이 모든 전문가들의 결론이죠.

  그러면 이 문제와 관련해서 동학은 우리에게 어떤 것을 시사하는가? 동학의 개벽(開闢) 얘기를 좀 해야 할 것 같습니다. 먼저 1894년에 동학혁명이 일어나기 전까지 동학의 역사를 간략하게 요약하겠습니다. 1860년에 수운 최제우 선생이 경상도 경주에서 득도하십니다. 그리고 1863년에 체포될 때까지 전라도 남원도 잠깐 다녀 가시지만 주로 경주 일대에서 가르침을 폅니다. 그러다가 1863년 12월에 체포되죠. 그리고 이듬해인 1864년 3월 10일에 처형이 되는데, 수운 선생이 국법을 어긴 죄목으로 처형이 되고 나니까 동학은 요즘 말로 불법화되었습니다. 공식적으로는 동학을 펼 수가 없었어요. 그래서 동학 신자들은 전부 다 지하로 숨어듭니다. 1864년 이후에 동학은 경상북도 영양 일월산 중심으로, 그러니까 경주에서 한참 뒤로 올라간 경상북도 북부 지역을 중심으로 2대 교주 해월 최시형의 지도하에 명맥을 유지합니다. 그러다가 조금 조직이 복원되니까 급진주의자 이필제라는 사람이 선동을 해서 억울한 스승의 죽음을 갚자고 하면서 1871년 3월에 무장 봉기를 일으킵니다. 이 봉기를 학계에서는 '이필제란'이라고도 하고 천도교에서는 '영해교조신원운동'이라고도 합니다. 하지만 실패로 돌아갔죠. 그로 인해 다시 대대적인 탄압을 받습니다. 그래서 결국 동학은 경상도에서 뿌리내리지 못하고 1871년 3월 이후에 강원도로 옮깁니다. 영월, 정선 쪽으로요. 정선군 고한읍에 가시면 '정암사'라고 하는 절이 있어요. 거기서 산 중턱을 2km쯤 올라가면 '적조암'이 있습니다. 지금은 없어지고 절터만 남았는데 거기에서 해월 최시형 선생이 숨어서 참회의 기도를 하면서 강원도 정선을 중심으로 동학을 재건해요. 그 재건한 힘으로 1874년에 충북 단양군 대강면 장정리 샘골에 지금으로 치면 '동학본부'가 들어섭니다. 그곳에 한 10년 동안 계셨어요. 1874년부터 1884년까지 10년 동안은 단양 대강면 샘골이 동학의 거점이자 중심지였어요. 거기에 있는 동안 힘을 얻어서 1881년에 몽양 여운형(1886-1947) 선생의 큰할아버지인 여규덕이라는 동학도인 집에서 우리나라 최초의 한글경전 『용담유사』를 편찬합니다. 아마 동학혁명이 성공해서 동학이 세계화됐더라면 단양 샘골은 세계적인 성지가 되었겠죠. 여러분들이 세계적인 성지로 만들어야 합니다. 어찌됐든 간에 한글경전, 우리나라에서 자생한 종교인 동학의 최초 한글경전이 단양 샘골에서 나옵니다. 이렇게 1874년부터 1884년까지 단양 샘골을 중심으로 동학이 재건됩니다.

혁명사를 공부하다 보면 이런 말이 있어요. "준비되지 않은 혁명은 혁명이 아니다." 준비되지 않으면 뭐가 되겠어요? 폭동이 되겠죠? 그다음으로 "사상, 철학이 없는 혁명은 혁명이 아니다." 그러면 혁명이라는 게 뭡니까? 낡은 세상, 잘못된 세상, 문제가 많은 세상을 바로잡아 주는 것, 좀 더 나은 세상, 좋은 세상, 우리가 꿈꾸는 바람직한 세상을 만들려고 하는 것이 혁명이에요. 그러면 낡은 세상을 좀더 좋은 세상으로, 부패한 세상을 좀 더 올바른 세상으로 만들려면 그런 세상에 걸맞은 사상, 철학이 있어야 하겠죠? 그러니까 혁명이 되려면 준비가 되어야 하고, 사상, 철학, 이념이 있어야 합니다. 그러면 그 사상, 철학을 준비한 땅이 어디냐? 바로 여러분이 지금 살고 계시는 충청북도입니다.

그런데 지금까지 한국 근대사 연구자들이 굉장히 잘못된 생각을 하고 있었어요. 눈에 보이는 것만 본 겁니다. 드러난 혁명만 본 거예요. 혁명이 있기 전에 오랜 기간 준비된 것을 안 봐요. 그 준비를 누가 했느냐? 전봉준 장군이 한 게 아니에요. 해월 최시형 선생이 하셨죠. 38년 동안 도망자, 수배자 생활을 하면서 대한민국 전국에 250군데 정도의 비밀 은거지를 돌아다니신 거예요. 해월 최시형 선생의 생애를 제 나름대로 실감나게 표현한 것이 있어요. 해월 선생은 1861년에 동학에 뛰어들어서 1898년에 처형될 때까지 38년간 단 하루도 발을 뻗고 편히 주무신 날이 없었다. 왜? 수배자였기 때문입니다. 정부에서 '좌도(左道)'라고 규제하고 탄압했기 때문에 38년 동안 단 하루도 편하게 잠을 주무신 적이 없었어요. 사실은 그분에 의해서 동학혁명이 준비됐고, 사상이 준비됐고, 인물이 준비됐어요. 그 핵심의 땅이 바로 충북 단양을 비롯한 충청북도입니다.

충북 동학의 재조명

동학혁명 하면 남접(南接), 북접(北接) 얘기를 많이 합니다. 이른바 '남북접대립설'입니다. 저는 1996년에 쓴 박사논문(「해월 최시형 연구」)에서 이 대립설이 잘못되었음을 사료를 통해서 고증했습니다. 남접과 북접이라는 말은 어떤 실체적 조직을 가리키는 말이 아니에요. 그냥 편의상 해월 최시형 선생이 계시는 경상도와 충청도 쪽을 북접이라고 하고, 전봉준 장군이 주로 활약했던 곳을 남접이라고 한 겁니다. 북접을 거느렸던 거물들, 여러분이 잘 아시는 의암 손병희(1861-1922) 선생은 어디 출신입니까? 옛날 행정구역으로 충북 청원군 북일면 금암리 출신이잖아요. 나이는 그분보다 위고 조카뻘 되는 송암 손천민(?-1900)이라는 분이 있습니다. 그분 역시 청원군 출신이죠. 해월 최시형 선생과 혁명을 준비하는 데 거의 오른팔 역할을 하는 서장옥(?-1900)이라는 분이 있어요. 그분도 충북하고 깊은 연관이 있죠. 나중에 근대 문화운동을 일으키는 청암 권병덕(1867-1943)이라는 분이 있습니다. 그 분 역시 청원군 미원면 출신입니다. 동학혁명 당시에 큰 인물로 꼽히는 황하일이라는 분이 있어요. 이분은 또 충북 보은 출신입니다. 보통 우리는 전봉준, 손화중, 김개남, 김덕명, 최경선만 알잖아요. 이게 얼마나 잘못되고 편협한 얘기입니까. 그분들보다 훨씬 많은 거물들이 거의 대부분 충청북도 출신이에요. 동학혁명이 실패했기 때문에 그것을 일제가, 혹은 일제의 숨은 의도를 몰라보고 초기에 동학을 연구했던 선배 역사가들이, 동학혁명은 전라도 한쪽에서 전봉준과 그 세력 일부가 일으킨 조그만 반란인 것처럼 만든 탓에 그 혁명을 있게 한 큰 어머니 같은 땅, 어머니 같은 인물들에 대한 역사 조명이 잘못되었죠. 그걸 김양식 박사님이 충북학 연구소를 이끌면서 안타까울 정도로 고군분투에 고군분투를 해 오셨는데, 오늘 이후로는 고군분투라는 말이 싹 들어갔으면 좋겠습니다. 여러분이 응원군이 되셔서 충북을 동학혁명이 있게 한 땅, 혁명을 가능하게 한 사상과 철학이 준비된 땅, 그런 땅으로 완전히 새롭게 재조명되기를 희망합니다.

보은집회는 민회다

저는 황토현전투 이야기만 나오면 너무나 가슴이 답답해집니다. 우리가 근대국가로 들어오는 시대, 19세기 말에 제국주의 일본에 맞서서 최대 규모, 최고의 희생을 치른 세력이 누구냐? 개화파도 아니고, 지방의 선비들도 아니고 바로 동학농민군이에요. 일제의 한반도 침략 야욕을 가장 먼저 간파하고, 3대가 멸족될 정도로 모든 에너지를 퍼부어서 온몸으로 제국주의 일본과 맞서 싸워서, 30만에서 50만의 희생을 치른 이 땅의 선조들이 누구냐? 바로 동학농민군이에요. 저는 그분들을 '개벽파(開闢派)'라고 부릅니다. 앞으로 우리 역사가 그런 식으로 흐르지 않을 테니까, 동학혁명 이전에도 그런 희생은 없었고, 동학혁명 이후에도 그런 희생은 없을 겁니다. 그렇게 30만~50만 명이 희생되는 일은 없을 텐데, 그러한 혁명을 무너뜨리고 탄압하고 학살하고 나라를 뺏어간 세력이 누구냐? 동학농민군이 목숨을 걸고 맞서 싸웠던 일제(日帝)입니다. 그런데 그런 일제가 36년 동안 동학의 역사를, 동학혁명의 세계적인 의미를 제대로 알아보고 지지하고 연구하려 했을까요? 철저히 폭동에 불과하고, 전라도 고부라는 좁은 땅에서만 일어난 지역적 사건이라고 축소하려 했습니다. 이게 일제 식민사관(植民史觀)이 끼친 악영향입니다. 이걸 깨야 되죠. 일제가 물러난 지 몇 년이나 됐어요?

이런 관점에서 보면 1894년에 정읍에서 벌어진 황토현전투보다 더 중요한 것이 있어요. 바로 1893년 3월 10-11일경에 시작하여 한 달 가량 지속되었던 '보은집회'입니다. 이 '보은집회'에 최소한 3만 명 정도는 모였다고 합니다. 충주에서 나온 유생의 기록에 따르면 8만 명이 모였다는 기록도 있습니다. 1893년 봄에 보은 땅에서 많은 사람들이 모여서 먹고 자고 해야 하니까 쌀값까지 뛰는 바람에 이중익이라는 보은군수가 보은집회 지휘부를 찾아와서 "제발 해산 좀 해 주시오. 우리 보은 사람들 먹고 살게."라고 부탁했다는 기록도 나옵니다.

급기야는 이들을 해산시키기 위해 조정에서 어윤중(1848-1896)이라는 인물이 파견됩니다. 어윤중이 보은집회 지도부와 대화를 하고 고종 임금에게 보고하는 내용들이 『취어』라는 기록에 남아 있어요. 그것을 읽어 보면 이분이 굉장히 안목이 트인 사람 같아요. 시대의 변화를 내다본 인물, 오늘날의 관점에서 보면 굉장히 진보적인 생각을 했던 인물인 것 같습니다. 일설에는 보은과 깊은 연고도 있다고 합니다. 그 어윤중이 임금에게 올린 보고서에 "보은집회는 민회(民會)다."라는 표현을 합니다. 요즘 식으로 말하면 국회와 같이 민의를 대변하는 '민중의회' 모임이라는 거죠. 아주 현대적인 표현으로 하면 보은집회는 국회 비슷한 민중의회이고, 깨어 있는 민중들의 모임이라는 겁니다. 무지몽매한 폭도가 아니라는 것이었어요.

이런 식으로 경과를 보고해서 올렸더니, 반대파들로부터 "동학도를 해산시키라고 보냈더니 가서 오히려 동학을 지지하고 옹호한다."라고 비난을 받으면서 결국 귀양을 갑니다. 그럴 정도로 어윤중의 눈에 비친 보은에 모인 동학 민중들의 모습은 질서정연하고 의연했다는 것이죠. 글로 뭔가를 보내면 글로 답이 오고, 무력으로 시위를 하면 그쪽에서도 무력으로 답한다, 이런 표현도 나옵니다. 그 나름대로 질서와 원칙 같은 것들이 있었다는 것이죠.

보은은 동학혁명의 시작과 끝

제가 1997년에 일본에 가서 찾아낸 자료가 있습니다. 1893년부터 1894년 사이에 일본이 외교 경로라든지 첩자를 통해서 수집한 동학 관련 문서들이 일본 도쿄의 외무성 산하 외교사료관(外交史料館)이라는 곳에 보존되어 있습니다. 거기에 어떤 자료가 있는가 하면 『조선국 동학당 동정에 관한 제국 공사관 보고 1건』이라는 500장 정도의 문서철이 있습니다. 그 문서들을 자세히 살펴보면 보은집회에서 해산하는 지도자들이 남긴 말이 있어요. "우리는 다시 일어날 것이다. 오늘은 우리가 힘이 없어 해산하지만, 우리는 반드시 일어날 것이다."라는 기록이 남아 있습니다. 그러면 그 보은집회 때 전봉준 장군은 왔을까요 안 왔을까요? 왔습니다. 어디까지? 바로 보은 코 밑에 있는 원남역까지 왔습니다. 동학의 한 분파인 시천교에서 펴낸『신세기』라는 간행물, 천도교 남원군종리원에서 펴낸『남원군동학사』등의 사료에 전봉준이 원남역까지 왔다는 사실이 기록되어 있습니다. 보은집회까지는 못 왔습니다만.

보은집회는 충청 지역의 북접 동학도들만 모인 것으로 생각하기 쉬운데, 그게 아니고 전라도를 포함한 전국의 동학도들이 모인 전국적 집회였어요. 그리고 거기서 집회를 진행하고 해산할 때도 지도부들이 "우리는 다시 일어난다"고 결의를 했다는 거예요. 그러면 보은집회가 그다음 해, 갑오년 1월의 고부봉기나 3월의 무장기포와 연관이 있을까요 없을까요? 당연히 연관이 있습니다. 앞에서 제가 "준비되지 않은 혁명은 혁명이 아니다, 사상-철학이 뒷받침되지 않은 혁명은 혁명이 아니다"라고 말씀드렸듯이, 보은집회도 동학혁명의 준비과정이라고 할 수 있는 거지요. 그런데 뜬금없이 황토현이, 정읍이 제일 먼저 동학혁명을 했다는 식으로 알고 있어요. '지역이기주의 좀 제발 내려놓고 대승적으로 나아가자'고 정읍에 가면 늘 이야기하는데 아직도 잘 해결이 되지 않아요.

이처럼 관련 사료를 종합해 보면, 동학혁명이 일어나기 2년 전에 이미 '스승 수운 최제우의 억울한 죽음, 죄명을 풀어 주시오'라는 요구를 내걸고 일어난 합법적인 집회(이른바 '교조신원운동')가 충청도 공주에서 시작해서 전라도 삼례집회로 이어지고, 이윽고 서울 광화문집회를 거쳐 다시 충청도 보은집회에까지 이르게 되는데, 이런 역사적 사실을 종합해 보면, 1894년의 동학혁명이라는 것은 고부봉기(고부민란)에서 처음 시작된 것이 아니고, 이미

1892년에 일어난 교조신원운동, 구체적으로는 3만 명 이상이 모였던 보은 집회에서 이미 시작되고 있었다고 보는 것이 합리적인 해석일 것입니다. 이런 면에서 청주방송에, 지금도 근무하고 계시는지 모르겠는데, 김한기 피디라는 분이 계셨어요. 이분이 2002년에 「보은에서 동학혁명을 노래하다!」라는 2부작을 만들었는데, 거기에서 처음으로 "동학혁명의 시작은 보은이고 혁명의 끝도 보은(북실)이다"라는 얘기를 했습니다.

혁명의 위대한 인물을 만들어내고, 사상을 만들어내고, 제도를 만들어내고 경전을 만들어낸 땅이 충청북도일 뿐만 아니라, 혁명의 전사(前史)라고 할 수 있는 보은집회가 있었던 곳도 충청북도입니다. 그러면 충청북도는 동학사에서, 한국 근현대사에서 어떤 의미가 있는 땅인가를 여러분이 상상해 보실 수 있겠습니다. 충북을 빼놓고는 동학사를 얘기할 수 없으며, 충북을 제외하고 한국 근현대사를 얘기할 수 없습니다. 최근에 한국근현대사학회는 지난 30년 동안 연구해 왔던 내용을 분야별로 총망라해서 『새롭게 쓴 한국독립운동사 강의』(한울아카데미, 2020.3)라는 책을 냈습니다. 그런데 그 책에서 굉장히 중요한 변화가 생겼어요. 맨 앞의 총론을 국민대 장석홍 교수님이 쓰셨는데, 거기에서 "독립운동의 최초는 바로 동학혁명이다!"(「자유와 독립 그리고 평화」)라고 하셨습니다.

다시 한 번 강조해서 말씀드리면, 여러분의 삶터이자 탯자리일 수도 있고, 여러분의 조상님들부터 대대로 살아온 충북 땅이 동학사에서 최고의 성지라고 할 수 있고, 한국 근현대사에서 중추가 되는 땅이다, 이렇게 생각해도 전혀 과하지 않다는 것입니다. 그만큼 동학사와 한국 근현대사에서 중요한 땅이 충청북도인데, 이 충청북도의 미래가 크게 관심을 받고 주목을 받고 널리 드러나려면 무엇보다 동학의 미래적 가치가 드러나야 합니다.

동학혁명에서 3·1운동으로

제가 한국 근현대사를 연구하면서 '대한민국은 참 묘한 나라다'라는 생각을 갖게 되었습니다. 우선 2016년에 촛불혁명이 일어날 때 전 세계 사람들이 놀란 게 있습니다. 그때 광화문에 사람이 많이 모인 것이 놀라운 것이 아니라 시작부터 끝까지 비폭력 평화주의 집회를 했다는 점입니다. 제가 최초로 데모에 참가한 것이 고등학교 3학년 때인 1974년인데, 그해 8.15 광복절 날 육영수 여사가 문세광에 의해 희생되었는데, 문세광이 그때 일본정부하고 관련이 있었잖아요? 그래서 제가 다니던 고등학교 학생 전체가 일본대사관 앞에 가서 데모를 하였습니다. 당시 3, 4교시 수업을 하고 3학년만 7백 명 정도가 대사관 앞에 몰려가서 데모를 하였습니다. 경찰들이 와서 '해산하라! 해산하라!'고 했지만 군중심리라는 게 있어서 해산을 안 하고, 지금 경복궁 앞에 한국일보사가 있었는데, 거기서부터 서울역을 지나 남영동까지 악을 쓰면서 행진했던 기억이 있습니다.

제가 드리고 싶은 말은 그런 경우처럼 수많은 군중이 모이면 개인의 의지와 상관없이 새로운 심리가 발동한다는 것입니다. 그리고 그건 대개 폭동화하기 쉽습니다. 그게 다중집회의 특징인데, 촛불집회는 큰 것만 40~50차례나 열렸지만 시종일관 평화적으로 진행된 것입니다. 이에 대해 전 세계의 모든 언론, 지식인들이 "한국은 참 희한한 나라다"라고 얘기한 것입니다.

그런데 이러한 전통이 또 언제 있었냐? 바로 2002년 월드컵 '붉은악마' 현상 때도 있었습니다. '홀리건'이라고 하면 세계적으로 가장 유명한 영국의 축구 응원단인데, 시합이 끝나면 지든 이기든 폭력 사태가 일어나는 것이 홀리건의 전통처럼 되어 있습니다. 그런데 2002년에 우리가 상암경기장에서 열린 4강전에서 패했는데도 아무런 폭력사태도 일어나지 않았습니다.

여기서 역사를 더 거슬러 올라가면 3·1운동이 있습니다. 보통은 3·1운동 때 민족대표 33인이 선언한 후에, 종로경찰서에 자진 통보해서 잡혀가고, 결국 지도부 없이 학생과 노동자들이 중심이 되어 운동을 전개했다고 알려져 있습니다. 그래서 제가 대학원에 다니던 1980년대만 해도 연구자들 사이에 민족대표 33인을 긍정적으로 평가하는 사람이 별로 없었습니다. '기회주의자다, 끝까지 지켰어야지, 비겁하다, 타협주의다'라고 비판했습니다. 그런데 작년(2019)이 3·1운동 100주년이었지 않았습니까? 평가가 완전히 달라졌습니다. 3·1운동 당시의 『기미독립선언서』에 주목한 겁니다. 여러분들 독립선언서를 다시 한 번 읽어 보세요. 처음부터 끝까지 비폭력주의입니다. 그 핵심이 선언서 맨 마지막에 나오는 '공약삼장(公約三章)'으로 요약되는데, 이건 100년이 지난 지금도 전 세계 사람들이 고개를 끄덕일 만한 내용이라는 겁니다. 3·1운동도 철저히 비폭력평화주의를 지향했던 것입니다. 그런데 그 3·1운동을 주도했던 33인 가운데 15명이 천도교 지도자들이었습니다. 그 15명의 지도자들의 이력을 분석한 논문을 쓴 적이 있는데, 그 중의 3분의 2가 동학농민혁명 당시 대접주나 지도자 출신이었습니다. 동학혁명의 정신이 3·1운동에 계승된 것입니다.

살림의 혁명, 살림의 군대

지금까지 여러분들이 동학혁명에 대해 관심을 가지며 좋아했던 대로, 여러분 나름대로 기대해 오신 이미지 곧 '혁명, 투쟁, 저항, 변혁' 등에 관한 이미지가 동학혁명 전개과정에서 전혀 없었다고 할 수는 없을 것입니다. 대체로 우리가 젊었을 때 그렇게 교육을 받았으니까요. 그런데 제가 1997년에 일본에 건너가서 도쿄의 외교사료관에 소장되어 있던 동학 관련 문서 파일

속에서 동학혁명 당시 혁명 지도부가 휘하 농민군들에게 내린 공문을 찾아 냈는데 기가 막힌 내용을 발견했습니다.

> 우리 동학군은 칼에 피를 묻히지 않고 이기는 것을 으뜸의 공으로 삼고, 어쩔 수 없이 싸우더라도 사람 목숨만은 해치지 않도록 하며, 행진할 때는 절대로 민폐를 끼치지 말며, 효자 충신 열녀 존경하는 학자들이 사는 동네 10리 안에는 절대 주둔하지 말라. 굶주린 자는 먹여주고, 병든 자 치료해 주고, 도망가는 자 쫓지 말고, 항복하는 자는 사랑으로 받아들이고, 나라 팔아 먹는 자들은 제대로 벌 주고, 부정부패하는 지방관들은 척결하고, 불효자는 벌 줘라.

이것은 「동학군 12개조 규율」에 나오는 내용입니다. 지금까지 12개조 규율은 널리 알려져 있었어요. 그런데 그 앞의 전문(前文)인 "우리 동학군은 칼에 피를 묻히지 않고 이기는 것을 으뜸의 공으로 삼고~"는 완전히 새로운 내용이에요. 동학혁명 당시에 동학군은 30~50만 명이 희생되었습니다. 그렇다면 관군은 몇 명이나 희생되었을까요? 한 300명 정도 됩니다. 그때 조선 관군이 힘이 없으니까 일본군이 나서서 동학군을 진압하잖아요? 일본군이 양력으로 1894년 11월 초부터 서울에서 세 갈래로 나뉘어서 전라도 장흥과 진도까지 내려가서 동학군을 진압했습니다. 이 진압 주력부대가 '후비보병 제19대대'라는 부대입니다. 이때 병력이 800명 정도인데, 이 부대가 석 달 동안에 학살한 동학군 숫자가 현재까지 밝혀진 것만 해도 3만 명이 넘어요.

그러면 그 일본군 후비보병이 동학군과 수십 차례나 싸우면서 몇 명이나 죽었을까요? 제가 그걸 밝혔는데요, 그 사실을 밝혀내고 나서 좀 과장해서 말하자면 3일 동안 잠이 안 오더라고요. 동학농민군 3만 명을 학살한 일본군 후비보병 제 19대대 병사 800명 정도 중에서 일본군 병사는 딱 '1명' 농민군의 총을 맞고 전사합니다. 제가 그 사실을 밝혀서 한국방송공사(KBS)에 연락해서 취재파일이라는 프로그램에서 〈1:30,000의 비밀〉(2012년 8월 19일 KBS 취재파일에서 방영)이라는 제목으로 방영된 적이 있습니다. 인터넷에 검색해 보면 나옵니다.

그런데 중요한 것은 왜 이런 차이가 나왔는가 하는 점입니다. 보통 연구자들은 무기의 열세, 전략의 열세 이런 것들을 얘기합니다. 그러나 그게 다가 아닙니다. 그것보다 더 중요한 것이 있습니다. 바로 동학군은 사람 죽이기 위한 군대가 아니었다는 점입니다. 지금으로 말하자면 '촛불부대'였습니다. 그런데 왜 무장을 했느냐? 저쪽에서 죽이려고 나오니까 방어의 차원에서, 살기 위해서 최소한의 저항을 했던 것입니다. 그것은 동학군이 가장 많이 쓴 전술 전략을 보아도 알 수 있습니다. 최대한 많은 사람들이 모여서 높은 산 위에서 깃발을 날리고 북을 치고 고함을 쳐서 적군이 도망가게 만드는 것이 동학군의 핵심 전술이었습니다. 그럼 왜 그런 전술을 썼느냐? 그건 동학군들이 원래부터 사람 죽이는 걸 전문으로 하는 군대가 아니었기 때문이죠. 하도 조선왕조가 엉터리 같은 정치를 하니까, 그런 중앙정부 때문에 지방 행정관이 부정부패를 일삼으니까, 우리도 사람이다, 사람답게 사는 세상을 한 번 만들어 보자고 해서 일어난 겁니다. 그러니까 행군을 하고 지나갈 때마다 농민들에게 민폐를 끼치지 않으려고 했죠. 중앙정부와 지방관들의 악정에 시달리던 사람들을 살리려고 일어난 군대인데 민폐를 끼치면 그때부터 봉기의 의미가 사라져 버리니까요. 이게 바로 동학군의 본래 모습이었습니다. 그래서 제가 『생명의 눈으로 보는 동학』(모시는사람들, 2014)이라는 책에서 동학농민혁명을 죽어가는 생명들을 살리려고 한 '살림의 혁명'이었고, 거기에 참여한 동학군은 죽어 가는 생명을 살리려고 한 '살림의 군대'

라고 한 것입니다. 이렇게 이해해 보면, 동학농민군의 정신이나 동학농민혁명의 이념은 21세기에도 여전히 유효하다고 말씀드릴 수 있습니다.

　마지막으로 동학혁명 당시에 실제 있었던 실화 한두 개를 소개하면서 강의를 마무리하겠습니다. 먼저 여러분이 존경하시는 백범 김구(1876-1949) 선생에 관한 이야기입니다. 김구 선생이 동학혁명 당시 황해도 지역 동학접주였다는 사실은 잘 알고 계실 겁니다. 김구 선생의 자서전 『백범일지』에 보면, 충청도 보은에서 해월 선생을 만난 이야기나 황해도에서 동학혁명에 뛰어들어 전투하는 이야기가 자세히 나오는데, 그에 앞서서 백범 선생이 동학에 뛰어든 동기가 저희들의 가슴을 울립니다.

　백범이라는 호는 '평민, 보통사람, 상민'이라는 뜻입니다. 조선왕조라는 사회는 법적으로는 상민이나 평민도 과거에 응시할 수 있었습니다. 그래서 김구 선생이 향시(鄕試; 지방에서 실시되던 과거)에 응시하러 갔는데, 동학혁명이 일어나기 얼마 전부터는 있는 자들에 의해 과거제도가 농락을 당해서, 세력 있는 집안의 자제들이 이미 합격해 있는 거예요. 그러니까 평민 출신, 상민 출신인 백범 선생이 합격할 리가 없지요. 그래서 보기 좋게 떨어지고 '아~ 나는 안 되나 보다!' 생각하고, 그러면 사주·관상이나 배워서 먹고 살자고 결심하고 집으로 돌아왔는데, 주변에 동학이 퍼지면서 "동학 수련을 잘 해서 바람도 부르고 비도 부르고 축지법을 쓰는 동학 선생이 있다"는 소문이 돌아서, 귀가 솔깃해서 그 선생을 찾아갑니다.

　백범 선생은 그때 아직 약관도 안 된 청년이었는데, 갓을 쓴 젊은 동학 지도자 양반이 백범 선생을 보더니 제일 먼저 한 것이 공순하게 맞절을 하는 것이었습니다. 백범 선생이 당황해서, 평민 출신에다가 아직 장가도 안 간 총각인데 왜 이렇게 절을 하냐고 물으니까, 그 젊은 양반 출신 동학 지도자가 말하기를, "우리 스승님 가르침에는 사람 차별이 없습니다."라고 했다는 것입니다. 『백범일지』에 나오는 내용을 그대로 소개하면 다음과 같습니다.

나는 그 말씀을 듣는 순간 새로운 세상이 열리는 것 같았다. 그래서 다시 집으로 돌아와서 아버님을 모시고 동학에 뛰어들었다.

이 이야기는 "사람이 곧 하늘"이라고 하는 동학의 만민평등사상이 어떻게 전파되어서 수많은 사람을 끌어들였는지를 잘 보여주고 있습니다. 오늘날에도 여전히 사람이 하늘이잖아요? 그런데 지금 우리 사회에서 사람이 어떤 취급을 받고 있느냐 하는 겁니다. 아직도 돈에 의해서, 권력이나 지위, 성별, 민족에 의해서, 사람이 하늘이 아니라 수단화되어 있습니다. 그런 사례가 너무도 많지 않습니까? 우리나라뿐만 아니라 코로나19가 전 세계적으로 불러온 부정적인 결과가 바로 격차의 심화입니다. 미국에서 희생자의 대다수가 흑인과 히스패닉이라고 합니다. 백인은 희생자가 적고요. 왜 그러냐? 그들은 슬럼가처럼 환경이 열악한 곳에서 살고, 경제적 수준이 낮다 보니까 바이러스에 더 쉽게 노출되기 때문입니다. 이렇게 보면 동학의 "사람이 하늘이다"는 슬로건은 우리가 전 세계에 널리 알려야 할 사상이 아닐까요?

두 번째는 충청남도 서산에서 동학혁명에 참여했던 홍종식이라는 분이 남긴 「동학란 실화」라는 수기에 나오는 이야기입니다. 이 분은 1920년대까지도 살아 계셨는데, 후배들이 찾아가서 갑오년 이야기를 증언해 달라고 여쭈었습니다. "왜 선배님은 목숨을 걸고 동학에 뛰어 들었습니까?"라고 묻자, 그분이 세 가지 이유로 동학에 뛰어들었다고 했는데, 그중에 하나가 "동학에 뛰어들면 그날부터 굶는 사람이 없었다. 밥이고 뭐고 다 나눠 먹었으니까…"라고 대답하였습니다. 이 이야기의 뿌리를 찾아 보니, 동학 초기부터

'유무상자(有無相資)'라고 하는 전통이 있었다는 사실을 알게 되었습니다. 동학하는 사람들 중에서 가진 자와 못 가진 자가 서로 돕는 전통이 유무상자입니다.

해월 최시형 선생도 굉장히 가난한 사람이었습니다. 1888년이 무자년인데, 무자년은 『조선왕조실록』에도 기록이 나올 정도로 전국적으로 가뭄이 심해서 흉년이 들었습니다. 전라도 고부 일대는 땅이 다 붉게 물들었다고 했습니다. 그 무자년 대흉년 때에 해월 최시형 선생이 전국의 동학도들에게 「경통(敬通)」이라는 공문을 보냈는데, 거기에 보면 "형은 따뜻한 밥을 먹는데 동생이 굶는다면 이것이 옳겠는가? 나눠라! 동생은 따뜻한 이불을 덮고 자는데, 형이 추위에 떤다면 이것이 옳겠는가? 나눠라!" 하는 내용이 나옵니다. 이것이 동학혁명 때까지도 그대로 실천이 되었던 것입니다. 동학에 뛰어들면 양반이고 상민이고 남자고 여자고, 어른이고 아이고 할 것 없이 모두 유무상자를 한 것입니다. 오늘날 전 세계의 자본주의 문제를 이야기할 때, '생산이 부족해서 가난한 사람이 많은가? 아니면 물자가 부족해서 문제인가?'라고 할 때에 생산이 문제가 아니라 분배가 문제라고 하지 않습니까?

오늘 이곳 청주에 오다가 독일에 계시는 송두율이라는 분의 소식을 접했습니다. 연세가 70대 후반쯤 되시는데, 동학을 아주 좋아하시는 분입니다. 그 분이 코로나19 사태와 관련해서 쓴 칼럼을 읽으면서 왔습니다. 독일에서 시민운동을 하는 시민운동가들이 대형마트에서 유통기한이 지나서 버린 음식을 가져다가 가난한 사람들에게 나눠 주는 일을 했는데, 그분들이 절도죄로 고발을 당하고 벌금을 물었다는 것입니다. 서구에서 발달하기 시작한 자본주의의 어두운 얼굴이 그대로 드러나는 이야기 아닙니까? 지금 대한민국에도 그런 곳이 많습니다. 대형마트를 조사해 보면, 유통기한이 지난 식품을 하루에 적게는 몇 백 킬로그램, 많게는 몇 톤씩 버리는 경우가 많습니다. 이게 자본주의의 논리입니다. 물자가 없어서 굶어 죽는 것이 아니라 분배의 문제, 공동체 정신의 결핍 때문에 이런 현상이 일어나는 것입니다. 그런데 동학은 초기부터 혁명 때까지 유무상자의 전통을 지켜온 것입니다. 동학의 유무상자 전통에 관한 내용은 사실 제가 동학 연구자 중에서 제일 먼저 찾아내서 대중화시켰습니다. 「해월 최시형 연구」(1996)라는 제 박사논문에서 처음으로 다뤘습니다. 그동안 동학혁명 연구는 '혁명'이라는 사건에만 초점을 맞추고 있었는데 제 논문은 또 하나의 관점을 제시한 것이기 때문에 중요하다고 할 수 있습니다.

있는 자와 없는 자가 서로 나누는 것, 거기에 또 하나 더해야 할 것이 앞으로 제게 남은 과제이기도 한데요, 바로 동학은 어떤 공동체를 만들고자 했는가 하는 문제입니다. 보은에다 젊은 친구들하고 협동조합을 만들어 보려고 하는데, 바로 동학의 유무상자 전통에서 힌트를 얻은 것입니다. 저는 평생 대학에서 가르쳤잖아요. 그런 제가 농사를 지으려고 하면 어떻게 되겠어요? 먼저 힘들어 죽겠죠. 그러니까 평생 농사 지어 온 사람하고 저하고, 그리고 의사 하시던 분이 각자 자기 분야 하나씩을 가지고 들어오자는 겁니다. 저는 중학교나 고등학교 학생들에게 역사나 수학을 가르칠 수 있어요. 또 다른 분은 다른 분야에서 자기 능력을 발휘하는 겁니다. 이게 바로 유무상자의 공동체입니다. 유무상자는 한 사람이 모두 유(有)가 아닙니다. 저에게 역사 지식은 유이지만 농사 짓는 건 무(無)입니다. 유무상자 정신에서 중요한 것은 어떤 사람이 100% 유이고, 어떤 사람은 100% 무가 아니라는 겁니다. 모두가 유이고 모두가 무입니다. 유무상자는 일방향적인 관계가 아니라 쌍방향의 관계를 말합니다. 일방적으로 부자가 가난한 사람을 돕는 것이 아닙니다. 이런 전통을 동학은 초창기부터 실천했고, 그 힘이 갑오년에 200만, 300만이 참여하는 혁명으로 나타난 것입니다. 이런 공동체 정신은 여전히 유효하지 않을까요?

또 하나. 일본군이 동학군을 진압하려고 들어올 때 그들이 내세운 명분이 "동학은 배외주의(排外主義)이다"는 것이었습니다. "그래서 조선 땅에 있는 일본인들을 보호하기 위해서 들어오는 것이다"하는 논리를 내세웠습니다. 지금도 그렇게 주장을 하고 있습니다. 그런데 진짜 그랬는가? 동학군들이 일본인을 무조건 배척하려 했는가? 1894년 3월에서 5월까지 동학군이 싸우는데, 그 당시에 일본 상인들은 강화도 조약과 그 이후에 개항장을 열기로 한 약속을 어기고 수많은 일본 상인들이 불법적으로 내륙까지 들어와서 장사를 했습니다. 당시 일본의 스기무라 후카시라고 하는 대리공사가 그 시기의 기록으로 남긴『재한고심록』이라는 책에서 동학군의 동향을 일본에 보고한 내용이 나오는데, 지금까지 동학군은 불법적으로 내륙에서 상행위를 하는 일본인을 단 한 번도 공격한 사례가 없다고 했습니다. 동학농민군은 결코 배외주의를 보이지 않았던 것입니다. 이처럼 일본 공사의 기록에도 동학군이 일본인을 공격한 사례는 없다고 나와 있습니다.

그러면 언제 동학군들이 일본에 대해서 구체적인 적대 행위를 취하는가? 그것은 1894년 7월 23일, 음력으로 6월 21일에 일본군이 불법으로 조선의 법률과 만국공법(1894년 당시의 국제법)마저 어기고 조선의 경복궁을 침략해서 고종 황제를 포로로 잡고 조선군을 해산시켰을 때부터입니다. 전봉준 장군을 비롯한 동학군들은 국가에 변란이 일어났다고 간주하고, 그때부터 동학군이 일본군이나 재조선 일본인에 대해 무장을 하여 적대행위를 하게 됩니다. 이건 명백한 역사적 사실입니다. 이렇게 보면 동학군들의 배외의식, 내셔널리즘은 굉장히 건강한 민족주의였다는 것을 알 수 있습니다. 이처럼 우리가 알고 있는 동학혁명하고 실제하고는 결이 좀 다릅니다. 세계 사람들에게 자랑스럽게 얘기할 수 있는 역사라는 것을 알아야 하겠습니다.

끝으로 최근에 의미 있는 변화가 일어나고 있는데요, 2019년 봄에 『창작과 비평』 "3·1운동 백주년 특집호"가 나왔는데, 거기에 세 분의 글이 실립니다. 백낙청, 임형택, 백영서 이 세 분이 공통적으로 동학농민혁명의 재조명을 말하고, 그것을 개벽파의 재발견이라고 얘기합니다. 그 핵심이 무엇인가 하면, "대한민국의 근현대사는 그동안 서구의 학문, 서구의 틀, 서구의 운동을 받아들인 개화파 중심으로 역사를 써 오고 이해해 왔는데, 그것이 진짜로 우리 것을 제대로 이해한 것인지가 의문이다. 그렇다면 정말 우리 땅에 맞고, 앞으로 우리가 살려야 하는 이 땅의 토착사상이나 자생운동은 없는가? 그것이 바로 동학사상이고 1894년의 동학혁명이다." 이런 얘기를 세 분이 공통적으로 하고 있었습니다. 대단히 의미 있는 변화라고 생각합니다.

이런 점에서 이제부터 우리가 새롭게 세계화해야 할 우리 것은 바로 동학사상이고 동학농민혁명인데, 그것을 잉태한 땅, 그것을 길러낸 땅, 그것을 가능하게 했던 중추의 땅이 어디냐? 바로 충청북도이고, 그 첫 번째 땅이 단양이고, 그 두 번째 땅이 손병희 선생이 태어나신 청주이며, 그 세 번째 땅이 보은이고, 그 네 번째 땅이 옥천(청산)입니다. 한마디로 말하면, 충청북도는 저 북쪽에서부터 남쪽까지 '동학밭'이라고 할 수 있습니다. 이 대목이 중요합니다. 그런데 여러분들은 자기 안의 보물을 얼마나 알고 계십니까? 멀리까지 갈 필요도 없습니다. 그냥 여기에서 파시면 됩니다. 자기 안에 세계적인 보물이 있기 때문입니다. 그런 세상이 오고 있습니다. 언제 우리가 BTS가 세계를 제패할 것이라고 생각했습니까? 언제 우리가 K-방역으로 세계적 의료 선진국이 될 줄을 알았습니까?

사실은 우리가 이미 100년 전, 150년 전부터 알게 모르게, 세계 모든 사람들이 부러워할 새로운 세상에 대한 꿈을 키워 왔고, 새로운 세상에 대한 공을 들여왔고, 새로운 세상을 위한 민관협치 전통을 착실하게 쌓아온 것입니다. 우리 안에 그런 위대한 전통이 깃들어 있습니다. 이 사실을 거부해서는, 외면해서는 안 됩니다. 그런데 그것은 나만을 위한 것이 아니라, 나를 포함해서 이 우주 안의 모든 생명을 살리고자 하는 '열린 민족주의', '지구적 생태주의'입니다. 그 뿌리가 바로 동학 정신이고, 우리의 보물입니다.

이상으로 제 얘기를 마치겠습니다.

참고문헌
찾아보기

참고문헌

천도교의 지구주의와 지구적 인간관 / 조성환

1. 원전
정계완,「삼신설(三神說)」(『천도교회월보』제9호, 1911)
『정산종사법어』

2. 단행본
구도완,『생태민주주의 - 모두의 평화를 위한 정치적 상상력』, 서울: 한티재, 2018.
김병제·이돈화,『천도교의 정치이념』, 서울: 모시는사람들, 2015.
김정인,『천도교 근대 민족운동 연구』, 서울: 한울아카데미, 2009.
모시는사람들 기획,『개벽의 징후』, 서울: 모시는사람들, 2010.
모시는사람들 철학스튜디오,『세계는 왜 한국에 주목하는가: 한국 사회 COVID-19 시민
        백서』, 서울: 모시는사람들, 2020.
울리히 벡 저,『위험사회』, 홍성태 옮김, 서울: 새물결, 1999.
_____,『지구화의 길』, 조만영 옮김, 서울: 거름, 2000.
이규성,『최시형의 철학 : 표현과 개벽』, 서울: 이화여자대학교출판부, 2011.
이동초,『천도교 민족운동의 새로운 이해』, 서울: 모시는사람들, 2010.
이승환 외,『아시아적 가치』, 서울: 전통과 현대, 1999.
조규태,『천도교의 민족운동 연구』, 서울: 선인, 2006.
조성운,『민족종교의 두 얼굴 : 동학·천도교의 저항과 협력』, 서울: 선인, 2015.
황선희,『동학 천도교 역사의 재조명』, 서울: 모시는사람들, 2009.
Jane Bennet, *Vibrant Matter: a political ecology of things*, Durham: Duke University Press,
        2010.
Ulrich Beck, Risk Society: Towards a New Modernity, London: Sage, 1997.
_____, What is Globalization?, Cambridge: Polity, 1999.

3. 논문 및 기타
김학재,「김대중의 통일·평화사상」,『통일과 평화』9권 2호, 2017.
정용서,「일제하·해방후 천도교 세력의 정치운동」, 연세대 박사논문, 2010.
조성환,「동학에서의 도덕의 확장」,『문학 사학 철학』61권, 2020년 여름.

_____, 「〈 팬데믹 시대에 읽는 지구학(1): 울리히 벡의『지구화의 길』을 중심으로〉,《개벽 신문》93호, 2020년 4월.

_____, 「〈 팬데믹 시대에 읽는 지구학(3):『아시아적 가치』를 읽고〉,《개벽신문》95호, 2020년 6월.

허수, 「이돈화의『신인철학』연구」, 『사림』30호, 2008.

천도교의 공화주의와 공화적 인간관 / 허남진

1. 원전

『광해군일기』『대산종사법문집』『대한매일신보』『용담유사』『원불교헌규집』
『의암성사법설』『정산종사법어』《한성순보》『해월신사법설』

2. 단행본

김상봉, 『서로주체성의 이념』, 서울: 도서출판 길, 2007.

양계초, 『신민설』, 이혜경 주해, 서울: 서울대학교출판문화원, 2014.

오상준, 『초등교서(初等教書)』, 정혜정 역해, 서울: 모시는사람들, 2019.

이돈화, 『교정쌍전』, 1948(필사본).

_____, 『수운심법강의』, 서울: 천도교중앙총부, 1966.

_____, 『신인철학』, 서울: 천도교중앙총부, 1968.

이승환 외, 『아시아적 가치』, 고양: 도서출판 전통과 현대, 1999.

이영노, 『천도교 초기의 글 모음』, 서울: 천법출판사, 2018.

조승래, 『공화국을 위하여』, 서울: 길, 2010.

_____ 『공공성 담론의 지적계보: 자유주의를 넘어서』, 서울: 서강대학교출판부, 2016.

또끄빌, 『미국의 민주주의』, 임효선·박지동 옮김, 파주: 한길사, 2006.

Franco Venturi, Utopia and Reform in the Englishment, Cambridge: Cambridge University Press, 1971.

3. 논문류

강중기, 「자료정선: 량치차오, 「정치학 대가 블룬칠리의 학설」, 『개념과 소통』8, 2011.

김대식, 「함석헌의 평화사상비폭력주의와 협화주의(協和主義)를 중심으로」, 『통일과 평화』8-2, 2016.

김상봉, 「파국과 개벽 사이에서-20세기 한국철학의 좌표계」, 『대동철학』67, 2014.

김상준, 「유교의 정치적 무의식」, 『다산학』22, 2013.

류병덕, 「개화기·일제시의 민중종교 사상」, 『원불교사상과 종교문화』6, 1982.

_____,「한말·일제시에 있어서의 민족사상」, 한국철학회,『한국철학사(하)』, 서울: 동명사, 1989.

박경환,「동학적 민주주의 토대, 동학의 인간관」,『인문학연구』46, 2013.

박규태,「한국 신종교의 이상적 인간상-조화의 이상과 관련하여」,『종교와 문화』7, 2001.

박상필,「타자 윤리의 실천 수단으로서의 시민사회적 공공성」,『현상과 인식』30-3, 2006.

박재술,「중근 근대화 과정에서의 公·私의 이중 변주: '동서문화논쟁'을 중심으로」,『시대와 철학』15-1, 2004.

박혜진,「개학기 한국 자료에 나타난 신개념 용어 '민주'와 '공화': 수용과 정착과정을 중심으로」,『일본어교육연구』26, 2013.

배요한,「이퇴계와 이수정의 종교성에 대한 비교연구: 한국유교와 한국 개신교의 내적 연계성에 대한 고찰」,『장신논단』45-1, 2013.

송준석,「초등교서」,『한국민족운동사연구』28, 2001.

신주백,「1910년 전후 군주제에서 민주공화제로 정치이념의 전환: 공화론과 대동론을 중심으로」,『한국민족운동사연구』93, 2017.

안재홍,「신민족주의와 신민주주의」,『민세안재홍선집 2』, 서울:지식산업사, 1983.

오문환,「동학(천도교)의 인권사상」,『동학학보』17, 2009.

오문환,「천도교(동학)의 민주공화주의 사상과 운동」,『정신문화연구』30, 2007.

윤대원,「한말 '立憲政體' 논의와 '민주공화'의 의미」,『한국문화』88, 2019.

이경구,「조선시대 공화(共和) 논의의 정치적 의미」,『역사비평』127, 2019.

이돈화,「신앙성과 사회성(3)」,『천도교회월보』101, 1919년 1월.

_____,「신신대 신인물」,『개벽』3, 1920년 8월.

_____,「민족적 체면을 유지하라」,『개벽』8, 1921년 2월.

_____,「生活의 條件을 本位로 한 朝鮮의 改造事業, 이 글을 特히 民族의 盛衰를 雙肩에 負한 靑年諸君에 부팀」,『개벽』15, 1921년 9월.

_____,「통곡할 현상과 삼대 실천운동」,『개벽』74, 1946년 4월.

(滄海居士),「朝鮮人과 政治的 生活」,『개벽』29, 1922년 11월.

이영록,「한국에서의 '민주공화국'의 개념사」,『법사학연구』42, 2010.

이정환,「왕권침탈과 정통주의 군주제: 전근대 중국, 한국, 일본에서의 "共和"에 대한 재해석의 역사,『대동문화연구』82, 2013.

정계완,「三新說」,『천도교회월보』9, 1911년 4월.

정상호,「동아시아 공화(共和) 개념의 비교연구」,『한국정치학회보』50-5, 2016.

_____,「한국에서 공화(共和) 개념의 발전 과정에 대한 연구」,『현대정치연구』6-2, 2013.

정혜정,「동학·천도교의 개화운동과 '하날(天)'문명론」,『한국학연구』66, 2018.

조맹기,「민세 안재홍의 민주공화국 사상: 그의 언론활동을 중심으로」,『언론과 법』9-2, 2010.

조성환, 「천도의 탄생: 동학의 사상사적 위치를 중심으로」, 『한국사상사학』44, 2013.

_____, 「동학의 자생적 근대성: 해월 최시형의 인간관과 세계관을 중심으로」, 『신학과철학』36, 2020.

_____, 「이상적인 방역 모델을 보여주다: 해외 언론의 평가」, 모시는사람들 철학스튜디오 기획, 『세계는 왜 한국에 주목하는가: 한국 사회 COVID-19 시민백서』, 서울: 모시는사람들, 2020.

_____, 「동학의 기화사상」, 『농촌과 목회』83, 2019.

최현식·임유진, 「정치시민, 세계시민 그리고 군자시민」, 『사회사상과 문화』19-2, 2016.

허재영, 「근대 계몽기 개념어 형성과 변화 과정 연구: 사회학 용어를 중심으로」, 『한말연구』46, 2017.

황석교, 「법률경제개요」, 『천도교회월보』92, 1918년 3월.

원불교의 시민적 덕성 / 김봉곤

1. 원전

『건국론』 『대산종사법문집』 『대산종사법어』 『大宗經選外錄』 『圓光』

『圓佛教教典』 『月末通信』 『정산종사법어』 『正典』 『會報』

2. 단행본

류병덕, 『한국 사회와 원불교』, 서울: 시인사, 1986.

김유익 외, 『세계는 왜 한국에 주목하는가: 한국 사회 COVID-19 시민백서』, 서울: 모시는사람들, 2020.

3. 논문류

김 탁, 「원불교 사요(四要)교리의 체계화과정」, 소태산대종사탄생100주년기념논문집편찬위원회 편, 『인류문명과 원불교사상』, 익산: 원불교출판사, 1991.

김대영, 「시민사회와 공론정치 : 아렌트와 하버마스를 중심으로」, 『시민사회와 NGO』2, 2004.

김석근, 「마음혁명을 통한 독립국가 완성과 국민만들기」, 원광대학교 원불교사상연구원 편, 『근대한국 개벽사상을 실천하다』, 서울: 모시는사람들, 2019.

김성관, 「대산여래의 세계평화사상: 종교연합사상의 연원과 추진방안 및 전망」, 원광대학교 원불교사상연구원 편, 『(대산김대거탄생100주년기념논문집) 원불교와 평화의 세계』, 익산: 원불교100년기념성업회, 2014.

김홍철, 「원불교사상에 나타난 새마을 운동의 이념」, 『새마을연구』1, 1983.

류성태, 「사요의 용어변천에 대한 연구」, 『원불교사상과 종교문화』 48, 2011.

박맹수, 「정산송규의 계몽운동과 민족운동」, 원광대학교 원불교사상연구원 편, 『근대한국 개벽운동을 다시읽다』, 서울: 모시는사람들, 2020.

서경전, 「소태산 대종사의 새생활운동 고(考)」, 『원불교사상』 2, 1977.

심대섭, 「원불교사상과 시민윤리: 사요위원회의 구성을 제의함」, 『원불교사상』 20, 1996.

_____, 「원불교사요의 기본성격과 현대적 조명: 사요의 주석 및 연역작업의 시도」, 『원불교학』 3, 1998

양은용, 「정산종사 삼동윤리의 연구사적 검토」, 『원불교사상과 종교문화』 52, 2012.

오세영·구형선, 「원불교 사대봉공회(四大奉公會)의 역사적 변천, 그 특징과 성격」, 『원불교사상과 종교문화』 83, 2020.

원영상, 「원불교의 평화운동과 사회참여」, 원광대학교 원불교사상연구원 편, 『근대한국 개벽운동을 다시읽다』, 서울: 모시는사람들, 2020.

李共珠, 「사은(四恩)과 사요(四要)(3)」, 『원광』 23호, 1958년(원기43) 7월.

이성전, 「정산의 치교사상: 정치를 중심으로」, 『원불교사상과 종교문화』 69, 2016.

이화택, 「신앙방법으로서의 사요의 재인식」, 『원불교사상』 6, 1982.

한기두, 「「法身佛 四恩」에 대한 고찰」, 『원불교사상』 20, 1996.

한종만, 「불공의 원리에 대한 연구」, 『원불교학연구』 8, 1978.

4. 기타

〈공감언론 뉴시스〉(https://newsis.com/view)

〈원불교 봉공회〉(https://wbga.modoo.at)

탁사 최병헌의 사해동포주의: 유교와 기독교 그리고 보편주의 / 김석근

1. 최병헌 저작 관련 자료

「고집불통」, 『대한크리스도인회보』, 1899.3.8.

「故濯斯先生遺稿」, 『기독신보』, 1927.5.25.

「不謀而同」, 『신학세계』, 1921.7.

(번역서) 『예수턴쥬량교변론(耶蘇天主兩敎辨論)』, 경성: 정동예수교회, 1908.

「산촌 학당을 가라침」, 대한크리스도인회보, 1900.4.11.

「삼인문답」(1)(2), 『대한크리스도인회보』, 1900.3.21.-28.

「일본에 열람한 일」(1-10), 『대한크리스도인회보』, 1898.5.25-7.27.

「自歷一部(一)」, 『신학세계』, 1927.1

「自立의 必要」, 『신학세계』, 1921.5.

「鄭圃隱先生의 忠義」, 『신학세계』, 1926.9.

「朝鮮文의 必要를 論함」, 『신학세계』, 1924.8.

「崔炳憲先生略傳」(필사본).

「忠勇이 偉大한 我國名將」, 『신학세계』, 1926.7.

「학자의 고명한 수작」, 『대한크리스도인회보』, 1899.4.5.

「漢文의 必要함」, 『신학세계』, 1922.12.

김진호, 「故濯斯 崔炳憲先生 略歷」, 『신학세계』 4, 1927.

노블부인편, 「최병헌 목사의 략력」, 『승리의 생활』, 1927.

『萬宗一臠』, 경성: 조선예수교서회, 1922.

『聖山明鏡』, 동양서원. 1911.

『탁사 최병헌 목사 대표저서 전집·약전』, 서울: 정동삼문출판사, 1998.

『漢哲輯要』, 경성: 박문사, 1922.

2. 연구 논저

김석근, 「천주와 상제: 다산 정약용의 사상사적 이해」(미출간).

박병길, 「최병헌 목사의 삶」, 『세계의 신학』 47, 2000.

변선환, 「탁사 최병헌과 동양사상」, 『신학과 세계』 6, 1980.

_____, 「탁사 최병헌 목사의 토착화 사상」, 『기독교사상』, 6월호, 1993.

_____, 「탁사 최병헌 목사의 토착화 사상(2)」, 『기독교사상』, 7월호, 1993.

서영석, 「구한말 한국인들의 개신교 인식과 수용에 있어서 탁사(濯斯) 최병헌(崔炳憲)의
　　　　영향력」, 『한국 교회사연구』 19, 2006.

송길섭, 『한국신학사상사』, 서울: 대한기독교출판사, 1987

_____, 「한국신학 형성의 선구자 탁사 최병헌과 그의 시대」, 『신학과 세계』 6, 감리교신
　　　　학대학, 1980.

_____, 「탁사 최병헌의 신학사상 연구: 그의 사회사상, 만종일련을 중심으로」, 『신학과
　　　　세계』 10, 1984.

심광섭, 「탁사 최병헌의 유교적 기독교 신학」, 『세계와 신학』 겨울호, 2003.

신광철, 「탁사 최병헌의 비교종교론적 기독교변증론: 『성산명경』을 중심으로」, 『한국기
　　　　독교와 역사』 7, 1997.

심일섭, 「한국신학 형성의 선구: 최초 '호교론'과 '변증론'을 중심으로」, 『신학사상』 44,
　　　　1980.

옥성득, 「한일합병 전후 최병헌의 시대인식: 계축년 설교를 중심으로」, 『한국기독교와
　　　　역사』 13, 2000.

유동식, 「최병헌과 종교신학」, 『國學紀要』 1, 연세대학교 국학연구원, 『한국신학의 광
　　　　맥』, 서울: 전망사, 1982.

이덕주, 「토착화 신학의 선구자 최병헌」, 『한국 그리스도인들의 개종이야기』, 서울: 전망사, 1990.

_____, 『초기 한국기독교사 연구』, 서울: 한국기독교역사연구소, 1995.

_____, 「최병헌의 종교신학」, 『한국토착교회 형성사 연구』, 서울: 한국기독교역사연구소, 2000.

_____, 「존스(G.H. Jones)의 한국 역사와 토착종교 이해」, 『신학과 세계』 60, 2007.

이행훈, 「최병헌의 '종교'개념 수용과 유교 인식: 『만종일련』을 중심으로」, 『한국철학논집』 46, 2015.

_____, 「최병헌의 기독교 수용과 전통 지식 재해석」, 『동방문화와 사상』 4, 2018.

최익제, 「한말 · 일제강점기 탁사 최병헌의 생애와 사상」, 한국교원대 박사논문, 2009.

Jong Koe Paik, Constructing Christian Faith in Korea: The Earliest Protestant Mission and Choe Pyong-hon, Zoeyermeer, Uitgerverij Boekencentrum, 1998.

대종교 범퉁구스주의와 보편주의 / 야규 마코토

1. 원전
『檀君敎五大宗旨佈明書』 『大倧敎施敎文』 『佈明本敎大旨書』 『重光歌』
『倧報』 『중광60년사』 『與日本総理大隈書』 『與朝鮮総督寺内書』 『夢拜金太祖』
《皇城新聞》

2. 단행본
姜壽元 · 張秉吉 외, 『韓國宗敎思想』, 서울: 太學堂, 1984.

金洪喆, 『韓國新宗敎思想論攷 中』, 익산: 도서출판 선진, 2006.

檀國大學校附設東洋學硏究所, 『朴殷植全書』, 용인: 단국대학교출판부, 2014.

원광대학교 원불교사상연구원 편, 『근대한국 개벽종교를 공공하다』, 서울: 모시는사람들, 2018.

유영인 · 이근철 · 조준희 지음, 『근대 단군 운동의 재발견』, 서울: 아라, 2016.

이상훈 · 강돈구 외, 『종교와 민족: 보편과 특수의 상관성을 중심으로』, 성남: 한국정신문화연구원, 2001.

趙埈熙 · 劉永仁 편, 『백봉전집』, 서울: 역사공간, 2017.

한국신교연구소 편, 『대종교원전 자료집: 대종교 신원경』, 서울: 선인, 2011.

趙景達, 『朝鮮の近代思想』, 東京: 有志社, 2019.

3. 논문류

김동환, 「한국종교사 속에서의 단군민족주의: 대종교를 중심으로」, 『선도문화』15, 2013.

김봉곤, 「대종교의 종교성과 공공성: 五大宗旨와 『三一神誥』를 중심으로」, 원광대학교 원불교사상연구원 편, 『근대한국 개벽종교를 공공하다』, 서울: 모시는사람들, 2018.

김형우, 「대종교의 민족 정체성 인식」, 『인문학연구』54, 2017.

박걸순, 「日帝强占期 亡命人士의 高句麗·渤海認識」, 『한국독립운동사연구』23, 2004.

朴永錫, 「大倧敎의 民族意識과 抗日民族運動(上)」, 『한국학보』9-2, 1983.

_____, 「大倧敎의 民族意識과 抗日民族運動(下)」, 『한국학보』9-3, 1983.

박진규, 「國學의 현대적 과제와 의의」, 천안: 국제평화대학원대 석사논문, 2007.

삿사 미츠아키[佐佐充昭], 「한말·일제시대 단군신앙운동의 전개」, 서울대 박사논문, 2003.

유영인, 「弘巖 羅喆의 弘益思想」, 『국학연구』10, 2005.

_____, 「개천절의 주역 홍암 나철의 홍익인간 사상」, 『대종교연구』2, 2020.

이민원, 「근대 학설사 속의 '단군민족주의': 대한제국의 편찬사업 및 대종교와 관련하여」, 『韓國思想과 文化』72, 2014.

이숙화, 「대종교 설립초기 일제의 탄압과 대응 양상」, 『仙道文化』18, 2015.

_____, 「大倧敎의 민족운동 연구」, 한국외국어대 박사논문, 2017.

정영훈, 「단기 연호, 개천절 국경일, 홍익인간 교육이념: 현대 한국에서의 단군민족주의의 제도화에 관한 연구」, 『정신문화연구』31-4, 2008.

정욱재, 「초기 대종교의 역사인식과 '한국학': 『단군교오대종지포명서』와 『대동고대사론』을 중심으로」, 『韓國史學報』72, 2019.

조남호, 「(국학연구원 제23회 학술대회) 국학의 관점에서 바라 본 근대사 서술: 동학, 3.1운동, 대종교를 중심으로」, 『선도문화』17, 2014.

조준희, 「조선총독부 문서철 『寺社宗敎』 「大倧敎·檀君敎ノ件」(1911)」, 『崇實史學』35, 2015.

차옥숭, 「동서 교섭의 관점에서 본 대종교의 몸과 마음 이해」, 『종교연구』67, 2012.

許泰瑾, 「弘巖 羅喆의 大倧敎 重光과 朝天 硏究」, 부경대 박사논문, 2015.

근대 한국종교의 '세계' 인식과 일원주의 및 삼동윤리의 세계관 / 원영상

1. 원전

『景德傳燈錄』(T51) 『대산종사법어』

大巡眞理會 敎務部 編, 『典經』, 서울: 대순진리회출판부, 1974.

『대종경』
『萬松老人評唱天童覺和尙頌古從容庵錄』(T48)
般剌蜜帝 譯,『大佛頂如來密因修證了義諸菩薩萬行首楞嚴經』(T19)
佛陀耶舍·竺佛念 譯,『長阿含經』(T1)
「十牛圖頌」(X64)
『정전』
曹溪退隱,『禪家龜鑑』(X63)

2. 단행본
康有爲,『대동서(大同書)』, 이성애 옮김, 서울: 을유문화사, 2006.
權五惇,『(新譯) 禮記』, 서울: 弘新文化社, 1980.
라해명 주해,『천도교경전 공부하기』, 서울: 모시는사람들, 2007.
류병덕,『근현대 한국 종교사상연구』, 서울: 마당기획, 2000.
박광수,『한국신종교의 사상과 종교문화』, 서울: 집문당, 2012.
박은식,『夢拜金太祖』, 천안: 독립기념관한국독립운동사연구소, 1989.
울리히 벡 지음, 홍찬숙 옮김,『자기만의 신』, 서울: 도서출판 길, 2013.
원광대학교 원불교사상연구원 편,『원불교대사전』, 익산: 원불교100년기념성업회, 2013.
유발 하라리,『사피엔스』, 조현욱 옮김, 서울: 김영사, 2015.
이돈화,『신인철학』, 서울: 천도교중앙총부, 1982.

3. 논문류
권정안·복대형,「『禮記』 大同社會에 대한 고찰」,『漢文古典硏究』36-1, 2018.
김용환,「세계화 시대의 민족주의와 신종교」,『신종교연구』26, 2012.
김홍철,「근·현대 한국 신종교의 개벽사상(開闢思想) 고찰」,『한국종교』35, 2012.
롤런드 로버트슨,「하나의 문제로서 세계화」, 롤런드 로버트슨·브라이언 S. 터너 외,
    『근대성. 탈근대성 그리고 세계화』, 서울: 사회문화연구소, 2000.
류병덕,「일원상 진리의 연구」, 원광대학교 원불교사상연구원 편,『一圓相眞理의 諸研
    究』, 익산: 원광대학교출판국, 1989.
박광수,「세계보편윤리와 정산종사의 삼동윤리」,『원불교학』4, 1999.
_____,「원불교 사회참여운동의 전개양상과 과제」,『원불교사상과 종교문화』30, 2005.
원영상,「소태산의 평화사상」,『통일과 평화』8-2, 2016.
이경원,「한국신종교의 시대적 전개와 사상적 특질」,『한국사상사학』24, 2006.
이찬수,「공동체의 경계에 대하여: 세계화시대 탈국가적 종교공동체의 가능성」,『대동철
    학』74, 2016.
허수,「1920년대 전반 이돈화의 改造思想 수용과 '사람性주의'」,『동방학지』125, 2004.

4. 기타

『개벽』제31호, 開闢社, 1923년 1월호.

나철, 〈중광가〉, 『한검 바른길: 첫거름』, 대종교총본사, 1949.

근대 한국종교의 '사회ㆍ경제' 인식 / 김민영

1. 단행본

김권정, 『근대전환기 한국 사회와 기독교 수용』, 성남: 북코리아, 2016.

김현주, 『사회의 발견』, 서울: 소명출판, 2013.

오상준 지음, 『동학 문명론의 주체적 근대성: 오상준의 '초등교서' 다시읽기』, 정혜정 역해, 서울: 모시는사람들, 2019.

원광대학교 원불교사상연구원 편, 『근대한국 개벽종교를 공공하다』, 서울: 모시는사람들, 2018.

_____, 『근대한국 개벽사상을 실천하다』, 서울: 모시는사람들, 2019.

_____, 『개벽운동을 다시 읽다』, 서울: 모시는사람들, 2020.

柳炳德, 『鷄龍山下 宗教集團體와 母岳山下 宗教集團體의 比較研究』, 이리: 원광대학, 1968.

유영렬ㆍ윤정란, 『19세기말 서양선교사와 한국 사회: The Korean Repository를 중심으로』, 서울: 경인문화사, 2004.

조성환, 『한국 근대의 탄생』, 서울: 모시는사람들, 2018.

허수, 『이돈화 연구』, 서울: 역사비평사, 2011.

2. 논문류

강인철, 「한국 사회와 종교권력: 비교역사학적 접근」, 『역사비평』77, 2006.

김민영, 「식민지시대 한국 '신종교' 단체의 동향과 특징: 『朝鮮の類似宗教』(村山智順, 1935)의 재검토를 중심으로」, 『한일민족문제연구』34, 2017.

_____, 「1910년대 전후 전남 영광지역의 종교지형과 민족사회ㆍ경제운동」, 『한일민족문제연구』36, 2018.

_____, 「1920ㆍ30년대 물산장려운동의 경과와 종교계」, 『한일민족문제연구』38, 2019.

김종석, 「19ㆍ20세기 초 영남 퇴계학파의 사상적 대응에 관한 철학적 고찰: 신사조 수용과 관련한 퇴계학의 변용」, 『철학논총』20, 2000.

김주성, 「번역어로 살펴본 동북아문명」, 『정치사상연구』24-1, 2018.

박경환, 「동아시아 유학의 근현대 굴절양상: 조선 유학을 중심으로」, 『국학연구』4, 2004.

박학래, 「群山 地域의 儒教 傳統과 그 특징」, 『지방사와 지방문화』22-1, 2019.

변우찬, 「조선 후기 사회 · 종교 상황과 초기신자들의 종교인식」, 가톨릭대 석사논문, 1994.

손 열, 「근대한국의 경제 개념」, 『세계정치』25-2, 2004.

송현강, 「초기 한국 기독교인의 신앙 형태 연구: 근대복음주의와 전통적 세계관」, 『한국사상과 문화』23, 2004.

양창연, 「근대시기 '종교' 인식과 한국 불교의 정체성 논의」, 『한국사상과 문화』52, 2010.

이돈화, 「신앙성과 사회성(1) · (2)」, 『천도교월보』99, 1918.

_____, 「종교의 신앙과 사회의 규칙」, 『천도교월보』98, 1918.

이명호, 「근대전환기 종교영역의 변화와 사회인식: 기독교의 수용과 성장을 중심으로」, 『사회사상과 문화』29, 2014.

전상숙, 「한말 '민권' 인식을 통해 본 한국 사회의 '개인'과 '사회' 인식에 대한 원형적 고찰: 한말 사회과학적 언설에 나타난 '인민'관과 '민권' 인식을 중심으로」, 『한국정치외교사논총』33-2, 2012.

조경달 · 박맹수, 「식민지 조선에 있어 불법연구회의 교리와 활동」, 『원불교사상과 종교문화』67, 2016.

차조일 · 박도영, 「사회과 주요 개념에 대한 역사적 고찰: 번역어 '경제'를 중심으로」, 『시민교육연구』44-2, 2012.

허남진, 「근대한국의 '종교' 인식: 개화파와 개벽파를 중심으로」, 『종교문화연구』32, 2019.

이돈화의 미래종교론: 손병희에 대한 해석을 중심으로 / 조성환 · 이우진

1. 원전

이돈화, 「종교성과 사회성」, 『천도교회월보』99호, 1918.11.

_____, 「신앙성과 사회성(1)」, 『천도교회월보』100호, 1919.12.

_____, 「신앙성과 사회성(2)」, 『천도교회월보』101호, 1919.01.

_____, 「신앙성과 사회성(3)」, 『천도교회월보』102호, 1919.02.

_____, 「장래의 종교(1)」, 『천도교회월보』103호, 1919.02.

_____, 「장래의 종교(2)」, 『천도교회월보』103호, 1919.03.

_____, 「장래의 종교(3)」, 『천도교회월보』103호, 1919.05.

이종린, 「종교의 신앙과 사회의 규칙」, 『천도교회월보』98호, 1918.09.

정계완, 「삼신설(三新說)」, 『천도교회월보』9호, 1911.04.

2. 논저

고건호, 「'종교-되기'와 '종교-넘어서기'- 이돈화의 신종교론」, 『종교문화비평』7, 2005.

김용휘, 『손병희의 철학』, 서울: 이화여자대학교출판부, 2019.

이규성, 『최시형의 철학』, 서울: 이화여자대학교출판부, 2011.

천도교중앙도서관, 『(2018 동학DB구축사업) 천도교회월보 목차집』, 2018.

허수, 『이돈화연구』, 서울: 역사비평사, 2011.

레비나스 타자철학과 원불교 여성관의 만남: 여성혐오 문제에 대한 제언 / 이주연

1. 원전

『대종경』 『정산종사법어』 『대산종사법어』 『원불교교사』 『보경육대요령』
『조선불교혁신론』 『회보』

2. 단행본

권김현영, 『늘 그랬듯이 길을 찾아낼 것이다』, 서울: 휴머니스트, 2020.

김애령, 『여성, 타자의 은유』, 서울: 그린비, 2012.

김지정, 『개벽의 일꾼』, 익산: 원불교출판사, 1985.

로지 브라이도티, 『유목적 주체』, 박미선 역, 서울: 여이연, 2004.

류병덕, 『원불교와 한국 사회』, 서울: 시인사, 1977.

박길진, 『일원상과 인간의 관계』, 익산: 원광대학교출판국, 1985.

박남희, 『레비나스, 그는 누구인가』, 서울: 세창출판사, 2019.

박혜명, 『함께 한 서원의 세월』, 익산: 원불교출판사, 1989.

에마뉘엘 레비나스, 『시간과 타자』, 강영안 역, 서울: 문예출판사, 1996.

_____, 『윤리와 무한. 필립 네모와의 대화』, 양명수 역, 서울: 다산글방, 2000.

_____, 『신, 죽음 그리고 시간』, 김도형 외 역, 서울: 그린비, 2013.

_____, 『타자성과 초월』, 김도형·문성원 역, 서울: 그린비, 2020.

우에노 치즈코, 『여성혐오를 혐오한다』, 서울: 은행나무, 2012.

우치다 타츠루, 『사랑의 현상학』, 이수정 역, 서울: 갈라파고스, 2013.

류병덕, 「일원상 진리의 연구」, 원광대학교 원불교사상연구원, 『일원상진리의 제연구-上』, 익산: 원광대학교출판국, 1989.

송천은, 「소태산의 일원상진리」, 원광대학교 원불교사상연구원, 『일원상진리의 제연구-下』, 익산: 원광대학교출판국, 1989.

한종만, 「일원상진리의 상즉성」, 원광대학교 원불교사상연구원, 『일원상진리의 제연구-上』, 익산: 원광대학교출판국, 1989.

원광대학교 원불교사상연구원, 『숭산논집』, 익산: 원광대학교출판국, 1996.

윤대선, 『레비나스의 타자물음과 현대철학』, 서울: 문예출판사, 2018.

윤보라 · 정희진 외, 『여성혐오가 어쨌다구?』, 김수기 편, 서울: 현실문화, 2015.

칼 야스퍼스, 『계시에 직면한 철학적 신앙』, 신옥희 역, 서울: 분도출판사, 1989.

켄 윌버, 『무경계』, 김철수 역, 서울: 무우수, 2005.

_____, 『켄 윌버의 통합영성』, 김명권 · 오세준 역, 서울: 학지사, 2018.

3. 논문류

김도형, 「레비나스와 페미니즘 간의 대화」, 『철학논총』96-2, 2019.

김윤성, 「1920~30년대 한국 사회의 종교와 여성 담론」, 『종교문화비평』9, 2006.

김팔곤, 「일원상진리 소고」, 『일원상진리의 제연구-上』, 익산: 원광대학교 원불교사상연
　　　구원, 1989.

노권용, 「교리도의 교상판석적 고찰」, 『원불교사상과 종교문화』45, 2010.

류성태, 「사요의 용어 변천에 대한 연구」, 『원불교사상과 종교문화』48, 2011.

민현주, 「원불교의 남녀평등사상과 실천에 관한 연구」, 이화여대 석사논문, 1994.

심귀연, 「가부장적 구조 속에서 본 타자화된 여성」, 『철학논총』59, 2010.

윤대선, 「'너'와 '나'의 삶의 공동체를 위한 페미니즘의 기원과 해석」, 『해석학연구』20,
　　　2007.

이상화, 「지구화시대의 현장 여성주의: 차이의 존재론과 공간성의 사유」, 『한국여성철
　　　학』4, 2004.

이희원, 「레비나스, 타자 윤리학, 페미니즘」, 『영미문학페미니즘』17, 2009.

한종만, 「불공의 원리에 대한 연구」, 『원불교학연구』8, 1978.

허종희, 「「일원상진리」에 관한 연구」, 원광대 박사논문, 2018.

_____, 「일원상진리의 본원론과 현상론 소고」, 『원불교사상과 종교문화』79, 2019.

4. 기타

원불교대사전, https://won.or.kr.

원불교여성회, http://www.wbwa.or.kr/index.php.

'조선 뉴스 라이브러리100' https://newslibrary.chosun.com.

찾아보기

종교와 공공성 총서 04

근대 한국종교, 세계와 만나다

등록 1994.7.1 제1-1071
1쇄 발행 2021년 4월 25일

기 획 원광대학교 원불교사상연구원
지은이 김민영 김봉곤 김석근 박맹수 야규 마코토(柳生眞)
        원영상 이우진 이주연 조성환 허남진
펴낸이 박길수
편집장 소경희
편 집 조영준
관 리 위현정
디자인 이주향
펴낸곳 도서출판 모시는사람들
        03147 서울시 종로구 삼일대로 457(경운동 수운회관) 1207호
전 화 02-735-7173, 02-737-7173 / 팩스 02-730-7173
홈페이지 http://www.mosinsaram.com/

인 쇄 (주)성광인쇄(031-942-4814)
배 본 문화유통북스(031-937-6100)

값은 뒤표지에 있습니다.
ISBN   979-11-6629-034-3   94210
세트   979-11-88765-07-2   94210

이 책은 2019년 대한민국 교육부와 한국연구재단의 지원을 받아 발간되었음
(NRF-2019S1A5B8099758)